全国高等院校旅游专业规划教材

新编旅游统计学
(第7版)

席唤民 等 编著

旅游教育出版社
·北 京·

出版说明

为适应旅游业的发展要求，满足旅游高等教育的需要，我们根据高等院校旅游专业的课程设置、教学目标，在国家旅游局的主持下，集合国内旅游高等院校的众多专家学者，自20世纪90年代起，先后出版了系列旅游高等院校教材。该套教材出版以来，得到了广大院校师生和业界的普遍好评，至今仍是众多院校的首选教材，一版再版。迄今为止，该套教材不仅为众多院校广泛使用，而且是规模最大、品种最多的一套高等院校旅游专业教材。

但是我们深知，教材出版本身是一个不断完善的动态过程，需要产业的推动、研究的深化、时间的积淀，更需要广大师生的参与。本着这一目的，根据21世纪旅游业的发展要求与广大师生的殷切希望，我们根据教育部与国家旅游局对旅游学科的规划与行业要求，对本套教材进行了必要的增补与修订，以确保该系列教材的科学性、权威性。

与原教材相比，本版教材注意了课程设置与教材编写的科学性、针对性、规范性，使整套教材更适合学科教学和行业发展要求。在此基础上，本版教材强调了教材的研究含量，旨在倡导教材编写的严肃性、高等教育的研究性，避免教材编写中存在的简单雷同现象，体现了国家骨干教材应有的规范性与原创性。可以说，本版教材更加贴近了我国高等院校旅游专业教学实际，严格按照课程设置和教学目标设计安排教材内容，使高等教育教材的先进性与研究性得到充分保证。

在此次增补与修订中，我们始终强调教材编写应有的学术规范，从框架的确定，内容的取舍，乃至思考复习题的设计、注释引文的处理，每一个细节都力求体现教材编写应有的学术规范。为了实现这样的目标，我们先后在全国广泛遴选作者，聘请在学科研究与教学领域有所建树的专家学者担任教材的编写工作。不少作者都有相关领域的专著成果作为教材写作的支撑，为本套教材的研究含量提供了必要保障。

作为国内唯一一家旅游教育专业出版社，我们始终得到广大旅游院校师生的关心与帮助，在新世纪，我们更期待着大家一如既往的呵护。我们希望将我们的教材建设成为一个开放式的园地，能始终站在学科研究与行业发展的前沿，随时反映旅游教育最新发展的动态。我们期待着教材使用者的意见和建议，更期待着潜在作者的新思路、新理念、新观点、新教学方式——我们定会“从善如流”，不断调整完善现有教材，不断吸纳新的作者、新的观点。

旅游教育出版社

第7版修订前言

《新编旅游统计学》一书，自2012年8月第6版推出以来，受到了广大读者的欢迎和好评，已重印了多次。为了更好地满足读者的需求，我们对第6版又作了认真的审阅与修订，编写了第7版。

《新编旅游统计学》第7版，在保持原第6版框架的基础上，在内容上作了少量修改与更新，以更具可读性，更能体现系统性、规范性、科学性与实用性。每章后的思考与练习配有参考答案，读者可登录旅游教育出版社的网站（www.tepcb.com）查阅参考。

参加本次修订工作的有：中国旅游管理干部学院前院长席唤民教授、北京联合大学旅游学院李享教授、北京第二外国语学院郑红副教授。全书由席唤民教授统稿。

本书自出版以来，多次再版，每版又多次重印。其间始终得到了旅游教育出版社的支持与帮助，得到广大读者的关切与厚爱。每次再版都在广大读者意见建议基础上充实、完善、提高，不断努力追求完美，不断与时俱进。这又是一次努力的继续和与时俱进的体现。在此除表示诚挚的谢意之外，恳切期望广大同人、专家、学者及读者给予批评指正，提出更多宝贵意见。

编者

2017年1月

目 录

第一章

绪 论

第一节 旅游统计的概念及其产生与发展

一、旅游统计的概念

“统计”最简单、最原始的意思就是“计数”。在人类社会生活与经济活动中，人们经常可以接触到“统计”，有时把它作为一种工作、一种职业；有时把它作为一种行为、一种动作；有时把它看成一种积累、概括与总结。

“统计”这个概念，完整而确切地说，它具有统计工作、统计资料和统计学三方面的含义。

统计工作是指对社会经济现象进行数量方面的搜集、整理和分析研究等活动过程的总称。从事这项工作的人员，称统计工作者；组织和领导这项工作的部门，称统计机构或统计部门。我国在国务院设有国家统计局，各部、委、省、直辖市、自治区、市、县设有统计局（司）、处及科等。

统计资料是指反映或说明各种社会经济现象发展情况和过程的数字资料，也称为统计指标，是统计工作的成果之一。统计资料包括：统计工作中所得到的原始数字资料和经过整理、分析研究的再生资料。一般统计资料有统计年鉴、统计手册、统计图表、统计资料汇编和统计分析报告等。

统计学是统计工作实践的理论概括，是专门研究社会经济现象数量方面知识的一门社会科学。

统计工作、统计资料和统计学是三个不同内容、不同概念却又紧密联系不可分割的统一体。正确而有价值的统计资料，必然是科学统计工作的结果；而科学的统计工作，又必然是在统计学理论的指导下完成的，三者联系起来才是“统计”的完整概念。

旅游统计学是统计学的一个重要分支，是社会统计学的重要组成部分，是专门研究旅游经济现象数量方面的一门学科。

二、统计的产生与发展

“统计”是随着社会进步、经济发展和国家管理的需要，逐步建立与发展起来的一门学科。原始社会末期，人们在打猎捕鱼时，结绳记事、简单数数，这就是统计的萌芽。在奴隶社会和封建社会，由于征兵、赋税，了解和掌握军队、农产品、世袭领地及国民财富等国情国力的需要，就产生了对人口、土地、粮食和财产等数量的调查统计。

随着资本主义的兴起和社会经济的不断发展，社会分工越来越细，社会生活日趋复杂，为了解国内外社会经济、企业生产情况和市场行情，分析研究国情国力，发展自身经济，必须进行分门别类的广泛调查统计，于是工业、农业、商业、银行、保险、金融、交通、邮电、海关、对外贸易等各方面的统计都相应产生并得到迅速发展。17 世纪 70 年代，英国古典政治经济学家威廉·配第(1623—1687)写了一本《政治算术》，这里的“政治”是指政治经济学，“算术”是指统计方法。他把调查的实际资料，用数字、重量和尺度来分析、对比，阐明社会经济表现，为统计学的产生奠定了基础。马克思称威廉·配第是“政治经济学之父”“统计学的创始人”。

社会发展带动统计，统计促进社会发展。由于自然科学和社会科学的发展与专业分工，出现了数理统计和社会统计，并把数理统计运用到社会统计中。社会统计学随着专业分工，先后出现了工业统计学、农业统计学、商业统计学、交通运输统计学、基本建设统计学、劳动人事统计学、物资供应统计学、外贸统计学以及旅游统计学等。19 世纪中叶，比利时著名数学家、统计学家凯特勒(1796—1874)，提出了统计所研究的一切事物都受大数定律支配，不论研究社会现象还是研究自然现象，概率论都是基本的方法和理论依据。他把概率论与数理统计全面地引进了统计学，建立了数理统计学，被欧美统计学界称为“近代统计学之父”。20 世纪以来，统计在应用数学方法，特别是在应用数理统计方法上取得了很大进展。进入 20 世纪 70 年代，随着科技的发展，生产管理与经济管理方法的现代化，各国统计界大量运用现代科学最新成就，如美国等国的统计部门利用各种经济数学模型和现代化计算工具；联合国粮农组织利用遥感技术和气象卫星，对世界农作物产量提供早期的预测和警报资料，把统计工作推进到一个更新、更广阔的现代化领域。

近几年，我国为适应发展社会主义市场经济的需要，统计部门实施新的国民经济核算体系，实施新的国家统计报表制度和新的统计指标体系，并且对统计数据处理模式进行了重大改革，在提高统计标准化、现代化以及与国际统计接轨方面迈出了重要一步，统计工作又有了新的发展和提高。

目前，我国社会主义现代化建设已进入一个新的历史发展时期，改革开放不断向纵深发展，国民经济持续稳定快速发展，旅游业如雨后春笋般蓬勃发展，已成为国民经济的战略性支柱产业。为适应旅游业发展的需要,必须根据我国国情开展旅游统计科学的研究,建立一套能全面反映我国旅游经济发展和四个现代化建设进程的指标体系,及时、全面、系统、准确地搜集整理各项资料,加强综合分析,作出科学的预报和决策,以推动旅游业和国民经济更好更快地持续发展。

第二节 旅游统计的特点与作用

社会经济统计是对社会经济现象进行调查研究与认识的一种活动。列宁曾精辟地指出,统计是"社会认识的最有力的武器之一",即统计是工具和手段。要了解认识、分析研究旅游经济现象,就必须利用旅游统计这个工具,揭示旅游经济的现状、发展过程及趋势,以达到认识旅游经济现象的本质及其规律性,为旅游经济发展服务的目的。

下面根据旅游统计研究的目的和对象,分述旅游统计的特点与作用。

一、旅游统计的特点

(一)数量性

旅游统计的首要特点是从"数量"上反映和研究旅游经济现象,包括数量多少、现象之间的数量关系、质与量互变的数量界限以及这三方面的现状和发展变化过程。数量表现能反映和研究旅游经济现象在一定时间、地点和条件下的规模、水平、结构、速度、普遍程度、比例关系及发展变化规律,但它不是纯粹的抽象数学表现,而是在旅游经济现象的实际发展过程中的数量表现,也就是在对事物或现象定性的基础上研究旅游经济的数量性。如对全国旅游饭店基本情况的统计,必须先对饭店进行定性,才能准确进行数量登记。这种定性如分类,明确一下是按地区还是按城市,是按经济类型还是按规模或星级划分等。

(二)总体性

旅游统计学研究的对象是大量的旅游经济现象的数量表现。要了解旅游经济现象的总体情况及其发展变化规律,必须研究大量的旅游经济现象,没有对大量的或全部的单位进行统计,就不可能得出旅游经济现象的总体表现及其变化规律。个别单位、个别事物在一定的时间内的发展变化会受偶然因素的影响,只有经过大量的观察和综合的分析,才能排除偶然因素的影响,正确反映旅游经济现象的总体特征。如要反映全体旅游职工的收入水平和变化情况,尽管各个企业、事业单位职工收入差异较大,变化也不一样,但全体旅游业职工收入的变化是具有一定规律性的。另外,也不排除在研究大量的旅游经济现象的同时,还要研究先进的、后进的、个别的、典型的现象,使得出的结论更全面。只有把大量现象与个别现象结合起来,才会更有效地总结出普遍规律。

(三)质与量的辩证统一性

旅游统计在数量上的分析研究不是纯数量的抽象数字,而是在质与量的辩证统一中研究旅游经济现象的数量方面。按照辩证唯物主义的观点,任何事物现象和过程,不仅有质的方面,且有量的方面,质与量是对立统一的,一定的质规定一定的量,一定的量也表现一定的质,没有质量不表现数量的,没有数量也就没有质量。质与量是密切联系、互相依存、不可分割的统一体。如果不确定质的方面,就不可能确定量的方面。只有确定现象的属性,查明这种现象与另一种现象的区别与关系,才能确定量的方面。所以,在旅游经济现象的统计中,必须在质与量的辩证统一中进行。如按经济类型了解旅游饭店的基本情况,必须先确定是国营、民营、合营、中外合资、中外合作还是外方独资等性质,然后才能进行有效的数量统计。又如对旅游企业情况调查统计时,既要了解企业的规模、档次与水平,更要了解其收益与效率,看它们的主要经济指标情况,如企业发展指数、每年增长百分比、全员劳动生产率、平均收汇率、人均收汇额、平均利润率以及人均实现利税等,这均是在量与质的辩证统一中进行的。

二、旅游统计的作用

(一)为旅游业的管理提供准确可靠的依据

实事求是,一切从实际出发,按照客观实际情况办事是我们工作的准则。毛泽东同志指出:“指挥员的正确的部署来源于正确的决心,正确的决心来源于正确的判断,正确的判断来源于周到的和必要的侦察,和对于各种侦察材料的连贯起来的思索。”人们在社会上生活、工作,时时刻刻都要同社会交往与接触。如到了一座城市、一个旅游景区、一家饭店、一所旅游学校时,客观的现实情况会进入人们的大脑,仅说这个城市不小、景区不错、饭店还好、学校也可以,这些结论只给人一个模糊的概念,如果说该城市有 500 万人口,饭店有 880 间客房等,这才会给人一个实在的确切概念,有一个数量说明才会使人心中有“数”。

(二)旅游统计是旅游经济信息的主要渠道

在社会主义市场经济的运行中,及时了解信息、掌握市场行情是旅游经济发展的命脉。国务院关于加强统计工作的决定中指出:“统计信息所反映的是国民经济和社会发展的总体情况,是社会经济信息的主体。”旅游统计是运用多种调查方式方法,搜集大量的反映客观旅游经济现象的新情况、新特点和新问题,反映旅游业发展的水平、结构、市场行情和供需要求的现状与变化。只有掌握大量的准确的旅游经济信息,才能分析认识旅游发展水平及发展变化趋势,了解市场供求关系及变化,抓住机遇采取措施,提高经济效益与社会效益。

(三)旅游统计是探索旅游经济变化过程中数量界限的手段

在人类社会生活和经济现象的发展过程中,量的变化达到一定的界限时,就会引起质的突变;在质的变化后,又会引起新的量变。这种变化关系反映客观事物或经济现象由低级向高级发展变化的过程和趋势,这是不以人们意志为转移的客观规律。如果能认识与把握这种质变的数量界限和规律,准确地预测事物发展的态势,就能促进旅游业的更大发展。量变到质变的现象很多,在自然现象中比较明显,在社会经济尤其是旅游经济现象中也不乏存在,如旅游行业及行业人员的结构比例,生产与建设、积累与消费、收益与分配、饭店经济效益与床位数的确定等,都有一个临界状态和最佳界限的选择。正如毛泽东同志所说:“不懂得注意事物的数量方面,不懂得注意基本统计、主要的百分比,不懂得注意决定事物质量的数量界限,一切都是胸中无数,结果就不能不犯错误。”作为一个管理者,都应该成为“明白人”,明白“自己”和“别人”,明白主要的百分比,明白统计指标及其联系,善于利用统计方法去发现问题,揭露矛盾,总结经验,寻找规律,掌握好界限与分寸,合理安排、科学决策,最大限度地发挥人力、物力和财力的作用。

总之,旅游统计主要是发挥其旅游的科学研究、旅游的宣传教育、旅游的监督管理等作用。如何充分有效地发挥好这几方面的作用,是旅游统计学研究的主要课题。

第三节　旅游统计的基本任务

《中华人民共和国统计法》第二条规定,统计的基本任务是对国民经济和社会发展情况进行统计调查、统计分析,提供统计资料,实行统计监督。根据统计法的规定和旅游统计的特点与作用,旅游统计的基本任务是:根据党和国家政策与要求,准确、及时、全面、系统地搜集、整理旅游经济现象的资料并进行分析和预测,为制定旅游方针和政策、加强旅游监督检查与管理、发展旅游经济和加速现代化建设服务。

现将旅游统计的基本任务分述如下。

一、为党和政府制定旅游政策、计划提供依据

我国是一个地大物博、人口众多、旅游资源十分丰富的国家。随着改革开放的深入和国民经济的发展,旅游业已成为国民经济的支柱产业和关联性极强的先导产业。要使旅游业健康、快速、持续发展,必须同国民经济其他部门配合、平衡、协调发展。制定旅游政策与计划时,一方面要以党和国家的路线、方针、政策与任务为指导;另一方面还要以旅游业的实际情况(旅游统计资料)为依据。因此,提供准确、及时、全面、系统的旅游统计信息,会使国家制定的方针政策和计划更符合旅游发展的客观规律。

二、为加强旅游管理、推动旅游业发展服务

旅游统计既是制定政策的依据,也是各级旅游部门加强科学管理的重要工具。

搞好旅游统计工作是各级旅游统计部门向上统计汇报的义务和职责,同时也是为本部门制订计划、措施,进行科学管理提供依据。没有指标任务,没有评比条件与资料,就没法检查监督与管理。开展评比考核与竞赛活动,是加强旅游管理的一种方法与手段,也是调动广大旅游业职工的积极性、促进旅游发展的好措施。例如国家或有关领导机关,可根据旅游发展现状,制定评比考核项目、指标和条件,开展优秀旅游城市、先进旅游企业、旅游饭店的星级评审等全国性或地方性的评比活动,互相学习,互相促进,共同提高。各基层单位也可制定一些指标与条件,开展评优创先活动。统计工作在考核评比竞赛活动中,按照目的要求建立统计指标,规定统计口径和统计方法,公布统计数字,使广大群众考有准绳,比有条件,学有对象,赶有目标。

三、为旅游科学理论研究提供必要资料

理论来源于实践,实践是检验真理的唯一标准。通过大量的旅游经济现象,可以找出内在的联系与规律,抽象概括出反映事物本质的原则、定理,总结出旅游经济理论。旅游统计能及时提供准确、全面、丰富的反映旅游经济现象的资料,用这些资料进行整理分析研究,了解内部的关系与规律,归纳出切合实际的结论,再上升到科学理论,充实完善与提高已有的旅游经济理论,用这些理论进一步指导旅游工作实践。这样,从实践到理论,再由理论指导实践,不断完善提高,逐步从必然王国向自由王国迈进,为社会发展、人类进步不断作出新贡献。

第四节　旅游统计的基本方法

旅游统计的研究方法,是从旅游经济现象各种数量关系中总结出来的,是反映客观现象内在联系的一个重要方面,因此科学的统计方法必然以它的指导理论为基础。本节从理论基础出发,进一步讲述旅游统计的基本环节和主要方法。

一、旅游统计的理论基础

旅游统计作为认识旅游经济现象的一门学科,必须有正确的理论和方法原则作指导。这些正确的理论和方法原则就是旅游统计学的理论基础。它的理论基础是马克思主义哲学与政治经济学。

马克思主义哲学是研究自然、社会与思维发展最一般规律的科学。旅游统计必须以辩证唯物主义与历史唯物主义的哲学观点为指导原则。辩证唯物主义强调物质第一,存在决定意识,一切从实际出发,实践是检验真理的唯一标准。阐明感性与理性、质与量、特殊与一般、偶然与必然、矛盾对立与统一等辩证关系。旅游统计只有遵循这些关系原则,才能分析研究现象的本质与主流,掌握其发展变化的原因和规律。历史唯物主义阐明了生产力与生产关系、经济基础与上层建筑的关系

原理，指出生产关系一定要适合生产力发展。旅游统计要按照现代化建设的需求，积极促进生产力要素的发展，巩固社会主义经济基础，推进社会经济向更高台阶迈进。

马克思主义政治经济学是研究生产关系、分析与判定社会经济现象本质、阐明社会经济发展规律的一门科学。旅游统计工作的整个过程，如统计指标、分组、计算方法等都必须以政治经济学所确定的经济范畴和经济理论为依据；统计分析也必须根据政治经济学所阐述的经济规律来确定现象与本质的联系，才能进一步分析现象的数量关系，可见政治经济学理论对旅游统计有着重要的指导意义。

二、旅游统计的基本环节

旅游统计是一项具有广泛群众性和高度集中性的工作，也是进行调查研究、认识事物本质及规律的工作。一项统计任务，通常需要许多部门、地区和单位密切协作、互相配合来共同完成。一次统计活动的完整过程有几个主要环节，即统计设计、统计调查、统计整理、统计分析和统计运用五个环节；也有分为统计设计、统计调查、统计整理和统计分析四个环节的，其中最基本的是统计调查、统计整理和统计分析三个环节。

（一）统计调查

根据统计的目的任务设计调查提纲与指标体系，用科学的方法及时全面地搜集被研究对象准确可靠的资料，以获得丰富的感性认识。统计调查这一环节既是认识客观事物的起点，也为下步的统计整理与分析打下基础。

（二）统计整理

对统计调查来的资料进行审核、分组，计算组值和统计数值，编制统计表，通过对资料的科学加工与汇总，使之条理化、系统化、规范化、科学化，成为能说明经济现象总体数量特征的综合资料。统计整理这一环节是统计研究的中心环节。

（三）统计分析

对统计整理的资料进一步深化，计算各种分析指标，运用各种统计分析方法，揭示被研究对象的发展变化趋势和规律性，作出科学的结论。统计分析这一环节是理性认识阶段，是统计研究的决定性环节。

这三个基本环节是相互独立、相互联系、相互交叉进行的，三个环节缺一不可，没有前一个环节，不可能进行下步环节。第一个环节是基础，第二个环节是中心，第三个环节是结果。

三、旅游统计的主要方法

在统计研究整个过程的不同阶段中，可以运用各种不同的专门方法，如大量观察法、统计分组法、综合指标法、时间数列分析法（动态数列分析法）、指数法、抽样法、相关法和平衡法等。其中,统计分组法和综合指标法是建立在大量观察法的基础上,运用于统计全过程的两个基本方法,统计分组法又为综合指标法提供了分析的前提。

(一)大量观察法

对旅游经济现象中的全部或足够多的单位进行观察,称为大量观察法,也称总体观察法。这种方法要求搜集资料必须从整体考虑,搜集全体或大量单位的资料。因此,要对总体所有单位进行全面调查,同时也要对足以表现本质与规律的部分单位进行重点调查、抽样调查、典型调查等非全面调查。

统计为什么需要大量观察呢?因为社会经济现象是复杂多变而又互相联系的,社会经济现象的本质及其规律性,需要通过大量的现象观察和研究才能准确地显现出来,如果只对个别的或少量的现象进行观察和研究,很可能由于特殊或偶然因素的影响而掩盖了真相与本质,总结不出一般规律。所以,只有对总体或大量的单位进行观察并加以综合,才能使某些个别现象的特殊或偶然因素互相抵消(或忽略不计),这样才能确切地反映经济现象的本质特征与规律,才能得出符合经济现象表现的正确结论。

任何社会经济现象都具有历史性,它以时间、地点和条件变化为转移,我们既不能对它进行试验,也不能用仪器、仪表反复测量。唯一的办法就是对大量的事物进行观察,搜集资料,再加以综合分析,最后得出正确的结论。

(二)统计分组法

根据旅游经济现象的内在特点和旅游统计研究的任务,将旅游经济现象划分为不同类型和不同性质的组,称统计分组(定性分类)。由于旅游经济的广泛性与复杂性,在调查之前,我们要对调查现象按不同的类型分组,以确定调查范围和对象;在调查中,按分组类型搜集材料,为统计整理奠定基础;取得调查材料后,仍用分组的方法进行加工整理,为统计分析提供依据。可见,统计分组法是统计研究的基本方法,它贯穿于统计的全过程。

(三)综合指标法

运用各种综合指标对大量的旅游经济现象的数量方面进行综合分析、研究,概括地表明一般特征的方法称综合指标法。它是通过对各种综合指标运算和分析,来综合反映旅游经济现象的规模、水平、结构、比例关系和发展速度等,是从个别到一般综合概括的方法。综合指标分析是从各个不同点切入,使其相互配合、相互补充,达到深入、细微与全面。通过综合指标的汇总运算,可以排除个别的、次要的和偶然因素的影响,显现出普遍的、主要的、决定性因素所产生作用的结果,这就是通过偶然看必然、通过现象看本质的分析过程。

综合指标法是统计分析的主要方法,但也要具体情况具体分析。如果把综合指标分析和具体情况具体分析结合起来,对全面认识、分析问题是十分必要的。

第五节 旅游统计中的几个基本概念

旅游统计中概念较多,涉及的专业名词和术语也不少,现介绍几个常用的基本概念,深刻理解它们的准确含义,有利于本书以后各章的学习。

一、统计总体与总体单位

凡由许多相同性质的事物或单位组成的整体称统计总体,简称总体。构成统计总体的个别事物或单位称总体单位,简称单位,有的书上也称个体。如旅游饭店是一个统计总体,每个旅游饭店则是总体单位。又如,把某时期来华旅游入境外国人数视为统计总体,则此时期来华旅游入境的每位外国人就是总体单位。

总体可分为无限总体与有限总体。一个总体所包括的事物或单位数是无限的,称无限总体。若事物或单位是有限的,称有限总体。如在连续不断生产某种旅游产品时,总产量是无限的,统计总体是无限总体。对无限总体不能进行全面调查,只能调查其中一部分单位以推断总体。在旅游经济现象中,总体大多数是有限的,如旅游人数统计、旅游企业统计、旅游外汇收入统计等都是有限总体。对有限总体既可全面调查,也可调查其中的一部分,再以局部推断总体。

总体与总体单位概念是相对的,不是固定不变的,它是根据统计研究的目的、范围不同而变化的。同一事物或单位可以是总体,也可以是总体单位。如某旅游饭店,在研究所有旅游饭店时,它是总体单位;若研究某旅游饭店内部结构(职工人数、有关设施等)时,它就是统计总体了。

二、标志与指标

表明总体单位所具有的属性或特征称标志。标志又分数量标志和品质标志,数量标志表示总体单位量的特征,它是用数值来表示的,如职工年龄、收入等;品质标志表示总体单位质的特征,它不能用数值表示,只能用文字表明其属性,如职工性别、工种、文化程度等。判别品质标志与数量标志的关键,是看标志名称之后所表明的属性或数值。如表述饭店某职工,性别:女,年龄:35 岁,民族:汉,工种:餐厅服务员,工龄:10 年,工资:4200 元等。这里的“女”“汉”和“餐厅服务员”不是用数值表示的,而是用文字表明的品质标志名称“性别”“民族”和“工种”的属性。这里的“年龄”“工龄”“工资”显然就是数量标志名称,而“35 岁”“10 年”“4200 元”是数量标志的数值表现。

统计指标是描述总体特征量的科学概念,它是统计认识的工具与手段,也是统计学中极为重要的概念。旅游经济现象要靠指标来反映。对指标有两种理解:一是指数量特征,即指标名称,如旅游饭店数目、来华旅游人数、旅游外汇收入等。二是特征加数值,即特征概念与具体表现数值(指标数值)结合在一起,如来华旅游人数×万人，旅游外汇收入×亿美元等。这两种理解都是正确的。一个完整的统计指标应包括指标名称和指标数值，指标名称反映一定的社会经济范畴，指标数值反映一定的时间、地点和条件下达到的规模和水平，两者既有联系又有区别。在通常情况下，反映某种现象的统计指标只有一个，而它的指标数值可以有若干个。指标需要有数值来表明，而数值离开指标也就没有意义了。

单个指标只能说明某种现象，要全面说明现象的数量关系，需要用一套指标——指标体系。指标体系是指全面说明社会经济现象数量关系具有内在联系的一系列指标所构成的整体。通过指标体系可完整地反映社会经济现象发展过程的因果、依存和平衡关系。

关于指标的种类及其表现形式、表达方式、计算方法和具体运用等将在以后的章节中研究。

在实际工作中，常出现把指标与标志混同的现象，必须看到二者既有密切的联系，又有明显的区别。主要区别在于：指标是描述总体特征量的，标志则是描述总体单位的特征或属性；指标都是用数值来表示的，没有不能用数值表示的指标，而标志有用数值表示的，也有不能用数值表示的。它们的联系主要表现在：一是有许多统计指标的数值是从总体单位的数量标志值汇总而来的，如一个旅游服务总公司的职工人数是由所属各分公司职工人数汇总来的，它既包括总体单位数目总和，也涵盖标志的总和。二是指标与数量标志存在着变换关系，即研究目的不同时，其条件、范围发生了变化，指标与标志的关系也随之发生了变化，如原来的总体变成了总体单位，那么相应的指标也就变成了标志了。

三、变异与变量

统计中的标志和指标是可变的，其表现也不同，如性别标志表现为男、女；年龄标志表现为 20 岁、25 岁、30 岁等；来华旅游人数的多少与外汇收入的高低表现不同，这种标志表现上的差异称“变异”。这种变异是普遍存在的，这也是统计存在的前提条件。

在变异中，有品质变异，也有数量变异，一般把数量变异称为变量。变量的数值表现就是变量值。变量与变量值是两个不同的概念，同数学上的函数与函数值一样，函数 $y=f(x)$ 是一个变量，$y_0=f(x_0)$ 是函数 y 在 $x=x_0$ 时的函数值。如“工资”是个变量，工资数 3860、3920、4060、4200 是工资变量的四个变量值，若求这四个变量的平均工资，不能说是求四个变量的平均数，而是求工资四个变量值的平均数。

变量按变量值的连续性可分为连续变量与离散变量。连续变量是指变量值连续而不间断，相邻两值可无限分割，如动物、植物生长与气温的升降等。离散变量是指变量值以整数位断开，如职工人数和旅游产品件数等，只能按整数计算，不可能有小数。变量按性质分有确定性变量与随机性变量（随机变量）两种，前者值的大小是沿着一定方向呈上升或下降趋势变动；后者值的大小没有一定的方向与趋势，带有偶然不确定性的。

四、统计总体的基本特征

前面讲述了统计总体、总体单位和标志等基本概念，现把它们联系起来，概括出统计总体的三点基本特征。

（一）大量性

形成统计总体的总体单位数要足够多，必须是大量的而不是单一的、个别的或极少量的。

（二）同质性

形成统计总体的总体单位都必须具有某一共同的品质标志属性或数量标志数值。

（三）变异性

形成统计总体的总体单位除具有某一共同标志表现外，必须具有一个或若干个可变的品质标志或数量标志。

以上三个特征是形成统计总体的必要条件，三者缺一不可。有了具备三个特征的总体，才能进行一系列的统计计算和分析研究。

思考与练习

1.统计有几种含义？它们之间的关系如何？

2.统计是怎样产生与发展起来的？

3.什么是旅游统计学？并简述旅游统计的特点与作用。

4.旅游统计的基本任务是什么？

5. 试述旅游统计的理论基础、基本环节与主要方法。

6. 举例说明统计总体与总体单位、统计标志与统计指标、变异与变量的含义及关系。

7.简述统计总体的基本特征。

第二章

统计调查

第一节　统计调查的意义

一、统计调查的意义

统计作为认识事物数量方面的一门科学，它对社会经济现象进行研究时，首先对所研究的社会经济现象进行统计调查。搜集反映社会经济现象的原始统计资料是统计工作的开始。

当一个饭店经理提出从“多少”到“为什么”或“怎么样”以及“在哪里”时，我们就打开了眼界。为什么他的客房租不出去？为什么人们喜欢住A饭店而不喜欢住B饭店？诸如此类的问题需要询问，而这正是旅游市场调查所能回答的内容。要做到这一点，就必须接近旅游者，并寻求他们的合作。

人们的认识过程是从感性认识到理性认识的过程。人们认识世界，首先要接触外界事物，取得感性材料，然后对这些材料进行加工、整理、综合，最后才能得出正确的推理、判断和概念。统计作为人们认识社会的有力工具，要认识社会经济现象的数量关系和数量特征，必须先要取得感性材料。自然科学认识自然现象的规律时，可以通过试验的方法取得数据，而统计主要是研究社会经济现象的，它受社会因素影响很大，无法用试验的方法取得准确的数字资料，只能通过科学的统计调查的方法搜集。如我们要了解目前全国的旅游星级饭店的情况，就得向全国的每一个省、市、自治区进行调查。调查结果表明，到2016年第一季度末，全国共有星级饭店12 678家。

那么什么是统计调查呢？简单地讲，统计调查是指根据统计目的取得相应数据的统计资料搜集活动。进行这个活动首先要确立反映社会经济整体的统计指标和指标体系，在确立了统计指标和指标体系后，接下来的工作就是搜集十分丰富和合乎实际的统计资料，这种具体的搜集统计资料的工作过程就叫统计调查。统计调查就是要把社会经济现象作为一个整体，按照预定的要求和科学的方法，对反映这个整体的各个相关标志的数值，有计划地、系统地、科学地进行登记，取得真实可靠的原始资料。所谓原始资料，是指向调查单位搜集的尚待汇总整理，需要由个体过渡到总体的统计资料。

统计调查的整体是由每一次具体的单项调查，如人口统计调查、旅游统计调查等组成的；而在旅游统计调查中又有反映其经济现象的不同侧面，或者是满足不同调查要求的，如旅游者人数调查、饭店客房出租率调查、旅游汽车公司接待能力的调查等。

统计调查是计算统计指标、统计分析、统计预测和统计决策等一系列统计活动的基础。按照国际通行的做法，有相当一部分社会、经济统计资料并非是按特定目的专门收集的，而是由政府、社会活动部门在其活动中附带收集的。如我们可以通过海关部门了解旅游者的出入境情况。据调查，2016 年上半年我国入境旅游人数达 6787 万人次；中国公民出境总人数为 5903 万人次，以上这些资料均可以由海关部门附带取得。这些活动也属于统计调查活动的范畴之内。

在统计调查中还会涉及对次级资料的收集，而且在某种情况下，对次级资料的收集就其意义而言不低于对原始资料的获取。所谓次级资料是指已经经过加工整理，由个体过渡到总体并能在一定程度上说明总体现象特征的统计资料。由此我们不难看出，一切次级资料的取得都是从原始资料的搜集开始的，是从原始资料过渡而来的。

统计调查阶段的工作非常重要。占有材料是统计工作的基础，取得的材料完整与否、准确与否，都会直接影响以后各阶段工作的质量，所以一定要注意防止在调查阶段出现差错，或者力求及时发现调查中出现的差错，并将其消灭在调查阶段。

二、统计调查的任务与要求

统计调查的基本任务是要根据统计指标体系，通过每一项的具体调查取得反映社会经济总体现象及各个部分间互相联系的原始统计资料。一切统计调查都是围绕这一基本任务进行的。

统计工作是为社会发展服务的，是为国家的经济建设服务的，更直接地是为市场服务的。为了确保统计工作的顺利进行，对统计调查资料的基本要求是准确性、及时性、全面性和系统性。只有这样，统计资料才能作为制定政策、编制计划和监督管理及检查政策、计划贯彻执行情况的依据。

对统计调查准确性的要求，就是提供的统计资料必须符合社会经济客观的实际情况，不受任何主观偏见干扰。只有这样，才能从调查的资料中作出正确的判断，得出科学的结论，提供给各级领导和经营管理者真实的情况，从而正确地指导工作。

统计调查资料的准确性是搞好统计工作的关键，如果调查资料不符合客观实际，就会使人的认识产生偏差，甚至得出与实际情况相反的结论。

《中华人民共和国统计法》中规定："国家机关、社会团体、企业事业组织和个体工商户，以及在中国境内的外资、中外合资和中外合作经营的企业事业组织，必须依照本法和国家规定，提供统计资料，不得虚报、瞒报、拒报、迟报，不得伪造、篡改。基层群众性自治组织和公民有义务如实提供国家统计调查所需要的情况。"

统计资料的准确性既是技术问题，也是原则问题，所以我们说实事求是是统计工作的灵魂，数据资料的真实性是统计工作的生命。

对统计调查及时性的要求，就是统计资料要及时满足各级决策者的需要并及时完成各项调查资料的上报。各项调查资料不但要求准确，而且需要及时，因为过时的资料会失去其时效性。同时，统计调查的及时性还关系整个统计工作的进程，因为统计调查是整个统计工作的最初阶段，调查任务要由许多调查单位共同完成，如果个别单位不能按时上报调查资料，就会影响总体资料的汇总和分析，进而影响统计资料作用的发挥，也就难以保证调查资料的时效性。

统计调查中的准确性和及时性的要求是相互结合在一起的，因而在每项调查实践中，要根据具体情况正确处理好准确与及时的关系。统计调查得来的资料如果不准确、不及时、不全面、不系统，就会影响整个统计工作，使其不能很好地发挥认识社会的作用，甚至对国家、企业的管理带来不利的影响。

三、统计调查的种类

统计调查的种类很多，按调查对象包含的被调查单位数的多少不同，可以分为全面调查和非全面调查。全面调查就是对调查对象中的全部单位逐一加以调查的调查方式。全面调查是以取得有关总体的总量资料为目的，其取得的一定是全面资料。统计报表和普查均属于全面调查，如了解全国人口情况的人口普查等。非全面调查是只就调查对象中的一部分单位进行的调查。重点调查、典型调查、抽样调查都属于非全面调查。按照国际惯例，非全面调查主要是指各种抽样调查方法。世界上大多数国家的统计调查，一般都是以抽样调查为主要的资料搜集方法，如旅游统计调查，国际上均以抽样调查的方法进行；在我国的旅游统计调查中，也越来越多地采用了抽样调查这一方法。

划分全面调查与非全面调查，是以调查对象所包含的单位数是否完全、无一遗漏来衡量的，并不是以最后取得的是否为全面资料来确定的。因为有些非全面调查的目的也是为了取得反映整个总体的资料，如抽样调查是非全面调查，但它最终可以推算总体资料。为了取得全面的资料，在选择调查方法时，主要取决于研究问题的目的和可能性。如果为了定期取得系统而全面的资料，就可以采用全面调查，如统计报表。如果为了研究某项专题，或是为了节省人力、物力、财力，则最好采用非全面调查。有些特殊情况，根本不可能采用全面调查的方式，就只能进行非全面调查，如酒店对食品进行质量检验时，检验过的食品尽管是合格的，但其本身已经被破坏掉了，所以不能用于销售，遇到类似的情况只能采用抽样调查的方法。

按照搜集资料的组织形式不同,统计调查又可以分为统计报表和专门调查。统计报表是以原始记录为依据,采用经常性的定期调查,按一定表格形式和时间程序形成制度,自下而上系统地向各级领导部门提供基本的统计资料,这种方式在我国的统计工作中占据主要的地位。专门调查则是为研究某些专门问题,由进行调查的单位专门组织的调查,这种调查大多属于一次性调查,如普查、抽样调查等。

按被调查对象在登记时间上连续性的不同,可以分为经常性调查和一时性调查。经常性调查是连续性调查,它是随着被研究对象的变化进行登记的,主要用于连续观察一定时期内事物发展的过程,如某年的旅游外汇收入,是该年中每个月的旅游外汇收入连续累计的结果。一时性调查是不连续调查,它是每隔一段时间对社会经济现象进行的一次登记。一时性调查又可分为定期的和不定期的:定期的,即调查时间间隔大体相等的调查;不定期的,即调查的时间间隔不完全相等的调查。如学校对学生的考勤,是以每天的早上第一节课开始为准,从而得出每个班级一学年的出勤状况,这就是定期的一时性调查。再如,新中国成立以来,曾经进行了多次工业普查,第一次在1954年,第二次在1985年,第三次在1995年,2005年并未进行第四次全国工业普查,这一调查显然是不定期的一时性调查。

经常性调查和一时性调查虽然是以调查时间登记的连续性不同来划分的,但实际上调查的连续与否要取决于现象本身的特性。一种是时期现象,它随时间的推移而连续不断地发生变化,如调查一定时期的入境旅游者人数。所谓经常性调查就是指对时期现象所进行的调查,它随着现象的不断变化而连续不断地进行登记。经常性调查必须以健全的、系统登记的原始材料为基础。另一种是时点现象,这种现象表现为一定时点上的状态,如全国共有旅行社的数量2003年底为13 361家,而2005年底为16 846家,这些数字反映了现象在一定时点上的状态。所谓一时性调查大多是对时点现象进行的调查。

除了以上三种我国通行的统计调查方式的分类以外,按照国际惯例的通常分类法,还可从调查目的上分为一般调查和专项调查两种。一般调查是为了取得用于多种目的的统计资料,而专项调查则是为了取得用于研究、分析某些专门问题的统计资料。前面所讲过的统计报表,就是属于一般调查当中的一种;而这里所说的专项调查,基本上相当于前面所讲的专门调查。

应该指出,以上各种分类是互不排斥的,它们只是从不同的角度对调查进行的不同分类,统计人员应根据调查对象的特点和调查目的的要求加以选择和运用。

第二节　旅游市场统计调查的基本方法

一、直接观察法

直接观察法是由调查人员亲自到现场,对调查对象进行观察和计量以取得资料的一种调查方法。它可以保证调查资料的准确性,但需要大量的人力、物力、财力和时间,因此在应用时受到很大限制,特别是对历史资料的搜集来讲,根本不可能采用这一方法。

二、报告法

报告法是利用各种原始记录和核算资料作为报告资料的来源,向有关单位提供统计资料的方法。我国现在各机关、企事业单位所填写的统计报表,就是采用这种调查方法。报告法有统一的要求,以原始记录凭证为依据,能够提供比较精确的数字,可以同时进行大量的调查。如果报告系统健全,原始记录和核算工作比较完备,就可以保证所提供的资料具有可靠性。然而,报告法同样需要花费大量的人力、物力和财力,因而它只适用于国民经济基本资料的统计。需要指出的是,这种调查是各地方、各部门、各单位按照有关法规的规定必须对国家履行的一种义务。

三、采访法

采访法是由调查人员对被调查者逐一采访,向他们提出所要了解的问题,借以搜集资料,又叫口头询问法。也可由调查人员以座谈会的形式召集一些了解情况的人员,按调查提纲展开讨论式的研究,以搜集各项资料和情况,即通常所说的开调查会的方法。由于采访法能使调查者与被调查者直接接触,逐项询问调查,所以能够对实际了解得比较深入,以保证调查资料的准确程度。这种方法还适用于对缺少历史资料的估计推算。然而,这种调查方法需要较多的时间和调查人员,因此不宜于进行全面调查。

目前,采访法除了当面进行之外,更多的是进行电话采访,既方便快捷又经济。通常有随机对象的电话采访和相对固定调查对象群的电话采访两种方式,上述两种方式也可结合运用。

四、自填法

自填法是调查人员将调查表送交被调查者,并说明填表的要求、方法和注意事项,由被调查者根据实际情况自己填写,然后交调查人员审核。采用这一方法要对被调查者讲明调查的意义和用途,以解除其思想顾虑。同采访法比较,它更节省人力和时间,但要求被调查者必须具有相当的责任心与文化水平,才能保证资料的准确性。

五、通信调查法

通信调查法就是把要调查的问题书面寄给被调查者,请其填好后再寄回。西方许多国家往往采用这一方法,我国现在也开始逐渐使用这种方法。一些公司、企业有时在没有工作人员调查,或不愿雇用外单位人员来进行调查的情况下,使用这一方法就很便捷。用这种方法可以和许多被调查者同时联络,但不能保证都得到答复。只要被调查者人数不多，要了解的问题不复杂，就可以采用这种调查方法，但对回答的结果应仔细审查。如果调查表答复得不理想，有必要打电话或写信查询，甚至派人继续调查。

通信调查法存在的一个最大问题就是"不答复"。由于种种原因，答复很少能达到百分之百，还有的回答因为基于某一种或另一种利害关系，如一些公司、企业或个人的隐私，在这种情况下取得的资料将会出现某种方向的偏差，调查结果将是没有用的。要使通信调查法取得较好的效果，首先要使被调查者了解调查意图；提出的问题应当易于被调查者回答；调查者应对被调查者所提供的一些不愿意向别人透露的情况予以保密。

随着互联网的迅速发展，网上通信调查成为可能，它的覆盖面之广、传递速度之快，是其他方式所无法比拟的。如可以通过某一网站发表调查问卷及调查表，也可以有目的地通过 E-mail 去调查特定的调查对象。

六、特尔菲法

特尔菲法也叫专家调查法，采取的是不具名和反复的方式进行调查。首先调查人草拟提纲并提供背景资料，再征询不同专家的意见，最后汇总调查后的预测结果，往返四五轮，直到意见基本一致为止。通常选择 10~20 位的专家，为避免相互干扰，专家之间没有任何联系。

第一轮调查首先明确调查目标，并向专家提供相关资料和所要求使用的方法。专家接到通知后，提出自己的分析见解。主办单位根据专家们的分析意见归纳整理，对不同数值分别说明其依据，然后再寄给各位专家，同时要求他们参考这些意见和数值，进一步修改自己原来的分析报告，专家们还可以再提出些要求或疑问。待专家们再次接到主办单位的反馈信时，就各种意见及其依据和理由进行分析，提出自己的分析意见和数值及其依据和理由。如此反复往返征询、归纳、修改，直到意见基本一致为止。反复的轮次应根据需要决定。

这是一种有控制的反馈过程。专家们是"背对背"的，即他们之间是互不相知的，因而个人思维不受干扰。最后通过对各位专家所提供的数值，采用平均指标进行计算而得出量化结论。此方法适用于旅游市场趋势的预测。

七、集中意见法

这是一种"面对面"的调查方法。将企业内部的相关职能部门及业务部门的人员集中起来，根据相关统计数据交换意见，相互启发、补充，共同讨论有关问题，提出一种或多种分析方案，然后将这些方案提供给企业的最高决策者，从而选择和决定一种最优方案。采用这种方法时，应选择富有经验的、对本企业经营情况比较熟悉的人员，如销售、外联、计划、财务、统计等部门的人员进行调查。这是一种较为简单的调查方法，具有一定的局限性，可以用于旅游市场趋势的预测。

第三节 旅游市场统计调查的方案设计

若想了解旅游者对旅游服务质量的满意度,若想了解旅游者对旅游接待设施的偏好,若想了解旅游者对旅游价格的评价,若想了解旅游者对旅游资源的兴趣所在,若想了解旅游者喜欢什么样的旅游商品,等等,这些问题的答案来自于对旅游市场的深入调查。旅游市场统计调查通常涉及面广、工作量大,且参与调查的人员较多,是一项复杂的、严格的科学工作,首先应当设计一个科学、完备、可行的调查方案,这是调查工作取得成功的基础。一个完整的统计调查方案应包括以下几方面的内容。

一、调查的目的

在进行调查之前,首先应该明确调查要解决什么问题,因为调查目的决定着调查的对象、内容和方法,调查任务和调查目的不同,调查的内容和范围也就不同。任何社会现象和过程都可以从不同方面来搜集资料,如我们研究旅游者的情况,可以有各种目的,一种目的可能是要研究旅游者所来自的国家或地区,也就是我们进行旅游销售的客源国。通过研究我们可以进一步修改和制订销售计划,改进促销手段,改善旅游服务与环境,更好地满足旅游者的消费需求。也可以从另一个角度来研究旅游者人数,如我们研究旅游者的行程状况可以发现:在某年抽样调查某地的入境旅游者中,以短程为主,游览的城市以1~3座居多,占被调查者的72.4%;团体旅游者的平均行程普遍长于散客;男性旅游者的平均行程稍短于女性旅游者;60岁以上的旅游者的平均游程最长;以观光度假和宗教朝拜为目的的旅游者的平均行程长于其他旅游目的的旅游者。

由此可见,调查的目的要具体明确,突出1~2个中心问题,避免面面俱到。调查目的不明、调查任务不清就无法确定向谁调查和调查什么,就不能进行有效的调查。

二、调查对象和调查单位

明确了调查的任务和目的以后,就可以进一步根据调查目的来确定调查对象和调查单位,即向谁调查,由谁来提供具体资料。目的越明确、越具体,调查对象和调查单位的确定就越容易,能否正确确定调查对象和调查单位,直接关系调查材料的准确性和完整性。

所谓调查对象,就是要进行调查的客观事物的总体,是由在某一方面具有共同性质的许多个体组成的。如我们要了解某年全国星级饭店的经营状况,那么,该年全国的星级饭店就是调查对象,其中的每一个企业就是一个调查单位。如果调查目的是为了了解北京的国际旅行社在某年招徕的入境旅游者的情况,那么该年北京市的国际旅行社就是我们所要调查的对象，而他们所招徕的入境旅游者当中的每一位，就是我们要调查的单位。

社会生活中许多现象之间相互联系又互有交叉，所以在确定调查对象时，不仅要指明它是什么，而且必须掌握其主要特点，这样才能把调查对象同与其有联系的或相似的现象区别开来。如前面讲到的旅游企业，只明确所有旅游企业是调查对象是不够的，还必须根据其特点，使其与工业企业或者旅游事业单位等区分开来，也就是要有明确的界限范围，才能划出某些企业才是我们的调查对象。只有正确地、科学地确定了调查对象，才能划清统计研究的总体界限，弄清什么事物或现象包括在规定的调查范围之内，避免因总体界限不清而影响调查登记资料的准确性。调查对象的确定只是从大的方面把某项调查的范围或统计的界限明确了，而能不能按照已定的对象进行统计，还需要正确解决调查单位的问题，否则就不能真正按照已定的调查对象进行统计，结果仍然不能保证统计资料的准确性。

所谓调查单位是构成调查对象的每一个单位，是进行登记的标志承担者，也就是在调查对象中所需要调查的具体单位。如果要了解目前我国旅游高等教育的发展状况，到 2014 年底，全国共有高等旅游院校及开设旅游系（专业）的普通高等院校 1122 所，那么所有的这些从事旅游高等教育的院校就是调查对象，而1122所当中的每一所院校就是一个调查单位。调查对象不同，调查单位也就不同。如调查对象是这 1122 所院校，则每一所院校就是一个调查单位；调查对象是这1122 所院校的学生，则调查单位便是这些院校当中的每位学生。确定调查单位，目的在于明确向谁作调查，采用什么标志，即从哪些方面去搜集所要登记的情况和资料。

从统计范围上来说，既然能够符合调查对象特点，包括在调查对象中的单位就应该看作是调查单位，否则就不应列入。因为调查单位是调查标志的承担者，则在调查对象中的每一个单位都要符合这一要求。在大多数情况下，包括在调查对象中的单位都有可能被确定为要实际进行调查的单位。全面调查当然没有疑问，每个单位都无一例外地要进行调查。对抽样调查来说，也可以作这种理解，因为在抽样调查中，调查对象中的每一个单位都有被抽中的可能，哪些单位被抽中，哪些单位不被抽中，事先是无法断定的。典型调查也相类似，虽然典型单位是客观存在的，但那也要经过选典过程才能确定。只有重点调查才有可能事先就确定它所要调查的重点单位是哪些。为了保证调查资料的准确性，必须正确地确定调查单位。

调查单位与填报单位是两个不同的概念，调查单位是调查所登记项目的承担者，而填报单位是负责向上级报告调查内容的单位。调查单位和填报单位有时一致，有时不一致。如调查旅游企业的经营状况时，每一个旅游企业既是调查单位又是填报单位。如果调查这些旅游企业设备的规格、性能等情况，调查单位就是每台设备，而填报单位则是每一个旅游企业。再有，调查全国国际旅行社招徕的入境旅游者的情况时，调查单位应该是每一位旅游者，填报单位也应该是每一位旅游者，但在实际运作时，是由旅行社根据旅游者曾经提供的资料代为填报，因此填报单位就有可能是每一家旅行社，而非旅游者本人。只有在调查单位向调查机构提供自身资料的情况下，调查单位与填报单位才是一致的，否则就不一致。

三、调查内容

（一）拟订调查项目

所谓调查项目是指调查时所要登记的调查单位的特征，或叫标志，是向调查单位需要调查的内容。调查项目包括需要向调查单位了解的有关标志，如调查旅游者的性别、国籍、年龄、旅游花费等项目时，其中性别、国籍为品质标志项目，而年龄与旅游花费则为数量标志项目。选择品质标志还是数量标志，选择哪几个标志，需要根据调查目的和被研究现象自身的特点来确定。调查所要搜集的是大量调查单位的个体量，并不需要了解调查单位在所有标志下表现的个体量，只是需要根据统计研究的目的，选择那些与调查目的直接有关系的标志进行调查，也就是要对调查单位本身固有的标志进行取舍。调查项目中，对于那些没有用的，或是可有可无的标志应予以删除，以免分散调查力量，降低调查质量，耗费更多的时间、人力、物力。拟订调查项目应本着需要与可能的原则，要求列出的项目应是那些能够得出确切答案的项目，并且提法要明确、具体；此次的调查项目要能与以往的同类调查项目相衔接、相对应，以便研究现象本身随时间变化而发生的改变。另外，确定的调查项目之间还应尽可能地互相有联系，以便于核对其答案的准确性。

（二）起草调查提纲

调查提纲是指打算调查的内容，包括掌握基本的统计数字和对情况的基本了解。当调查项目确定之后，应加以科学的分类、排列，构成调查提纲，又称调查纲要。在调查开始前，要对调查项目进行仔细检查，并对提出问题的次序认真研究。一般起草调查提纲时，必须记住是为了得到回答，因此提出的问题要尽可能简单明了，前后次序要合乎逻辑。

（三）编制调查问卷

1.问题的产生

问卷的核心是“问题”。编制问卷首先需要确定问题，即在问卷中提出哪些需要被调查者回答的项目。问题的形成一般要经过分析、提出假设等步骤，使概念具体化，寻找变项；再确定指标，并为测定已经确定的指标编制直接或间接的问题。

2.问题的提出

问题的提出要具有合理性。判断所提问题是否合理，首先要看全部问题是否都是特定研究课题及其理论假设所必须了解的问题，同时确定每一问题将来搜集资料后如何分析的方法。其次还要注意问题对于全部被调查者是否普遍适用，关于这一标准特别是在调查旅游者时应予以注意。提问的形式和措辞要适当,以利于被调查者与主办单位的合作。科学地提问即指标准是单一性的,就是一个问题中只包括一个调查指标,只询问一件事情。此外,标准还应该是中性的,即问题不带有倾向性,不具有诱导性。提问必须具备明确的含义,科学使用明确的语言,只有明确才能准确。

3.问卷的基本结构

前言是调查者向被调查者说明调查目的与要求的一个简单说明,一般包括调查的目的与意义,关于匿名的保证,对被调查者回答问题的要求,调查者的个人身份或组织名称等。在前言之后就是主体了,问卷的主体是问题表,它包括从研究课题与理论假设中引申出来的问题、回答方式和编码,以及对回答的指导说明。最后还要有一段短语作为结束语,以表达对被调查者的感谢,以及关于避免漏填与复核的请求,开放式地提出一个本次调查研究中的重要问题。

(四)设计调查表

无论是调查项目还是调查提纲,最后都要反映在调查表中。调查表是统计调查方案的重要内容,是统计工作中搜集原始资料的基本工具。通过调查表可以把要了解的项目列在调查表中,以便于填写、整理、综合。为了避免调查表内的项目太多,不列入调查表的内容可以另列文字提纲。调查表的内容一般由表头、表体和表脚三部分组成。表头是用来表明调查表的名称和填报单位的名称、性质、隶属关系等,可以用来核实和复查。表体也叫表身,是调查表的主体,包括统计调查所要说明的社会经济现象的原则、栏号和计算单位。表脚主要包括填报人的签名和调查日期,以便于查询。

调查表的格式一般有单一表和一览表两种形式。单一表又称卡片式,是将一个调查单位的调查内容登列在一份表上或一张卡片上的表式,见表 2-1。单一表可以容纳较多的项目,而且便于整理和分类。一份表格并不只限于一张表,可以视调查项目内容的多少由若干个调查单位填写,即一览表,见表 2-2。一览表较单一表节省人力和物力,但当调查项目较多时不宜采用。一般说来,调查项目较多时,可以采用单一表;而调查项目较少时,则可采用一览表。

表 2-1　CP 旅游公司散客部游客意见征询卡

CP Tourism Co.FIT Dept.Card For Tour Comment

团号 Gr.No.		人数 PAX No.		国籍 Nation		陪同 Guide	
评定等级 Comments		优 Excellent	良 Good	一般 Fair	差 Poor	备注 Other Comments	

续表

评定等级 Comments	优 Excellent	良 Good	一般 Fair	差 Poor	备注 Other Comments
日程安排 Itinerary					
住房情况 Hotel					
用餐情况 Meals					
陪同仪表 Appearance					
陪同服务 Service					
陪同讲解 Explanation					
司机服务 Driving Service					
车辆情况 Tour Coach					
建议： Suggestions 客人签名：Signature					

说明：意见请用"✓"表示

Notes：Tick"✓" in corresponding blanks please

____年____月____日

谢谢合作！

Thanks！

表 2-2 预期到达

EXPECTED ARRIVALS

日期

DATE：

姓名 NAME	航班号 FLT NO.	预达时间 ETA	房间类型 RMTYPE	房价 RATE	备注 REMARKS	房号 ROOM

为了使填报者正确填写表中内容,还应编制填表说明和指标解释。填表说明的内容应包括填写的方法和注意事项;指标解释则是为了说明调查表中每一个指标的含义、范围和计算方法等。此外,在设计调查表时还应注意其表的内容必须满足汇总表的要求。对于设计者来说,应先制作汇总表,它的内容直接反映了该项调查的目的和要求。调查内容有些有固定答案而又不复杂的可列出答案,由被调查者打勾以方便填表者。

四、调查时间与地点

(一)关于统计调查时间与地点的一般概念

统计调查的时间包括三个概念,即调查时间、调查期限与调查时点。调查时间是指调查资料所属的时间,当调查的是时期现象时,就要明确规定资料所反映的是调查单位从某年某月某日起到某年某月某日止的资料,是一个累计数。调查期限则是指调查工作进行的起止时间,也就是登记调查项目的时间,一般这一期限不宜过长,以保证调查资料的时效性。调查时点是指当被调查的现象属于时点现象时,需要确定调查时点。选择什么时点调查最好,要取决于调查对象的特点,如近年的人口普查,其调查时点均规定在某年的 11 月 1 日零时,其目的也就是要尽量选择一个人口状况变动最小的时点作为调查时点。

调查地点是指登记资料的地点,在一般情况下调查单位所在地与调查地点是相一致的。比如在酒店调查旅游者的情况,调查地点就是酒店。但如果要调查旅行社接待的旅游者的情况,就可能到旅游者所在的旅游景区景点或住宿的酒店去调查,也可能直接让旅行社提供调查资料。

(二)关于旅游市场统计调查的时间与地点

旅游市场统计所采用的调查的时间和地点,应适合于旅游市场的特点。旅游市场统计调查的时间可以是旅游者到达或即将离开某一旅游目的地的时间,但这一时间一般比较短,只能搜集一些人数资料。在旅游者停留在旅游城市的时间内,也可以搜集一些资料,因为这一时间相对较长些,可以在旅游者的住宿地、游览地等处进行调查。此外,在旅游者乘坐交通工具的时候,这时旅游者有足够的空闲时间来回答问题或填写表格。如旅行社的导游员一般都是在旅游者游览完该市,坐在开往机场的旅游车上时,发给旅游者"游客意见征询卡",这时旅游者既有时间也有心情填写这些表格,且收回率很高。

调查地点是和调查时间密切联系在一起的,通常在调查地点确定后,调查时间也就随之确定了。作为旅游统计的调查地点,经常采用的有以下几种。

1.在海关调查

海关一般设在一个国家与其邻国的陆路边境线上、沿海一带、首都及一些大城市。在海关主要是调查一些与国际旅游有关的统计资料,其中包括外国公民的入境旅游资料及本国公民的出境旅游资料。目前,世界上许多国家都要求所有出入境者填写出入境登记表，登记内容包括姓名、国籍、性别、年龄、常住地址、到离时间等。

2.在酒店调查

在酒店调查是指在接待旅游者的酒店、宾馆、旅馆和招待所等住宿设施内进行的调查。在这一调查地点，一般旅游者停留的时间相对较长，并且在住宿地或多或少地留有一些记录资料。单就酒店调查，不能包括全部的旅游者，因为有些旅游者住亲朋好友家，还有当日往返而不住宿的旅游者等。

3.在交通枢纽地调查

此类包括飞机场、港口码头、火车站和汽车站等。对于多数旅游者来说，都要经过交通枢纽地进入某一旅游城市或地区，但是也会遗漏一些没有途经交通枢纽地而直接进入该旅游城市或地区的旅游者。

4.在旅游参观购物场所调查

这些场所均属旅游者必到之处，但在这些场所进行调查，因旅游者的流动性大，且又打扰旅游者的游览参观和购物，所以搜集资料会受到很大限制。

5.在与旅游有关的部门调查

这些部门主要包括旅游企事业单位，如车船公司、餐馆、银行、园林文物单位等。这些部门一般都存有一些直接或间接地反映旅游市场经济情况的较为丰富的资料，是主要的旅游市场统计调查地点。

五、统计调查的组织实施工作

在统计调查的组织实施方面，应先制订周密可行的计划，以明确调查机构、调查时间、调查步骤；明确由哪些机关、部门组织领导调查工作和调查人员，以及调查经费的预算和来源。在调查的前期准备工作中，应做好试点调查以取得经验；做好宣传、培训、文件印制等工作；规定调查成果的公布时间和调查工作的规则。一项统计调查工作，特别是大规模的调查，只有严密细致地组织才能保证其顺利进行。

第四节　旅游统计信息预报系统及旅游统计调查制度

一、旅游统计信息预报系统

旅游统计信息预报系统是旅游市场统计调查活动的一个创新之举。由于2000年我国休假制度的重大改革，带来了每年的“五一”“十一”和春节等假日旅游“黄金周”。2000年“五一”期间，旅游消费实力“井喷”式地释放，这无疑对以往的旅游市场统计调查工作是一个挑战，无论是旅游者还是旅游业的管理者、经营者都希望能更详细、及时、全方位地了解具有权威性的假日期间旅游市场动态，于是旅游统计预报系统就在这种形势下产生了,并于2000年"十一"前夕正式开始对全社会发布旅游统计预报信息。

国家旅游局现行的假日旅游统计预报系统是按照城市、省级、国家"三级监测,城市为主,分工协作,分级负责"的原则组织实施的。数据采自北京、上海、桂林等第一批纳入全国假日旅游预报系统的21个重点城市和黄山等10个著名旅游景区,所采集的数据包括旅游住宿设施、旅行社、商业、餐饮业、主要旅游景区、民航、铁路、水运、汽车、市内交通运输等各个相关门类,假日旅游中所涉及的各相关接待元素都包括在内,即旅游统计预报所需信息采集范围是全面的。

除了信息采集范围的全面性以外,还应重视信息采集的深度与真实性。如对景区的统计,其门票统计可以为旅游信息统计提供最为准确的数据,而旅游交通统计调查就相对复杂些了,民航、铁路客运、水运的旅客数据采集基本准确,而公路交通的统计数据因为有大量的私家车、自驾车旅游者,这一部分数据带有部分测算的成分。因此,假日旅游市场统计工作中,食、住、行、游、购、娱旅游六要素,能够提供精确数据的部门都应参与其中。

关于预报的数据源采集,现在这一预报系统的采集范围是较为全面的,但能够提供精确数据的部门则不够全面。作为全国性的旅游统计预报,其准确度如何,一方面在于信息采集的精确度与全面性、所采用方法的科学性与合理性;另一方面,数据的时间性、动态变化制约了预报的精确度,或者说影响预报精确性的变量较多。因为旅游统计预报系统是一个开放式的动态信息系统,旅游市场的参与各方都是有自主行为能力的、活生生的行为主体。此外,现有的预报系统在采集时间方面,因技术因素制约了数据的动态显示,因此目前的旅游统计预报系统也有其技术缺陷。尽管如此,旅游统计预报系统仍然是成功的,特别是在"黄金周"期间为避免全国各地旅游市场的无序状态作出了重大贡献。

二、旅游统计调查制度

(一)意义

为了有效地、科学地组织全国旅游统计工作,了解和掌握我国旅游业的基本情况,保证旅游统计资料的准确性、及时性和全面性,为各级政府制定政策和进行宏观经济管理提供依据,根据《中华人民共和国统计法》及其实施细则和《旅游统计管理办法》的有关规定,制定了《旅游统计调查制度》。现行的制度于2011年10月制定,2012年1月起开始实施。该调查制度是国家统计调查的一个组成部分,是我国国民经济与社会发展统计体系的一部分,也是政府综合统计对国务院有关部门和各省、自治区、直辖市旅游局(委)的综合要求。有关部门和各省、自治区、直辖市旅游局(委)应按照其统计范围、统计方法、统计口径认真组织实施并按时报送。

(二)基本内容

旅游统计调查制度由基层统计报表、部门统计报表、旅游抽样调查、专业统计报表、旅游统计分析和附录六部分组成。基层统计报表主要包括:旅行社外联和接待海内外旅游者情况、组团社组织出境游情况、各地区接待海外旅游者情况、旅游企业经营情况等。部门统计报表主要包括:来华旅游人员入境情况、中国(大陆)公民出境情况和旅游住宿设施情况等。旅游抽样调查主要包括:海外旅游者花费情况、国内居民旅游及花费情况、地方接待国内旅游者情况等。专业统计报表主要包括:度假区建设及经营情况、旅游行业职工文化程度等。旅游统计分析包括:对旅游统计分析报告的内容和报送时间的要求等。

(三)资料来源和报送方式

基层统计报表由各旅行社、有特许经营出境旅游业务的国际旅行社、国际旅游住宿设施及以接待国内外旅游者为主的旅游接待服务单位填报,各省、自治区、直辖市旅游局(委)对辖区内旅游企业的资料进行收集、审核、汇总后,利用网络传输或磁盘报送的方式将统计资料上报国家旅游局。部门统计报表中,来华旅游人员入境情况、中国公民出境情况等资料来源于公安局,其有关资料按制度要求报国家统计局并抄送国家旅游局。旅游住宿设施基本情况由统计部门提供。国家旅游局会同国家统计局每年还统一组织有关资料的抽样调查。在专业统计报表中,旅游度假区报表由各省级度假区管委会填报,在上报国家旅游局规划发展与财务司的同时,抄送度假区所在的省、自治区、直辖市旅游局(委)一份。国家旅游局将汇总后的全国旅游统计资料报国家统计局。各省、自治区、直辖市旅游局(委),重点旅游城市旅游局在不影响上报国家要求的旅游统计数据的前提下,可根据本地旅游经济管理的需要,适当增补统计报表、统计指标等。

第五节　几种专门调查

一、普查

普查是为了满足某种专门需要组织的一种一时性调查,一般是对全国某一社会经济领域进行的大规模的国情调查,如我国曾经进行过几次的工业普查和人口普查等。普查所取得的资料主要是某种现象在一定时点上的总量资料,属于全面调查的范畴,且调查项目详细,资料丰富而全面。通常情况下,普查的组织方式有两种:一种是自上而下组织专门机构从事这一工作,有专门的人员进行调查,但同时也要利用一些平时的原始记录资料。另一种组织方式就是没有专门组织这种普查机构,也无专门的调查人员,而是利用被调查单位本身的组织机构进行调查,综合本单位的日常管理工作,把平时的资料充分利用起来加以整理。此外,还有一种快速普查,主要是为了适应特殊时期的特殊要求,一般调查项目都是最基本的,也不搞逐层调查,而是由基层单位直接上报到最高统计机构。

由于普查所反映的是某种现象在一定时点上的总量资料,因此正确选择普查时间就显得十分重要了。普查的登记时间也叫登记期限,是登记普查项目的时间,即为一个时间段,一般不能太长,通常在半个月左右。普查的标准时间则是指登记调查单位时所依据的统一调查时点,即一瞬间。规定普查标准时间的目的在于避免登记的重复或遗漏,因为普查的登记时间不是一个时点,而是一个时间期限。确定普查的标准时间,最好应是被调查对象的变动为最小时。与普查的时间有关联的还有普查的间隔期,由于普查耗费较多的人力、物力和财力,因此一般不可能在相对较短的时期内进行多次普查。然而普查的间隔期应是有规律的,两次普查的间隔不宜过长,否则普查资料的时效性和实际作用会降低。一般来讲,进行各类普查都应有固定而且相等的间隔期,但间隔期年份的长短,则应根据本国的国情和被调查现象的特点来确定。

尽管通过普查可以取得全面、详细而丰富的统计资料,但是它涉及面广,所用时间太长,人力、物力、财力消耗大,因此不能轻易进行,要做好充分的准备工作,建立普查机构,拟订调查方案,培训调查人员,并通过试点工作改进调查方案的设计,还要对所需要的原始资料进行整理和补充。另外,还应注意同类普查的内容和时间在历次普查时应尽量保持一致,以便于比较分析。

任何统计调查都会出现一些误差,普查也不例外。如普查的登记差错、资料搜集误差和资料整理时出现的误差,以及由于资料内容涉及被调查对象本身的特殊利益而提供的是虚假数据等。为了使误差减少到普查数据基本可靠的限度之内,应在普查的各个阶段采取相应的预防措施,强化宣传,鼓励填报,确保秘密,并在普查之后再进行一次抽样复查,以校正普查中出现的误差。

二、重点调查

重点调查是按照一定研究目的对总体中重点单位的某种数量特征进行的调查,是一种非全面调查。所谓重点单位,就是在总体中虽然为数不多,但这些单位的被研究标志总量却占整个总体标志总量的绝大部分,这些调查单位的该种数量特征能对总体作出综合说明,通过对这些单位的调查可以得到表明总体基本情况的资料。如要想综合了解全国旅游外联、城市接待、创汇等主要旅游经济指标,只要对全国的60个(包括北京、上海、广州、桂林、西安、苏州、杭州等城市在内的)主要旅游城市进行重点调查,就可以基本掌握全国的大体情况。

通常根据调查任务的不同,重点单位可能是一些企业或行业,也可能是一些地区、城市。能否采用重点调查,是由调查的任务和研究对象的特点来决定的。重点调查并不是要用重点单位的指标来推算整个总体指标,而只是通过重点单位本身的指标来说明总体在该数量特征方面的基本状况。一般来说,当调查任务只要求掌握基本情况,而部分单位又比较集中且能反映所研究的问题时,宜采用重点调查。由于重点调查被调查的单位数少,可以用较少的人力、物力、财力和时间获得反映总体基本情况的资料,调查的指标项目可以多一些、细一些,具有搜集资料快和代表性强的特点,有助于对问题的深入研究,所以重点调查在我国的统计工作中经常被采用。

重点调查的具体做法可以灵活运用,可以在某个时期专门组织一次调查,也可以对重点单位布置报表。

三、典型调查

典型调查是在被研究对象中有意识地选择若干有代表性的单位进行调查研究。从统计调查的角度来看,典型调查也是统计工作搜集资料的重要方法,是一种按照调查的预定目的而专门组织的非全面调查。典型调查的范围小,调查单位数少,因而指标可以多一些,可以用来研究某些比较复杂的专门问题,所以说典型调查是一种深入、细致的调查方式。典型调查的单位是根据调查的目的和任务,在对调查总体进行全面分析的基础上有意识地选择出来的。

正确选择典型单位,保证典型有充分的代表性,是搞好典型调查的关键。典型调查可分为两种:一种是作为个别单位的典型调查,另一种为具有统计特点的典型调查。对个别单位的典型调查是一种解剖式的调查方式,这种典型调查的典型单位是在其全部单位中有代表性的,尽管单位数很少却可以达到其调查目的,通过这种调查来说明总体的基本情况及其变动的规律性。对个别单位的典型调查又分为两种情况:一种是选出的单位对总体具有代表性,可以大致反映总体的情况;还有一种情况就是选出的单位只是同类现象中的突出者,比如是突出好的,或是特别差的等。总之,这种调查的目的都是要摸清一般情况,从中找出经验、教训及事物发展变化的规律。要想把典型单位选好,具有真正的代表性,就要事先广泛地了解情况,才可能选出具有代表性的单位。值得注意的是,不能用个别典型单位的数量或指标去推算全体的指标,因为个别单位受偶然因素的影响较大。关于具有统计特点的典型调查,其典型单位不是个别单位而是一个部分,或是几十个单位组成为一个小总体,即典型总体,这依然是大量的调查单位。这样做的目的就是要用这部分典型单位的结果从数量上推断总体的结果。为了保证调查结果尽可能地精确,通常采用"划类选典"的方法,以缩小与总体的差别。这种"选典"是有意识进行的,典型单位的代表性与选择者对客观现象的认识程度密切相关,并且直接受其影响。

在一定条件下,典型调查可以验证全面调查数字的真实性,补充全面调查的缺口,搜集不需要或不可能通过全面调查和其他非全面调查取得的统计资料。对于从全面调查中发现的一些不够清晰的问题,可以深入若干典型单位进行统计调查,取得有关的统计数字,具体地分析具体问题。典型调查还可以反映社会现象的一般规律和基本趋势,对研究新事物,了解新情况、新问题的数量表现尤其具有重要意义。

四、抽样调查

抽样调查是专门组织的一种非全面调查,是一种非常具有代表性的调查方法。它是按照随机的原则从总体全部单位中抽取一部分单位作为样本进行观察,根据对这部分单位的调查结果,通过科学的计算来推断总体,并有效控制抽样误差的一种统计调查方法。随着现代统计理论和方法的不断完善,抽样调查已在世界各国得到了广泛的运用。许多统计调查活动在公众舆论、市场研究、医药、卫生、科学等方面都采用了这一方法,特别是在旅游业的调查实践中,由于其具有涉及面广、调查范围大、被调查者的流动性强等特点,我国近年来也越来越多地采用了抽样调查的方法来搜集有关旅游经济现象的数据资料。

关于抽样调查的更多内容见第十章。

五、几种调查方式的结合运用

(一)重点调查、典型调查、抽样调查的区别

第一,它们调查单位的意义与取得的方法不同。尽管三者都属于非全面调查,但就重点调查而言,其重点单位是指那些单位的标志总量占总体单位标志总量的绝大部分,这些单位除了代表它们自身以外,不具有普遍的代表性;它们虽然是根据调查者主观上的认识确定的,但其重点地位不仅是客观存在的而且是明显的,这一点要比对典型单位的选择准确得多。抽样总体和由典型单位组成的典型总体,对总体来说都具有代表性,但由于单位选取的方法不同,其代表性是有差别的。抽样调查是按随机原则抽取的调查单位,而典型调查是对总体有相当了解和进行分析的基础上有意识地选择典型单位,这就是它们在代表性上产生差别的根本原因。

第二,它们的研究目的不同。重点调查的目的是为了从某种数量方面掌握重点单位的状况,从而对总体在这方面的基本情况作出估计。抽样调查则是为了用抽样指标推断总体及总体的指标。典型调查虽然也可以通过典型单位的研究或定性分析以说明总体,但作为统计上的典型调查主要是为了从数量方面推断总体。

第三,它们调查结果的准确性及其考核方式有所不同。重点调查由于不需要推断总体,因而只要重点单位的确定基本符合实际,其结果就可以满足要求。抽样调查和典型调查要推断总体,因而不仅有准确性问题,而且还有考核推断的误差问题。抽样调查是按随机原则抽取的,因而在既定的概率和误差范围条件下,推断的准确性可以保证,同时抽样误差可以计算和控制。典型单位的选择取决于人们对现象的认识程度,因而它的客观性和推断结果的准确性就难以完全保证,推断误差也不能计算。

(二)几种调查方法的综合运用

在实际工作中,情况是复杂的,任何一种统计调查方法都有它的优越性与局限性,并且各有其不同的实施条件,因此常常是将几种调查方式结合起来运用。普查

是专门组织的一次性全面调查,普查提供的资料对于编制长期的经济、社会发展计划和决定重大政策和措施都有重要作用。普查间隔时间较长,如果需要年度数字,就可以在普查资料的基础上进行一些比较简单的非全面调查,并用科学的估计推算方法取得资料。普查与抽样调查结合起来运用,还可以验证普查的准确程度。统计报表是统计部门搜集统计资料的主要手段,统计报表与重点调查结合起来运用,可以补充报表中所不能取得的资料。在市场经济条件下,除了建立必要的全面统计报表外,还应该较多地进行抽样调查。对重点单位可根据其管理水平较高的情况,实行较全面、详细的统计报表;而对一般企事业单位,则可实行较简单的统计报表。重点调查适宜运用于调查对象比较集中的场合,重点单位不但资料容易取得,而且代表性强,特点比较显著,而非重点单位则往往界限模糊不清,进行统计调查也比较困难。抽样调查是非全面调查中最完善、最有科学根据的方法,在许多情况下,抽样调查所得出的结果比全面调查的结果可能更为准确。典型调查也是搜集统计资料的一种有效方法,它和统计报表相结合,可以弥补定期报表的不足。

在制订调查方案时,应针对不同的调查对象,根据不同的调查目的和要求从实际出发,灵活运用各种统计调查方法,并尽可能结合起来运用,搜集到所研究现象的丰富而准确的数据资料。

思考与练习

1.什么是统计调查?为什么说统计调查在整个统计工作中占有特别重要的地位?

2.如何设计一套完整的统计调查方案?

3.什么是普查?关于普查的时间是如何规定的?

4.如何区别并运用重点调查、典型调查和抽样调查?

5.统计调查有哪些主要的组织形式?

6.重点调查中的重点单位是依据什么确定的?

7.调查单位与填报单位的区别在哪里?

8.在统计调查中,调查对象、调查单位与总体单位之间是什么关系?

第三章

统计资料的整理与分析

第一节 统计资料整理概述

一、统计资料整理的概念

统计资料的整理，是继统计调查之后的又一个工作环节。它是指根据统计研究的任务和目的，对统计调查阶段搜集到的大量个体单位的原始资料，经过科学的综合、加工，使之系统化、条理化、科学化，从而得到反映总体特征的综合统计资料的工作阶段。

例如，我们在机场、码头等进出口岸对即将离境的游客进行调查，了解他们的性别、年龄、国籍、身份、文化程度等情况。但是，调查阶段结束后，所收集得到的那些资料仅仅说明被调查者个人的具体情况。只有经过对统计资料的整理和汇总，才可以得到来华入境游客的人数和他们的性别构成、年龄构成、收入水平构成以及文化程度构成等一些反映来华游客总体综合特征的统计资料。

二、统计资料整理的意义

统计资料的整理在整个统计工作过程中处于承前启后的地位，它既是统计调查阶段工作的继续，又是统计分析工作开展的必要前提。统计资料整理的重要意义不仅仅在于把个体单位的特征综合为总体特征，更重要的还在于它是按科学的原则和方法对调查材料进行了整理。整理出来的资料真实与否、准确与否决定着该资料的科学价值，直接影响着统计分析的结果。可以说，统计资料整理工作的质量，直接关系到整个统计工作的质量。

三、统计资料整理的内容与步骤

作为统计工作的一个阶段，统计资料整理的工作内容，简单来说，就是把调查表中的材料整理到综合表中去。也就是说，统计资料整理阶段最主要的工作内容，并不是整理工作开始之后才进行的，而应该是在调查工作开始之前，即在统计方案的设计阶段就必须做好的。对于统计资料的整理阶段来说,所做的实际上多是一些具体工作。

(一)统计资料整理的内容

一般说来,统计资料的整理包括两个方面的内容:初级资料的整理和次级资料的整理。

1.初级资料的整理

初级资料是指在统计调查阶段获得的第一手资料。初级资料整理的目的在于:将说明调查单位个体情况的基本特征,按照统计的目的与要求,整理成反映统计总体特征的统计指标。初级资料的整理主要是汇总性整理,具体说就是设计和编制汇总方案、审查和订正初级资料,根据汇总方案进行分组和计算,最后编制统计表和统计图等。

2.次级资料的整理

次级资料是指已经经过统计整理、汇总的现成的统计资料。次级统计资料整理的目的在于:将原本说明不同侧面的分散的统计资料整理成符合新的统计目的和要求所需要的,统计范围、统计口径一致的,互相配套、能够衔接的系统、完整的统计资料。次级统计资料的整理主要是综合性整理,即对现成的统计资料进行认真的甄别、评价、加工、调整和补充。

(二)统计资料整理的步骤

从初级资料到次级资料,再到最后整理好的统计资料,整个整理过程大致分为下列几个步骤。

1.设计整理方案

这一步应该在统计调查之前,在调查方案中完成。整理方案是统计整理工作的指导性纲领,体现着统计整理工作的具体规划与要求。

2.审核调查资料

即对上一阶段调查来的原始资料(初级资料)进行审核。审核调查资料是进行统计资料整理的前提。

3.对调查资料进行分组

即根据调查目的,依照整理方案,对调查来的资料进行科学的分组。统计分组是实现统计资料整理科学性、正确性的保证。

4.对调查资料进行汇总和加工

即对调查阶段得到的各总体单位的统计资料进行汇总或必要的加工计算。这部分工作是统计资料整理工作的主要内容。

5.编制统计表或统计图

这是统计资料整理的成果,同时还要进行资料的汇编、积累。

需要指出的是,以上五个方面的工作不是各自孤立进行的,而是相互衔接、密切联系的。

四、统计资料整理方案

统计资料整理方案是统计资料整理工作的指导性纲领。制订统计资料整理方案要依据统计研究的任务与目的,在内容上要求与统计调查的方案、统计分析的要求相互衔接。

统计资料整理方案主要包括以下两部分内容。

(一)明确对调查单位的处理办法

对总体单位是简单排列还是进行分组,关键在于是否需要分组以及如何分组。这个问题决定着统计资料整理工作的成败。

(二)明确说明各组和总体的特征所应使用的指标

指标是反映各组和总体的数量特征的科学概念和具体数值,可以使用单个指标,也可以使用指标体系。

整理方案的主要内容通常是用整理表或综合表的形式来表现的。可以说,整理方案又是一系列汇总表式的总称。

从基本内容上讲,整理表或综合表主要包括两部分:一部分是分组,另一部分是相应的统计指标。表 3-1 即为一张整理表。

表 3-1 来华旅游入境人员情况整理表

单位:人

分组	总计	年龄					性别	
		14 岁以下	15~24 岁	25~44 岁	45~64 岁	65 岁及以上	男	女
(甲)	(1)	(2)	(3)	(4)	(5)	(6)	(7)	(8)
合计								
外国人								
华 侨								
港澳同胞								
台湾同胞								

表 3-1 中,“(甲)栏”就是按国籍/地区进行分组的,其他“(1)栏~(8)栏”皆为指标。

从惯例上讲,不论是整理表还是综合表,都应附有一张填表说明和统一分类目录,以便保证整理出统一完整而正确的统计资料,这是统计汇总的根据。从技术角度讲,一张综合表的内容不宜过多,以免造成工作和阅读上的不便。如果内容确实较多,可以分成若干张表。

五、统计资料的审核

为了保证统计资料的质量,在统计整理之前,应该对调查来的材料进行严格的审核,这项工作是资料整理工作的重要一环。

统计资料审核的内容主要是资料的完整性、准确性和及时性,具体说来就是:

(一)审核资料的完整性

审核资料的完整性,包括从两个方面对完整性问题进行审核:

1.审核调查单位的完整性

即审核调查环节中是否应该调查的单位都包括了。

2.审核调查项目的完整性

即审核调查环节中是否应该调查的项目都得到调查了。

(二)审核调查资料的准确性

审核调查资料的准确性主要从三个方面进行:

1.逻辑检查

逻辑检查是指检查调查来的资料内容是否符合实际,指标之间是否合理。这主要是利用调查表中项目间的关系对照检查,根据经验、知识从逻辑上加以判断。例如,有资料表明,某人年龄4岁,婚姻状况为已婚。这显然是不合逻辑的。应该认真审核,看看是哪个环节出现了错误。

2.计算检查

计算检查主要是从数字计算上核查。在检查报表时,要重点检查数字的平衡关系。例如,检查各项数字的合计数是否为各项数字之和,检查各项指标的计算方法是否正确,检查计算单位是否符合各项规定的要求,等等。

3.可比性检查

可比性检查是指对于历史性资料,应该审核其资料的可靠程度,审核指标的可比性。

4.审查取得材料的方式

审核调查资料的准确性还需要审核调查方式是否科学、合理。例如,对于抽样调查得到的资料,则首先要检查样本的抽取是否遵守了抽样原则。

通过上述对资料的审核工作,如果发现问题应及时解决,并按照《中华人民共和国统计法》以及有关规定予以处理,以保证统计资料的质量,保证统计工作的严肃性、科学性。

(三)审核资料的及时性

统计资料的搜集要考虑及时性问题。在进行资料审核时,要首先审核其是否按照调查方案的要求及时地获取了资料,对时点现象的调查尤为如此。

通过上述对资料的审核工作,如发现问题应及时解决,并按照有关规定予以处理,以保证统计工作的严肃性、科学性。

六、统计资料整理的组织形式

统计资料整理的组织形式,实质上就是统计汇总的组织形式。一套科学完整的组织形式是统计汇总能够顺利进行的保证。一般来讲,统计资料汇总的组织形式目前主要有三种:逐级汇总、集中汇总和综合汇总。

(一)逐级汇总

逐级汇总是最常用的一种汇总组织形式。它是指按照统一的汇总表,自下而上地逐级汇总本系统、本地区的统计资料。它适用于对行政隶属关系范围内的单位的汇总。我国现行的统计报表制度、专门调查等大多采用这种汇总形式。

逐级汇总的优点,一是可以就地在较小范围内进行数字资料的检查与核对,便于提高汇总资料的质量。对于边远或偏僻地区来说,尤其适合于逐级汇总的形式。二是逐级汇总整理出来的资料可以满足各级领导的需要。但是逐级汇总的缺点也很明显:费时间,出现人为或非人为差错的可能性也比较大。

(二)集中汇总

集中汇总又称超级汇总。它是把全部调查资料集中在一个机关,直接进行汇总。对于十分重要的统计工作或者对时效性要求极高的调查来说,集中汇总的形式尤为适合。

集中汇总的优点是:时效性高,准确性也高,而且也适合于应用电子计算机汇总技术。其缺点是:一旦出现差错不易查出,且难以提供满足下级机关需要的资料。

(三)综合汇总

综合汇总是逐级汇总与集中汇总的结合形式。对于基层单位与下级部门需要的资料逐级汇总,对于最基本、最重要的指标则集中汇总。

综合汇总的形式无疑兼取了逐级汇总和集中汇总这两种汇总形式的优点,也弥补了前两种汇总形式的不足。但有时也会出现两种方法中的缺点。

七、统计资料的汇总技术

为了保证统计资料汇总工作的准确、及时,为了节省人、财、物力,必须掌握一定程度的统计资料汇总技术。讲求汇总技术,则事半功倍;不懂得汇总技术,必将事倍功半。目前,从统计实践中看,统计资料汇总技术主要有以下几种。

(一)手工汇总

手工汇总是一种广为采用的汇总方式。常用的手工汇总技术有四种。

1.画线法

画线法又称点线法,即用点线符号进行汇总。常见的“正”代表5个单位;“卌”“⁙”也代表5个单位;“※”代表10个单位,等等。手工汇总的方法操作简单,但易出差错,只适用于总体单位不多,且只要求汇总总体单位数的情况。

2.过录法

过录法又称整理表法。这种方法是将分散的原始资料过录到预先设置好的整理表上,过录完毕后,加总出总体单位和总体标志的合计数来,再填写到综合表上去。过录法的优点是便于核对,但它需要较多的人力和较长的时间,比较费事也容易出错。一般在总体单位不多、分组较简单的情况下适用。

3.折叠法

折叠法就是将所有调查表中需要汇总的某一栏(或行)的数字全部在同一位置折叠,然后再一张一张地叠放在一起,进行汇总时直接一张一张地翻动,最后再将汇总结果填入综合表中。此法简单易行,省时省力,但一旦出错则无从核对,所以它只适用于有统一表式的调查表。

4.卡片法

卡片法即利用特别的摘录卡片,将总体单位的有关资料摘录在卡片上,然后根据卡片进行分组和汇总。这种方法比较准确可靠,是手工汇总中较好的方法。但是,卡片法运用起来比较费时费力,一般适合于总体单位多、分组复杂的情况。

(二)机械汇总

机械汇总就是采用专门的机械设备代替手工进行汇总。它是按照编号、打孔、分类、制表等程序进行汇总的。这种方法具有效率高、准确性高的特点。但随着计算机技术的发展,它逐渐被计算机汇总所替代。

(三)计算机汇总

计算机汇总就是利用计算机进行统计数据的处理工作。它包括加工、存储、合并、分类、逻辑检查、运算以及打印出汇总表或图形等。计算机汇总是统计工作技术现代化的重要标志之一,它不仅具有速度快、精确度高的特点,而且还可以进行逻辑运算和数据储存。随着我国国民经济现代化和管理水平的提高,在统计资料汇总工作中已经愈来愈广泛地采用计算机汇总技术。

第二节　统计分组

一、统计分组的概念和特点

(一)统计分组的概念

统计分组就是根据统计研究的任务和社会经济现象的本质特征,将统计总体按照一定的标志划分成若干性质上不同的部分或组的一种统计方法。

(二)统计分组的目的

统计总体是由许多具有某种共同特征的个别单位组成的群体,所以,总体单位具有同质性。但是,由于社会经济现象具有多种特征,而且每种特征都有一定的差异,因此在同一总体范围内,在“同质性”的前提下,各种总体单位之间产生或存在着许多不同的差别。例如,游客是一个总体,但这个总体当中的总体单位——每一位游客,却在方方面面存在着一定的差异。按游客的活动范围划分,可将游客分为国内游客和国际游客两组;按游客的旅游目的划分,又分为会议/商务、观光休闲、探亲访友等;按游客的入境方式划分,分为船舶、飞机、火车、汽车和徒步等若干组。

统计分组的目的是将同质总体中有差别的总体单位区分开来，同时又将性质相同的总体单位组合在一起，通过分析总体单位在质量上、数量上、空间上存在的差异，以便进一步认识总体的本质特征及发展规律。统计分组的一个基本原则是，必须保持各组内资料的同质性和组与组间资料的差异性。

二、统计分组的作用

统计分组是基本的统计方法之一，它不仅是统计整理的基础，而且也是使人的认识得以深化的手段，它在整个统计研究中具有重要意义，在统计整理中有举足轻重的作用。在保证统计调查材料质量的前提下，统计分组的正确与否是决定统计研究成败的关键。如果整理出来的统计资料不确切，会给统计分析造成很不利的局面，甚至会给统计分析带来错误的结论。

统计分组在统计研究中的作用可归纳为如下几点。

(一)统计分组的根本作用在于区分事物的质

在区别事物质的分组中，划分经济类型具有特别重要的意义，因为经济类型往往可以反映社会生产关系。例如，某年全国星级饭店营业收入按其经济类型划分，如表 3-2 所示。

表 3-2　某年全国星级饭店营业收入(按经济类型划分)

按饭店的经济类型分类	外汇收入(亿元)
合计	1762.02
国有经济	692.81
集体经济	66.12
股份合作企业	33.83
联营企业	12.17
有限责任公司	398.51
股份有限公司	98.51
私营企业	161.03
其他内资企业	46.42
港澳台商投资企业	144.22
外商投资企业	108.40

又如，按旅游饭店的价格标准，可将旅游饭店划分为高、中、低档三类；按饭店的星级标准，可将饭店分为五星级、四星级、三星级、二星级、一星级等五种。

(二)统计分组可以反映总体的内部构成及其相互间的比例关系

总体内部构成的特点，反映总体的性质和特点；总体内部构成的变化反映总体的发展过程。例如,下面几个分组表,分别反映了我国旅游业一定时间的水平与特点。

表 3-3 所示的结构分组表明,某年该地区入境外国游客中半数以上是以乘飞机的方式入境的,而以乘火车的方式入境者只有 3.9%。采用徒步入境、乘汽车、乘船舶的方式入境者比重均为百分之十几。

表 3-3 某年某地区入境外国游客人数构成表

按入境方式分	入境外国游客人数比重(%)
合计	100.0
徒步	12.7
汽车	17.8
船舶	13.5
火车	3.9
飞机	52.1

表 3-4 所示的资料表明,该年客源国入境旅游人数呈下降趋势,减幅为 15.2%。从内部构成来看,部分客源国入境人数结构有所变化。其中,日本游客和美国游客比重减少,分别从 21.8%减少到 19.8%,从 8.3%减少到7.2%;韩国和俄罗斯的游客比重有不同程度的增加,分别从 15.8%增加至 17.1%,从9.5%增加至 12.1%。这些人数结构的变化动向值得引起我们的注意。

表 3-4 某年某地区接待的部分客源国入境旅游人数

按国籍分组	下半年(人次)	占总人数比重(%)	上半年(人次)	占总人数比重(%)
总计	11 402 855	100.0	13 439 497	100.0
其中:日本	2 254 800	19.8	2 925 553	21.8
韩国	1 945 484	17.1	2 124 310	15.8
俄罗斯	1 380 650	12.1	1 271 635	9.5
美国	822 511	7.2	1 121 197	8.3
…	…		…	

(三)统计分组可以反映现象间的依存关系

依存关系是现象间各关系中最重要的一种关系,它包括正的依存关系,即分组标志与其对应关系呈正比变化;也包括负的依存关系,即分组标志与其对应关系呈反比例变化,而现象之间的联系性、依存性可以通过统计分组得以反映。必须指出,确定现象之间的依存关系的统计方法是多种多样的。

利用统计分组研究依存关系需要具备两个条件:一是研究依存关系的分组应

该是对影响因素（原因）的分组，而不是对结果因素（结果）的分组，而且必须按数量标志分组，而不能按品质标志分组。二是与分组对应的关系一定要用平均数或相对数表示，这样才能研究出指标在各组间的变动规律。例如，通过统计分组，可以研究游客人均消费水平与家庭收入、家庭人口状况之间的依存关系，旅游企业劳动生产率和成本利润率之间的依存关系，旅游收入和旅游价格之间的依存关系等。比如，某年某地居民散客出游人均花费构成情况如表 3-5 所示。

表 3-5　某年某地居民散客出游人均花费构成情况

按家庭人均纯收入分组（元）	出游人均花费（元/人）
5000 及以上	1044.19
4000～4999	735.08
3000～3999	516.06
2500～2999	475.25
2000～2499	515.71
1500～1999	468.06
1500 以下	358.76
合计	546.72

表 3-5 资料表明，该地区居民家庭人均纯收入与出游人均花费呈现正依存关系，即在一定范围内，家庭人均纯收入越高，出游的人均花费也越高。

（四）统计分组可以反映现象的发展变化规律

经过统计分组的时间数列，可以反映出总体及各组在数量上的变动情况和变动规律，分析各组变动的内在原因，可以认识由于各组变动速度不同而形成总体中性质不同的各组地位改变的状况，从而加深对总体的认识。比如某地区七年间饭店数和客房数资料如表 3-6 所示。

表 3-6　某地区七年间饭店数和客房数资料

	第一年	第二年	第三年	第四年	第五年	第六年	第七年
饭店数（家）	172	225	257	366	382	409	444
客房数（间）	15 176	17 069	17 892	19 106	20 945	21 042	22 157

表 3-6 反映了某地区七年间饭店数和客房数的变化：饭店数增加了 2.58 倍，而客房数增加的幅度为 1.46 倍，略低于前者。粗略地看，表明新增饭店的客房数规模有所降低。具体情况，还有待于对详细资料的分析。

三、分组标志的选择

分组标志就是分组的依据，正确选择分组标志是统计分组的核心问题。分组标志选择的正确与否,直接影响统计分组的效果,关系统计分组作用是否能够得以充分地发挥。一般来讲,为了正确地选择分组标志,需要考虑以下几点。

(一)根据研究问题的目的选择分组标志

总体单位有许多个标志(特征),在其众多的标志之中,应当选择哪一个标志作为对总体进行分组的标志,则要依研究目的而定。只有紧密地结合统计研究的目的来选择分组标志,才能使分组后整理出来的资料满足实际需要。

例如,旅游饭店是一个总体,它有许多个标志:经济类型、员工人数、客房套数、营业收入、全员劳动生产率、平均客房出租率、平均收汇率、百元固定资产营业收入等。如果目的在于研究旅游饭店的经济类型结构,就需要选择经济类型(所有制)作为分组标志;如果要研究旅游饭店的规模,则要选用客房数、员工数、营业收入、固定资产等作为分组标志;如果要研究旅游饭店的经营效果,则应选择全员劳动生产率、平均客房出租率、百元固定资产营业收入、人均收汇额、人均实现利税等标志作为分组标志。

(二)要选择与目的有关的具有本质特征的或主要的标志作为分组标志

明确了分组目的,并不等于就选择好了分组的标志。原因很简单,因为即使在相同的目的下,仍然存在对标志的选择问题。如前所述,在反映旅游饭店规模的目的之下,可以有客房数、员工数、营业收入、固定资产等标志对此加以反映。但是,在诸多标志之中,究竟选择哪一个作为分组标志呢?这就是要求围绕着研究目的,分清谁是本质性的、主要的标志,谁是非本质性的、次要的标志。比如,在研究城镇居民国内旅游时,按城市分组、按性别分组、按年龄分组、按出游目的分组、按职业分组等都是最基本的分组;如果要研究旅游业从业人员的收入水平,按不同的职务(管理人员、服务人员)、不同的区域(旅游热点城市还是一般地区)分组等都是最重要的分组。

(三)结合现象所处的具体历史条件或经济条件选择分组标志

由于现象所处的具体历史条件和经济条件不同,在同一研究目的下,有时需要采用的分组标志也会有所不同。例如,同是反映旅游饭店的规模,在旅游业不太发达的地区,要选择客房数、员工人数等作为分组标志;而在旅游业发达的地区,则要选择营业收入、固定资产等作为分组标志。

四、统计分组的种类

(一)依据采用分组标志的个数来划分,一般有简单分组和复合分组两种

1.简单分组

简单分组是指对总体只按一个标志分组,如饭店按经济类型标志分组,饭店员工按年龄分组等。

2.复合分组

复合分组是指对总体按两个或两个以上的标志顺序进行分组,即先按一个标

志分组,然后再按另一个标志将已分好的各个组又划分为若干组,依此类推。例如,将某旅游系的学生按专业分类,然后,在这个基础上,再按照学生的籍贯和性别分别进行分组,这样形成的分组就是复合分组(见图 3-1)。

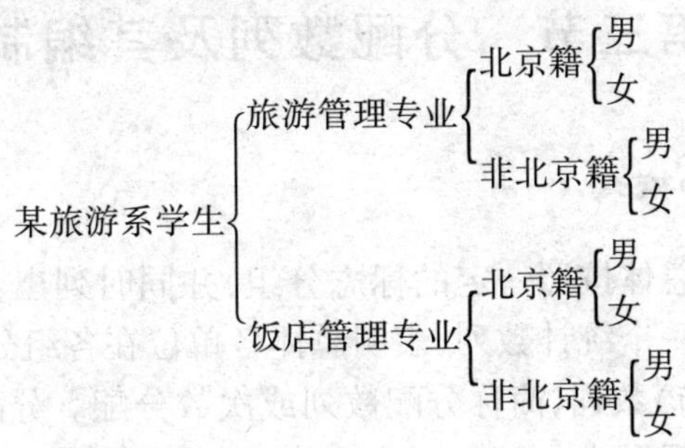

图 3-1　复合分组示例图

复合分组的结果形成了层叠错落的组别。较之简单分组来说,这种分组有助于较全面、深入、具体地反映现象内部的关系,有助于分析研究问题,但复合分组应注意以下三点:

(1)复合分组时,应对分组标志分清主次。先按主要标志分组,然后再按次要标志分组,以免分组顺序颠倒或杂乱无序,给正确分析问题带来障碍。

(2)复合分组的标志不宜过多。因为,复合分组随着分组标志的增加,所分出的组数将不断地成倍地增加。如前例,按第一标志(专业)分成 2 组,再按第二标志(籍贯)分成 2 组,再按第三标志(性别)分成 2 组,这样下来,某旅游系学生便被分成了 8 组。若再进行分组的话,组数过多,层次过多,反而不易看出问题。

(3)只有在总体单位数很多的条件下,才适合用复合分组。因为,随着分组标志的增加,组数成倍地增多,总体单位在各组的分配必将相应地越分越散、越分越少。这样,分组的结果破坏了"大量性"的原则,难以从分组资料中看出问题,不易于形成总的概念。

(二)依据分组标志的特征来分,可分为按品质标志分组和按数量标志分组

1.按品质标志分组

按品质标志分组是指选择反映事物质量属性或特征的品质标志作为分组的标志。由于事物质量的属性或特征的差异是相对稳定的,因此,这种分组一般地相对稳定,操作起来也比较简单。例如,将游客按性别分组,分为男性和女性两组。然而,对来华旅游入境的外国人按职业分组,对旅游饭店按经济类型分组等,则属较复杂的分组,这在统计上称为分类。在实际工作中,为了保证统计资料搜集和整理上的统一,对一些重要的品质标志分组,一般都编有标准的分类目录,供分组时参照。

2.按数量标志分组

按数量标志分组是指选择反映事物数量差异的标志作为分组标志。如饭店员工按月收入分组,按年龄分组,等等。按数量标志分组的目的,不是单纯确定各组

的数量差别,而是要通过数量变化来区分各组的不同类型和性质。

按数量标志分组的结果,形成了变量数列。

第三节　分配数列及其编制

一、分配数列的概念

分配数列是指将总体按照一定的标志分组,并同时列出各组的总体单位数的分布。这样所形成的一个统计数列,表明总体各单位在各组分配情况的资料,故也被称为次数分配(分布)数列,简称分配数列或次数分配。分配数列是统计资料整理结果的一种重要表现形式。

分配数列由两部分组成:一是分组,如表3-7中的"(甲)"栏;二是总体各单位在各组中分配的次数(也称频数),如表3-7中的"(乙)"栏;以及次数的相对数形式(也称频率),如表3-7中的"(丙)"栏。

表3-7　某年某市入境游客抽样调查散客构成

按旅游目的分组	游客人数(人)	占总人数的比重(%)
(甲)	(乙)	(丙)
观光游览	485	26.6
度　假	235	12.9
商　务	689	37.7
文化交流	85	4.7
探亲访友	198	10.8
公　务	65	3.6
其　他	68	3.7
合　计	1 825	100.0

二、分配数列的种类

分配数列因其分组标志的不同,可以分为品质标志分配数列和数量标志分配数列。

(一)品质标志分配数列

将统计总体按照品质标志分组所形成的分配数列,简称品质数列,如表3-7所示。

(二)数量标志分配数列

把统计总体按照某个变量标志分组,将分组后形成的各个变量值(标志值)按其大小顺序排列起来所形成的分配数列,也称变量数列。变量数列是一种典型的分配数列。编制变量数列,可以反映变量值不同的各组次数分配的状况和特征,它是统计分析的重要内容之一。表3-8所示就是一个变量数列。

表3-8 某年某市入境游客人均天消费基本情况

按年龄分组	人均天消费(美元/人天)
甲	乙
14岁及以下	92.33
15~24岁	115.44
25~44岁	141.56
45~64岁	147.54
65岁及以上	132.43
合　计	140.09

可见,变量数列也有两个组成部分:一是变量值或由变量值形成的组,二是次数(频数)或频率。其中次数(或频数)表示各组单位数的多少,是各组单位数的绝对数表示形式;频率表示各组单位数占总体单位数的比重,是各组单位数相对数的表示形式。与分配数列的两个组成部分相区别的是,变量数列中的分组一定是由变量值所形成的各个组。通常,为了计算上的方便,将变量值用 x 表示,次数表示为 f,频率表示为$\frac{f}{\sum f}$。

三、变量数列的种类

变量数列,因其对变量的处理方法的不同,分为单项变量数列和组距变量数列。

(一)单项变量数列

只以一个变量值代表一组的变量数列,称为单项变量数列,简称分组数列,如表3-9所示。

表3-9 某饭店洗衣部员工日计件工作量情况表

日工作量(件)	员工数(人)	比重(%)
x	f	$\frac{f}{\sum f}$
10	1	5.0
15	6	30.0
16	10	50.0
20	3	15.0
合　计	20	100.0

单项变量数列适用于变量值比较少,且变量的变异幅度不太大的离散型变量。如表 3-9 中,变量值为每日洗衣的件数,是离散变量。日工作量最小的组值为 10 件,最大的组值为 20 件,其变动幅度是 10~20 件。因此,此资料适合采用单项式分组。

单项变量数列的资料,可以用纵条图或次数分配折线图(次数分布肩形图)表示,如图 3-2 所示为某饭店洗衣部员工日计件工作量分布折线图。

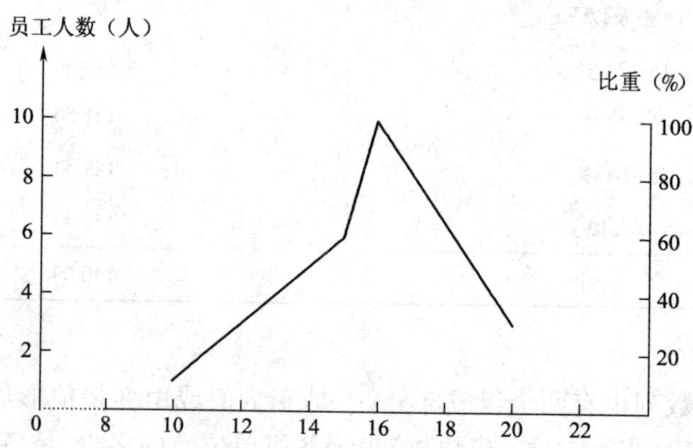

图 3-2 洗衣部员工日计件工作量分组次数分配折线图

(二)组距变量数列

所谓组距变量数列,是指在变量数列中,不是以一个变量值来代表一个组,而是由一个表示一定变动范围的区间或表示一定距离的两个变量值形成一个组。由这些组及其所包含的单位数组成的变量数列就叫组距变量数列,简称组距数列。

单项变量数列在应用中有一定的局限性。如果变量值很多,且变量的变异范围很大时,单项变量数列形成的组数就会太多,这样不便于分析问题。此时,就需要使用组距数列。例如,对来华游客的年龄进行统计,则会因游客的年龄跨度过大(老者七八十岁,小的只有几岁,甚至几个月),而显得过于烦琐。如果采用组距数列,且按年龄段分组,则既简捷又说明问题。如表 3-10 所示即为一个组距分组。

表 3-10 某年某旅行社接待游客年龄分布

按年龄分组	游客人数(人)	占总人数比重(%)
20 岁以下	20	4.0
20~30 岁	225	45.0
30~50 岁	180	36.0
50 岁及以上	75	15.0
合 计	500	100.0

在表 3-10 中,年龄是数量标志,也是分组标志。分组形成的各个组均由两个变量值形成一个又一个的区间。至于第一组“20 岁以下”和最后一组“50 岁及以上”也反映为一定的区间,只不过他们是开口组,后面将详细解释。

与单项变量数列所不同的是,无论离散型变量,还是连续型变量,都可以采用组距数列,对于后者——连续型变量尤为适用。

在组距数列中,有以下名词或概念需要熟练掌握。

1.组限

组距数列的上限和下限统称为组限。其中上限(U)是指每个组中的最大值,如表 3-10 中第二组的 30,第三组中的 50 等。下限(L)是指每一个组中的最小值,如表 3-10 中第二组中的 20,第三组中的 30 等。

2.组中值

指组距数列各组中上限与下限之间的中点数值。组中值的一般计算方法是:组中值$=\dfrac{\text{上限(U)}+\text{下限(L)}}{2}$。例如,表 3-10 中第二组的组中值$=\dfrac{20+30}{2}=25$(岁),表3-10 中第三组的组中值$=\dfrac{50+30}{2}=40$(岁)。如果前一组的上限与后一组的下限不是同一数值的离散型变量,则前一组的组中值$=\dfrac{\text{后一组的下限}+\text{前一组的下限}}{2}$,或者后一组的组中值$=\dfrac{\text{后一组的上限}+\text{前一组的上限}}{2}$。

3.组距

指组距数列中每组上、下限之间的距离或差数。组距的一般计算公式是:组距=上限(U)-下限(L)。如表 3-10 中第二组的组距=30-20=10(岁),第三组的组距=50-30=20(岁)。如果前一组的上限与后一组的下限不是同一数值的离散型变量,则前一组的组距=后一组的下限-前一组的下限,或者后一组的组距=后一组的上限-前一组的上限。

4.等距数列与不等距数列

组距式分组因各组组距的宽度是否相同而有等距分组与不等距(异距)分组之分,组距数列也因此分为等距数列与不等距数列(或异距数列)。等距分组组成等距数列,不等距分组组成不等距(异距)数列。表 3-10 即为不等距数列。

5.开口组

统计上,对缺少上限或下限的组叫作开口组。反之,上限与下限都齐备的组叫作闭口组。表 3-10 中的第一组和最后一组均为开口组。开口组的组距习惯上都以相邻组的组距为组距,即假设该组的组距与相邻组的组距相等。这样,开口组组中值的计算便是:

(1)缺下限的开口组组中值$=\text{上限}-\dfrac{\text{邻组组距}}{2}$

如表 3-10 中第一组的组中值$=20-\frac{10}{2}=15$(岁)

(2)缺上限的开口组组中值 $=\text{下限}+\frac{\text{邻组组距}}{2}$

如表 3-10 中第四组的组中值$=50+\frac{20}{2}=60$(岁)。

四、变量数列的编制

无论是单项数列还是组距数列,其编制在方法上只有一般性原则,而没有固定不变的程序。编制变量数列大致可以依照以下步骤。

(一)整理原始资料

将原始资料按数值大小顺序排列,并确定最大值、最小值及全距。以某饭店中餐厅 50 名员工的年龄资料为例(单位:岁):

19,20,45,31,24,19,30,22,25,61,34,23,26,39,27,20,29,39,47,34,22,28,36,26,39,50,22,25,33,22,37,21,34,23,52,20,22,39,23,36,22,40,24,27,34,25,36,26,21,25。

将上述零乱的年龄资料按大小顺序进行排列,以便于确定标志的最大值、最小值以及全距,并为确定组距和组数提供依据。资料经过初步的整理,排列如下:

19,19,20,20,20,21,21,22,22,22,22,22,22,23,23,23,24,24,25,25,25,25,26,26,26,27,27,28,29,30,31,33,34,34,34,34,36,36,36,37,39,39,39,39,40,45,47,50,52,61。

经过初步的加工可以看出,资料中最小标志值是 19,最大标志值是 61,其变动幅度在 19~61 岁之间,全距 $R=\text{最大值}(U)-\text{最小值}(L)=61-19=42$(岁)。从数值的排列顺序中还可以看出,该饭店中餐厅的 50 名员工,年龄的分布较集中在 20~40 岁之间。

(二)确定组数和组距

对于组数和组距,其确定的原则是:符合社会经济现象的实际情况,能够充分反映总体分布的特点。至于是先确定组数,还是先确定组距,没有硬性规定。组数的多少和组距的大小是互为制约的,根据经验,组数过多或过少都不妥。一般来说,组数的多少决定于组距大小和组距是否相等。组数确定了,组距也就确定了;反之,若先确定了组距,组数也就随之而定了,用公式表示为:

$$\text{组数}(K)=\frac{\text{全距}(R)}{\text{组距}(i)} \quad \text{或 } i=\frac{R}{K} \quad \text{或 } R=iK$$

以上述 50 名员工的年龄资料为例,则组数和组距的确定如下:

1.确定等距分组还是不等距分组

因为组距分组有等距分组和不等距分组之分,所以,组距数列也分为等距数列和不等距数列两种。问题在于何时采用等距分组,何时采用不等距分组呢?一般来讲,在实际进行分组时,应取决于现象的性质和研究目的。如果标志值的变动比较均匀,现象性质的相对差异是由数量的绝对变化逐渐积累起来的,则适宜采用等距分组。例如,年龄、身高、单位成本等。采用等距分组有很多好处:①便于各组单位数(次数)的直接比较,以研究各组的次数分配情况。因为等距分组是指标志变量在各组保持相等的距离,即各组标志值的变化都限于相同的范围,等距分组的各组单位数只受标志变量的影响。②便于根据其资料计算各项综合指标和进行分析对比。③便于制图,而且等距数列次数分配图也便于表示次数分配的实况。

可见,该饭店中餐厅员工的年龄分组,适宜采用等距分组。

2.初定组距

可以假定把组数定为组距相等的6组,组距则为 $i=R/K=42/6=7$(岁)。这样,该饭店中餐厅50名员工的年龄资料可被分为以下6组:19~26岁,26~33岁,33~40岁,40~47岁,47~54岁,54~61岁。但是这样的分组也有一些问题,即不利于计算,不利于制图和描点。

3.调整组距

为了方便起见,组距最好取5或10的倍数,组限也最好是5或10的倍数。如前例,我们将该50名员工的年龄资料进一步整理如下,分成这样的5组:

20岁以下,21~30岁,31~40岁,41~50岁,51岁及以上,因此而得到的次数分配如表3-11所示。

表3-11　某饭店中餐厅员工年龄次数分配表

按年龄分组	员工人数(人)	占总数的比重(%)
20岁以下	2	4
21~30岁	27	54
31~40岁	15	30
41~50岁	3	6
51岁及以上	3	6
合　计	50	100

由此可见,上例资料是先定组数,还是先定组距都未尝不可。但是有些资料,由于研究目的的不同以及现象本身的特点,决定了在编制分配数列时,只能是先定组距,再定组数。例如,研究饭店的规模,可按客房数进行分组,但并不是按每100间客房为一组地分成:99间以下,100~199间,200~299间,300~499间,500间以上。再比如,对游客的年龄进行分组,由于票务和其他服务结算的关系,也是习惯上分成16岁以下,17~30岁,31~50岁,51岁及以上这样4组。

(三)确定组限和组限的表示法

组距和组数被确定之后,还要考虑具体确定以什么数值做组限的问题。一般情况下,确定组限要考虑的是:最小一组的下限应低于最小变量值,最大一组的上限应该高于最大变量值,而且组限值与最小或最大变量值的数值不应过于悬殊。组限的确定应该尽可能地反映出总体分配的规律性,如果组距为 5,10,15……则每组的下限最好是它们的倍数。

常见的组限表示方法如表 3-12 所示。

表 3-12　组限表示法例表

一式	二式	三式	四式	五式	六式
20 以下	10~	20 以下	19 以下	19.9 以下	20 以下
20~30	20~	20~30 以下	20~29	20~29.9	20 以上~30
30~40	30~	30~40 以下	30~39	30~39.9	30 以上~40
40~50	40~	40~50 以下	40~49	40~49.9	40 以上~50
50 及以上	50~	50 及以上	50 及以上	50 及以上	50 及以上

表 3-12 中,一式是最常用的写法,适用于连续型变量,但应用中一般遵循"上限不包括在内"的原则;二式是一式的简化形式;三式是对一式的补充和修正,含义明确,明确指出各组上限不包括在内;四式适用于离散型变量,以及精确至最近单位或最后完整单位的连续变量的分组,五式是四式的延伸,只适用于离散型变量;六式是"下组限不在内"的分组表示法,以区别于前面五种形式。例如,成本计划完成百分比分组的组限,就适合用第六式表示。可以写成图 3-3 的形式。

80%~90%
90%以上至 100%　} 完成成本计划组

100%以上至 110%
110%以上至 120%　} 未完成成本计划组

图 3-3　组限表示法示例

五、分配数列的表示方法

(一)表示法

表示法是指用统计表来表示次数与分配,并可计算累计次数。在统计上,计算累计次数的方法有两种。

1.较小制累积

较小制累积也称向上累积,是指将各组的次数从标志值最小一组的次数起逐组累计。每组的累计次数表示小于该组上限的次数共有多少,即上限以下的总体单位数有多少。

2.较大制累积

较大制累积也称向下累积,是指将各组的次数从标志值最大一组的次数起逐组累计。每组的累计次数表示大于该组下限的次数共有多少,即下限以上的总体单位数有多少。

当然,也可按频率进行累积。它虽是从相对数而不是从绝对数上说明次数累积结果,但仍同频率累积一样,可以反映总体各单位的分布特征。如表 3-13 所示。

表 3-13　某单位职工基本工资收入次数分布

工资收入（元）	次数		较小制（向上）累积		较大制（向下）累积	
	人数（人）	比率（%）	人数（人）	比率（%）	人数（人）	比率（%）
4000 以下	8	10.00	8	10.00	80	100.00
4001~5000	15	18.75	23	28.75	72	90.00
5001~6000	30	37.50	53	66.25	57	71.25
6001~7000	20	25.00	73	91.25	27	33.75
7001 以上	7	8.75	80	100.00	7	8.75
合计	80	100.0	—	—	—	—

从表中找出任意一组,如 5001~6000 元组,则其较小制(向上)累积次数为 53 与 66.25%,表示工资收入低于 6000 元的共有 53 人,占总人数的 66.25%;其较大制(向下)累积次数为 57 与 71.25%,则表示工资收入高于 5000 元的共有 57 人,占总人数的 71.25%。

(二)图示法

即用统计图形来描述变量数列的次数分布的方法。最常用的有直方图、次数多边形图(次数分配折线图)、次数分布曲线图与累计次数分布图。

1.直方图

直方图是用直方条的宽度和高度来分别表示次数分布的图形。

绘图时,通常横轴表示各组组限,纵轴表示次数(一般标在左方)和频率(一般标在右方),然后根据组距为宽度,次数(或频率)为高度绘成直方图,见图3-4。

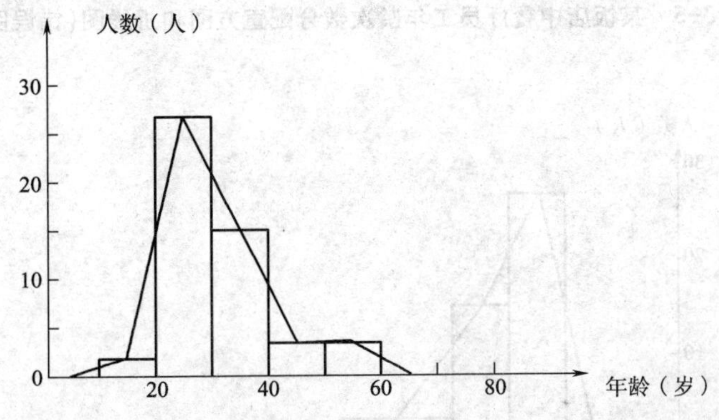

图 3-4　某饭店中餐厅员工年龄次数分配直方图和折线图

2.次数多边形图(次数分配折线图)

次数多边形图是在直方图的基础上,用折线将各组次数的高度的坐标连接而成。对于单项数列来说,就是将按变量值为横坐标,次数(或频率)为纵坐标所描出的在坐标中的各个点连接起来即可。而对组距数列而言,则以各组的组中值为横坐标,以各组的次数(或频率)为纵坐标(在直方图中是指各条形图的顶端的中点),这样连接起来的图形即为次数多边形图形,如图 3-4 即为直方图与次数多边形图。

特别应该注意的是,当次数分配为不等距数列时,即若将表 3-11 的资料变为表 3-14所示资料,则据此画出的次数分配图不是图 3-5 所示,而应该是图 3-6 所示。

表 3-14　某饭店中餐厅员工年龄次数分配表

按年龄分组(岁)	员工人数(人)	占总数的比重(%)
20 岁以下	2	4
21~30 岁	27	54
31~40 岁	15	30
41~60 岁	6	12
合计	50	100

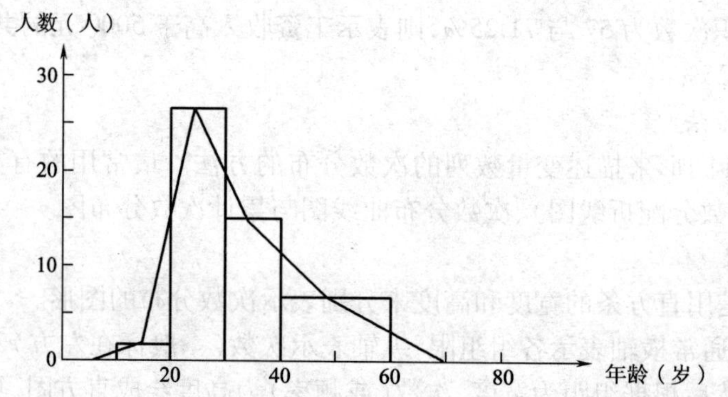

图 3-5　某饭店中餐厅员工年龄次数分配直方图和折线图(错误图)

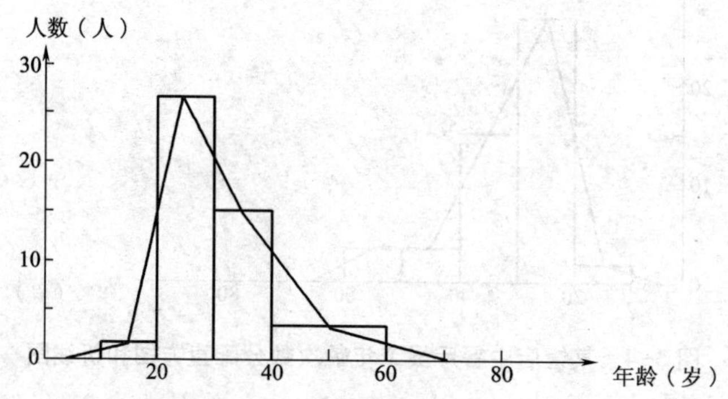

图 3-6　某饭店中餐厅员工年龄次数分配直方图和折线图(正确图)

3.累积次数分布图

图 3-7 是根据累积次数分布表绘制而成的图形。其绘制方法基本上与次数分布折线图相同,所不同的是,图中各点的横坐标不是各组的组中值,较小制(向上)累积次数分布图以各组上限为横坐标,较大制(向下)累积次数分布图以各组下限为横坐标,而纵坐标均为累积次数。累积次数图也可根据累积比重制成累积次数分布图。图 3-7 即为表 3-13 的累积次数图。

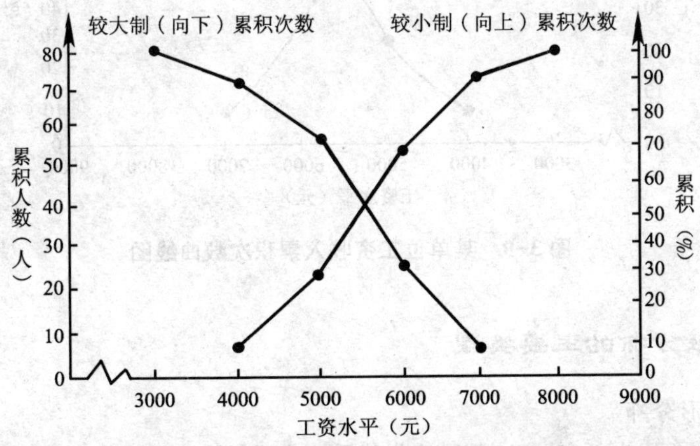

图 3-7 某单位工资收入累积次数分布图

4.次数分布曲线图

它是一种理论曲线,是组数趋向于无限多时折线图的极限描绘。从如图 3-7 所示折线图中可以看出,当变量值非常多,变量数列的组数无限增多时,折线将近似地表现为一条平滑的曲线。次数分布曲线图可以比次数分布折线图更显著地反映总体现象的分布特征和规律性。根据表 3-13 的资料,可以绘制次数分布曲线图,如图 3-8 所示。

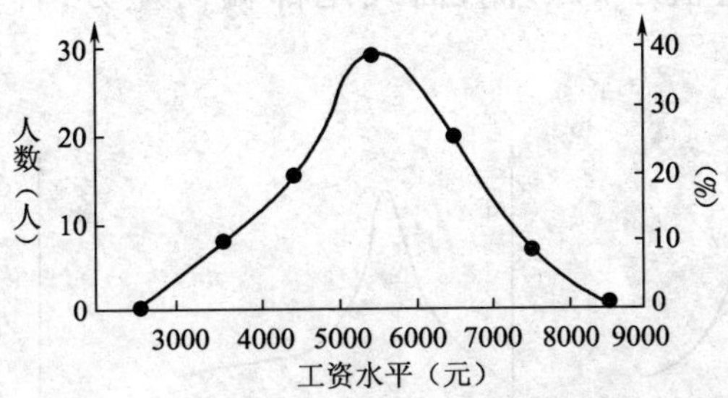

图 3-8 某单位工资收入次数分布曲线图

根据表 3-13 的资料,也可以绘制累积次数曲线图,见图 3-9。

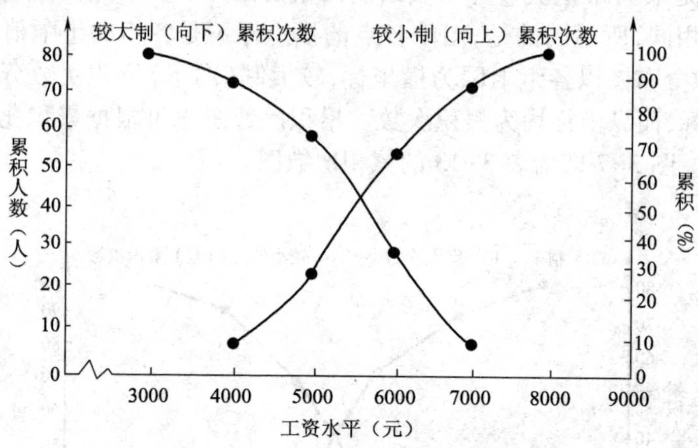

图 3-9 某单位工资收入累积次数曲线图

六、次数分布的主要类型

(一)钟形分布

其特点是"两头低,中间高",以曲线形状似钟形而得名。钟形分布分对称分布与非对称分布。

1.对称分布

亦称正态分布,是一种理想的完全对称的分布,如图 3-10 所示,在统计上具有重要意义。实际上,许多社会经济现象的分布只是趋近于正态分布。

2.非对称分布

亦称偏态分布,意指其曲线在对称的程度上有所偏离。若次数分布偏在变量值大的一侧,曲线尾部偏向右方,称为正偏或右偏(如图 3-11 所示);若次数分布偏在变量值小的一侧,曲线尾部偏向左方,称为负偏或左偏(如图 3-12所示)。

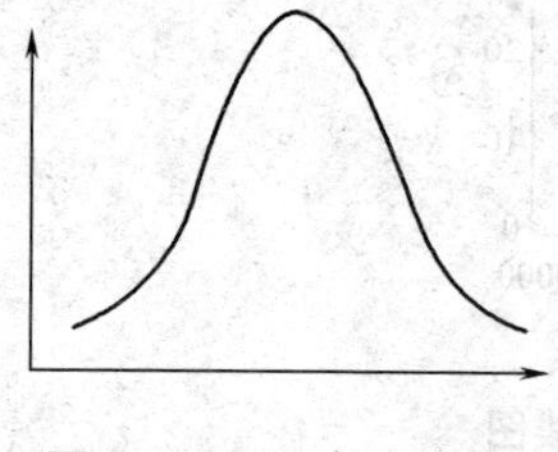

图 3-10 正态分布图

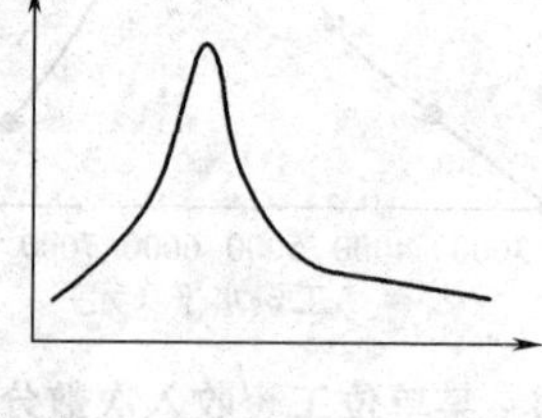

图 3-11 偏态分布图(右偏)

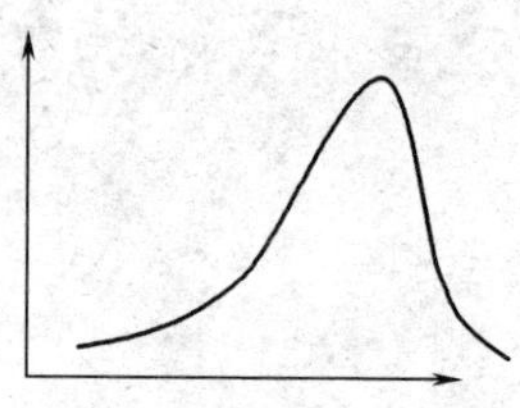

图 3-12 偏态分布图(左偏)

(二)U 形分布

其特点是“两头高,中间低”,即靠近中间变量值出现的次数较少,其曲线形状如英文字母 U 形,如图 3-13 所示。人口死亡率曲线为典型的 U 形分布曲线。

(三)J 形分布

因其曲线形状类似英文字母 J 而得名。J 形分布分为两种:正 J 形分布与反 J 形分布。正 J 形分布是指其次数随着变量值的增大而增大,反 J 形分布则是指其次数随着变量值的增大而减少。如图 3-14 所示,a 为正 J 形分布;b 为反 J 形分布。

(四)水平分布

其总体内各个变量值分布的次数大体相等,绘成图形,则表现为一条平行于横轴的水平线,如图 3-15 所示。例如,某些需求弹性小的商品,其需求量按价格水平分组便呈现水平分布。现实生活中,这种严格的水平分布虽较少见,但在统计理论上,对这种分布的研究仍有着特殊的意义。

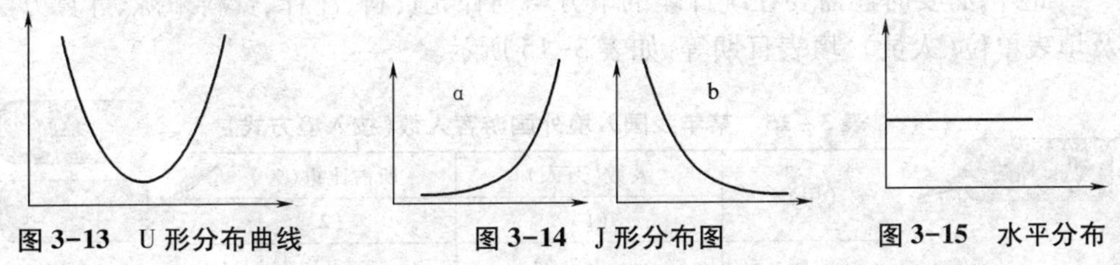

图 3-13 U 形分布曲线　　图 3-14 J 形分布图　　图 3-15 水平分布

第四节 统计表

一、统计表的概念

统计表是表现统计资料整理结果的基本形式。在统计实践中应用最为广泛。它是以纵横交叉的线条结合成表格,用以表现统计资料的。从广义上讲,统计工作各个阶段中所用的一切表格,都称为统计表,如调查表、汇总表或整理表、统计分析表、时间数列表等。

统计表的优点有如下几点:

(1)统计表是统计资料整理结果的最好的表现形式。它能够对统计资料加以合理地组织和安排,使之系统化、条理化,而这正是统计资料整理工作的重要任务。

(2)统计表使用表格表现数字,简明易懂,使人一目了然,从而节省篇幅。

(3)用统计表表现统计资料整理的结果,可以对社会经济现象从各方面进行比较,便于了解现象或过程的内在联系。

(4)利用统计表易于检查数字的完整性。

二、统计表的构成

从统计表的形式上看,统计表是由横行、纵栏、标题和数字所构成的,其中标题又分为总标题、横行标题、纵栏标题。

总标题即统计表的名称,应该简明扼要地说明全表的内容,一般写在表的上端中部。横行标题,也称横标目,是指横行的名称。在统计表中,通常用以表示各组的名称,代表统计表所要说明的对象,一般写在表的左方。纵栏标题,也称纵标目,是指纵栏的名称。在统计表中,通常用以表示统计指标的名称,一般写在表的右方。当然,制表人可以根据表格横行标题、纵栏标题的多少以及需要的篇幅来确定横行标题和纵栏标题的具体位置和内容。

指标数值则写在各横行标题与各纵栏标题的交叉处,其数字内容受横行标题与纵栏标题的共同限制。

此外,必要时还需要在统计表的下方增列补充资料、注释、资料来源、计算方法及填表单位(人员)、填表日期等,如表3-15所示。

表3-15 某年我国入境外国游客人数(按入境方式)

(甲)	人数(万人)	所占比重(%)
	(1)	(2)
船舶	467.24	3.7
飞机	1630.07	12.9
火车	122.89	1.0
汽车	3048.37	24.1
徒步	7379.03	58.3
合计	12 647.6	100.0

资料来源:中华人民共和国国家旅游局网站。

从统计表的内容上看,分为主词和宾词

主词指统计表所要说明的总体,它通常表现为各个总体单位的名称,总体的各个组或者是总体单位的全部。宾词则是指说明总体的统计指标,包括指标名称和指标数值。如表3-15中(甲)为主词,(1)和(2)为宾词。

三、统计表的种类

(一)按主词是否分组以及分组的程度可分为简单表、分组表和复合表

1.简单表

简单表是指表的主词未经分组,仅列出各单位名称或按时间顺序排列的表格,如表3-16所示。

表 3-16 某年我国城镇居民国内旅游基本情况

	第一季度	第二季度	第三季度	第四季度
总人数(亿人次)	1.61	1.55	1.38	1.58

2.分组表

分组表是指表的主词仅按某一标志进行简单分组的统计表。分组表的主词可以是按品质标志分组,也可以是按数量标志分组。按照分组方法的不同,又可分为分组表和组距表两种。表 3-5、表 3-8、表 3-10 皆系分组表。

3.复合表

复合表是指表的主词按两个以上的标志进行复合分组的统计表。表 3-17 即为复合表。

表 3-17 某年某市旅游企业基本情况(部分)

	固定资产(万元)	营业收入(万元)	利润(万元)
旅行社	861 042.58	1 175 649.68	-5 228.15
国际旅行社	809 657.64	1 007 021.98	-2 699.14
国内旅行社	51 384.94	168 627.70	-2 529.01
星级饭店	4 427 991.24	1 237 543.57	-40 142.29
内资饭店	2 524 936.98	624 520.78	-72 567.36
外资饭店	1 903 054.26	613 022.79	32 425.07
旅游区(点)	268 563.32	113 350.10	-16 366.60
旅游车船公司	—	—	—
其他旅游企业	583 915.14	433 825.57	30 633.24

(二)按作用的不同可分为调查表、整理表或汇总表和分析计算表

1.调查表

调查表指统计调查中用于登记、搜集原始材料的表格。

2.整理表或汇总表

整理表或汇总表是指统计整理或汇总过程中使用的表格,以及用于表现统计整理或汇总结果的表格。它是一种标准的统计表。表 3-17 即为整理表或汇总表。

3.分析计算表

分析计算表是指在统计分析中,用于对整理所得的统计资料进行定量分析、计算的表格。有时,它也往往与整理表结合在一起成为整理表的延续。

(三)按统计数列的性质可分为时间数列表、空间数列表和时空数列结合表

1.时间数列表

时间数列表是指反映在同一空间条件下、不同时间阶段上的某项或某几项统

计数列的表格，也称动态表，如表 3-18 所示。

表 3-18　某年下半年全国旅游入境人数

单位：万人次

月份	7	8	9	10	11	12
人数	1 072.04	1109.19	1006.37	1113.54	1039.56	1100.67

2.空间数列表

空间数列表是指反映在同一时间条件下、不同空间范围内的某项或某几项统计数列的表格，也称静态表，如表 3-19 所示。

表 3-19　某年四个直辖市接待外国游客人数

	北京	上海	天津	重庆
接待外国游客人数(人次)	17 302 164	19 082 319	5 711 578	2 973 965

3.时空数列结合表

时空数列结合表是指同时反映时间与空间两方面内容的统计表。它既说明某一或某些社会经济现象在不同空间内的数量分布，又说明它们在不同时间上的数量波动，如表3-20所示。

表 3-20　某地区五年间主要国家入境外国游客人数(按洲别分)

单位：人次

	第一年	第二年	第三年	第四年	第五年
亚洲	5 107 321	6 224 716	6 982 361	8 643 800	7 264 983
欧洲	1 998 043	2 367 353	2 567 272	2 825 800	2 597 606
美洲	1 025 996	1 217 091	1 278 383	1 509 574	1 132 937
大洋洲	243 774	282 378	310 207	353 683	300 113
非洲	52 101	65 658	73 263	98 525	104 226
其他	5061	3236	14898	8 115	2 990
总计	8 432 296	10 160 432	11 226 384	13 439 497	11 402 855

四、统计表的设计规则

(一)统计表的各项标题应该简明确切

一般来说，总标题要概括反映表中的基本内容，表明资料所属的时间和地区范围。

(二)统计表的内容应力求简明扼要

总体上讲,统计表在内容上应力求简明扼要,应使人一目了然,便于比较、计算和分析。

(三)统计表的结构应统一、协调,重点突出

通常,要根据研究目的及统计表的内容通盘考虑统计表的布局,使其主词、宾词的安排主次分明、重点突出,并且逻辑清楚。统计表的主词、宾词皆可因其需要来简单分组、复合分组,或平行排列或层叠排列。如表 3-21 即为宾词平行排列,表 3-22 即为宾词层叠排列。

表 3-21 京、津、沪三市接待来华游客人数统计表

	性别		年龄					合计
	男	女	14 岁及以下	15~24 岁	25~44 岁	45~64 岁	65 岁及以上	
北京								
天津								
上海								

表 3-22 京、津、沪三市接待来华游客人数统计表

	年龄															合计
	14 岁及以下			15~24 岁			25~44 岁			45~64 岁			65 岁及以上			
	男	女	小计	男	女	小计	男	女	小计	男	女	小计	男	女	小计	
北京																
天津																
上海																

(四)统计表中"合计项"与"其中项"的设置

在统计表中,主词各行和宾词各栏,可以是合计或总计在前,分标目在后,使人首先获得一个总体概念;也可以倒置,即分标目在前,合计或总计在后。如果只列出一部分分标目,则合计数必须放在前面,在所列入部分的指标名称前必须冠以"其中"字样,并且要使分标目与合计数错格排列。

(五)统计表的编号

统计表的各栏通常要编号,主词各栏常用(甲)(乙)(丙)等文字标明,宾词各栏常用(1)(2)(3)等数码编号。为了说明各栏相互关系,有时还标明栏次的计算关系,如(6)=(4)×(5)等。

(六)统计表的横、纵线条

统计表的各栏间要用细线分开,表的左右两端通常没有墙线,横行之间可不画线。为了区别,统计表的上下两端和纵横标目与数字资料之间应画粗线,以示醒目。

（七）表内必须注明计量单位

如果统计表的全表只有一个计量单位的，通常在表头的右上方统一注明；若是有两个以上计量单位的，应在项目和指标的下面注明。

（八）统计表中填写的数字位置要对齐

四位以上的数字，每三位空1/4格，即留千分空。统计表中的数字必须一一标注，即便是邻近的数字相同，也要一一写出，不应该用“同上”或以“”代替。不要求填写或无数字的空格，用短线“—”表示；缺数字的空格，用虚线“…”表示，说明不是漏报。如果某些资料系估算而得，应在表下加注说明。如果数字出现负数，应在数字前冠以负号。

（九）需要注明必要的资料

在统计表的下面，必要时还应注明资料来源、发出日期、制表人以及统计负责人的签名等，以示对统计数字负责，便于受表单位查询和联系。

第五节　统计资料的分析

一般而言，经过统计整理后得到的综合统计资料，仅仅是初步反映了研究对象的特征，只有对这些综合资料进行统计分析，才能使它变为更有价值的资料，才能进一步从中发现问题、研究问题。可以说，统计资料的分析过程也就是对统计资料的运用过程。统计资料的分析，是统计资料运用的关键。

一、统计资料分析的特点

（一）统计分析要自始至终以综合统计数据为依据，分析从综合数字着手，结果用综合数字说话

统计分析与一般的理论分析不同，它首先是从统计整理后的综合统计资料的分析中发现问题、提出问题的。在分析过程中，运用各种统计方法对数字资料进行计算、对比、分析，从而找出产生问题的原因或摸清问题的实质和规律，最后还要以综合数字来阐明观点、讲清问题。

（二）统计分析要将数字与实际情况相结合

统计分析离不开统计数字，但又不能是单纯地就数字论数字、就数字看问题。要注意密切结合数字背后的实际情况进行分析，以便得出具体而确切的分析结论。

二、统计分析的种类

统计资料的分析大致可归纳为以下两类。

（一）专题性分析

专题性分析是指对某一专门问题进行的分析研究，主要包括对某项政策、计划执行情况的分析等。

(二)综合性分析

综合性分析是指某个总体将各方面相关联的指标和情况联系起来进行整体的、全局的分析研究,主要指对一企业、部门、地区或整个国民经济等总体所进行的分析研究。一般来讲,综合性分析常常是在专题分析的基础上进行的。

三、统计分析的内容

(一)对所研究现象的现状和发展作出判断和评价

通过各种指标的比较来评定所研究现象的总体或问题的好与差、优与劣、快与慢,这是分析的基础工作。只用一个指标评价总体某一个方面的状况,称为单项指标评价。例如,产值的多少,能源消耗利用好坏,产品质量优劣等。从全局上对总体作出总的评价,称为综合指标的评价,如对一个企业生产经营状况的评价,对国民经济发展的全面评价等。

对总体现状和发展的判断、评价,对于我们考察和研究各项政策、计划执行情况,如政策、计划制定的是否合理,执行的好坏,执行中出现的新情况、新问题等都是必要的;对于我们进行宏观经济的研究和开展综合平衡统计工作也是必要的。做好判断评价工作的关键,就是要正确确定评价的指标和评价的标准。评价的标准就是进行比较的指标数值,常用的有计划水平、过去的实际水平、平均水平、历史先进水平、同行业先进水平或规定的标准水平等。

(二)总结概括社会经济现象发展的一些经验数据

要注意从历史的、系统的、全面的统计资料的分析中,总结概括出社会经济现象发展的一些经验数据,即在事物的发展上或事物的相互关系上多次重复出现的一般数据和具有规律性的数据。这些数据大都是某些带有战略性、全局性的比例关系和能够反映现象质的数量界限等,如积累率、生产量与运输量的比例、货币流通量与社会商品零售额的比例等。这些经验数据是编制长期规划、研究宏观经济、进行综合平衡的重要参考。

(三)根据历史和现状的统计资料,预测未来的发展

统计主要是进行指标量的预测,它是进行长期规划所需要的。

四、统计分析的步骤

第一步,确定任务,拟订分析方案。

第二步,集中资料,明确事实,揭示出主要问题。

第三步,对比分析,查找原因。

第四步,作出结论,提出建议,这是统计分析的结果。

五、统计分析的原则

统计分析是对社会经济问题进行的分析研究工作,应该反映客观实际。因此,

要求我们必须综合应用各种科学知识进行统计分析。统计分析需要遵循的主要原则有以下几点。

(一)全面发展的原则

要以马克思列宁主义理论为指导,按照唯物辩证法的原理,坚持全面、发展的观点,从事物的相互联系中,从事物的发展变化中去观察、分析问题。

(二)理论指导的原则

要具有丰富的业务理论知识和对具体经济关系相当的了解。

(三)周密细致的原则

要深入实际,深入群众,对所研究的问题作周密细致的调查研究,了解事实的真相及其详细情况。

六、统计分析的基本方法

统计分析必须应用科学的统计方法。统计分析中常用的统计方法有:分组法、对比分析法、平均分析法、动态分析法、指数分析法、平衡分析法和相关分析法等。

思考与练习

1.某酒店员工月工资水平资料如下表所示。

月工资(元)	员工所占比重(%)
4000 以下	14
4001~5000	25
5001~6000	38
6001~7000	15
7001 及以上	8
合计	100

要求:将上述资料整理为以下四组:5000 元以下,5001~6500 元,6501~7500 元,7501 元及以上。

2.某旅游集团公司对其所属的企业按利润计划完成程度作如下分组。

第一种	第二种	第三种	第四种
100%及以下	90%以下	100%以下	95%以下
100%~110%	90.1%~100%	100%~110%	95%~105%以下
110%以上	100.1%以上	110%及以上	105%及以上

要求:请判断上述四种分组哪一种最为合适?为什么?

3.请以下表为资料,绘制次数分布直方图、折线图以及累计次数图。

考试成绩(分)	学生人数(人)
60 以下	6
61~70	30
71~85	49
86~100	15
合计	100

第四章

综合指标

统计指标从其特点、作用和表现形式的角度来讲，习惯上被人们分为三类基本指标：总量指标、相对指标和平均指标。三种指标总称为综合指标。在进行了统计调查和统计整理后，就要运用综合指标对统计资料进行初步的计算和分析，否则就无法形成更高级的统计分析。可见，综合指标一方面是统计整理的结果，另一方面又是进行统计分析的基础和手段。运用综合指标对社会经济现象和过程进行数量分析的方法，称为综合指标法。综合指标法是统计分析方法中的基本数量方法。

下面对构成综合指标的总量指标、相对指标和平均指标分别进行详细介绍。

第一节　总量指标

一、总量指标的概念和作用

（一）总量指标的概念

总量指标是指反映在一定时间、地点和条件下的社会经济现象总体规模或水平的统计指标。这类指标是通过全面调查的方法汇总得出的总体单位总数或某标志总量，故称总量指标，亦称绝对指标。例如，我国某年入境旅游人数为2193.75万人，其中亚洲入境旅游人数为1377.93万人。

（二）总量指标的作用

总量指标是社会经济统计中最基本的指标，是计算相对指标和平均指标的基础。总量指标的作用主要表现在以下几个方面。

1.总量指标是反映国情、国力的基本状况，反映一个地区、一个部门或一个单位的人力、物力和财力的基本数据

由于社会基本情况的数量资料首先都表现为一定的总量，所以总量指标是反映国情国力的最重要指标。例如，我国的国土面积、全国人口数等。国民经济各部门所取得的直接成果，也往往用总量指标的形式表现出来，如国民收入、国民生产总值等。

2.总量指标是制定政策和检验政策、制订计划和检验计划的基本数据

每一种现象的总量都有其一定的现实经济意义。国民经济计划、各级企业计划,以及国家、各部门制定政策往往也是以总量指标的形式来规定的。因此,与计划指标、政策指标相对应的统计指标就成了检查计划完成情况,检查政策落实情况的依据。

3.总量指标是计算相对指标和平均指标的基础

相对指标和平均指标都是以总量指标为依据计算出来的派生指标。关于这一点,在后面介绍相对指标和平均指标的计算方法中将有所体现。

二、总量指标的种类

总量指标从不同的角度来考察,有不同的种类。

(一)按其所反映的总体内容的不同,可分为总体单位总量和总体标志总量

1.总体单位总量

总体单位总量简称单位总量,是指总体中总体单位的总数,说明总体本身规模的大小。

2.总体标志总量

总体标志总量简称标志总量,是指反映总体中各个单位某一标志值的总和,即说明总体单位特征的总数量。例如,调查某年全国 14 099 家星级酒店的营业收入,则其营业收入总额 1762.02 亿元即为标志总量,14 099 家即为总体(单位)总量。再比如,某市 20 家医院,拥有医务人员 3000 人,拥有病床数 10 000 张,则医务人员总数 3000 人及病床总数 10 000 张即为标志总量,二者的总体(单位)总量均是指 20 家医院。

一个总量指标究竟属于总体标志总量还是总体(单位)总量,要视统计研究的目的和研究对象的变化而定。

(二)按其反映的时间状况的不同,可分为时期指标和时点指标

1.时期指标

(1)时期指标的概念

时期指标是反映社会经济现象在一段时期内活动过程结果的总量指标。在这里,时期可以是一日、一月、一季、一年或更长时间。例如,我国某年国内生产总值为 33.5 万亿元,即为一个时期指标,它反映的是在这一年内全国各行业国内生产的全部最终产品和劳务的价值总和。再如,我国进出口贸易总额某年为22 073亿美元,这也是一个时期指标,它反映的是我国在该年以货币表示的全部对外贸易总额,即出口贸易额加进口贸易额之和。

(2)时期指标的特点

概括地讲,时期指标有如下特点:

①时期指标反映的是社会经济现象在一段时期内的活动过程。

②时期指标的数值可以连续计量、直接相加。由于时期指标反映的社会经济现象是连续不断地发生的,所以指标数值可以连续计量。时间上连续的时期数可以累计相加得到更长时期的总量指标,反映现象在该时期整个活动过程中的总成果。例如,一年的旅游外汇收入是一年中每天的旅游外汇收入的累计结果。

③同一总体时期指标数值大小与时期长短成正比,亦即同一总体内,时期越长,指标数值越大。一年的旅游外汇收入总是大于一天、一月乃至一季的旅游外汇收入的。

2.时点指标

(1)时点指标的概念

时点指标是反映社会经济现象在某一时刻上的状态的总量指标。如某市2011年年末人口数为1000万人,是指2011年12月31日24时,该市的实有人口数。再如,商品库存量也一定是指某地某一时刻商品库存的数量。

(2)时点指标的特点

概括地讲,时点指标有如下特点:

①时点指标反映的是社会经济现象在某一时刻上的状态,这一点和时期指标有着明显的不同。

②时点指标的数值不可以累计相加。由于时点指标数值表示的仅仅是社会经济现象在某一特定时刻(或时点)上的状态与水平,所以其数值只能按时点间断计数,不同时点上的时点指标累计相加是没有意义的。例如,到2011年年末,全国纳入统计范围的旅行社共有13 361家,而2010年有11 552家。这两个时点上的指标均指各年年末在调查时点上全国纳入统计范围的旅行社数量。若将二者相加,13 361+11 552=24 913(家),则并非意味着2010—2011年间全国共拥有24 913家纳入统计范围的旅行社,其间有大量的重复计算,不能反映实际情况,不言而喻,"24 913家"这个指标是没有意义的。

③时点指标数值的大小与其时点的间隔长短无直接的关系,并非时点之间的间隔愈长,指标数值就愈大,反之亦然。例如,某市某年年末人口数并非就一定比其年初人口数大,也并非就一定比年中任何一天的人口数都要大。

3.时期指标与时点指标的判别

一个指标是时期指标还是时点指标,主要还要从时期指标与时点指标的概念本身入手,看指标所反映的内容,看其是反映现象活动的过程,还是反映现象在某一时点上的状态。例如同样是人口数资料,若说某年12月31日某市人口数,则其为时点指标,这个数字仅仅是该市某年12月31日24:00这一时点的人口规模;若说是某年新出生人口数,则其为时期指标。当然,我们还可以根据前文所述时期指标和时点指标的三个特点来帮助我们进行判断。

三、总量指标的计算和应用

总量指标是一个总和数,或是总体单位的总和,或是总体某一标志的总和。所以,计量是确定和计算总量指标的基础。在总量指标的计算和应用过程中,要明确以下问题。

(一)明确正确统计总量指标的基础

明确正确统计总量指标的基础,就是要明确地、科学地界定所要统计的总体现象的实质(理论范畴和统计范畴),这是正确统计总量指标的首要问题。

总量指标的计算,并不是一个单纯技术性的加总问题,它需要正确的规定总量指标表示的各种社会经济现象的概念、构成内容和计算范围,确定计算方法,然后才能进行计算汇总,以取得正确反映社会经济现象的总量资料。例如,旅游者人数,它是一个总量资料。但是,在统计旅游者人数之前,首先要搞清楚什么是旅游者,即旅游者的概念,然后还要明确旅游者的构成内容,即哪些人是旅游者,哪些人不能算是旅游者,旅游者与非旅游者二者的转变条件及旅游者人数的计算方法、统计方法,等等。上述问题都搞清了,尤其是旅游者的概念清楚了,才有可能进行旅游者人数的统计与汇总,才有可能正确地反映出旅游者人数这一总量资料。

(二)明确总量指标的统计方法

计算总量指标常用的方法有以下几种。

1.直接计量法

直接计量法即通过对调查对象进行直接的点数、计数或测量等手段,计算出总量指标。这种方法最简单、最常见。统计报表、普查中的总量资料等,基本上都是依照此法得到的。

2.推算与估算法

推算与估算法,这是间接计算总量的方法。在总体的总量指标不能或不必直接计算的条件下可采用此法。例如,旅游者人均花费,即可采用抽样推断的方法。另外还有比例关系推算法、因素关系推算法、平衡推算法、比喻推算法和插值估算法等。推算与估算法在统计实践中,常常用于补缺推算、历史资料和国际资料的调整推算、从局部资料推算整体、预计推算等方面。利用现象之间的联系进行推算与估算,发生一定的误差是在所难免的。

为了减少误差,在进行推算与估算的时候,必须遵循以下原则:

(1)全面性原则。根据科学原理,对所拟推算的现象之间的相互联系关系进行全面研究,判明是否存在真正的相互联系,是怎样一种性质的联系,是否具有同类性,有无可比性等。要注意联系关系存在的条件,这种条件是否稳定。

(2)准确性原则。要以科学的态度和实事求是的精神,对所依据的资料进行审查,看看是否准确可靠,与被推算现象之间的对应关系是否适宜进行推算。对推算的结论也要进行审查,看看是否合乎客观实际。

(3)科学性原则。根据研究目的和资料特点,选用适当的、科学的推算方法。推算与估算的方法多种多样,每种方法各适用于不同的情况,有时一种方法不够用,就要结合使用几种不同的方法,情况有了变化,方法也应有所改变。

3.评定法

评定法,主要是对难以进行计量而又必须计量的现象所采用的方法。例如,体育比赛中,对体操表演、跳水表演的评分,以及文艺表演、大奖赛的评分等,就是采用评定法。在旅游统计中,对员工业务技能、饭店服务质量的评定,也是采用此法。当然,要采用评定法,必须要有一个细致的、统一的评定标准,这是运用评定法的前提条件。

(三)要注意总量指标的计量单位

总量指标是说明总体现象的具体数值,是有一定计量单位的。因其所反映的社会经济现象的性质不同,总量指标的计量单位一般有以下三种形式。

1.实物单位

实物单位是根据事物的属性(自然形态和物理属性)规定的计量单位。同类实物数量的计算都采用实物单位。以实物单位计量的总量指标称为实物指标。实物单位包括:

(1)自然计量单位。自然计量单位是指按现象的自然表现形态来计量其数量的一种计量单位。如人口按"人",饭店按"家",汽车按"辆"计量等。

(2)度量衡单位。度量衡单位,即按照统一的度量衡制度的规定来度量事物数量的一种计量单位。如丝绸以"米",钢材以"吨",房屋面积以"平方米"为计量单位等。

(3)标准实物单位。标准实物单位,即在同一性质或同一用途的对象中,以对象之一为标准,按照统一折算的标准来度量被研究现象的一种计量单位。例如,能源统计以标准燃料每公斤发热量为7000大卡为标准单位。

计量单位可以单独使用,有时为了充分表明实物的数量,也可以采用复合计量单位,即将两种计量单位结合使用。如货物周转量按吨/公里为单位计算等。

2.货币单位

货币单位,是指以货币作为价值尺度来度量社会财富或劳动成果的一种计量单位,也称价值单位。以货币单位计量社会经济现象的各种总量指标称为价值指标。如国民生产总值、工资总额、社会商品零售总额、旅游外汇收入等,都是以货币计量的,都是价值指标。

货币计量单位的重要作用之一就在于,它可以使不能直接相加的指标过渡到能够加总,以便综合地说明具有不同使用价值的产品总量或商品销售量等现象的总规模、总水平、总速度。但是,关于价格因素对总量指标的影响,也应该加以注意。

3.劳动单位

劳动单位是以劳动时间表示的一种计量单位,如用工时、工日等表示工人的工作量,用课时表示教师的工作量,用学时表示学生的选课量,等等。劳动单位也是一种复合单位。用劳动单位表示的总量指标,统计上称为劳动量或工作量指标。

第二节　相对指标

任何社会经济现象总是离不开其具体的时间、地点和条件的,现象之间也不是孤立存在的,总是相互依存、紧密联系的。只有把关联的总量指标加以对比,才能比较出现象间的状况及其程度,才能对相关联的现象作出评价、判断。比较一般有两种形式:一种是差额比较,一种是相对程度的比较。差额比较是指两个相关联的总量指标相减所得的差额,以表明总量间的绝对差数,或是增加量,或是减少量。但是,要想综合反映相关联现象间的差异程度,应当首推使用相对指标进行比较。而相对程度的比较,则属总量指标所力不能及。

一、相对指标的概念和作用

(一)相对指标的概念

相对指标就是社会经济现象中两个相互联系的总量指标对比计算的数值。例如,我国某年共接待入境旅游者9166.21万人次,比上年下降6.4%;公民出境人数达到2022.19万人次,比上年增长21.8%;该年旅游业总收入相当于全国国内生产总值的4.18%,比上年降低1.26个百分点……这些指标都是相对指标,又称统计相对数。

(二)相对指标的作用

相对指标在统计分析中被广泛应用,已成为分析社会经济现象的内部构成和外部联系的基本方法之一。它的主要作用可概括为如下几点。

1.对总量指标进行补充

利用相对指标可以综合地反映现象间的关联程度,反映现象的结构、比率、速度和效益等,有助于深入地说明事物和分析事物,因而可以说明总量指标所不能充分说明的问题。

2.便于对比分析

利用相对指标便于比较和分析事物。有些总量指标由于受其条件的限制,无法直接对比,而相对指标却能使他们之间取得共同比较的基础,以便于对其分析。

二、相对指标的计量形式

相对指标的数值通常有两种计量形式:无名数和有名数。

（一）无名数

无名数是一种抽象化的数值，多以倍数、系数、成数、百分数、千分数表示。

1.系数和倍数

系数和倍数都是指将对比的基数（即分母数值）抽象化为1而计算出的相对数。当相对指标的分子、分母数值差异不大时，常用系数为其计量形式；当分子、分母数值差异很大时，常用倍数表示。例如，某年某省的饭店数是另一省的15倍。再如，某省制定的2016年国民经济和社会发展的主要奋斗目标，是实现国民生产总值比2010年翻一番的目标等，就是这类的指标。

2.成数

成数是指将对比的基数抽象化为10而计算出的相对数。例如，某年某地粮食产量比上年增产近$\frac{2}{10}$，即增长了二成。

3.百分数

百分数是指将对比的基数抽象化为100而计算出的相对数。例如，某年某地旅游业总收入比上年提高13.3%。百分数是相对数中最常用的一种表现形式。计划完成情况相对数、结构相对数、动态相对数等，通常都采用百分数的表现形式。

4.千分数

千分数是指将对比的基数抽象化为1000而计算出的相对数。通常用“‰”表示。例如，人口出生率、死亡率、自然增长率等通常都是以千分数表示的。一般来讲，当相对指标的分子比其分母小得很多时，宜用千分数为其计量形式。

（二）有名数

有名数是指相对数的分子、分母的计量单位同时使用，以二者的复合单位为其表示形式，以表明事物的密度、普遍程度和强度等。如，人口密度为人口数与相应的面积之比，故其计量单位是人/平方公里。再如，某市某年人均商业网点数是30人/个，这也是有名数的计量单位。在相对指标中，只有强度相对数的计量形式多是以有名数表示的。

总之，相对指标的计量形式的选择，要视能否更充分地反映它所表示的内容而定。

三、相对指标的种类及其计算方法

根据研究目的和任务的不同，相对指标对比的基础也不同，因而产生了不同的相对指标，它们从不同方面表明现象的相对水平、内部构成、发展程度和比例关系。相对指标一般可以分为六种：结构相对指标、比例相对指标、比较相对指标、计划完成情况相对指标、动态相对指标和强度相对指标。

（一）结构相对指标

1.结构相对指标的概念

结构相对指标是说明总体内部构成情况的相对指标，它是利用分组的方法，将总体分成一定的组，再以各组的标志总量（或各组的单位数）与总体的标志总量（或总体单位数）对比而得的比重，故又称比重指标。结构相对指标一般以百分数或系数为计量形式，其计算公式如下：

$$结构相对指标=\frac{总体内某一部分数值}{总体全部数值}\times 100\% \qquad (1)$$

例 1，某年来华旅游入境外国人，按洲别分，其资料如表 4-1 中（甲）栏所示，则其各组所占比重，即结构相对数的计算结果如表 4-1 中（乙）栏所示。

表 4-1　某年入境外国旅游者人数（按洲别分）

按洲别分	人数（万人） （甲）	占总数的比重（%） （乙）
亚洲	1377.93	62.8
欧洲	459.12	20.9
美洲	249.12	11.4
大洋洲	67.24	3.1
非洲	40.12	1.8
其他	0.22	0.1
合计	2193.75	100.0

由表 4-1 可以看出，该年入境外国旅游者中，以亚洲籍游客和欧洲籍游客为主，这二者分别占到全部来华入境外国人的 62.8%和 20.9%，而美洲籍游客只占到 11.4%。表 4-1 鲜明地反映出该年我国客源国市场的分布与地位。

2.结构相对指标的作用

结构相对指标在社会经济统计中被广泛应用，其作用主要表现在：

（1）可以通过在一定的时间、地点和条件下总体内部的构成，说明社会经济现象的性质和特征。

（2）可以说明总体内部的构成情况变化，反映现象发展变化的趋势。

（3）可以通过总体内部各构成部分所占比重的大小，反映被研究现象的工作质量，反映人力、物力和财力的利用情况。

（4）有助于在管理工作中分清主次，抓住重点，确定工作的方针政策。

3.结构相对指标的特点

结构相对指标的分子、分母可以是总体中部分单位数与总体单位数，也可以是总体中的部分标志数值和总体标志总量。结构相对数由于是总体的某一部分数值与总体全体数值之比，故其在计算上有两个特点：

（1）必须以统计分组为基础。结构相对指标必须以统计分组为基础，只有分组，才能得到总体的部分数值，才能进而计算结构相对数；只有科学地分组，才能客观地反映出总体的内部构成情况。

(2)总体中各部分所占比重之和应当等于100%或1。理论上讲,总体中各部分所占比重之和应当等于100%或1。但是,有时候会因为计算上的四舍五入等原因而使各组比重之和与100%有微小的出入。按照约定俗成的做法,遇到这种情况,可在比重最大的一组上进行伸缩,即调整比重最大的一组的比重,使各组比重之和等于100%或1。之所以这样做,是因为在最大比重的一组上进行伸缩,相对来说影响最小。

(二)比例相对指标

1.比例相对指标的概念

比例相对指标是指总体内部各组成部分数值之间的比例关系的一种相对指标,它反映总体中各组成部分之间数量联系的程度和比例关系。比例相对指标通常用总量指标进行对比,也可以用平均指标、相对指标进行对比。比例相对指标以百分数表示其结果,其计算公式如下:

$$\text{比例相对指标}=\frac{\text{总体中某一部分的指标数值}}{\text{总体中另一部分的指标数值}} \qquad (2)$$

计算比例相对指标的关键,是正确区分总体内部各个组成部分之间的内在的经济联系。

2.比例相对指标的作用

比例相对指标的作用在于:利用比例相对指标,可以反映同一总体内的不同组成部分之比。其中,一些反映社会经济生活的重大比例关系是国家制定政策、编制计划的依据。

例2,人口性别比例就是一个典型的最常见的比例相对指标。以我国2000年第五次人口普查的资料为例,2000年我国大陆31个省、自治区、直辖市和现役军人的人口性别比例为106.74∶100,即:

$$2000\text{年性别比例}=\frac{\text{男性人口数}}{\text{女性人口数}}=\frac{65\ 355}{61\ 228}=106.74:100$$

常见的比例相对指标还有老年抚养比、积累消费基金分配比例、农轻重比例(连比)……

(三)比较相对指标

1.比较相对指标的概念

比较相对指标是指将同一指标在不同空间条件下进行对比而得到的一种相对指标,即同一时期两个同类现象的数值之比。它主要用于反映两个同类现象在静态对比下的数量上的对比关系,以此来说明这两个对比对象的差别程度。比较相对指标,也称比较相对数,其计量单位一般可用百分数表示,有时也可用系数或倍数表示。比较相对指标的计算如下:

$$\text{比较相对指标}=\frac{\text{某一空间条件下的某类指标数值}}{\text{另一空间条件下的同类指标数值}}\times 100\% \qquad (3)$$

2.比较相对指标在计算上需要注意的问题

比较相对指标可以是两个绝对指标对比，也可以是两个相对指标或两个平均指标对比。由于总量指标易受具体条件不同的影响，因而计算比较相对指标时，更多地采用相对指标或平均指标进行对比。如两个国家人均粮食产量的对比，就比用两个国家粮食总产量的对比，更能反映出两个人口规模与生产力发展水平不同的国家之间的粮食生产水平的差异。特别值得一提的是，比较相对指标的分子、分母位置可依研究目的的不同而进行交换，以适应不同情况的需要。

例 3，A 市拥有的星级饭店数与 B 市拥有的星级饭店数资料如表 4-2 所示。

表 4-2　A 市和 B 市的星级饭店数

城市名称	星级饭店数量（家）
A 市	617
B 市	338

根据上述资料，可以计算的比较相对指标是：

$$\text{A 市的星级饭店数为 B 市的百分比}=\frac{617}{338}\times 100\%=182.5\%$$

或者，也可以据研究目的这样计算：

$$\text{B 市的星级饭店数为 A 市的百分比}=\frac{338}{617}\times 100\%=54.78\%$$

本例中，计算所得的比较相对数 182.5%或 54.78%，说明 A、B 两城市星级饭店数的差异程度。

3.比较相对指标的作用

比较相对指标的主要作用是：

（1）说明同一时期不同条件下的两个同类现象的对比关系，反映某一种现象在同一时间内各单位发展的不平衡程度，如上例情况所述。

（2）各企业单位把实际达到的质量指标与平均先进水平或国家规定的质量标准对比，可以说明企业经营管理的效果。

（四）计划完成情况相对指标

1.计划完成情况相对指标的概念

计划完成情况相对指标是指在某一段时间内的实际完成数与计划数相对比而得到的一种相对指标，也叫计划完成程度相对数，其指标数值一般用百分数表示，其计算公式如下：

$$\text{计划完成情况相对指标}=\frac{\text{实际完成数}}{\text{计划数}}\times 100\% \tag{4}$$

这个公式的分子、分母数值之比表示计划完成情况的相对程度；分子、分母数值之差表示计划执行的绝对效果。

例4,某旅行社计划去年实现营业收入1000万元,实际执行的结果为:实现营业收入1050万元,则该旅行社去年营业收入完成计划情况相对数为:

$$该旅行社计划完成情况相对指标=\frac{1050}{1000}\times 100\%=105\%$$

可见,该旅行社超额5%(105%-100%=5%)完成营业收入计划。

又因为1050-1000=50(万元),所以该旅行社去年实际比计划多实现营业收入50万元。

2.计划完成情况相对指标的作用

计划完成情况相对指标的主要作用表现在:

(1)计划完成情况是检查和监督计划执行情况的基本指标,是评价工作成绩的主要依据之一。

(2)通过计划完成情况相对指标,可以反映计划执行的进度,并及时了解计划执行的均衡性。计划执行进度指标的计算如公式(5)所示:

$$计划执行进度指标=\frac{期初至报告期累计完成数}{全期计划任务数}\times 100\% \tag{5}$$

例5,某旅行社某年计划全年组团数30个,至当年10月底,实际组团数共计20个。则该旅行社当年计划至10月底的计划执行进度情况为:

$$该旅行社计划执行进度指标=\frac{20}{30}\times 100\%=66.7\%$$

一般说来,若以一年为期的话,则第一季度要完成全年计划的25%;至上半年止要完成全年计划的50%以上;至第三季度末应完成计划的75%以上,这样才能保证年度计划得以均衡地完成。总之,计划执行进度要与时间的推进相适应。

在上面这个例题中,该旅行社至当年10月底,共完成全年计划的66.7%,也就是说,在当年最后两个月($\frac{1}{6}$)的时间内,还有$\frac{1}{3}$(33.3%)计划任务没有完成。如此看来,该旅行社当年的计划执行情况是前松后紧,均衡性较差,在最后两个月中要完成如此多的任务,担子是重的,稍有松懈,恐怕难以完成计划,更谈不上超额完成任务了。

3.计划完成情况相对指标中"计划数"的表现形式

计划数是计算计划完成情况相对指标的基础。由于它的表现形式有绝对数、相对数和平均数三种,因而,计划完成情况相对指标在形式上也各有所异。但在计算方法上,仍然是以计划指标作为对比的基础或标准,现分别说明如下:

(1)计划数为绝对指标

计划指标主要是以绝对指标为基础的,其计算公式与公式(4)相同,一般适用于研究和分析社会经济现象的规模或水平的计划完成程度。

(2)计划数为相对指标

计算计划完成情况相对指标的计算如公式(6)所示:

$$计划完成情况相对指标=\frac{实际完成数(\%)}{计划数(\%)}\times100\% \tag{6}$$

例6,某饭店某年计划人均实现利税为上年的110%,实际执行结果,人均实现利税为上年的125%,则该饭店人均实现利税计划完成情况相对指标为:

$$该饭店人均实现利税计划完成情况相对数=\frac{125\%}{110\%}\times100\%=113.6\%$$

即超额13.6%完成计划。

以这类指标检查计划完成情况,多用于考核各种社会经济现象的降低率和提高率的计划完成程度,如单位产品成本的降低率、劳动生产率的提高率等的计划完成程度。这些下达的指标计划数是以比上期减少或提高百分之几的形式出现的,要使其计算的计划完成情况相对符合基本公式的要求,就不应直接用实际降低率或提高率除以计划降低率或提高率,而应以包括原有基数在内的公式计算,其计算公式为:

$$计划完成情况相对数(提高率)=\frac{(100+实际提高率)\%}{(100+计划提高率)\%}\times100\% \tag{7}$$

$$计划完成情况相对数(降低率)=\frac{(100-实际降低率)\%}{(100-计划降低率)\%}\times100\% \tag{8}$$

例7,某饭店计划去年百元固定资产创营业收入比上年提高8%,实际结果比上年提高15%,则该饭店去年百元固定资产创营业收入计划完成情况相对指标为:

$$该饭店去年百元固定资产创营业收入计划完成情况相对指标=\frac{(100+15)\%}{(100+8)\%}\times100\%=\frac{115\%}{108\%}\times100\%=106.5\%$$

即超额计划6.5%。

例8,某餐厅甲种菜的单位原材料消耗率计划去年比前年降低5%,实际降低了3%,则该餐厅去年甲种菜的单位成本计划完成情况相对指标为:

$$该餐厅去年甲种菜单位成本计划完成情况相对数=\frac{(100-3)\%}{(100-5)\%}\times100\%=\frac{97\%}{95\%}\times100\%=102.1\%$$

计算结果表明:该餐厅甲种菜的单位成本降低率实际比计划提高2.1%,没有完成计划。

在实际工作中,计算相对指标的计划完成情况,有时用实际数与计划数相减的方法,即用其差数来表示计划完成程度。事实上,这样做的结果仅仅表示实际数与计划数之间所差的百分点是多少外,并不能确切地说明计划完成的程度。

如例7,计划完成情况相对指标也可以这样计算:

计划完成情况相对指标=115%-108%=7%

计算结果表明:该饭店去年实际百元固定资产创营业收入提高率比计划百元固定资产创营业收入提高率多7%,即超额7%完成计划。

再如例8,计划完成情况相对指标也可以依此计算:

计划完成情况相对指标=97%-95%=2%

计算结果表明:该餐厅甲种菜去年实际单位成本降低率比计划单位成本降低率多2%,所以该餐厅去年没有完成甲种菜成本降低计划任务,比计划任务多出两个百分点。

(3)计划数为平均指标

计算计划完成情况相对数时,只需将公式(4)中的分子、分母相应地作些改动即可,其计算如公式(9)所示:

$$\text{计划完成情况相对指标}=\frac{\text{实际平均水平}}{\text{计划平均水平}}\times 100\% \tag{9}$$

在实际生产中,有些计划数是以平均数表示的,如单位产品成本、劳动生产率、粮食亩产量、产品价格等。此时,可采用公式(9)的方法检查计划任务的完成情况。

例9,某饭店去年5月计划全员劳动生产率5万元/人,实际全员劳动生产率为5.33万元/人,则该饭店全员劳动生产率计划完成情况相对指标为:

$$\text{该饭店全员劳动生产率计划完成情况相对指标}=\frac{5.33}{5}\times 100\%=106.6\%$$

说明该饭店全员劳动生产率超额6.6%完成了计划要求。

通常,劳动生产率指标有两种表示方法,即平均单位时间内生产的产品产量和生产单位产品的平均劳动消耗量。前者,指标数值愈大,说明劳动生产率愈高,称为正指标。后者,指标数值愈小,说明劳动生产率愈高,称为反指标。用反指标计算劳动生产率计划完成程度时,通常用计划指标比实际指标计算得到,即如公式(10)所示:

$$\text{劳动生产率计划完成情况相对指标}=\frac{\text{单位产品平均计划劳动消耗量}}{\text{单位产品平均实际劳动消耗量}}\times 100\% \tag{10}$$

4.检查长期计划执行情况的方法

由于计划有短期的(月、季、半年、一年),也有长期的(五年、十年),所以计划完成情况的检查也因此分为短期计划的检查和长期计划的检查。检查短期计划的执行情况,可按前面提到的方法进行,而检查长期计划的执行情况,则应对不同的情况,分别采用水平法和累计法进行。

(1)水平法

凡是在长期计划只规定了计划期最末一年应达到的规模与水平的,就要采用

水平法计算其计划完成情况相对指标,其计算如公式(11)所示:

$$计划完成情况相对指标=\frac{计划末期实际达到的水平}{计划规定末期应达到的水平}\times 100\% \tag{11}$$

例10,某省计划"五年"计划末期实现旅游外汇收入8 000万美元的目标,实际执行结果为9 600万美元,则该省"五年"计划的计划完成情况相对指标为:

$$该省\text{“五年”}计划完成情况相对指标=\frac{9600}{8000}\times 100\%=120\%$$

说明该省旅游外汇收入超额20%实现了"五年"计划制定的目标。

利用水平法检查长期计划的执行情况时,计算提前完成计划的时间,是以连续12个月的实际完成数和计划任务数对比来确定的,即:只要连续一年的实际完成数达到了计划规定的末年应达到的水平即为完成任务;往后的时间均为提前完成长期计划的时间;往后完成的量即为超额完成的任务量;其与计划末水平的比率即为超额完成计划任务的相对数。

例11,某新兴的旅游城市计划"五年"期间大力发展旅游业,开发新产品,加大促销力度,力争"五年"计划末期实现年旅游外汇收入1000万美元的目标。在各方面的积极努力与配合之下,实际执行的结果如表4-3所示。

表4-3 某市"五年"计划执行情况表

	第一年	第二年	第三年	第四年		第五年	
				上半年	下半年	上半年	下半年
旅游外汇收入(万美元)	600	700	750	400	450	550	650

由于450+550=1000(万美元)

所以表4-3说明,该市"五年"计划目标提前半年即告实现,超额完成的任务量为650万美元,超额完成计划任务相对指标为:

$$超额完成计划任务相对指标=\frac{650}{1000}\times 100\%=65\%$$

(2)累计法

凡是在长期计划中规定了整个计划期内累计应达到的完成量或水平的,就要按累计法计算其计划完成情况相对指标,其计算如公式(12)所示:

$$计划完成情况相对指标=\frac{计划全期内实际累计完成数}{计划全期内计划累计完成数}\times 100\% \tag{12}$$

采用累计法检查长期计划的执行情况时,计算提前完成计划的时间,是从计划全部时间减去自计划执行之日起至累计实际完成数量的日期止,所余时间即为提前完成计划的时间,这段时间完成的数量即为超额完成计划的数量。超额完成计划的数量与计划全期计划累计完成数之比,即为超额完成计划的相对指标。

例12,某市曾计划在五年中累计接待入境外国旅游者200万人次,实际执行情况如表4-4所示。

表4-4　某市五年计划执行情况表

单位:万人次

	第一年	第二年	第三年	第四年		第五年			
				上半年	下半年	一季度	二季度	三季度	四季度
入境外国旅游者人数	20	30	35	32	40	20	23	28	20

由上述资料可知:该市到第五年末共接待了来华旅游者人数为248万人次,即:

$$20+30+35+32+40+20+23+28+20=248(\text{万人次})$$

则该市五年计划期间接待来华旅游者计划完成情况相对指标为:

$$\text{该市计划完成情况相对数}=\frac{248}{200}\times100\%=124\%$$

说明该市五年中计划完成情况相对指标为124%,超额24%完成计划。从实际数来看,比计划多接待了48万人次(248万-200万=48万)。

另外,由上述资料还可以看出,该市到第五年第二个季度结束时就完成了五年计划规定的累计接待来华旅游者200万人次的目标,提前两个季度完成任务。

(五)动态相对指标

动态相对指标是指同一总体在不同时间上的两个指标对比而得的一种相对指标,表明该总体在时间上的变动、发展和变动的方向和程度,也可以叫动态相对数。这里,要注意将动态相对指标与比较相对指标加以区分:前者是动态的,是同一总体相同指标在不同时间上的对比;而后者是静态的,是不同总体同一指标在同一时间上的对比。

动态相对指标的计算结果一般以百分数或倍数表示,其计算如公式(13)所示:

$$\text{动态相对指标}=\frac{\text{某一现象(总体)报告期指标数值}}{\text{同一现象(总体)基期指标数值}}\times100\% \tag{13}$$

在这里,基期是指作为比较的标准时期,报告期是指同基期进行对比的时期。

例13,某国某年旅游外汇收入中商品性收汇27.71亿美元,前一年为25.91亿美元。这里的基期是指前一年,该年则是报告期。那么,该国旅游外汇收入中商品性收汇的动态相对指标为:

$$\text{动态相对指标}=\frac{27.71}{25.91}\times100\%=106.95\%$$

表明该国旅游外汇收入中商品性收汇前一年至该年的变化状况为106.95%,该年比前一年增长6.95%。这个结果也可叫作发展速度,即该年旅游外汇收入中商品性收汇的发展速度是106.95%,增长速度为6.95%。

动态相对指标在统计分析中有着重要而广泛的作用。对此,在第五章"时间数列分析"中将有详细的论述。

(六)强度相对指标

1.强度相对指标的概念

强度相对指标是指两个性质不同、属于不同总体而又有一定联系的总量指标进行对比,用来说明某一现象相对于与之有联系的另一现象的发展强度、密度和普遍程度的统计指标。强度相对指标的计算如公式(14)所示:

$$\text{强度相对指标}=\frac{\text{某一总体的指标数值}}{\text{另一有联系的总体的指标数值}} \tag{14}$$

例 14,某地某年全年旅游总收入为 40 021 400 万元人民币,旅游业直接从业人数 513.8 万人,则该年人均创造收入为:

$$\text{该年人均创造收入}=\frac{40\ 021\ 400\ \text{万元}}{513.8\ \text{万人}}=77\ 893(\text{元/人})$$

这个指标可以综合表明某地该年的旅游创汇能力。

2.强度相对指标的单位

与前面所述五种相对指标不同的是,强度相对指标在多数情况下是以复名数为单位的,即以相对比的分子指标和分母指标的单位复合计量。如人均粮食产量以“千克/人”为计量单位,人口密度以“人/平方公里”为计量单位,商业网点密度以“个/千人”为计量单位,以及上例中的人均国民生产总值为“元/人”等。只有少数强度相对指标因其分子、分母的计量单位相同,才出现用百分数或千分数表示其计量单位的情况,例如,人口自然增长率的计算如公式(15)所示:

$$\text{人口自然增长率}(‰)=\frac{\text{年内人口自然增长数}}{\text{年平均人口数}} \tag{15}$$

3.强度相对指标的正算法与逆算法

有一少部分强度相对指标有正算法和逆算法两个计算方法,即其分子、分母可以互换位置,如商业网点密度指标、医疗服务水平指标等。例如,医疗服务水平指标的计算可以如公式(16)、公式(17)所示:

$$\text{人均拥有的医务人员数}=\frac{\text{医务人员数(人)}}{\text{人口数(千人)}} \tag{16}$$

$$\text{每名医务人员负担的人口数}=\frac{\text{人口数(千人)}}{\text{医务人员数(人)}} \tag{17}$$

前者表示每千人拥有医务人员数,后者表示每名医务人员负担的按千人计算的人口数。

一般说来,凡是指标数值的大小与所研究现象的发展程度或密度成正比例的强度相对指标,称为正指标;反之,凡是指标数值的大小与所研究现象的发展程度或密度成反比例的强度相对指标,则称为逆指标。

在实际分析问题时,究竟使用哪种方法计算,需要根据研究目的而定。有时用前者更能说明问题,特别是在表明工作成绩的时候;有时用后者更为贴切,比如在分析问题、发现错误、寻找差距的时候。

4.强度相对指标的作用

强度相对指标在社会经济统计中有着重要的意义，被广泛采用，其作用主要有如下几点：

(1)强度相对指标广泛用于反映国家的经济实力，反映一个国家或一个地区的基本情况，用以说明一个国家或一个地区经济发展水平的高低或经济力量的强弱，这方面常用的强度相对指标有：按人口平均的国民收入和按人口平均的国民生产总值指标，按人口平均的主要产品产量等。

(2)强度相对指标还可以用来反映现象的密度和普遍程度。比如，人口密度反映人口同居住地区之间的关系，说明居住的密集程度。类似的强度相对指标还有铁路或公路网密度等。

(3)强度相对指标可以用于表明社会服务能力，反映社会服务行业的负担情况和保证程度。这一类的指标往往可以分正、逆指标，比如，商业网密度指标的计算可以如公式(18)、公式(19)所示：

$$\text{商业网密度}=\frac{\text{零售商业机构数(个)}}{\text{地区人口数(千人)}} \tag{18}$$

或者：

$$\text{商业网密度}=\frac{\text{地区人口数(千人)}}{\text{零售商业机构数(个)}} \tag{19}$$

(4)强度相对指标还用于反映社会生活条件或效果，反映企业经营管理水平，这类指标一般指各种经济技术指标。如每个职工平均拥有的固定资产额、每千顷耕地拥有的拖拉机台数、每万元产值的利润、资金利税率、能源消耗率、优质产品率等。

(5)由于强度相对指标表现为一种单位水平，因而便于在不同地区或时间条件下进行比较。

应该强调的是，计算强度相对指标必须从社会经济现象的本质方面去寻找它们之间的内在联系，这样两个指标对比才有意义，否则没有对比的基础。比如，将北京市拥有的旅行社数与北京市的人口数加以对比，可以反映北京市人均拥有旅行社数量(家/万人)。但是，若将北京市拥有的旅行社数与北京市的土地面积对比，便会因二者间的关系过于牵强而失去对比的基础。

此外，在社会经济活动过程中，某一个指标有可能与两个或两个以上的指标有联系，在这种情况下，选择对比的指标就要取决于统计研究的任务了。

强度相对指标从其表现形式上看，与平均指标十分相似，也带有“平均”的意义，如按人口计算的粮食产量指标的计量单位用千克/人表示，按全国人口分摊的人均国民生产总值用元/人表示。但是强度指标并不是一个平均数，而是一个相对数，二者之间有着本质区别。强度相对指标是两个总体间的数量对比关系；而平均指标是同一总体中两个指标的对比，是总体标志总量与总体单位总量之比，是将总体的某一数量标志的各个变量值加以平均（平均指标将在下一节谈）。所以，强度相对指标虽也有"平均"之意，但绝不是平均指标，这一点十分关键，一定要搞清楚。

四、计算和运用相对指标的原则

（一）可比性原则

计算和运用相对指标要严格保持两个对比指标的可比性。相对指标是两个有联系的指标数值之比，用来反映现象间的数量对比关系。对比结果的正确性、有效性，直接取决于两个指标数值的可比性。因此，可比性是正确计算和运用相对指标的首要条件，是问题的关键所在。违背了可比性原则，将不可比的两个事物加以比较，则只能是歪曲事实真相，导致认识上的错误，而没有任何实际意义。

所谓可比性，就是指从现象的性质出发，根据研究目的的要求来考虑两个要对比的指标是否可比。具体来说，检查相对指标的可比性，主要应检查两个进行对比的指标数值所反映的经济内容、总体范围和计算方法等方面是否相互适应，彼此是否协调一致，是否符合对比的要求。例如，由于过去我国的国民生产总值与西方国家的国民生产总值所包括的范围和内容等有所不同，故二者是不能直接用于对比的。再如，在研究价值指标时，由于价格变动，一般不能直接对比。如果遇到二者不可比的情况，可以运用调整的方法使之可比。例如，上面提到的两个价值指标的对比，其中如果有价格上的变动，则往往采用不变价格换算，以消除价格变动的影响使之可比。再如，以去年我国广东省的人口数与1973年广东省的人口数进行对比，同样也是不可比的。因为，这其间广东省在行政区划、组织机构及隶属关系上均发生了变更。海南岛原是广东省的一部分，现在则不再隶属广东省，而是以海南省的身份出现了。因此，要将广东省去年的人口数与1973年的人口数进行对比，必须先从1973年广东省的人口数中剔除海南岛的人口数后才可以对比，这样做才符合可比性原则，这样比的结果才有意义。

在可比性原则的问题上，还有一个重要内容就是如何选择基数和基期。相对指标的基数是指标对比的依据或标准。基数若是选择不当，相对指标就不能正确反映现象间的真实联系以及联系的程度，相对指标也就失去了其应有的作用。

一般来讲，基数与基期密切相连，在基数与基期的选择上应该遵循以下几点：

（1）选择的基数与基期应该具有典型性，应该紧紧围绕着研究目的来进行基数、基期的选择。

（2）基数与基期的选择要能反映一定历史阶段的特点。例如，提起我国改革开放以来经济发展和人民生活水平的变化时，我们往往以1978年作为一个特殊的年份。1978年党的十一届三中全会的召开，是我国经济、政治等各方面发展的一个转折点。

（3）基期和基数的选择，应该选择经济与社会发展比较稳定的时期，选择能说明国民经济或人民生活水平方面有着重要意义的时期作为基期。

运用相对指标分析对比同种现象在不同地区或不同时间的情况时，要注意有关总体结构上的可比性，以表 4-5 为例。

表 4-5 甲乙两地年龄组死亡率

年龄组（岁）	甲地				乙地			
	人口数（万人）	人口年龄构成(%)	死亡人数（人）	死亡率（‰）	人口数（万人）	人口年龄构成(%)	死亡人数（人）	死亡率（‰）
25~34	7.1	17.4	150	2.1	15	30.6	705	4.7
35~44	9.5	23.3	300	3.2	12	24.5	948	7.9
45~54	9.5	23.3	730	7.6	10	20.4	1460	14.6
55~64	7.5	18.4	1630	21.9	7.5	15.3	2130	28.4
65 以上	7.2	17.6	5630	77.7	4.5	9.2	3820	84.9
合 计	40.8	100.0	8440	20.7	49.0	100.0	9063	18.5

$$甲地死亡率=\frac{8440}{408\ 000}=20.7‰$$

$$乙地死亡率=\frac{9063}{490\ 000}=18.5‰$$

由上述计算可见：各年龄组的死亡率均是甲地小于乙地，但总死亡率则是甲地(20.7‰)大于乙地(18.5‰)，这是为什么呢？

为了真正能对甲、乙两地的死亡率进行比较，就需要采用标准年龄构成，主要有两种方法：一种是以某一地的年龄构成为标准，对他地的年龄构成进行换算，再比较两地的总死亡率；另一种是以更高一级地区的人口年龄构成（如全省 25 岁人口年龄构成）为标准，进行对比。不管用哪一种办法，总之用统计总体的构成为标准计算的相对数叫作标准化系数，只有在这种标准化构成基础上才能进行比较。仍以上例各年龄组死亡率的资料计算如下，见表 4-6。

表 4-6 甲乙两地年龄组死亡率计算表

年龄组（岁）	标准年龄构成(%) p	甲地年龄组死亡率(‰) $q_{甲}$	乙地年龄组死亡率(‰) $q_{乙}$	$pq_{甲}$ (‰)	$pq_{乙}$ (‰)
25~34	28.0	2.1	4.7	58.8	131.6
35~44	23.0	3.2	7.9	73.6	181.7
45~54	21.1	7.6	14.6	160.4	308.06
55~64	16.3	21.9	28.4	357.0	462.92
65 以上	11.6	77.7	84.9	901.3	984.84
合 计	100.0	20.7	18.5	1551.1	2069.12

$$甲地标准化死亡率=\frac{\sum pq_{甲}}{100}=\frac{1555.1‰}{100}=15.6‰$$

$$乙地标准化死亡率=\frac{\sum pq_{乙}}{100}=\frac{2069.1‰}{100}=20.7‰$$

上述计算表明,不论是组死亡率还是总死亡率,甲地都低于乙地。这个例子说明,运用相对指标对同种现象在不同地区间进行比较分析时,要特别注意总体结构上的可比性,否则,可能会得到截然不同的结论。

但是,特别要提到的是,由于社会经济现象的复杂性与相对指标种类的繁多性,对相对指标的可比性原则要辩证地看待。相对指标的可比性原则具有一定的相对性,要结合对比分析的任务与目的,不能绝对化。有时,在一种场合没有可比性,在另一种场合又具有可比性。例如,我们有时用 1949 年以来的经济发展数字与旧中国几百年的发展,与西方国家几百年的发展去对比,以说明我国新中国成立以来六十多年间的成就,就是这个道理。这说明,只要两个指标比得合理,能说明问题,符合实际,就应该认为具有可比性。

(二)相对指标和总量指标结合运用的原则

如前所述,相对指标与总量指标比较,可以更进一步地揭示现象之间的联系和对比关系。但是在另一方面,它却把现象的绝对水平抽象化了,掩盖了现象间绝对量方面的差别,更看不出现象原有的规模和水平。因此,在许多场合,相对指标因其离开了据以形成对比关系的总量指标,反而不能深入地说明问题了。例如,甲、乙两个旅游用品商店实现利税的情况如表 4-7 所示。

表 4-7　甲乙两旅游用品商店实现利税情况

	基期(万元)	报告期(万元)	发展速度(%)(动态相对数)
甲商店	100	180	180
乙商店	1000	1800	180

从这个例子不难看出,甲、乙两旅游用品商店基期与报告期相比,实现利税的发展速度是一样的,都是 180%,那么是否就可以认为,甲、乙两旅游用品商店在基期至报告期这段时期内发展状况一样地好呢?回答是否定的。这个问题应该就相对指标和总量指标结合运用的原则,从以下几个方面分析:

(1)甲、乙两商店虽然实现利税的发展速度是一样的,但其绝对指标上有着很大的差别。从表 4-7 不难看出,乙旅游用品商店的实现利税额无论是基期还是报告期,都是甲商店的 10 倍,两个相同的相对指标(180%)背后却是两对差异悬殊的绝对指标。

(2)在研究一些相对指标的同时,还要考察它的绝对效果。甲商店报告期与基期相比,多实现利税 80 万元,而乙商店报告期比基期多实现利税 800 万元,从绝对效果上看,甲商店是远不能与乙商店相提并论的。

(3)还要进一步深入说明动态相对指标所表明的现象增长程度与绝对量之间的关系——计算增长百分之一的绝对值指标。增长百分之一绝对值的计算如公式(20)所示:

$$\text{增长百分之一的绝对值}=\frac{\text{增长量}}{\text{以百分比表示的增长速度}}\times 1\% \qquad (20)$$

以上例为例:

$$\text{甲商店每增长百分之一的绝对值}=\frac{180-100}{180\%-100\%}\times 1\%=\frac{80}{80\%}\times 1\%=1(\text{万元})$$

$$\text{乙商店每增长百分之一的绝对值}=\frac{1800-1000}{180\%-100\%}\times 1\%=\frac{800}{80\%}\times 1\%=10(\text{万元})$$

在报告期与基期数值的比较中,报告期比基期每增长百分之一所包含的绝对值,甲旅游用品商店仅为乙商店的$\frac{1}{10}$,二者在上缴利税方面的贡献差异不言而喻。可见,只有将相对指标与总量指标结合运用,才能剖析问题的实质,得出恰如其分的结论。

(三)各种相对指标结合运用的原则

由于各种相对指标的具体作用各不相同,从不同侧面来说明所研究的问题,因此,在一个比较复杂的统计资料的分析中,有时只利用某一种相对指标就显得不够了,应根据研究的目的和资料的具体情况,灵活地运用多种相对指标,有助于我们全面而深入地剖析问题,认识现象的本质及其发展过程的规律性。

(四)相对指标和分组法结合应用的原则

为了能够全面深入地说明被研究现象的特点,以及现象之间的联系和对比关系,可以把相对指标和分组法结合起来应用。例如,结构相对指标就是最典型的将相对指标和分组法结合应用的例子。其他各种相对指标的应用,也往往需要与分组法结合起来,才便于进一步分析原因,充分地发挥作用。

第三节 平均指标

平均指标又称平均数,它通常是在绝对指标的基础上计算出来的。平均指标是统计中常用的综合指标之一,平均分析法是统计分析的一种重要方法。从大的分类上讲,平均指标分为两种:一种是静态的平均指标,又叫总体单位平均数,习惯上简称平均数,通常所说的平均数多半是指这种平均数。另一种是动态上的平均指标,又叫序时平均数,其内容将放在第五章“时间数列分析”中讲解,本节所讲的是前者——静态平均数。

一、平均指标的概念和作用

(一)平均指标的概念

平均指标是指同一总体、同类社会经济现象在一定时间、地点条件下,各单位某一数量标志的一般水平。平均指标的计算如公式(21)所示:

$$平均指标=\frac{总体标志总量}{总体单位总量} \tag{21}$$

例 15,某班共 10 名学生,期中考试数学成绩如下:

表 4-8 某班学生数学期中考试成绩

序号	1	2	3	4	5	6	7	8	9	10
成绩(分)	82	76	95	63	70	91	56	100	67	90

从表 4-8 可以看出,这 10 名学生的数学成绩各不相同,有高有低,有 100 分的,也有不及格的。当然,这 10 个成绩仅仅说明这 10 名学生各自的水平,而这个班学生数学考试成绩的一般水平,就应该用平均成绩来代表了。这 10 名学生的平均成绩应该是:

$$平均成绩=\frac{80+76+95+63+70+91+56+100+67+90}{10}=\frac{790}{10}=79(分)$$

这个平均成绩(79 分)是在这 10 名学生的成绩基础上计算而来的,它既不代表张三的成绩,也不代表李四、王五、赵六的成绩,而是将其中具体的每一个人的成绩都抽象化了,只代表这一个班 10 名学生数学成绩的一般水平。

(二)平均指标的特点

(1)平均指标是对同质总体内各单位某一数量标志的数量差异的抽象化、平均化,它将总体内各单位的某一数量标志值间的差异掩盖住了,其中个别标志值的偶然性波动被排除了。

(2)平均指标说明的是总体某一数量标志的一般水平,或者说是典型水平,是一个代表值。

(三)平均指标的作用

平均指标反映总体分布的集中趋势,是总体分布的一个重要特征值。所以,平均指标在统计分析中有着重要的作用。

1.利用平均指标可以进行静态比较

这种静态比较,可以比较同一时期同一现象在不同地区、不同单位的一般水平,以反映各地区、各单位工作的质量和效果。

例 16,某年甲、乙两地旅游高等院系的数目和学生数量资料如表 4-9 所示:

表 4-9　某年甲、乙两地旅游高等院系基本情况

城市	高等院系学生数(人)	高等院系数(所)	高等院系平均学生数(人)
	①	②	③=①/②
甲地	514	2	257
乙地	1896	12	158

从表 4-9 可知,论旅游高等院系学生数,该年乙地远远多于甲地,但是从旅游高等院系平均学生数这一平均指标来看,却是甲地比乙地要多,说明甲地旅游高等院系平均每所院系的招生规模是高于乙地的。

2.利用平均指标可以进行动态比较

这种动态比较,可以比较总体的某一数量标志的一般水平在不同时间上的变化,从而说明总体一般水平的发展变化及其趋势,反映现象发展的规律性。

例 17,某饭店五年来的营业收入,每年都有一定程度的增长,但是由于其员工人数也在增减变化,所以单看营业收入的增长变化情况,还不能确切地说明其经营水平的发展趋势,只有计算该饭店历年的人均营业收入额,才能说明它历年经营水平的发展趋势,如表 4-10 所示。

表 4-10　某饭店营业收入资料

指标 \ 时间	第一年	第二年	第三年	第四年	第五年
营业收入(万元)	1050	1600	2400	2464	2850
年中员工人数(人)	350	400	400	385	380
人均营业收入(万元/人)	3.0	4.0	6.0	6.5	7.5

从表 4-10 可以看出,该饭店人均营业收入五年间呈现增长的趋势,表明该饭店的经营水平有所提高。

3.利用平均指标可以作为论断事物的一种数量标准或参考依据

平均指标是反映总体各单位某一数量标志的一般水平的,是一个代表值。例如,现在中学生的身体发育状况,我们可以用中学生的平均身高、平均体重、平均胸围(分别男、女)等来表现。现代大学生的身体素质状况,我们可以通过学生的 50 米跑、800 米跑、立定跳远、仰卧起坐、实心球这五项的平均成绩来表现。又如,探讨教师的待遇状况,我们也往往以其平均工资与各行各业职工的平均工资去比较,以其平均住房面积、平均寿命等指标去与其他行业的人比较。

4.利用平均指标可以分析现象之间的依存关系

要分析现象之间的依存关系,可以在统计分组的基础上,计算各组的有关平均

指标并加以说明,如表4-11所示。

表4-11 某年某边远城镇居民散客出游人均花费构成

按家庭月平均收入分组(元)	城镇居民散客出游人均花费(元)
5000及以上	1060.8
4000~4999	722.3
3000~3999	629.5
2000~2999	632.8
1000~1999	513.6
500~999	352.3
500以下	327.3

由表4-11中的资料可见,随着平均每户城镇居民家庭月收入水平的提高,城镇居民散客出游人均花费也在逐渐增加,这就揭示了城镇居民家庭月收入水平和城镇居民散客出游人均花费之间所存在的依存关系。

5.利用平均指标可以进行数量上的推算与预测

通常,统计上将通过科学的方法计算或估计以往和现在尚未掌握的资料叫推算,而将根据过去和现在的资料推知未来叫作预测。利用平均指标可以实现数量上的推算与预测。在统计分析中,无论是趋势分析、指数分析、抽样推断还是预测决策等,都广泛应用平均指标。例如,抽样方法就是以总体某个样本的平均值推断总体标志总量的。再比如,利用某地区平均每户每日所需食盐量,就可以推断本地区总体的食盐消费量等。

二、平均指标的种类与计算

平均指标按其指标含义和计算方法上的不同,常用的分为五种:算术平均数、调和平均数、几何平均数、中位数和众数。根据数学上的特性,前三种被称作数值平均数,后两种被称为位置平均数。它们各自的计算方法不同,指标的含义和应用条件也不同。这些指标已成为统计分析中最重要的基本数量分析方法,下面分别加以介绍。

(一)算术平均数

1.算术平均数的基本概念

算术平均数是计算平均指标的最常用、最基本的方法,也是社会经济统计中应用最广泛的一种平均指标。一般未经说明的平均数,通常都是指算术平均数。

算术平均数的基本计算如公式(22)所示:

$$算术平均数=\frac{总体标志总量}{总体单位总量} \tag{22}$$

社会经济现象中的许多经济技术指标,通常都存在着这样一种关系,即总体的某一标志总量是总体各单位该标志值之和。例如,一名高考考生的总成绩是其所考各科成绩之和;一个企业全年的产品产量是该企业该年各期产品产量之和;我国一年的旅游外汇收入是一年中我国各省、自治区、直辖市的旅游外汇收入之和等。

特别说明一点,利用公式(22)计算算术平均数时,有一个前提条件:即分子、分母必须同属于同一总体,两者所包含的指标内容在口径上要严格一致,具有可比性才行。否则,计算出来的统计指标就不是算术平均数了,而成了强度相对指标。

2.算术平均数的计算

算术平均数在计算时,由于所掌握资料的不同,通常有两种形式:简单算术平均数和加权算术平均数。

(1)简单算术平均数

简单算术平均数就是用算术求和得到标志总量再计算的算术平均数。若掌握的资料是总体单位数以及总体各单位的标志值时,适合用此法计算算术平均数,用文字表示其计算如公式(23)所示:

$$\text{算术平均数}=\frac{\text{总体各单位某个标志值之和}}{\text{总体单位数}} \tag{23}$$

用符号表示为:

$$\bar{x}=\frac{x_1+x_2+\cdots+x_{n-1}+x_n}{n}=\frac{\sum x}{n} \tag{23'}$$

式中:$\bar{x}$ 代表算术平均数;

x 代表总体各单位的标志值(变量值);

n 代表总体单位数;

$\sum$ 代表总和符号。

例 18,某旅行社集团某年接待的来华旅游人数资料如表 4-12 所示。

表 4-12　某旅行社集团某年接待入境旅游外国人人数资料

月份	总人数(人)x	月份	总人数(人)x	月份	总人数(人)x
1 月	22 487	5 月	54 308	9 月	78 434
2 月	41 258	6 月	56 782	10 月	74 859
3 月	55 132	7 月	57 710	11 月	47 081
4 月	56 824	8 月	68 549	12 月	33 477

由上述资料和公式(23′),可得某年该国际旅行社集团平均每月接待的来华旅游人数为:

$$\bar{x}=\frac{\sum x}{n}=\frac{22\,487+41\,258+55\,132+\cdots+47\,081+33\,477}{12}$$

$$=\frac{646\ 901}{12}=53\ 908.417\approx 53\ 909(\text{人})$$

可见,简单算术平均数从其形式上讲计算是相当简单的,但它有一个最大的特点,即它受极端数值的影响较大,尤其是受极大值的影响最为巨大。又如某住宅楼一单元居住着10位居民,假定他们的月收入分别为3000元、3300元、3600元、2800元、3700元、3900元、4100元、4000元、3500元、3000元,则该单元10位居民平均每人的月收入为:

$$\bar{x}=\frac{\sum x}{n}$$

$$=\frac{3000+3300+3600+2800+3700+3900+4100+4000+3500+3000}{10}$$

$$=\frac{61\ 900}{10}=6190(\text{元})$$

结果是,该单元10位居民平均每人月收入1238元,显然大大偏离了绝大多数人的月收入水平。造成这种结果的原因是该单元10人中有1人的月收入大大高于另外9位的月收入,这一极端值造成了10人平均月收入的上扬。对此,有时需剔除个别的极端数值,而后再计算平均数。在现实生活中,基于简单算术平均数的这个特点,评委在打分时往往采用“去掉一个最高分,去掉一个最低分”的办法,可以较有效地避免个别评委故意抬高或压低评分的现象。

(2)加权算术平均数

算术平均数简单就在于:总体各单位各标志值未经处理,且各变量值出现的次数均为1。但是,当所掌握的资料并非如此“简单”,而是在资料已被分组并得出次数分配数列,而且各变量值出现的次数不同的情况下,就要考虑次数而采用加权算术平均数的方法了。

加权算术平均数是在有变量值和次数的情况下,将各组变量值分别与其次数相乘后再加总,求得标志总量,再除以总体单位数(次数总和),用文字表示其公式为:

$$\text{加权算术平均数}=\frac{\sum(\text{各组变量值}\times\text{各组单位数})}{\sum\text{各组单位数}} \tag{24}$$

用符号表示为:

$$\bar{x}=\frac{x_1f_1+x_2f_2+\cdots+x_{n-1}f_{n-1}+x_nf_n}{f_1+f_2+\cdots+f_{n-1}+f_n}=\frac{\sum xf}{\sum f} \tag{24'}$$

公式中:f代表各标志值出现的次数,也叫权数。其他符号含义同前。

从公式可以看出,加权算术平均数$\bar{x}$的大小受两个因素的影响:一是受变量值x大小的影响,二是受次数分配值f或频率$\frac{f}{\sum f}$大小的影响。由于各标志值出现的

次数 f 对 $\bar{x}$ 数值大小起着一种权衡轻重的作用，所以加权算术平均数数值接近于次数较大组的标志值水平，即次数大的标志值对平均数的影响要大些，次数小的标志值对平均数的影响要小些，所以把 f 称为权数。这种考虑了权数的作用而计算出的平均指标被称为加权算术平均数。权数 f 的作用可通过下例看出。

例 19，某大学某系有教授 2 人，工资为 9000 元，讲师 23 人，工资为 6500 元，则该系教师平均工资为：

$$\bar{x}=\frac{9000\times2+6500\times23}{2+23}=\frac{167\ 500}{25}=6700(\text{元})$$

该系教师的平均工资水平明显地接近讲师的工资水平。

加权算术平均数在计算的时候也分两种情况：

①单项数列的加权算术平均数的计算

当所掌握的资料是单项变量数列时，计算加权算术平均数则比较简单：首先，将各组的标志值与各组的次数相乘，求出各组的标志总量；其次，将各组的标志总量相加，求出总体的标志总量；再次，将各组的次数相加，求出总体单位总数；最后，用总体标志总量除以总体单位总量，即得加权算术平均数。

例 20，某旅游纪念品商店共 50 名营业员，其月销售额资料如表 4-13 所示。

表 4-13　某旅游纪念品商店营业员月销售额资料

月销售额（万元）	人数（人）
200	5
300	8
400	18
500	12
600	7
合计	50

据表 4-13 的资料，计算 50 名营业员的月平均销售额，计算过程如下：

$$\begin{aligned}\bar{x}&=\frac{\sum xf}{\sum f}\\&=\frac{200\times5+300\times8+400\times18+500\times12+600\times7}{5+8+18+12+7}\\&=\frac{20\ 800}{50}=416(\text{万元})\end{aligned}$$

如果通过计算表计算，将更简便、清楚，且便于检查。表 4-14 就是根据表 4-13的资料安排的计算表。

表 4-14　某旅游纪念品商店营业员月销售额资料计算表

月销售额(万元)x	人数(人)f	月总销售额(万元)xf
200	5	1000
300	8	2400
400	18	7200
500	12	6000
600	7	4200
合计	50	20 800

$$\bar{x}=\frac{\sum xf}{\sum f}=\frac{20\ 800}{50}=416(\text{万元})$$

在实际统计工作中,权数有两种表现形式:绝对数(次数或频数)和相对数(比重,也叫频率)。比重数是从绝对数权数计算的,权数的权衡轻重的作用就体现在其比重的大小上。因此,比重权数是权数的实质。以$\frac{f}{\sum f}$代表其比重权数,则公式(24)可变形为:

$$\bar{x}=\frac{\sum xf}{\sum f}=\frac{\sum x\cdot\frac{f}{\sum f}}{\sum\frac{f}{\sum f}}=\sum x\cdot\frac{f}{\sum f} \tag{25}$$

$$\left(\because\ \sum\frac{f}{\sum f}=1\right)$$

表 4-15　某旅游纪念品商店营业员月销售额资料计算表

月销售额(万元)x	人数(人)f	人数比重(%)$\frac{f}{\sum f}$	$x\cdot\frac{f}{\sum f}$(万元)
200	5	10	20
300	8	16	48
400	18	36	144
500	12	24	120
600	7	14	84
合计	50	100	416

$$\bar{x}=\sum x\cdot\frac{f}{\sum f}=416(\text{万元})$$

与前者用$\bar{x}=\frac{\sum xf}{\sum f}$计算的结果完全一致。

可见,在同一变量数列中,用绝对数权数与用相对数权数计算算术平均数其计算结果完全相同。

但是,当变量数列中各变量值出现的次数不是1,却次数相等时,权数就不再起权衡轻重的作用了。其标志的算术平均数除了受其标志值大小的影响外,不再受权数的影响,因而其算术平均数就等于前面讲过的简单算术平均数了。用公式也不难看出,即:

当 $f_1=f_2=\cdots=f_n=k$ 时,

$$\bar{x}=\frac{\sum xf}{\sum f}=\frac{(x_1+x_2+\cdots+x_n)k}{nk}=\frac{k\sum x}{nk}=\frac{\sum x}{n}$$

所以简单算术平均数可以理解为加权算术平均数的特例,条件就是 $f_1=f_2=\cdots=f_n$。

②组距式数列的加权算术平均数的计算

利用我们所掌握的组距式数列的资料计算算术平均数,其方法与单项式数列基本相同,所不同的只是要以组的平均数作为各组的代表标志值进行计算。在缺少组的平均数的条件下,往往以各个组的组中值来代替进行计算,如表4-16所示。

表4-16 某地区旅游饭店基本情况

按饭店规模(客房数)分组	饭店数(家)
500间以上	68
300~499间	190
200~299间	285
100~199间	732
99间以下	1079
合 计	2354

根据表4-16计算加权算术平均数,可列表计算,如表4-17所示。

表4-17 加权算术平均数计算表

按饭店规模(客房数)分组	饭店数(家)f	组中值(间)x	xf
500间以上	68	600	40 800
300~499间	190	400	76 000
200~299间	285	250	71 250
100~199间	732	150	109 800
99间以下	1079	50	53 950
合 计	2354	—	351 800

由此计算表可得,该地区2354座旅游饭店平均拥有客房数为:

$$\bar{x}=\frac{\sum xf}{\sum f}=\frac{351\ 800}{2354}=149.4\approx150(\text{间})$$

必须指出,以组中值代替平均数计算算术平均数是有一定假定性的,即假定各组内的变量值在组内是均匀分配的。而实际上,各单位标志值的分配是不可能绝对均匀的,各组的组中值与组平均数也不可避免地会存在一定的误差。所以利用组中值计算算术平均数,未经分组与分组之后,尤其是分成组距数列形式,再计算算术平均数,其结果也会有一定程度的误差。如果分组较科学合理的话,其误差将不会很大。这当中,如何分组起了很大的作用。

在利用组距式数列计算加权平均数时,还有一个问题,即开口组的问题。当有开口组时,先假定开口组的组距与邻近组的组距相同,然后利用其下限(或上限)求出假设上限(或假定下限),再计算出其组中值,就可以计算算术平均数了。如表4-17的开口组就是这样确定其组中值的。不过,在有开口组的情况下,组平均数往往难以确定,即使按相邻组组距计算了,假定性也很大,这时算术平均数的代表性也就因此而不可靠了。

(二)调和平均数

1.调和平均数的概念

调和平均数是各个变量值(标志值)倒数的算术平均数的倒数,故也称倒数平均数。它是一种具有特殊用途的平均数,和算术平均数一样,它也是依据总体标志总量与总体单位总量之商的原则来计算的,只不过由于掌握的资料不如算术平均数直接,即不掌握总体单位数,而是掌握各组标志值的资料时,才用调和平均数的方法计算平均指标。调和平均数的概念表示为:

$$\text{调和平均数}=\frac{\text{各组标志值的总和(总体标志总量)}}{\dfrac{\text{各组标志值}}{\text{各组变量值}}\text{之和(总体单位总量)}} \tag{26}$$

2.调和平均数的计算

调和平均数也因其所掌握的资料不同而分为两种:简单调和平均数和加权调和平均数。

(1)简单调和平均数

其计算公式用符号表示是:

$$\bar{x}_{\mathrm{h}}=\frac{1}{\dfrac{\dfrac{1}{x_1}+\dfrac{1}{x_2}+\cdots+\dfrac{1}{x_{n-1}}+\dfrac{1}{x_n}}{n}}=\frac{n}{\sum\dfrac{1}{x}} \tag{27}$$

公式中:$\bar{x}_{\mathrm{h}}$ 代表调和平均数;

x 代表各变量值;

n 代表项数。

例 21,市场有 4 种苹果,单价分别为 1.25 元/500 克,2 元/500 克,2.5 元/500 克,5 元/500 克。若某人想 4 种苹果各买 1 元时,问他购得的苹果平均每 500 克多少元?

$$\bar{x}_h=\frac{n}{\sum\frac{1}{x}}=\frac{4}{\frac{1}{1.25}+\frac{1}{2}+\frac{1}{2.5}+\frac{1}{5}}$$

$$=\frac{4}{0.8+0.5+0.4+0.2}=\frac{4}{1.9}=2.105(\text{元}/500\text{克})$$

(2)加权调和平均数

加权调和平均数适用于分组资料,其计算公式是:

$$\bar{x}_h=\frac{m_1+m_2+\cdots+m_{n-1}+m_n}{\frac{m_1}{x_1}+\frac{m_2}{x_2}+\cdots+\frac{m_{n-1}}{x_{n-1}}+\frac{m_n}{x_n}}=\frac{\sum m}{\sum\frac{m}{x}}=\frac{\sum m}{\sum\frac{1}{x}m} \tag{28}$$

公式中:m 是总体各组标志总量;

x 是总体各组标志值;

$\sum m$ 是总体标志总量;

$\sum\frac{1}{x}m$ 是总体单位总量。

因为 $m=xf$,所以代入公式(28)可得:

$$\bar{x}_h=\frac{\sum m}{\sum\frac{m}{x}}=\frac{\sum xf}{\sum\frac{xf}{x}}=\frac{\sum xf}{\sum f}$$

可见,加权调和平均数和加权算术平均数的计算公式可以相互推算。因此,从这个意义上说,加权调和平均数既有其独立性,又是加权算术平均数的一种变形。当所掌握的资料中缺乏各组总体单位数或缺乏各组单位数占总体单位总数比重的资料,而只有各组某个标志值总和的资料时,则应用加权调和平均数。

例 22,某旅行社组织了 4 批 20 天的 K 国到我国的成人全包价旅游,其情况如表 4-18 所示,试求其平均包价。

表 4-18　某旅行社组织的 K 国包价团资料

批次	每人包价(美元)	总收入(美元)
第一批	1000	30 000
第二批	1050	42 000
第三批	1150	69 000
第四批	1100	55 000

此例即为只有总体标志总量,而缺少总体单位总量,故可通过调和平均数公式(27)计算其平均包价。计算表见表 4-19。

表 4-19　调和平均数计算表

批次	每人包价（美元）x	总收入（美元）m	旅游者人数（人）$\frac{m}{x}$
第一批	1000	30 000	30
第二批	1050	42 000	40
第三批	1150	69 000	60
第四批	1100	55 000	50
$\sum$	—	196 000	180

$$\bar{x}_h=\frac{\sum m}{\sum \frac{1}{x}m}=\frac{196\ 000}{180}=1088.8（美元）$$

统计平均数不仅可以根据绝对数计算，而且可以根据相对数和平均数来计算。在后一种情况下，所平均的变量值乃是两个数字对比所形成的比值，因而不能采用简单平均数的方法，而应采用加权平均数的方法。同时，权数乃是形成这个比值的分子或分母。计算相对数或平均数的加权平均数，根据所掌握的资料不同，可以采用不同的形式：加权算术平均数或加权调和平均数。下面将说明，在什么条件下应当用调和平均数法计算平均数。

①由相对数计算平均数时

以计划完成程度相对数为例。在计算平均计划完成程度时，如果只有实际完成数，而没有计划数时，即只有相对指标的分子，而缺少分母时，就应采用调和平均数计算。反之，则用加权算术平均数法来计算。

例 23，某旅游饭店集团所属饭店某年客房收入计划完成程度如表 4-20 所示。

表 4-20　某年某饭店集团所属饭店客房收入完成情况

按客房收入计划完成程度分组（%）	实际实现客房收入（万元）
80~90	6800
90~100	22 800
100~110	21 000
110~120	9200
合　计	59 800

该旅游饭店集团所属各饭店平均完成计划百分比计算表如表 4-21 所示。

表 4-21　由相对数计算平均数计算表

按客房收入计划完成程度分组（%）	客房计划完成程度（%）组中值 x	实际客房收入（万元）m	计划客房收入（万元）$\frac{m}{x}$
80~90	85	6800	8000

续表

按客房收入计划完成程度分组(%)	客房计划完成程度(%)组中值 x	实际客房收入(万元) m	计划客房收入(万元) $\frac{m}{x}$
90~100	95	22 800	24 000
100~110	105	21 000	20 000
110~120	115	9200	8000
Σ	—	59 800	60 000

$$\bar{x}_h = \frac{\sum m}{\sum \frac{1}{x} m} = \frac{59\ 800}{60\ 000} = 99.67\%$$

②由平均数计算平均数时

由平均数计算平均数的原理与由相对数计算相对数的原理相同,以劳动生产率的计算为例。

例 24,某年某地区饭店劳动生产率与营业收入资料如表 4-22 所示。

表 4-22　某年某地区饭店部分经济指标资料

按劳动生产率分组(万元/人)	营业收入总额(万元)
2~3	100 690.59
3~4	541 596.59
4~5	630 688.13
5~6	305 589.35
6~7	951 992.53
7~8	0
8~9	1 213 235.74
合　计	3 743 792.93

表 4-23　表 4-22 资料的计算表

按劳动生产率分组(万元/人)	组中值(万元/人) x	营业收入总额(万元) m	员工人数(人) $\frac{m}{x}$
2~3	2.5	100 690.59	40 276. 2360
3~4	3.5	541 596.59	154 741. 8829
4~5	4.5	630 688.13	140 152. 9178
5~6	5.5	305 589.35	55 561. 7000
6~7	6.5	951 992.53	146 460. 3892
7~8	7.5	0	0
8~9	8.5	1 213 235.74	142 733. 6165
总　计	—	3 743 792.93	679 926. 7424

由此计算表可得出平均全员劳动生产率为：

$$\bar{x}_h=\frac{\sum m}{\sum \frac{m}{x}}=\frac{3\ 743\ 792.93}{679\ 926.7424}=5.506\approx 5.5(\text{万元/人})$$

应该指出的是，计算相对数或平均数的加权调和平均数形式，实际上还是加权算术平均数，它与前面所讲的逆指标的调和平均数是不同的，仅仅只是算术平均数的一种变形而已。

3. 调和平均数的应用特点

(1) 调和平均数易受极端值的影响，尤其易受极小值的影响（因为调和平均数是算术平均数的倒数，小数值的倒数大于大数值的倒数）。

(2) 当组距数列有开口组时，所遇到的问题与算术平均数是一样的。

(3) 调和平均数应用的范围狭小。

(三) 几何平均数

1. 几何平均数的概念

几何平均数是一种具有特殊用途的平均数，它不同于算术平均数和调和平均数。它是几何级数（等比级数）的平均数，是 n 个变量值连乘积的 n 次方根。几何平均数适用于现象各标志值（变量值）连乘积等于标志总量的场合，用于计算经济指标的平均比率或平均发展速度。

2. 几何平均数的计算

几何平均数根据所掌握的资料的不同分为两种：简单几何平均数和加权几何平均数。

(1) 简单几何平均数

简单几何平均数就是 n 个变量值连乘积的 n 次方根，其公式用符号表示为：

$$\bar{x}_g=\sqrt[n]{x_1\cdot x_2\cdot x_3\cdots x_{n-1}\cdot x_n}=\sqrt[n]{\Pi x} \tag{29}$$

公式中：$\bar{x}_g$ 为几何平均数；

x 为各个变量值；

n 为变量值的个数；

Π 为连乘符号。

例 25，某旅游用品的生产企业有 5 个连续流水作业的车间，各车间的产品合格率如表 4-24 所示。

表 4-24 某企业产品合格率资料

车间	产品合格率(%)
甲	96
乙	93
丙	95
丁	90
戊	85

该企业车间产品平均合格率为：

$$\bar{x}_g=\sqrt[5]{96\%\times93\%\times95\%\times90\%\times85\%}$$
$$=\sqrt[5]{0.6488424}=0.9171$$
$$=91.71\%$$

此例题也可以利用对数计算，即：

对$\bar{x}_g=\sqrt[5]{96\%\times93\%\times95\%\times90\%\times85\%}$取对数，

$$\log\bar{x}_g=\frac{1}{5}(\log96+\log93+\log95+\log90+\log85)$$
$$=\frac{1}{5}(1.9823+1.9685+1.9777+1.9542+1.9294)$$
$$=\frac{1}{5}\times9.8121=0.96242$$

求真数：

$$\bar{x}_g=91.71$$

说明该企业各车间产品平均合格率为91.71%。

若依此法，对几何平均数公式求对数，则有公式为：

$$\bar{x}_g=\sqrt[n]{x_1\cdot x_2\cdot\cdots\cdot x_n}$$
$$\log\bar{x}_g=\frac{1}{n}(\log x_1+\log x_2+\cdots+\log x_n)=\frac{\sum\log x}{n}\qquad(30)$$

可见，几何平均数的对数，就是各个变量值的对数的算术平均数。

(2)加权几何平均数

当各个变量值出现的次数不同时，计算几何平均数则要采用加权的形式，加权几何平均数的计算为：

$$\bar{x}_g=\sqrt[(f_1+f_2+\cdots+f_{n-1}+f_n)]{x_1^{f_1}\cdot x_2^{f_2}\cdot\cdots\cdot x_{n-1}^{f_{n-1}}\cdot x_n^{f_n}}=\sqrt[\sum f]{\Pi x^f}\qquad(31)$$

公式中：f为各变量值的次数(或权数)；

$\sum f$为次数(或权数)总和。

例26，某地区28年间旅游业的发展速度资料如表4-25所示：

表4-25 某地区28年间旅游业平均发展速度计算表

发展速度(%)x	年数f	$\log x$	$f\cdot\log x$
105	2	2.021 2	4.042 4
110	6	2.041 4	12.248 4
120	8	2.079 2	16.633 6
150	9	2.176 1	19.584 9
200	3	2.301 0	6.903 0
合 计	28	—	59.412 3

则该地区旅游业平均发展速度为:

$$\bar{x}_g = \sqrt[(f_1+f_2+\cdots+f_{n-1}+f_n)]{x_1^{f_1} \cdot x_2^{f_2} \cdot \cdots \cdot x_{n-1}^{f_{n-1}} \cdot x_n^{f_n}} = \sqrt[\Sigma f]{\Pi x^f}$$

$$= \sqrt[28]{105\%^2 \times 110\%^6 \times 120\%^8 \times 150\%^9 \times 200\%^3}$$

$$= \sqrt[28]{1.102\ 5 \times 1.771\ 6 \times 4.299\ 9 \times 38.443\ 4 \times 8.000\ 0}$$

$$= \sqrt[28]{53.617\ 4} = 1.1528\ 1 = 115.3\%$$

则计算结果是该地区旅游业平均发展速度为 115.3%。

如果按照求对数的方法,计算结果也是一样的。

3.几何平均数的应用特点

(1)极端数值对几何平均数的影响,远不如算术平均数和调和平均数大。

(2)计算几何平均数的标志值中不能出现零与负数,否则就不能计算几何平均数。

(3)几何平均数应用的范围较窄,它主要适用于具有等比或近似等比关系的数列。

(四)中位数

1.中位数的概念

中位数是一种比较特殊的平均数。中位数与前面讲过的三种数值平均数的不同之处在于:它不是根据总体的全部标志值或变量值计算的,而是根据其在总体中所处的位置或地位确定的,故而被称为位置平均数。

中位数也称中数,是一组按标志值大小顺序排列的数列中处于中间位置的数值。

例 27,某旅行社有 9 名英语导游,其年龄按顺序排列为(岁): 22,24,25,26,27,31,32,34,35。则中位数为第 5 位导游的年龄——27 岁。

中位数还有另一种说法是:把它当作这样一个值,即这个值使比它大的项数与比它小的项数相等。也就是说,中位数就是把某标志的全部变量值分成相等的两半,一半比它大,一半比它小。

由于中位数位置居中,不易受极大或极小数值的影响,所以,它也能表明数字资料的集中趋势,甚至以此来代表算术平均数来说明现象的一般水平。

2.中位数的确定方法

(1)由未分组资料确定中位数

在资料未分组的情况下确定中位数,只需将原有资料的各数值按大小顺序排列,既可以从小到大排列,也可以从大到小排列,然后很容易便能找出中位数所在的位置,用公式表示则为:

$$\text{中位数的位置} = \frac{n+1}{2} \tag{32}$$

公式中:n 为变量值项数。

具体确定中位数的方法是：

①当总体变量值的项数 n 为奇数时，则位居中间的标志值即为中位数（如前例）。

②当总体变量值的项数 n 为偶数时，严格来讲，位居中间的两个标志值之中任何一个都可以认为是中位数。但是习惯上往往取位居中间的这两个标志值的算术平均数为中位数。

例 28，若将前例改为 10 位导游，他们的年龄按大小顺序排列分别是：22，24，25，26，27，31，32，34，35，40，则中位数为位居中间的第 5 位、第 6 位导游的年龄的算术平均数，即：

$$m_e=\frac{27+31}{2}=29(\text{岁})$$

公式中：m_e 代表中位数。

（2）由分组资料确定中位数

对于经过分组的资料来说，计算中位数比较复杂，一般要分成两个步骤：第一步，确定中位数所在的组；第二步，指出中位数或求其近似值。

①单项数列中的中位数的确定

单项数列中的中位数的确定较为简单。由于有次数的分布问题，所以主要考虑的就是次数的分配情况。需要采用累积次数的方法来确定中位数所在的组。在这里，无论是采用较小制累积（向上累积）还是较大制累积（向下累积）的方法均可以，此时，中位数位置的确定如公式（33）所示：

$$\text{中位数位置}=\frac{n}{2}\text{或}\frac{\sum f}{2} \tag{33}$$

现以表 4-26 为例，对此法加以说明。

表 4-26　某地旅游局职工奖励工资情况表

奖励工资（元）	职工人数（人）	累积人数（人）	
		较小制累积	较大制累积
2000	4	4	90
2230	20	24	86
2410	35	59	66
2550	25	84	31
2750	6	90	6
合　计	90	—	—

$$\text{中位数位置}=\frac{\sum f}{2}=45(\text{人})$$

即中位数是第 45 人的奖励工资水平。从较小制累积和较大制累积看，第 45 人在第三组，即 2410 元组。所以说，该旅游局职工奖励工资水平的中位数是 2410 元。

②组距数列中的中位数的确定

组距数列中的中位数的确定较单项数列来说就较为复杂了,其中位数所在组的确定方法同单项数列相同,而其复杂性就复杂在因是组距数列,所以中位数的确切数值不好确定,通常要采用插补法(比例推算法)来计算中位数的近似值。不过,这里又出自于这样一个假定条件,即假定中位数所在组组内的各个数值是均匀分配的。下面将以表 4-27 为例说明组距数列中的中位数的确定方法。

确定中位数的步骤为:

第一步:计算累积次数(较小制累积和较大制累积均可)。累计结果见表4-27。

表 4-27　某市旅游局所属 30 家指定旅游餐点营业额资料

按营业额分组（万元）	餐点数（家）	餐点数累积(家)	
		较小制累积	较大制累积
100 以下	3	3	30
100~500	7	10	27
500~800	12	22	20
800~1000	6	28	8
1000 及以上	2	30	2
合　计	30	—	—

第二步:确定中位数所在的组。因为此例中,中位数位置 $=\dfrac{\sum f}{2}=\dfrac{30}{2}=15$(家),故从累积次数表中不难看出:中位数在营业额 500 万~800 万元组内。

第三步:用插补法确定中位数的近似值。

由表 4-27 累积次数栏中资料可知,这 15 家企业中只有(15-7-3)= 5(家)落在 500 万~800 万元组内,其余各有 3 家和 7 家在 100 万元以下和 100 万~500 万元组。

假设 500 万~800 万元组中的 12 家餐点的营业额是在 500 万~800 万元间均匀分布的,则其中的前第 5 家餐点的营业额应该是:

用插补法计算:

$$5:12=x:(800-500)$$

$$x=\frac{5\times(800-500)}{12}=\frac{5}{12}\times 300=125(\text{万元})$$

$$500+125=625(\text{万元})$$

即中位数为:

$$m_e=500+\frac{\frac{30}{2}-10}{12}\times 300=625(\text{万元})$$

(3)由累积次数曲线图确定中位数

根据累积次数曲线图确定中位数,不失为一种既简单又快捷的方法。

由累积次数曲线图确定中位数大致分为两种:

①按照第三章"统计资料的整理与分析"讲过的画法,画出累积次数图。无论是较小制累积曲线还是较大制累积曲线,只需在纵轴的半数$\left(\frac{\sum f}{2}\right)$处画一水平线,由该线与累积次数曲线的交点向横轴作一垂直线,则这条垂线在横轴上的落点即为中位数的近似值。只要图画得准确,那么横轴上的中位数点就不难读出中位数的近似值(见图 4-1B 点、图 4-2D 点)。

②也可直接将较大制累积曲线图与较小制累积的曲线图画在一个坐标系内,二者的交点 E 在横轴上的落点 F 即为中位数的近似值(见图 4-3)。

以表 4-28 的资料为例,分别画图 4-1、图 4-2。

表 4-28 某旅行社职工年龄状况表

按年龄分组(岁)	人数(人)	累积次数(人)	
		较小制累积	较大制累积
20 以下	1	1	50
20~30	20	21	49
30~40	15	36	29
40~50	7	43	14
50~60	5	48	7
60 以上	2	50	2
Σ	50	—	—

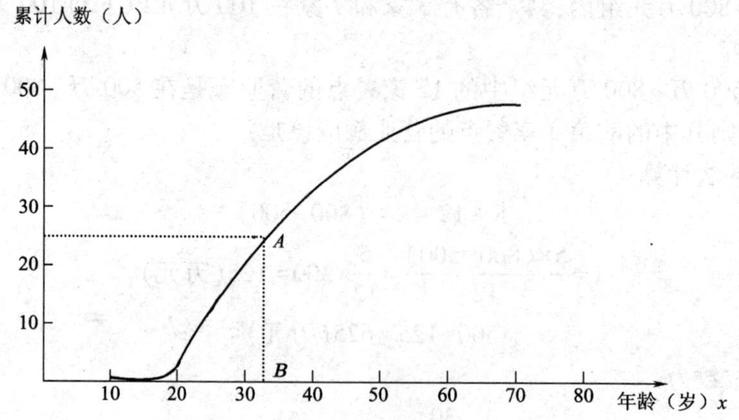

图 4-1 较小制累积曲线图

$\because \frac{\sum f}{2}$对应横轴的点在30~40岁组

$\therefore$ 中位数所在的组在30~40岁组，而且大约是B点所在位置的数值33。

$\because \frac{\sum f}{2}$对应横轴的点在30~40岁组

$\therefore$ 中位数所在的组在30~40岁组，而且大约是D点所在位置的数值33。

也可以把较小制累积图和较大制累积图划在一张图上，两条线的交点即为中位数。

$\because \frac{\sum f}{2}$对应横轴的点在30~40岁组

$\therefore$ 中位数所在的组在30~40岁组，而且大约是F点所在位置的数值33。

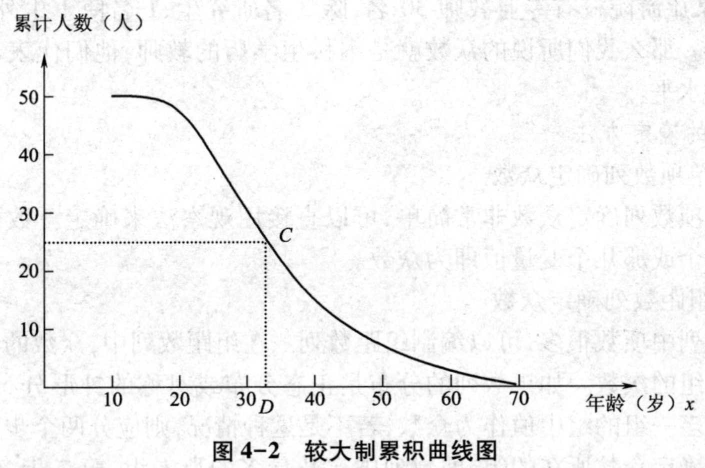

图4-2　较大制累积曲线图

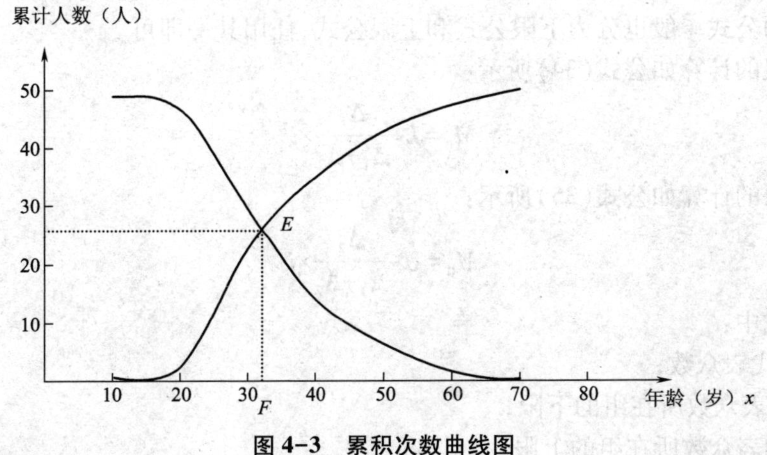

图4-3　累积次数曲线图

从图 4-1、图 4-2 与图 4-3 中可读出中位数的近似值在 33 岁，与用公式计算的结果一致。

3.中位数的应用特点

(1)因为中位数是序列的中间一项或两项的平均数，不受极端变量值的影响，所以当一项变量数列中含有极大值与极小值时，较宜采用中位数。

(2)中位数在组距数列中一般不受开口组的影响。

(五)众数

1.众数的概念

众数是指总体中普遍出现的标志值，也就是统计总体中出现次数最多的变量值。因此，从这个角度看，它也能代表总体单位的一般水平，用以表明社会经济现象的集中趋势。

例如，某旅游院校有专业教师 30 名，除 3 名研究生、1 名博士生外，其余均为本科生学历。那么我们所说的众数就是本科生学历的教师，他们代表着该校专业教师的一般水平。

2.众数的确定方法

(1)由单项数列确定众数

根据单项数列确定众数非常简单，可以直接用观察法来确定。数列中出现次数最多的那个或那几个变量值即为众数。

(2)由组距数列确定众数

如果数列中项数很多，可以编制组距数列。在组距数列中，众数的具体数值取决于相邻两组的次数。如果数列的分布是正态分布或对称的钟形分布，则可用数列中次数最多一组的组中值作为众数；若不是这种情况，则应分两个步骤来确定众数：第一步，确定众数所在的组，即数列中次数最多的那一组；第二步，确定众数的近似值，通常是用插补法，即用众数组次数与相邻两组次数之差的比例来推算。确定众数的公式一般也分为下限公式和上限公式，任用其一即可。

下限的计算如公式(34)所示：

$$M_0=L+\frac{\Delta_1}{\Delta_1+\Delta_2}\times i \tag{34}$$

上限的计算如公式(35)所示：

$$M_0=U-\frac{\Delta_2}{\Delta_1+\Delta_2}\times i \tag{35}$$

公式中：

M_0 代表众数；

L 代表众数所在组的下限；

U 代表众数所在组的上限；

Δ_1 代表众数组次数与前一组次数之差；

Δ_2 代表众数组次数与后一组次数之差；

i 代表众数组的组距。

用(34)和(35)这两个公式计算的结果同样也是一致的。

(3)用图示法求众数的近似值

众数的近似值，可以利用统计次数图来确定。以表4-29为例，做图4-4。首先，以众数所在的组的次数为中心，画三个次数直方图(众数组及其前后两组)；其次，做两条直线 AB 和 CD；最后，由这两条直线的交点 E 向横轴做垂线，则这条垂线在横轴上的落点 F 即为众数，依横轴读出其近似值即可。

表4-29 某市旅游饭店上缴税金情况表

按上缴税金分组(万元)	饭店数(家)
10以下	10
10~20	20
20~30	24
30~40	15
40~50	9
50及以上	2
合计	80

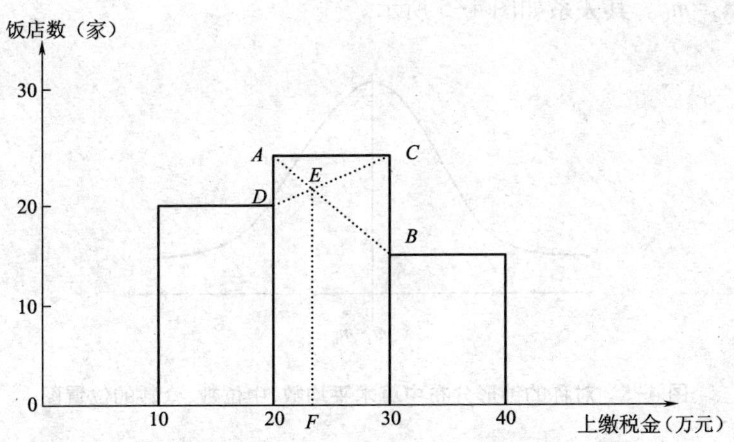

图4-4 据表4-29资料由图形确定众数

由图4-4可读出，F 点为23万元，即众数的近似值为23万元。

3.众数的特点

(1)如果一个总体中各个变量值相同或者差别很小，则没有众数。

(2)如果两个或多个变量值出现的次数都很多，则是双众数或多重众数。

(3)众数最不易受极端数值的影响，只受相邻两组次数多少的影响。

(4)组距数列中出现开口组时，对众数无影响。但当众数恰好在开口组时，众数无法计算。

(5)众数往往是不容易确定的平均数。

三、各种平均数之间的关系

(一)算术平均数、调和平均数和几何平均数之间的关系

算术平均数、调和平均数和几何平均数三者之间存在一定的数量关系,它表现在:根据同一资料计算的三种平均数,一般情况下都是几何平均数大于调和平均数而小于算术平均数。只有当所有变量值都相同时,三种平均数才相等。其相关关系可以用公式(36)表示如下:

$$\bar{x} \geqslant \bar{x}_g \geqslant \bar{x}_h \tag{36}$$

正因为三种平均数之间有上述数量上的关系,所以在选择平均数的计算方法时,应根据社会经济现象的性质和统计研究的目的正确选择,否则,如果选错了方法,必然会夸大或缩小总体的平均水平。

(二)中位数 m_e、众数 m_0 和算术平均数 $\bar{x}$ 之间的关系

中位数 m_e、众数 m_0 和算术平均数 $\bar{x}$ 之间的关系取决于三者在次数分配中的状况。

(1)在次数分布完全对称的情况下,算术平均数、中位数和众数三者完全相等,即 $\bar{x}=m_e=m_0$。其关系如图 4-5 所示。

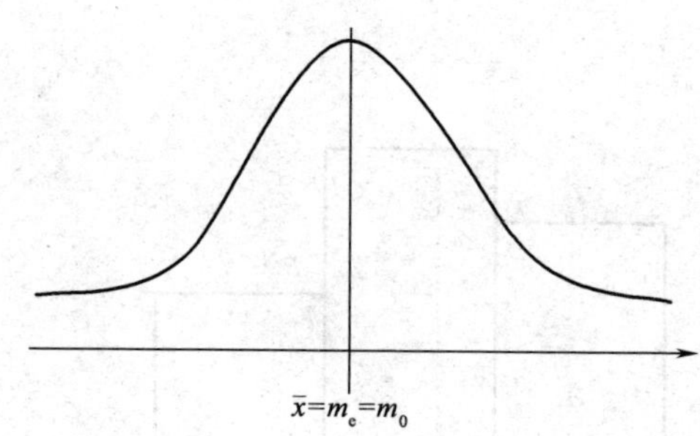

图 4-5 对称的钟形分布中算术平均数、中位数、众数的位置图

(2)在社会经济现象的统计资料中,近似完全对称分布的变量数列并不多见,其分布状态往往是呈现左偏或右偏的不完全对称的偏态分布。在这种情况下,上述三种平均数因其各自受极端数值影响程度不同,因而它们的数值就存在一定的差别,但三者之间仍然有一定的关系。

①当次数分布呈现右偏态(正向偏态)的情况下,算术平均数受偏高数值影响较大,其位置偏于众数之右,中位数在众数与算术平均数之间。因而,算术平均数、中位数和众数三者之间的关系用符号表示,即表现为:$m_0<m_e<\bar{x}$,如图 4-6 所示。

②当次数分布呈现左偏态(反向偏态)的情况下,算术平均数受偏小数值的影

响较大，其位置便偏于众数之左，中位数则仍在众数与算术平均数之间，因而其关系为 $\bar{x}<m_e<m_0$，如图 4-7 所示。

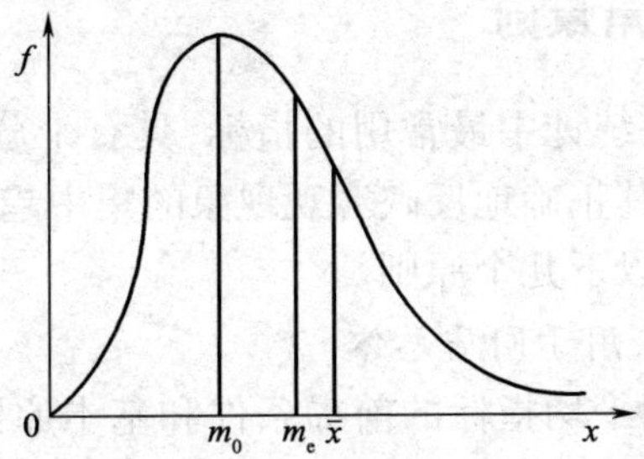

图 4-6　右偏分配中算术平均数、中位数、众数的位置图

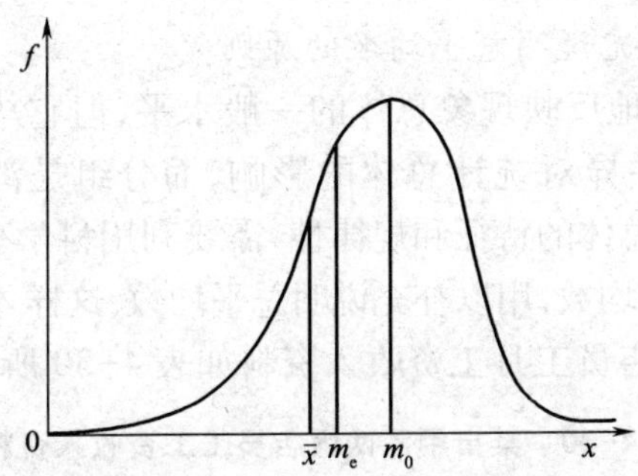

图 4-7　左偏分配中算术平均数、中位数、众数的位置图

根据英国统计学家皮尔逊（Karl Pearson）的经验，在适度偏态的情况下，即偏态分布的偏斜程度不太显著时，中位数与算术平均数的距离，约等于算术平均数与众数距离的$\frac{1}{3}$；而中位数与众数的距离，约等于算术平均数与众数距离的$\frac{2}{3}$。这种关系可用下列三个关系式来表示：

$$m_0=\bar{x}-3(\bar{x}-m_e)=3m_e-2\bar{x} \tag{37}$$

$$m_e=\frac{m_0+2\bar{x}}{3} \tag{38}$$

$$\bar{x}=\frac{3m_e-m_0}{2} \tag{39}$$

利用上述关系式，可用已知其中任何两个平均数，来推算第三个平均数。

例 29，已知某旅行社职工工资收入的算术平均数为 2300 元，众数为 2000 元，则中位数应为 2200 元，即：

$$m_e=\frac{m_0+2\bar{x}}{3}=\frac{2000+2\times2300}{3}$$

$$=\frac{6600}{3}=2200(\text{元})$$

四、平均指标的应用原则

平均指标是社会经济统计中最常用的指标,具有十分重要的作用。为了充分发挥平均指标的作用,使其正确地反映客观现象的集中趋势或一般水平,在计算和应用平均指标时,要遵循以下几个原则。

(一)平均指标只能应用于同质总体

同质性是计算和应用平均指标的前提条件和基本原则。这里所说的同质性,不仅是指总体本身的同质性,更主要的是指统计总体的各个单位在被平均标志上的同质性,即正确运用科学分组,真正保证"组内的同质性与组间的差异性"的有机结合,以提高平均水平的真实性。

(二)用组平均数补充说明总平均数的原则

总平均数虽能科学地反映现象总体的一般水平,但它毕竟是一个笼统的平均数,可能会掩盖各单位差异对统计总体的影响,而分组是消除因素影响的一种方法。所以为了研究现象总体的特征和规律性,需要利用科学分组的方法将总体按有关标志分组,再计算组平均数,用以补充说明总平均数,这样才可以避免陷入片面性。

例 30,某市两座饭店员工月工资收入资料如表 4-30 所示。

表 4-30 某市甲乙两饭店员工工资收入资料

	月工资总额(元)	员工人数(人)	月平均工资(元/人)
甲饭店	440 000	200	2200
乙饭店	630 000	300	2100

从表 4-30 可以看出,甲饭店的平均工资为 2200 元/人,高于乙饭店的 2100 元/人的水平。此时是否就可以断言,同样职务的人,在甲饭店工作要比在乙饭店工作工资高呢?回答显然是否定的。根据对甲、乙两饭店掌握的进一步资料,若将两饭店员工按其职务分组的话,可以得出表 4-31 的资料。

表 4-31 某市甲乙两饭店员工工资收入分析表

员工类别	甲饭店				乙饭店			
	工资总额(元)①	员工人数(人)②	员工构成(%)③	平均工资(元/人)④=①/②	工资总额(元)⑤	员工人数(人)⑥	员工构成(%)⑦	平均工资(元/人)⑧=⑤/⑥
管理人员	152 000	40	20	3800	60 000	15	5	4000
服务人员	288 000	160	80	1800	570 000	285	95	2000
Σ	440 000	200	100	2200	630 000	300	100	2100

众所周知,在饭店中,管理人员与服务人员的工资是不能相提并论的。从表 4-31不难看出,由于甲饭店管理人员的构成比重远远高于乙饭店,所以才致使甲饭店的平均工资高于乙饭店。而从组平均数来看,甲饭店无论是管理人员还是服务人员,它的平均工资均低于乙饭店相应员工的平均工资。也就是说,无论是管理人员还是服务人员,甲饭店的工资水平均不如乙饭店高。

由此可见,平均指标的应用一定要与分组法结合,用组平均数来补充说明总平均数,才可能得出科学的结论。

(三)用次数分配数列补充总平均数的原则

平均指标把总体各单位的差异抽象化了,只能反映总体的一般水平,但它却抽象掉了总体各单位的差异。因而,在许多情况下,利用分配数列补充说明总平均数,对于深入研究总体的特征、规律性以及指导工作是会有帮助的。

例 31,某旅游院校 A 专业甲、乙两个班同学的数学期末考试平均成绩均为 85 分,两个班同学的成绩的分配数列如表 4-32 所示。

表 4-32　某旅游院校 A 专业甲乙两班次数学期末考试成绩资料

按成绩分组(分)	人数(人)	
	甲班	乙班
60 以下	2	0
61~70	0	2
71~80	2	4
81~90	8	6
91~100	8	8
合计	20	20

虽然甲、乙两班同学数学考试平均成绩均是 85 分,但是,甲班同学不应满足于这种“同样的平均分数”。因为,从表 4-32 可以看出,甲班同学中有两人数学成绩不及格,而乙班同学则全部及格。若甲班将那两名不及格的同学作为帮学重点,使这两名学生的数学成绩能及早地赶上先进水平,那么,一定能使甲班平均成绩相应提高,从而高于乙班。

可见,平均数与次数分配数列结合起来,相互补充,便能对现象进行更进一步的、更深刻的说明。

(四)用典型事例补充总平均数的原则

反映总体一般水平的平均数,它体现着一定范围内现象总体的共性,但同时又掩盖了被研究现象的个性。为此,在统计分析中,要注意将平均指标和典型事例相结合,以补充总平均数所无法反映的问题,特别是以总体中的先进单位或落后单位作为典型解剖麻雀,具体问题具体分析,从而对总平均数加以补充说明,将有助于对统计总体的全面认识。

五、标志变异指标

(一)标志变异指标的概念和作用

1.标志变异指标的概念

平均指标能够综合反映总体某一数量标志的共性,但它却不能反映总体某一标志值之间的差异性,而问题恰恰是:各标志值的差异是客观存在的。在判定平均指标的代表性时,除了要反映总体标志值的集中趋势之外,还需进一步测定各标志值的离中趋势,而标志值的离中趋势就是由标志变异指标来反映的。

标志变异指标是社会经济统计中广泛应用的另一种综合指标,它是反映总体各单位标志值的变动范围或变异程度的综合指标,又称标志变动度。标志变异指标与平均指标是一对相互联系、互为补充的对应指标,它与平均指标的作用是相辅相成的。

2.标志变异指标的作用

(1)标志变异指标是衡量平均指标代表性大小的尺度

平均指标的代表性直接取决于总体各单位标志值的差异程度,平均数代表性的大小与标志变异程度的大小成反比关系,即总体数量标志变异指标愈大,平均指标的代表性就愈小;反之,标志变异指标愈小,平均指标的代表性则愈大。标志着变异指标的这一作用有助于人们去分析、判断现象发生的均衡性或稳定性。

例 32,甲、乙两饭店厨房冷盘组各有 8 名厨师,日配制冷盘数分别如表 4-33 所示。

表 4-33　甲、乙两饭店厨房冷盘组厨师日配制量资料

单位:盘

员工序号	1	2	3	4	5	6	7	8	合计
甲饭店	25	27	30	34	35	37	39	45	272
乙饭店	28	29	32	33	35	36	37	42	272

由表 4-33 计算出:

$$\bar{x}_{甲}=\bar{x}_{乙}=\frac{\sum x}{n}=\frac{272}{8}=34(\text{盘})$$

即甲、乙两饭店的冷盘组厨师平均每人日配制冷盘数均是 34 盘,但两饭店冷盘组厨师日配制量的离散程度不同:甲饭店离散程度较大,乙饭店则要小一些。因此不难看出:甲饭店冷盘组厨师人均日配制量冷盘 34 盘的代表性不如乙饭店。因此,标志变异指标是评价平均指标代表性大小的依据。

（2）标志变异指标是反映社会经济活动过程的均衡性、节奏性或稳定性的一个重要指标

标志变异指标可以说明生产管理和经济活动过程中工作的质量。比如，检查生产计划执行情况时，还要进一步分析计划执行过程中的均衡性和节奏性，以避免出现前松后紧或者临时突击等现象。再比如，测定产品质量的稳定性也需借助标志变异指标。标志变动度小，则说明产品质量较稳定；反之，变动程度大，则说明产品质量的稳定性较差。

（3）标志变异指标是其他统计分析中的重要指标

标志变异指标是抽样调查和相关分析中需要使用的一个重要指标，是影响和计算抽样误差的一个重要因素，也是计算相关系数的重要依据。

（二）测定标志变异指标的方法

测定标志变异指标一般有四种方法：全距、平均差、标准差、标志变动系数。下面分别举例说明。

1.全距

全距是指总体中单位标志值的最大值与最小值的差距，即一个数列中两个极端值之差，所以也称极差。全距表明总体标志值的变动范围，一般来讲，全距愈小，说明标志变动值愈集中；反之，全距愈大，说明标志变动值愈分散，其计算公式是：

$$R=x_{max}-x_{min} \tag{40}$$

公式中：R 为全距；

x_{max}为标志值中的最大值；

x_{min}为标志值中的最小值。

例 33，在前面举过的甲、乙两饭店冷盘组厨师日配制冷盘数的资料中（见表4-33）：

甲饭店全距为：$R_{甲}=x_{max}-x_{min}=45-25=20$（盘）

乙饭店全距为：$R_{乙}=x_{max}-x_{min}=42-28=14$（盘）

说明甲饭店厨房冷盘组厨师日配制量离散程度较大，平均日配量（34 盘）的代表性比乙饭店小。

如果是组距分配数列，则全距的近似值如公式（41）所示：

$$R=U_{max}-U_{min} \tag{41}$$

公式中：U_{max}为最高一组的上限；

U_{min}为最低一组的下限。

若是开口组，则参照邻近组组距确定所缺的组限。

以表 4-34 所示资料说明公式（41）。

表 4-34　某饭店客房部首层服务员月工资资料

按月工资水平分组(元)	服务员人数(人)
6000~7000	20
7000~8000	30
8000~9000	22
9000~10 000	18
10 000 及以上	10
合　计	100

则:

$U_{max}=11\ 000$(参照临近组组距而定)

$U_{min}=6000$

$R=U_{max}-U_{min}=11\ 000-6000=5000$(元)

全距是测量标志变异程度的最简单的一种方法,而且容易理解。因此,在实际工作中,全距的应用很广泛,特别是在测定对称分配和连续数列的离差时,具有特殊的优点。中、西方国家提供证券市场行情时,广泛应用“最高价、最低价和全距”。另外,在工业企业管理中,也常用全距的大小来分析产品质量是否稳定。

正因为全距只涉及数列中的两个极端值,并且完全受其影响,而不反映除此以外的任何标志值,因此作为一个表明离中趋势的指标来说,全距是有一定局限性的,尤其是当次数分配出现开口组时,只能计算全距的近似值,故其准确性受到一定的影响。

2.平均差

平均差就是总体各单位标志值与其算术平均数的离差的绝对值的算术平均数。

在统计中,把总体标志值的每一个变量值与平均指标之差($x-\bar{x}$)叫作离差。离差的平均数就是平均差。因为离差有正、有负,也有零,且离差之和等于零,即$\sum(x-\bar{x})=0$,故计算平均差往往采用离差的绝对值,即$|x-\bar{x}|$来计算。平均差能综合反映总体各单位标志值的变动程度,即:平均差愈大,标志变动程度愈大,平均指标的代表性也就愈差;反之,平均差愈小,标志变动程度愈小,平均指标的代表性也就愈好。

计算平均差,因掌握的资料不同而有两种计算方法:

(1)简单平均差

在资料未分组时,平均差采用简单平均法计算,即如公式(42)所示:

$$A.D.=\frac{\sum|x-\bar{x}|}{n} \tag{42}$$

公式中:

*A.D.*为平均差;

其他符号含义同前。

例 34,以前面表 4-33 提到的甲、乙两饭店厨房冷盘组 8 位厨师日配制冷盘数资料为例,求平均差如下,见表 4-35。

表 4-35　平均差计算表(简单资料)

序号	甲饭店			乙饭店		
	日配制量 $x_甲$(盘)	离差 $x_甲-\bar{x}_甲$	离差的绝对值 $\|x_甲-\bar{x}_甲\|$	日配制量 $x_乙$(盘)	离差 $x_乙-\bar{x}_乙$	离差的绝对值 $\|x_乙-\bar{x}_乙\|$
1	25	-9	9	28	-6	6
2	27	-7	7	29	-5	5
3	30	-4	4	32	-2	2
4	34	0	0	33	-1	1
5	35	1	1	35	1	1
6	37	3	3	36	2	2
7	39	5	5	37	3	3
8	45	11	11	42	8	8
Σ	272	0	40	272	0	28

$$\bar{x}_甲=\frac{\sum x_甲}{n}=\frac{272}{8}=34(盘)$$

$$\bar{x}_乙=\frac{\sum x_乙}{n}=\frac{272}{8}=34(盘)$$

$$\therefore A.D._甲=\frac{\sum|x_甲-\bar{x}_甲|}{n}=\frac{40}{8}=5(盘)$$

$$A.D._乙=\frac{\sum|x_乙-\bar{x}_乙|}{n}=\frac{28}{8}=3.5(盘)$$

这说明,甲饭店冷盘组每位厨师的日配制量与其平均日配制量(34 盘)的平均差为 5 盘;乙饭店冷盘组每位厨师的日配制量与其平均日配制量(34 盘)的平均差为 3.5 盘。在甲、乙两饭店冷盘厨师平均日配制量相等[$\bar{x}_甲=\bar{x}_乙=34$(盘)]的条件下,甲饭店冷盘组厨师的日配制量的变动程度大于乙饭店厨师日配制量的变动程度。因此,甲饭店冷盘厨师日配制量的代表性小于乙饭店。

(2)加权平均差

对于经过分组的次数分配资料,应采用加权平均法计算平均差,如公式(43)所示。

$$A.D.=\frac{\sum|x-\bar{x}|f}{\sum f} \tag{43}$$

公式中:

f 为各个组的次数(计算平均差的权数);

$\sum f$为总次数；

其他符号含义同前。

现以表4-34的资料为例，计算加权平均差。其计算如表4-36所示。

表4-36　平均差计算表(分组资料)

按月工资水平分组(元)	组中值(元) x	服务员人数(人) f	工资总额(元) xf	离差 $x-\bar{x}$	离差绝对值 $\|x-\bar{x}\|$	以服务员人数加权的离差绝对值 $\|x-\bar{x}\|f$
6000~7000	6500	20	130 000	-1680	1680	33 600
7000~8000	7500	30	225 000	- 680	680	20 400
8000~9000	8500	22	187 000	320	320	7040
9000~10 000	9500	18	171 000	1320	1320	23 760
10 000以上	10 500	10	105 000	2320	2320	23 200
$\sum$	—	100	818 000	—	—	108 000

$$\bar{x}=\frac{\sum xf}{\sum f}=\frac{818\ 000}{100}=8180.00(\text{元})$$

$$\therefore A.D.=\frac{\sum|x-\bar{x}|f}{\sum f}=\frac{108\ 000}{100}=1080(\text{元})$$

该资料表明：该饭店客房部首层服务员的月工资额与该层全体服务员的月平均工资水平平均相差108元，以此可与同类资料对比，比较标志变动程度及平均指标的代表性如何(平均差愈小，则平均数的代表性愈大)。

平均差不难理解，但在计算上比较烦琐。从其计算过程上可看出，它不仅受每一项变量值的影响，而且也受极端数值的影响，尤其是由于平均差采用了离差的绝对值，所以不便于各种代数运算，有碍于用它来作进一步的统计分析，因此平均差在统计工作中有一定的用处，但其应用又受到很大的限制。对此，需要采用一种数学性能更优越的标志变异指标——标准差。

3.标准差

标准差又称均方差，是最常用的测定标志变异程度的综合指标。它是指总体各单位某一标志的变量值与其算术平均数的离差的平方的算术平均数的平方根，它的含义与平均差基本相同，也是各个标志值对其算术平均数的平均差，但它克服了平均差的缺点，在数学处理上优于平均差。

因所掌握资料的不同，标准差的计算也有两种形式。

(1)简单平均式

对于未分组资料来说，计算标准差可采用简单平均式，如公式(44)所示。

$$\sigma=\sqrt{\frac{\sum(x-\bar{x})^2}{n}} \tag{44}$$

公式中：

σ 为标准差；

其他符号含义同前。

以表 4-33 资料为例，得标准差计算表，见表 4-37。

表 4-37　标准差计算表（未分组资料）

序号	甲饭店			乙饭店		
	日配制量（盘）$x_甲$	离差 $x_甲-\bar{x}_甲$	离差平方 $(x_甲-\bar{x}_甲)^2$	日配制量（盘）$x_乙$	离差 $x_乙-\bar{x}_乙$	离差平方 $(x_乙-\bar{x}_乙)^2$
1	25	−9	81	28	−6	36
2	27	−7	49	29	−5	25
3	30	−4	16	32	−2	4
4	34	0	0	33	−1	1
5	35	1	1	35	1	1
6	37	3	9	36	2	4
7	39	5	25	37	3	9
8	45	11	121	42	8	64
Σ	272	0	302	272	0	144

$$\bar{x}_甲=\bar{x}_乙=34（盘）$$

$$\sigma_甲=\sqrt{\frac{\sum(x_甲-\bar{x}_甲)^2}{n}}=\sqrt{\frac{302}{8}}=\sqrt{37.75}=6.1（盘）$$

$$\sigma_乙=\sqrt{\frac{\sum(x_乙-\bar{x}_乙)^2}{n}}=\sqrt{\frac{144}{8}}=\sqrt{18}=4.2（盘）$$

该资料表明，在甲、乙饭店厨房冷盘组厨师平均日配制冷盘数相等的条件下，每位厨师的日配制量与其算术平均数的标准差为：甲饭店 6.1 盘，乙饭店4.2盘。甲饭店的标准差大于乙饭店，说明甲饭店的标志变动度大于乙饭店，从而乙饭店的平均日配制量（34 盘）较甲饭店的平均日配制量（34 盘）具有更高的代表性。

（2）加权平均式

对于分配数列资料，标准差的计算如公式（45）所示。

$$\sigma=\sqrt{\frac{\sum(x-\bar{x})^2 f}{\sum f}} \tag{45}$$

公式中：

f 为各组标志值的次数；

其他符号含义同前。

因为是组距数列，所以以组中值代表各组的标志值。开口组组中值仍然依邻近组的组距而确定。

以表 4-34 资料为例,其计算表见表 4-38。

表 4-38　标准差计算表(分组资料)

按工资水平分组(元)	组中值(元) x	服务员人数(人) f	工资总额 xf	离差 $x-\bar{x}$	离差平方 $(x-\bar{x})^2$	以服务员人数加权的离差平方和 $(x-\bar{x})^2f$
6000～7000	6500	20	130 000	-1680	2 822 400	56 448 000
7000～8000	7500	30	225 000	-680	462 400	13 872 000
8000～9000	8500	22	187 000	320	102 400	2 252 800
9000～10 000	9500	18	171 000	1320	1 742 400	31 363 200
10 000 以上	10 500	10	105 000	2 320	5 382 400	53 824 000
Σ	—	100	818 000	—	—	157 760 000

$$\bar{x}=\frac{\sum xf}{\sum f}=\frac{818\ 000}{100}=8180(\text{元})$$

$$\sigma=\sqrt{\frac{\sum(x-\bar{x})^2f}{\sum f}}=\sqrt{\frac{157\ 760\ 000}{100}}=\sqrt{157\ 760}=1256.0(\text{元})$$

说明该饭店客房部首层服务员的月工资额与该层全体服务员的月平均工资水平相距为 125.6 元,以此可以与同类资料相对比,比较标志变动程度及平均指标的代表性的大小(标准差愈小,则标志变动度愈小,平均指标的代表性也就愈大)。

标准差是测定标志变异程度的主要方法,但是当变量数值很大时,计算非常烦琐,尤其是在计算中要先求出$\bar{x}$,再求$(x-\bar{x})^2$,这其中难免有因计算$\bar{x}$时四舍五入而引起的舍入误差。对此,计算标准差可采用简捷法,其计算方法如下:

对于未分组资料,不用先计算$\bar{x}$,而直接假定 x_0 为算术平均数,然后计算各变量值对 x_0 的方差$\left(\text{即}\frac{\sum(x-x_0)^2}{n}\right)$和各变量值对 x_0 的离差的平均数的平方$\left(\text{即}\left[\frac{\sum(x-x_0)}{n}\right]^2\right)$,再将二者相减并开方,即可得出标准差,即:

$$\sigma=\sqrt{\frac{\sum(x-x_0)^2}{n}-\left[\frac{\sum(x-x_0)}{n}\right]^2} \qquad (46)$$

如果把任意数 x_0 选定为零,求标准差的简捷公式则为:

$$\sigma=\sqrt{\frac{\sum x^2}{n}-\left(\frac{\sum x}{n}\right)^2}$$
$$=\sqrt{\bar{x^2}-(\bar{x})^2} \qquad (47)$$

注:公式(46)与公式(47)的推导过程略。

利用表 4-33 的资料则有:

$$\because\ \sum x_{\text{甲}}^2=25^2+27^2+30^2+34^2+35^2+37^2+39^2+45^2$$

$$=625+729+900+1156+1225+1369+1521+2025$$
$$=9550$$

$$\therefore \bar{x}^2_{甲}=\frac{\sum x^2_{甲}}{n}=\frac{9550}{8}=1193.75$$

$$又\because \bar{x}_{甲}=\frac{\sum x}{n}=\frac{272}{8}=34(盘)$$

$$\therefore (\bar{x}_{甲})^2=34^2=1156$$

$$\therefore \sigma_{甲}=\sqrt{\bar{x}^2_{甲}-(\bar{x}_{甲})^2}=\sqrt{1193.75-1156}=\sqrt{37.75}$$
$$=6.1(盘)$$

同时,

$$\because \sum x^2_{乙}=28^2+29^2+32^2+33^2+35^2+36^2+37^2+42^2$$
$$=784+841+1024+1089+1225+1296+1369+1764$$
$$=9392$$

$$\therefore \bar{x}^2_{乙}=\frac{\sum {x_2}^2}{n}=\frac{9392}{8}=1174$$

$$又\because \bar{x}_{乙}=\bar{x}_{甲}=34(盘)$$

$$(\bar{x}_{乙})^2=34^2=1156$$

$$\therefore \sigma_{乙}=\sqrt{\bar{x}^2_{乙}-(\bar{x}_{乙})^2}=\sqrt{1174-1156}=\sqrt{18}=4.2(盘)$$

与用原公式计算的结果完全一致。

对于已分组成分配数列时,求标准差的简捷公式即为:

$$\sigma=\sqrt{\frac{\sum(x-x_0)^2 f}{\sum f}-\left[\frac{\sum(x-x_0)f}{\sum f}\right]^2} \tag{48}$$

如果把任意数 x_0 选定 8500,则据表 4-34 的资料,标准差计算的简捷算法如表 4-39 所示。

表 4-39　标准差计算表(简捷式)

按工资水平分组(元)	组中值(元) x	服务员人数(人)f	对 x_0 的离差 ($x_0=8500$) $(x-x_0)$	对 x_0 的离差平方 $(x-x_0)^2$	离差×权数 $(x-x_0)f$	离差^2×权数 $(x-x_0)^2f$
6000~7000	6500	20	-2000	4 000 000	-40 000	80 000 000
7000~8000	7500	30	-1000	1 000 000	-30 000	30 000 000
8000~9000	8500	22	0	0	0	0
9000~10 000	9500	18	1000	1 000 000	18 000	18 000 000
10 000 及以上	10 500	10	2000	4 000 000	20 000	40 000 000
Σ	—	100	—	—	-32 000	168 000 000

$$\sigma=\sqrt{\frac{\sum(x-x_0)^2f}{\sum f}-\left[\frac{\sum(x-x_0)f}{\sum f}\right]^2}$$

$$=\sqrt{\frac{168\ 000\ 000}{100}-\left(\frac{-32\ 000}{100}\right)^2}=\sqrt{1\ 680\ 000-(-320)^2}$$

$$=\sqrt{1\ 680\ 000-102\ 400}=\sqrt{1\ 577\ 600}=1256.0(\text{元})$$

与用原公式计算的结果完全一致。

如果把任意数 x_0 选定为零,求标准差简捷公式即如公式(49)所示:

$$\sigma=\sqrt{\frac{\sum x^2f}{\sum f}-\left(\frac{\sum xf}{\sum f}\right)^2}=\sqrt{\bar{x}^2-(\bar{x})^2} \tag{49}$$

例 35,利用表 4-34 的资料,则有:

$$\because \sum x^2f=6500^2\times20+7500^2\times30+8500^2\times22+9500^2\times18+10500^2\times20$$

$$=42\ 250\ 000\times20+56\ 250\ 000\times30+72\ 250\ 000\times22+90\ 250\ 000\times18+110\ 250\ 000\times10$$

$$=845\ 000\ 000+1\ 687\ 500\ 000+1\ 589\ 500\ 000+1\ 624\ 500\ 000+1\ 102\ 500\ 000$$

$$=6\ 849\ 000\ 000$$

$$\bar{x}^2=\frac{\sum x^2f}{\sum f}=\frac{6\ 849\ 000\ 000}{100}=68\ 490\ 000$$

$$\bar{x}=\frac{\sum xf}{\sum f}=\frac{818\ 000}{100}=8180(\text{元})(\text{见表 4-38 下的计算})$$

$$(\bar{x})^2=8180^2=66\ 912\ 400$$

$$\therefore \sigma=\sqrt{(\bar{x}^2)-(\bar{x})^2}=\sqrt{68\ 490\ 000-66\ 912\ 400}=\sqrt{1\ 577\ 600}=1256.0(\text{元})$$

与用原公式计算的结果也完全一致。

此外,根据算术平均数的数学性质,若对每个变量乘以或除以一个任意值 d,则平均数也等于除以或乘以该数 d,那么,则可将上述加权平均条件下计算标准差的算式进一步写为如公式(50)所示。

$$\sigma=\sqrt{\left\{\frac{\sum\left(\frac{x-x_0}{d}\right)^2}{\sum f}-\left[\frac{\sum\left(\frac{x-x_0}{d}\right)f}{\sum f}\right]^2\right\}\times d^2} \tag{50}$$

这是根据组距数列计算标准差的简捷公式。

$$\text{设 } m_1=\frac{\sum\left(\frac{x-x_0}{d}\right)f}{\sum f},\ m_2=\frac{\sum\left(\frac{x-x_0}{d}\right)^2f}{\sum f}$$

则:

$$\sigma=\sqrt{d^2\times(m_2-m_1{}^2)}=d\times\sqrt{m_2-m_1{}^2} \tag{51}$$

以表 4-34 的资料为例,说明按简捷公式法应如何计算标准差(计算表见表4-40)。

表 4-40　标准差计算法(简捷公式法)

按工资水平分组(元)	组中值(元)x	服务员人数(人)f	对 x_0 的离差($x_0=850$)($x-x_0$)	单位组距中的假定离差$\frac{x-x_0}{d}$	离差^2 $\left(\frac{x-x_0}{d}\right)^2$	离差×权数 $\left(\frac{x-x_0}{d}\right)f$	离差^2×权数 $\left(\frac{x-x_0}{d}\right)^2 f$
6000~7000	6500	20	−2000	−20	400	−400	8000
7000~8000	7500	30	−1000	−10	100	−300	3000
8000~9000	8500	22	0	0	0	0	0
9000~10 000	9500	18	1000	10	100	180	1800
10 000 及以上	10 500	10	2000	20	400	200	4000
Σ	—	100	—	—	—	−320	16 800

令 $x_0=8500$(元),$d=100$

$$m_1=\frac{\sum\left(\frac{x-x_0}{d}\right)f}{\sum f}=\frac{-32}{100}=-3.2$$

$$m_2=\frac{\sum\left(\frac{x-x_0}{d}\right)^2 f}{\sum f}=\frac{168}{100}=168$$

则:$\sigma=d\sqrt{m_2-m_1{}^2}=100\times\sqrt{168-(-3.2)^2}=100\times\sqrt{168-1024}$

$\sigma=100\times\sqrt{157.76}=100\times12.56=1256$(元)

与用原公式计算的结果也完全一致。

4.标志变动系数

标准差及其他各种变异指标都是反映标志变动度的绝对指标。而对两组数字资料的离散程度进行比较时,有时可用绝对离差,有时却不能用绝对离差。因为标志变动程度的大小不仅取决于标志值的离中程度,还受数列水平或平均水平高低的影响。比如,当两组数字的计量单位不同时,或两组数字的计量单位相同但平均数相差很大时,都不能或不便于用绝对离差进行对比。为此,需要计算标志变动系数指标。

常用的标志变动系数指标有平均差系数和标准差系数,而以标准差系数的应用最为普遍,有时也应用全距系数。

(1)全距系数

全距系数又称极差系数,它表现为数列中最大标志值为最小标志值的倍数,记作 V_R。

$$V_R=\frac{R}{\bar{x}}\times100\%=\frac{x_{\max}-x_{\min}}{\bar{x}}\times100\% \qquad (52)$$

全距系数可以表明总体各单位标志值的相对变动范围,便于比较不同水平、不同计量单位的数列的变动程度。但全距系数相当粗略,又不稳定,容易受极端数值的影响。

(2)平均差系数

平均差系数即平均差除以相应的算术平均数,反映标志值离差的相对水平,记作 $V_{A.D.}$。

$$V_{A.D.}=\frac{A.D.}{\bar{x}}\times 100\% \tag{53}$$

例 36,据表 4-33 资料,则:

$$V_{A.D.甲}=\frac{A.D._{甲}}{\bar{x}_{甲}}\times 100\%=\frac{5}{34}\times 100\%=14.7\%$$

$$V_{A.D.乙}=\frac{A.D._{乙}}{\bar{x}_{乙}}\times 100\%=\frac{3.5}{34}\times 100\%=10.3\%$$

$$V_{A.D.甲}>V_{A.D.乙}$$

说明甲饭店厨房冷盘组每位厨师日配制量的平均差系数大于乙饭店,因此,乙饭店厨房冷盘组 8 位厨师的日配制量变动小,乙饭店厨房冷盘组 8 位厨师的日平均配制量(34 盘)的代表性比甲饭店的要好。

再如,据表 4-36 的资料,则:

$$V_{A.D.}=\frac{A.D.}{\bar{x}}\times 100\%=\frac{108}{818}\times 100\%=13.2\%$$

表明该饭店客房部首层服务员的月工资额平均差系数为 13.2%,以此可与同类资料加以对比,比较标志变动程度及平均指标的代表性如何(平均差系数愈小,则平均指标的代表性愈大)。

(3)标准差系数

标准差系数又称变异系数,是指标准差除以相应的算术平均数,反映标志值离差的相对水平,记作 V_{σ}。

$$V_{\sigma}=\frac{\sigma}{\bar{x}}\times 100\% \tag{54}$$

标准差系数可以用来比较平均水平不同的几组数列的标志值的变动程度,标准差系数愈大,则其相应的平均数的代表性愈小;反之,标准差系数愈小,则其相应的平均数的代表性愈大。由于标准差系数只是标准差相当于相应的算术平均数的百分比,不再保持原有资料的计量单位,因此,对于比较计量单位不同的指标之间的变异程度来说,尤为具有优越性。

例 37,以表 4-35 资料为例:

甲饭店厨房冷盘组厨师日配制冷盘数的标准差系数为:

$$V_{\sigma甲}=\frac{\sigma_{甲}}{\bar{x}_{甲}}\times 100\%=\frac{6.1}{34}\times 100\%=17.94\%$$

而乙饭店厨房冷盘组厨师日配制冷盘数的标准差系数为：

$$V_{\sigma乙}=\frac{\sigma_{乙}}{\bar{x}_{乙}}\times100\%=\frac{4.2}{34}\times100\%=12.35\%$$

再如，以表4-38资料为例，某饭店客房部首层服务员工资水平的标准差系数为：

$$V_{\sigma}=\frac{\sigma}{\bar{x}}\times100\%=\frac{125.6}{818}\times100\%=15.35\%$$

由以上三个标准差系数进行对比，可知：

因为12.35%<15.35%<17.94%，所以乙饭店厨房冷盘组8位厨师的日配制量的变动程度最小，其平均指标（34盘）的代表性最大；某饭店客房部首层100名服务员的工资水平的变动程度较前者为差；甲饭店厨房冷盘组8位厨师的日配制量的变动程度最大，其平均指标（34盘）的代表性最差。

思考与练习

1.某旅行社2015年营业收入计划为1080万元，计划完成110%，2015年计划比2014年增长8%，试计算实际营业收入2015年比2014年增长百分之几？

2.某酒店营业收入计划为去年的103%，实际比上年增长5%，试问计划完成相对数是多少？若该旅行社某产品应在去年699元的水平上降低12元，实际今年成本672元，试确定降低成本计划完成情况指标。

3.某商品有甲乙两种规格，单价分别为5元和6元，已知价格低的甲商品的销售量是乙商品的2倍，试求该商品的平均销售价格；如果价格低的甲商品的销售量比乙商品多2倍，则该商品的平均销售价格是多少？

4.某酒店在银行存了一笔款，已知前六年的年利率为6%，后四年的年利率为7%，求该笔存款的年平均利率（按复利计算）。

5.某酒店员工年龄分布情况如下表所示。

年龄（岁）	20以下	20~25	25~30	30~35	35~40	40~45	45及以上	合计
员工数（人）	160	150	105	45	40	30	20	550

请分别用普通法和简捷法计算标准差。

6.某饭店第三季度经营资料如下表所示。试计算该钣店第三季度人均利润和利润计划完成程度。

	利润（万元）		员工平均人数（人）	
	计划	实际	计划	实际
7月	50	60	500	508
8月	65	66	510	502
9月	68	70	518	526

第五章

时间数列分析

第一节　时间数列的概念和分类

一、时间数列的概念

将所研究的某种社会经济现象在不同时间上发展变化的一系列具有同类的统计指标数值,按时间先后顺序排列起来所形成的数列称为时间数列。

如某旅行社在某年接待入境旅游者人次数按时间先后顺序排列起来为入境旅游者人次数的时间数列,如表5-1所示。

表5-1　入境旅游者人次数时间数列表

单位:人次

月份	1月	2月	3月	4月	5月	6月	7月	8月	9月	10月	11月	12月	总计
入境旅游者人次数	1980	2175	2806	2800	2960	2980	3050	3020	3000	2910	2950	1506	32 137

又例如,将五年来各年底总人口按时间先后顺序排列起来为某地总人口的时间数列,如表5-2所示。

表5-2　某地总人口时间数列表

年份	第一年	第二年	第三年	第四年	第五年
总人口(人)	102 764	103 876	105 044	106 529	108 073

时间数列是由时间和与时间相对应的统计指标数值所构成的,所以时间数列又称为时间序列或称为动态数列。

时间数列描述了某种经济现象发展变化的过程和结果,对时间数列进行分析研究可以揭示某种经济现象发展变化的数量规律及其发展方向、发展水平、发展速度和发展趋势,并且可以对某种经济现象的发展变化趋势进行预测。具有同条件且有联系的时间数列有可比性,从而可找出其差异性与相关性,为编制计划、制定政策、进行经济管理提供了可靠的依据。

二、时间数列的分类

时间数列的分类与各类统计指标有密切联系。时间数列按其统计指标作用、表现形式和计算方法的不同可分为三类:绝对数时间数列、相对数时间数列和平均数时间数列。

(一)绝对数时间数列

我们将一系列具有同类统计指标数值的绝对数值,按时间先后顺序排列起来所形成的数列称为绝对数时间数列。

绝对数时间数列数值中的每一个数值,都表明某种经济现象在不同时期的规模和发展水平。绝对数时间数列按其所反映的经济现象在各个时期达到的绝对水平的指标性质的不同,可分为时期数列和时点数列两种。

1. 时期数列

当绝对数时间数列中每一个指标数值所反映的经济现象为某一时期内发展过程的总量时,这种数列称为时期数列。

时期数列中,每一个指标数值所涉及的时间长短称为“时期”。两个相邻时期之间的间距称为“时期间隔”。时期及时期间隔的长短,要根据实际工作需要来确定。

表 5-1 中所示的数值为时期数列,数列中每一个指标数值具有可加性,相加后的数值为更长时期内发展变化的总量。

2. 时点数列

当绝对数时间数列中每一个指标数值所反映的为某一瞬间所达到的发展水平时,这种数列称为时点数列。

时点数列中,每一个指标数值的大小与时点间隔没有直接联系,因而在时点数列中,时点间隔的扩大与缩小,根据原数列无法直接计算。

表 5-2 中所示的数值为时点数列,数列中各个指标数值不具有可加性。如果将其各个时点上的指标数值相加,将会产生重复计算,而且相加得出的数值没有实际意义。

(二)相对数时间数列

将一系列某种相对指标的数值,按时间先后顺序排列起来所形成的数列称为相对数时间数列。相对数时间数列所反映的是某种社会经济现象之间具有的相互联系及其发展变化。

表 5-1 中所示的各个数值,经计算可得出每月入境旅游者人次数占全年人次数的比重(%)。比重是相对指标,将比重按时间先后顺序排列起来所形成的比重时间数列为相对数时间数列。表 5-3 中所示的就是相对数时间数列。

$$计算方法:比重=\frac{每月人次数}{全年总人次数} \tag{1}$$

如1月份的人次数占全年总人次数的比重:

$$比重=\frac{1980}{32\ 137}=6.16\%$$

余类推,计算结果列入表5-3中。

表5-3 每月接待入境旅游者人次数占全年人次数的比重(%)表

	总计	1月	2月	3月	4月	5月	6月	7月	8月	9月	10月	11月	12月
人数(人次)	32 137	1980	2175	2806	2800	2960	2980	3050	3020	3000	2910	2950	1506
占全年人次数比重(%)	100	6.16	6.77	8.73	8.71	9.21	9.27	9.49	9.40	9.34	9.05	9.18	4.69

相对数时间数列不具有可加性,如果将各月的比重相加,得出的总和没有实际意义。

(三)平均数时间数列

我们将一系列具有同类的某种平均数指标数值,按时间先后顺序排列起来所形成的数列称为平均数时间数列。

平均数时间数列所反映的是经济现象在各个时期所达到的一般水平,表明其发展变化趋势。

根据表5-1所示的数值,计算出的旅游者每个月在华停留天数(人均天)是平均数指标。将人均天按时间先后顺序排列起来,所形成的数列为平均数时间数列。表5-4中所示的人均天为平均数时间数列。

计算方法为:

$$人天数=旅游者人次数\times过夜天数 \tag{2}$$

如1月份旅游人数1980人,居住10天,则:

$$人天数=1980\times10=19\ 800(人天)。$$

即1月份接待旅游者人天数19 800,依此类推,计算结果列入表5-4。

$$平均每位旅游者停留天数=\frac{接待旅游人天数}{接待旅游人次数} \tag{3}$$

表5-4 旅游者在华停留天数(人均天)表

	总计	1月	2月	3月	4月	5月	6月	7月	8月	9月	10月	11月	12月
人次数	32 137	1980	2175	2806	2800	2960	2980	3050	3020	3000	2910	2950	1506

续表

		总计	1月	2月	3月	4月	5月	6月	7月	8月	9月	10月	11月	12月
在华停留	人天数	340 485	19 800	20 121	31 147	27 160	31 080	29 204	32 330	31 710	37 200	36 957	30 975	12 801
	人均天	10.6	10.0	9.3	11.1	9.7	10.5	9.8	10.6	10.5	12.4	12.7	10.5	8.5

2月份接待旅游人天数20 121,接待旅游者人次数2175,则:

$$人均天=\frac{20\ 121}{2175}=9.3$$

即旅游者平均每人居住9.3天,余类推,计算结果列入表5-4中。

平均数时间数列中的各指标数值也是不能相加的,因为相加后的指标数值是无实际意义的。

第二节　时间数列分析指标

时间数列描述了社会经济现象的动态发展过程,通过对时间数列的分析,可以了解社会经济现象发展变化的数量规律,并可以对其发展趋势进行预测,因而需要计算一系列时间数列分析指标,这些分析指标主要有:发展水平、增长量、平均增长量、发展速度和增长速度、平均发展速度和平均增长速度、序时平均数等。

一、发展水平

我们已经知道时间数列是由时间 t_i,$(i=0,1,2\cdots n)$ 与其所对应的统计指标数值 a_i,$(i=0,1,2\cdots n)$ 所构成的,各个统计指标数值 a_i 所反映的是在时期(或时点)t_i 的经济现象发展水平。发展水平一般是总量指标,如某旅行社某年的外汇收入、每年末的人口数等;也可以用平均指标来表示,如客房出租率、劳动生产率等;或用相对数指标来表示,如某旅行社某月接待旅游者人数占全年接待旅游者人数的比重、流动资金周转次数等。

在时间数列中,t_0 时期(或时点)的发展水平为 a_0;t_1 时期(或时点)的发展水平为 a_1;t_n 时期(或时点)的发展水平为 a_n。我们称 a_0 为最初发展水平,a_n 为最末发展水平,a_1 至 a_{n-1}为中间发展水平。根据各项统计指标数值所计算的平均数称为动态水平,即序时平均数。

在动态分析中,我们对所研究的那个时期(或时点)的发展水平称为报告期水平,用来与报告期水平对比的基础时期的发展水平称为基期水平。需要指出的是:最初水平、最末水平、报告期水平、基期水平都不是固定不变的,在某一时间数列中的最末水平,也许就是另一时间数列中的最初水平,目前的报告期水平也许就是将来的基期水平。

发展水平在用文字说明时，往往用“增加到”或“增加为”、“下降到”或“下降为”来表示。

二、增长量

增长量是反映社会经济现象在一定时期内增加的绝对量，它是时间数列的两个不同时期发展水平之差，计算公式为：

$$\text{增长量}=\text{报告期水平}-\text{基期水平} \tag{4}$$

如果这个差为正数，则称为增长量；如果这个差为负数，则称为负增长量，即减少量。

在计算增长量时，由于采用的基期水平不同，又可分为逐期增长量和累积增长量。

逐期增长量是以报告期水平与前一期水平之差来计算的，它说明报告期比前一期增长的绝对数量。

设时间数列各期统计指标数值 $a_i(i=1,2\cdots n)$，则逐期增长量为：

$$a_i-a_{i-1}(i=1,2\cdots n) \tag{5}$$

累积增长量是以报告期水平与最初水平（某一固定时期的水平）之差来计算的，它说明报告期水平比最初水平增长的绝对数量，即经济现象在某一段较长时期内总的增长量。

设 a_0 为最初水平（某一固定时期的水平），则累积增长量为：

$$a_i-a_0(i=1,2\cdots n) \tag{6}$$

可以看出，累积增长量等于相应的各个逐期增长量之和，即：

$$a_i-a_0=(a_1-a_0)+(a_2-a_1)+\cdots+(a_i-a_{i-1}) \tag{7}$$

三、平均增长量

某种社会经济现象在一定时期内平均每个时期增长的数量，称为平均增长量。从广义上来说，它也是一种序时平均数，计算公式为：

$$\text{平均增长量}=\frac{\text{逐期增长量之和}}{\text{逐期增长量个数}}=\frac{\text{累积增长量}}{\text{时间数列项数}-1}$$

即：

$$\bar{a}=\frac{a_i-a_0}{n-1}(i=1,2\cdots n) \tag{8}$$

在公式(8)中，$\bar{a}$为平均增长量，a_i 为报告期水平，a_0 为基期水平，n 为时间数列的项数。

例 1，某旅行社连续五年接待入境旅游者人次数如表 5-5 所示。

表 5-5　接待入境旅游者人次数表

年度	第一年	第二年	第三年	第四年	第五年
人次数(万人)	1763	2281	2690	3160	3456

试计算逐期增长量和累积增长量及平均增长量。

解:由逐期增长量和累积增长量及平均增长量的计算公式进行计算,将计算结果列入表 5-6 中。

逐期增长量:$a_1-a_0=2281-1763=518$,余类推。

累积增长量:$a_2-a_0=2690-1763=927$,余类推。

$$平均每年接待旅游者人次数增长量=\frac{518+409+470+296}{4}$$

$$=423.25\approx423(万人)$$

$$或平均每年接待旅游者人次数增长量=\frac{1693}{4}=423.25\approx423(万人)$$

表 5-6　计算表

年度		第一年	第二年	第三年	第四年	第五年
人次数(万人)		1763 a_0	2281 a_1	2690 a_2	3160 a_3	3456 a_4
增长量	逐期	—	518 a_1-a_0	409 a_2-a_1	470 a_3-a_2	296 a_4-a_3
	累积	—	518 a_1-a_0	927 a_2-a_0	1397 a_3-a_0	1693 a_4-a_0

四、发展速度和增长速度

(一)发展速度

发展速度是表明社会经济现象发展程度的相对数指标,是由时间数列中两个不同时期的发展水平之比而求得的商,用百分比、系数或倍数表示。发展速度说明报告期水平已发展到基期水平的百分之几或若干倍,计算公式为:

$$发展速度=\frac{报告期水平}{基期水平} \tag{9}$$

在计算发展速度时,由于采用的基期水平不同,发展速度可分为定基发展速度和环比发展速度。

定基发展速度,是报告期水平和某一固定时期水平(通常为最初水平)之比,它表明经济现象在较长时期内总的发展变化速度,又称为发展“总速度”。

设时间数列各期的统计指标数值为 a_i,$(i=1,2\cdots n)$,a_0 为固定时期水平,则定基发展速度计算公式为:

$$\frac{a_i}{a_0} \quad (i=1,2\cdots n) \tag{10}$$

环比发展速度,是报告期水平与前一时期水平之比,它说明报告期水平对前一时期水平来说,已发展到(或增加到)若干倍(或百分之几),也说明这种经济现象逐期的发展变化的程度。

设时间数列各期的统计指标数值为 $a_i(i=1,2\cdots n)$,则环比发展速度的计算公式为:

$$\frac{a_i}{a_{i-1}} \quad (i=1,2\cdots n) \tag{11}$$

可以看出:定基发展速度和环比发展速度是不相同的,但它们之间存在着换算关系,即定基发展速度等于相应的各个环比发展速度的连乘积。计算公式为:

$$\frac{a_i}{a_0}=\frac{a_1}{a_0}\times\frac{a_2}{a_1}\times\cdots\times\frac{a_{i-1}}{a_{i-2}}\times\frac{a_i}{a_{i-1}}=\prod_{i=1}^{n}\frac{a_i}{a_{i-1}} \tag{12}$$

相邻的两个定基发展速度之比等于相应的环比发展速度,计算公式为:

$$\frac{a_i}{a_{i-1}}=\frac{a_i}{a_0}\div\frac{a_{i-1}}{a_0} \tag{13}$$

例 2,以前面例 1 中的资料为据,试计算接待旅游者人次数的定基发展速度和环比发展速度。

解:根据定基发展速度计算公式(10)和环比发展速度计算公式(11)计算,将计算结果列入表 5-7 中。

定基发展速度:$\frac{a_1}{a_0}=\frac{2281}{1763}=129.4\%$,余类推。

环比发展速度:$\frac{a_2}{a_1}=\frac{2690}{2281}=117.9\%$,余类推。

表 5-7　计算表

年度		第一年	第二年	第三年	第四年	第五年
人次数(万人)		1763 a_0	2281 a_1	2690 a_2	3160 a_3	3456 a_4
发展速度(%)	定基	100	129.4 a_1/a_0	152.6 a_2/a_0	179.2 a_3/a_0	196.0 a_4/a_0
	环比	—	129.4 a_1/a_0	117.9 a_2/a_1	117.5 a_3/a_2	109.4 a_4/a_3

以第一年为固定基期,第五年对第一年的定基发展速度等于相应的时期内环比发展速度的连乘积。

$$\frac{a_4}{a_0}=\frac{a_1}{a_0}\times\frac{a_2}{a_1}\times\frac{a_3}{a_2}\times\frac{a_4}{a_3}$$

即：$\frac{3456}{1763}=\frac{2281}{1763}\times\frac{2690}{2281}\times\frac{3160}{2690}\times\frac{3456}{3160}$

196.0%＝129.4%×117.9%×117.5%×109.4%

第五年的环比发展速度等于第五年定基发展速度除以第四年定基发展速度。

$$\frac{a_4}{a_3}=\frac{a_4}{a_0}\div\frac{a_3}{a_0}$$

即：

$$\frac{3456}{3160}=\frac{3456}{1763}\div\frac{3160}{1763}$$

$$109.4\%=196.0\%\div179.2\%$$

由此可见，在实际工作中，可以根据上述关系用已知的资料来推算未知的资料。

(二)增长速度

增长速度是表明社会经济现象增长程度的相对指标，是增长量与基期水平之比所得的商，还可以从发展速度减1求得，计算公式为：

$$\text{增长速度}=\frac{\text{增长量}}{\text{基期水平}}=\frac{\text{报告期水平}-\text{基期水平}}{\text{基期水平}}$$

$$=\text{发展速度}-1 \quad (14)$$

即：
$$S=\frac{a_i-a_{i-1}}{a_{i-1}} \quad (i=1,2\cdots n)$$

或
$$S=\frac{a_i}{a_{i-1}}-1 \quad (14')$$

S 为增长速度。

增长速度说明报告期水平比基期水平增加了若干倍或几分之几。如果发展速度大于"1"，则增长速度为正值，称为增长速度；如果发展速度小于"1"，则增长速度为负值，称为降低速度，又称为降低率。

在计算增长速度时，由于采用的基期水平不同，可分为定基增长速度和环比增长速度。

定基增长速度，是指某种经济现象在较长时期内总的增长程度，是累积增长量与固定时期水平之比所得的商，还可以从定基发展速度减1求得，计算公式为：

$$\text{定基增长速度}=\frac{\text{累积增长量}}{\text{固定基期水平}}$$

$$=\text{定基发展速度}-1 \quad (15)$$

即：
$$S_1=\frac{a_i}{a_0}-1 \quad (i=1,2\cdots n) \quad (15')$$

S_1 为定基增长速度。

环比增长速度，表明了某种经济现象逐期增长程度，是逐期增长量与前一时期水平之比所得的商，还可以从环比发展速度减1求得，计算公式为：

$$环比增长速度=\frac{逐期增长量}{前一时期发展水平}=环比发展速度-1 \quad (16)$$

即：
$$S_2=\frac{a_i}{a_{i-1}}-1 \quad (i=1,2\cdots n) \quad (16')$$

S_2 为环比增长速度。

需要指出的是:增长速度与发展速度是不同的。环比增长速度的连乘积不等于定基增长速度。相邻的两个定基增长速度之比也不等于相应的环比增长速度,它们之间不能互相直接推算。

例 3,仍以前面例 1 的资料为据,试计算接待旅游者人次数的定基增长速度和环比增长速度。

解:根据定基增长速度计算公式(15)和环比增长速度计算公式(16)计算,将计算结果列入表 5-8 中。

表 5-8 计算表

年度		第一年	第二年	第三年	第四年	第五年
人次数（万人）		1763	2281	2690	3160	3456
增长速度(%)	定基	—	29.4	52.6	79.2	96.0
	环比	—	29.4	17.9	17.5	9.4

五、平均发展速度和平均增长速度

平均速度是各个时期环比速度的平均数。平均速度可分为平均发展速度和平均增长速度。

(一)平均发展速度

平均发展速度表明某种社会经济现象在一个较长时期内逐期平均发展变化的程度。

(二)平均增长速度

平均增长速度表明某种社会经济现象逐期平均增长变化的程度。它不能根据各期环比增长速度指标直接求得,因为逐期增长速度的连乘积不等于总增长速度。所以,计算平均增长速度是通过计算平均发展速度,然后将其结果减 1 而求得,计算公式为:

$$平均增长速度=平均发展速度-1 \quad (17)$$

当平均发展速度大于“1”时,平均增长速度为正值,表明某种经济现象在一定时期内是逐期递增的;当平均发展速度小于“1”时,则平均增长速度为负值,表明某种经济现象在一定时期内是逐期递减的。

在实际工作中，计算平均发展速度有几何平均法和方程法两种。

1. 几何平均法

几何平均法又称水平法。由于总速度不等于各期环比发展速度的相加和，而是等于各期环比发展速度的连乘积，所以，平均发展速度的计算，不能用算术平均法，而要用几何平均法。计算方法是：从最初水平 a_0 出发，按各期的环比速度发展，每期平均发展为$\bar{x}$，经过 n 期发展后达到最末水平 a_n。

$$a_0 \cdot \underbrace{\bar{x} \cdot \bar{x} \cdots \cdot \bar{x}}_{n\text{个}} = a_n$$

$$a_0 \bar{x}^n = a_n$$

$$\bar{x}^n = \frac{a_n}{a_0}$$

从而求得平均发展速度$\bar{x}$为：

$$\bar{x} = \sqrt[n]{\frac{a_n}{a_0}} \tag{18}$$

由于各个环比发展速度连乘积等于最后一期的定基发展速度，公式(18)又可写为：

$$\begin{aligned}\bar{x} &= \sqrt[n]{\frac{a_1}{a_0} \times \frac{a_2}{a_1} \times \cdots \times \frac{a_{n-1}}{a_{n-2}} \times \frac{a_n}{a_{n-1}}} \\ &= \sqrt[n]{\frac{a_n}{a_0}}\end{aligned} \tag{19}$$

显见，由几何平均法计算平均发展速度有两种方法：一种方法是平均发展速度等于各环比发展速度连乘积的开 n 次方；另一种方法是平均发展速度等于末期水平除以初期水平所得商的 n 次方根值。在实际工作中，可以根据所掌握的资料不同来选用上述任何一个公式。但不管应用哪个公式，由于开高次方比较麻烦，所以通常应用对数方法来计算。

$$\begin{aligned}\log\bar{x} &= \frac{1}{n}\left[\log\frac{a_1}{a_0} + \log\frac{a_2}{a_1} + \cdots + \log\frac{a_n}{a_{n-1}}\right] \\ &= \frac{1}{n}[\log a_n - \log a_0]\end{aligned} \tag{20}$$

如果已知各期环比发展速度 $x_1, x_2 \cdots x_n$ 时，平均发展速度也可写为：

$$\bar{x} = \sqrt[n]{x_1 \cdot x_2 \cdot \cdots \cdot x_n} = \sqrt[n]{\prod_{i=1}^{n} x_i} \tag{21}$$

也可以用对数计算：

$$\log\bar{x} = \frac{1}{n}(\log x_1 + \log x_2 + \cdots + \log x_n) \tag{22}$$

当 $\bar{x}$ 的对数值求出之后,查反对数表就可得出平均发展速度 $\bar{x}$ 的值。

例 4,以前面例 2 中的资料为据,试计算接待旅游者人数的平均发展速度和平均增长速度。

解:根据例 2 中的表 5-7 的数据,再由公式(19)求得:

$$\bar{x}=\sqrt[4]{\frac{a_4}{a_0}}=\sqrt[4]{196.0\%}=118.33\%$$

或:$\bar{x}=\sqrt[4]{129.4\%\times117.9\%\times117.5\%\times109.4\%}=118.33\%$。

平均增长速度 $=\bar{x}-1=118.33\%-100\%=18.33\%$。

2. 方程法

方程法又称累计法。它是求各期发展水平总和与基期水平之比的平均每期增长速度。

设 a_0 为基期水平,n 为间隔期数,$\bar{x}$ 为每期平均发展速度,根据 $\bar{x}$ 计算逐期发展水平为:第一期为 $a_0\bar{x}$,第二期为 $a_0\bar{x}^2$,第 $n-1$ 期为 $a_0\bar{x}^{n-1}$,第 n 期为 $a_0\bar{x}^n$。则有:

$$a_0\bar{x}+a_0\bar{x}^2+\cdots+a_0\bar{x}^{n-1}+a_0\bar{x}^n=a_1+a_2+\cdots+a_n$$

$$a_0(\bar{x}+\bar{x}^2+\cdots+\bar{x}^n)=\sum_{i=1}^{n}a_i$$

或

$$\bar{x}^n+\bar{x}^{n-1}+\cdots+\bar{x}^2+\bar{x}=\frac{\sum_{i=1}^{n}a_i}{a_0}$$

$$\bar{x}^n+\bar{x}^{n-1}+\cdots+\bar{x}^2+\bar{x}-\frac{\sum_{i=1}^{n}a_i}{a_0}=0 \tag{23}$$

解这个高次方程式,求出 $\bar{x}$ 的正根就是平均发展速度 $\bar{x}$,因此这个方法称为方程法或称为代数平均法。方程法要求各期根据 $\bar{x}$ 计算所达到的累计总和与各期实际所具有的水平总和相一致,因此方程法又称累计法。

求解过程是很麻烦的,为了简化计算,在实际工作中,都是根据事先编好的《平均增长速度查对表》来查对应用。使用查对表时,先计算出 $\frac{\sum_{i=1}^{n}a_i}{a_0}$ 的数值,由于:

$$\frac{\sum_{i=1}^{n}a_i}{a_0}=\frac{a_1}{a_0}+\frac{a_2}{a_0}+\cdots+\frac{a_i}{a_0}$$

所以,这个数值的计算,可以根据全期总水平即各年发展水平总和除以基期水平来计算,也可以根据各年定基发展速度的总和加以计算。

当 $\frac{\sum_{i=1}^{n}a_i}{a_0}$ 的数值除以期内年数 n,将其结果与“1”相比较,如大于“1”时,即

$\frac{\sum_{i=1}^{n} a_i}{n} > a_0$ 时,则所求得的结果为递增速度。查表时,要在递增速度部分查找$\frac{\sum_{i=1}^{n} a_i}{a_0}$的数值,与这个数值相对应的左边栏内的百分比即为所求的年平均递增速度。当$\frac{\sum_{i=1}^{n} a_i}{a_0}$的数值除以期内年数 n,将其结果与"1"相比较,如小于"1"时,即$\frac{\sum_{i=1}^{n} a_i}{n} < a_0$ 时,则所求得的结果为递减速度,要在递减速度部分查找,方法相同。

下面列出按方程法计算的五年期间的年平均增长速度查对表(见表 5-9)。表中"平均增长速度"栏即为所要求的年平均增长速度。

表 5-9　五年期间年平均增长速度查对简表

平均年增长(%)	五年发展水平总和为基期的(%)	平均年增长(%)	五年发展水平总和为基期的(%)	平均年增长(%)	五年发展水平总和为基期的(%)
1	515.2	11	691.3	21	918.3
2	530.8	12	711.5	22	944.2
3	546.8	13	732.3	23	970.8
4	563.3	14	753.5	24	998.0
5	580.2	15	775.4	25	1025.9
6	597.5	16	797.7	26	1054.4
7	615.3	17	820.7	27	1083.7
8	633.6	18	844.2	28	1113.6
9	652.3	19	868.3	29	1144.2
10	671.6	20	893.0	30	1175.6

例 5,某旅行社在创建之初接待入境旅游者人次数为 1763(a_0)。随后的 5 年时期接待人数分别为:2281(a_1),2690(a_2),3160(a_3),3456(a_4),4200(a_5)。试计算该旅行社每年平均增长速度和平均发展速度。

解:$a_0 = 1763, n = 5$

$$\sum_{i=1}^{5} a_i = 2281+2690+3160+3456+4200 = 15\,787$$

$$\frac{\sum_{i=1}^{5} a_i}{a_0} = \frac{15\,787}{1763} = 8.95 = 895\%$$

则$\frac{\sum_{i=1}^{5} a_i}{a_0} / n = \frac{8.95}{5} = 1.79 = 179\% > 1$,为递增速度。

在“查对表”中找到最接近895%的数是893%。此数对应的平均增长速度为20%,即为近似要求的每年平均增长速度。

年平均发展速度为:100%+20%=120%

按几何平均法(水平法)计算的平均速度和按方程法(累计法)计算的平均速度是不一致的,因为它们的数理论据、计算方法、应用条件是各不相同的。几何平均法(水平法)着重考虑最后一年所达到的发展水平,因此按几何平均法求平均发展速度计算的最后一年的数值和实际值是一致的;而方程法着重考虑整个时期累积发展总量,因此其累积计算值和累积实际是一致的。这两种计算方法应该根据计算对象的不同特点加以选择。如投资额的增长速度由于计划工作中比较关心五年期间的投资总额的计划完成情况,采用方程法计算比较适宜。人口的增长、产量的增长等则侧重于考察最末一年所达到的水平,采用几何平均法为宜。因此,同一统计资料,应用两种不同方法计算的结果是不相同的,有时可能会相差较大,要根据时间数列的性质、研究的目的及分析的要求来选择应用。但有时为了检查计划的执行情况,从进行统计分析的具体要求出发,这两种计算方法可以相互配合、结合应用。

平均速度指标是环比速度的平均数。在计算和应用平均速度时,要结合具体研究目的适当选择基期,并要注意其所依据的基本指标在整个研究时期的同质性,还应计算分段平均速度和突出的速度来补充总平均速度和平均速度,这在分析较长历史时期资料时更为必要。平均速度指标应结合其所依据的各个基本指标、各种经济现象的平均速度指标来进行分析,应与经济效益的平均速度指标进行比较研究。

六、序时平均数

将不同时期的发展水平加以平均而得到的平均数叫平均发展水平,也称序时平均数或称动态平均数。

序时平均数和一般平均数虽然都反映某种经济现象的一般水平,但两者有区别。一般平均数是将总体各单位标志值之间的差异加以平均,从静态上说明总体单位某一数量标志值的一般水平;而序时平均数则是某种经济现象在不同时间上的数量差异加以平均,从动态上说明某种经济现象在一段时间内的一般水平。

序时平均数是根据时间数列中的各项指标数值计算出来的,由于时间数列的种类不同,因此计算序时平均数的方法也不同,现分别讲述于下。

(一)由绝对数时间数列求序时平均数

绝对数时间数列分为时期数列和时点数列,由于它们具有不同的性质,计算方法也不同,下面分别讲述。

1. 由时期数列求序时平均数

设时间数列各时期的统计指标数值为 $a_1 \cdots a_n$,时期数为 n,序时平均数为$\bar{a}$,计算公式为：

$$\bar{a}=\frac{a_1+\cdots+a_n}{n}=\frac{1}{n}\sum_{i=1}^{n}a_i,(i=1,2\cdots n) \tag{24}$$

例 6，以前面例 2 的资料为据，试求接待旅游者人次数的序时平均数。

解：由公式(24)可得：

$$\bar{a}=\frac{1763+2281+2690+3160+3456}{5}$$

$$=2670(\text{万人})$$

2. 由时点数列求序时平均数

时点数列比时期数列计算序时平均数复杂一些，根据所掌握资料的不同，有几种计算方法。

时点数列有连续时点和间断时点之别，但在每一种情况下又有简单平均和加权平均两种计算方法。

(1) 由连续时点数列求序时平均数。在连续时点数列中又有间隔相等和间隔不相等两种情况：

①由时点间隔相等的连续时点数列求序时平均数，即时点数列是以日为间隔而编制的连续时点数列，可用简单算术平均法求序时平均数，计算公式为：

$$\bar{a}=\frac{1}{n}\sum_{i=1}^{n}a_i \quad (i=1,2\cdots n) \tag{25}$$

在公式(25)中，$\bar{a}$为序时平均数，n 为时点个数，$a_i(i=1\cdots n)$为各时点的统计指标数值。

例 7，某地区在某年各季度末旅游从业人员资料如表 5-10 所示，试计算每季平均旅游从业人数。

表 5-10 旅游从业人数表

季度	一	二	三	四
人数(人)	26 500	30 420	31 400	25 040

解：由公式(25)可得：

$$\bar{a}=\frac{1}{n}\sum_{i=1}^{4}a_i=\frac{1}{4}(26\,500+30\,420+31\,400+25\,040)$$

$$=28\,340(\text{人})$$

即每季度平均旅游从业人数为 28 340 人。

②由时点间隔不等的连续时点数列求序时平均数，即时点数列不是逐日变动的连续时点数列，于是可由整个时间内每次变动的资料，用每次变动持续的间隔长度为权数，对各时点水平加权，应用加权算术平均法求序时平均数，计算公式为：

$$\bar{a}=\frac{\sum_{i=1}^{n}a_i f_i}{\sum_{i=1}^{n}f_i} \quad (i=1,2\cdots n) \tag{26}$$

在公式(26)中,$\bar{a}$为序时平均数,$a_i(i=1,2\cdots n)$为各时点统计指标数值,$f_i(i=1,2\cdots n)$为权数。

例8,某市在某年10月前12天间饭店职工人数的资料如表5-11所示,试计算平均每天饭店职工人数。

表5-11　饭店职工人数表

时间	职工人数 a_i(人)	天数 f_i	a_if_i
10月1~3日	3840	3	11 520
10月4~5日	3524	2	7048
10月6~8日	4100	3	12 300
10月9~11日	3052	3	9156
10月12日	4250	1	4250
合　计	—	12	44274

解:由公式(26)可得:

$$\bar{a}=\frac{\sum_{i=1}^{n}a_i f_i}{\sum_{i=1}^{n}f_i}=\frac{44\ 274}{12}$$

$$=3690(人)$$

即平均每天饭店职工为3690人。

(2)由不连续的时点数列求序时平均数,在不连续的时点数列中也有时点间隔相等和时点间隔不等两种情况。

①由时点间隔相等的不连续时点数列求序时平均数。在实际工作中,对时点性质的指标往往每隔一定时间登记一次,这样就组成了间隔相等的不连续时点数列。于是,假定所研究的某种经济现象在两个相邻时点之间的变动是均匀的,因而将相邻两个时点指标数值相加后除以2,即可得到这两个时点之间的序时平均数。再根据这些平均数,用简单算术平均法求得所研究某种经济现象的时间数列的序时平均数,计算公式为:

$$\bar{a}=\frac{\frac{a_1}{2}+a_2+a_3+\cdots+a_{n-1}+\frac{a_n}{2}}{n-1} \tag{27}$$

在公式(27)中,n为时点个数。

例 9,某饭店在某年的 3 月—6 月各月末职工人数如表 5-12 所示,试计算第二季度每月平均职工人数。

表 5-12 职工人数表

日期	3 月 31 日	4 月 30 日	5 月 31 日	6 月 30 日
月末职工人数	1400	1500	1600	1700

解:由公式(27)求得:

$$\bar{a}=\frac{\frac{1400}{2}+1500+1600+\frac{1700}{2}}{4-1}$$

$$=1550(\text{人})$$

即第二季度每月平均职工人数为 1550 人。

②由时点间隔不相等的不连续时点数列求序时平均数,是将各间隔长度作为权数,对各相应时点的平均水平加权,应用加权算术平均法计算序时平均数,计算公式为:

$$\bar{a}=\frac{\frac{a_1+a_2}{2}f_1+\frac{a_2+a_3}{2}f_2+\cdots+\frac{a_{n-1}+a_n}{2}f_{n-1}}{\sum_{i=1}^{n-1}f_i} \quad (28)$$

公式(28)也称为加权序时平均法,$f_i(i=1,2\cdots n-1)$为两个时点的指标值之间时间间隔长度,即权数。

例 10,某地区某年人口资料如表 5-13 所示,试计算该地区某年的年平均人口数。

表 5-13 人口数资料表

时间	某年 1 月 1 日	3 月 1 日	7 月 1 日	12 月 1 日	翌年 1 月 1 日
人口数(万)	55	57	54	58	58

解:已知:$a_1=55,a_2=57,a_3=54,a_4=58,a_5=58,f_1=2$(个月),$f_2=4$(个月),$f_3=5$(个月),$f_4=1$(个月)

由公式(28)求得:

$$\bar{a}=\frac{\frac{55+57}{2}\times2+\frac{57+54}{2}\times4+\frac{54+58}{2}\times5+\frac{58+58}{2}\times1}{2+4+5+1}$$

$$=56(\text{万人})$$

即该地区某年的年平均人口为 56 万人。

根据不连续时点数列求出的序时平均数是近似值,因为假设在相邻两个时点之间某种经济现象变动是均匀的,实际上各种现象的变动并不完全如此。为了使计算结果尽量反映实际情况,应使时点数列的间隔尽量缩短。

(二)由相对数时间数列求序时平均数

相对数时间数列是由分子和分母有联系的两个绝对时间数列对比所组成的。计算相对数时间数列序时平均数,先要分别计算分子数列和分母数列的序时平均数,然后将两个序时平均数对比即可求得,计算公式为:

$$\bar{c}=\frac{\bar{a}}{\bar{b}} \tag{29}$$

在公式(29)中,$\bar{c}$ 为相对数时间数列的序时平均数,$\bar{a}$ 为分子数列的序时平均数,$\bar{b}$ 为分母数列序时平均数。

绝对数有时期数列和时点数列之别,时间数列中的相对数也有两个时期数列对比,即两个时点数列对比和一个时期数列与一个时点数列对比之别,它们计算序时平均数的方法也不同,下面分别讲述。

(1)由两个时期数列对比所组成的相对数时间数列求序时平均数。先分别求出分子和分母时期数列的序时平均数,然后再求这两个序时平均数之比,则为所求的相对数时间数列的序时平均数,计算公式为:

$$\bar{c}=\frac{\dfrac{a_1+a_2+\cdots+a_n}{n}}{\dfrac{b_1+b_2+\cdots+b_n}{n}}=\frac{\sum_{i=1}^{n}a_i}{\sum_{i=1}^{n}b_i} \quad (i=1,2\cdots n) \tag{30}$$

例 11,某饭店某年各季度的营业收入计划完成情况的资料如表 5-14 所示,试计算季平均计划完成情况。

表 5-14　营业收入表

季度	一	二	三	四
实际营业收入(万元)a	80	135	140	120
计划营业收入(万元)b	100	120	125	95
计划完成%$\left(c=\frac{a}{b}\right)$	80.0	112.5	112.0	126.3

解:季平均实际营业收入:

$$\bar{a}=\frac{80+135+140+120}{4}=118.75(\text{万元})$$

季平均计划营业收入:

$$\bar{b}=\frac{100+120+125+95}{4}=110(\text{万元})$$

季平均计划完成程度:

$$\bar{c}=\frac{\bar{a}}{\bar{b}}=\frac{118.75}{110.0}$$

$= 107.95\%$

(2)由两个时点间隔相等的时点数列对比所组成的相对数时间数列求序时平均数。先分别求分子和分母的时点数列的序时平均数,然后再求这两个序时平均数之比,则为相对数时间数列的序时平均数,计算公式为:

$$\bar{c}=\frac{\dfrac{\dfrac{a_1}{2}+a_2+\cdots+\dfrac{a_n}{2}}{n-1}}{\dfrac{\dfrac{b_1}{2}+b_2+\cdots+\dfrac{b_n}{2}}{n-1}}$$

$$=\frac{\dfrac{a_1}{2}+a_2+\cdots+\dfrac{a_n}{2}}{\dfrac{b_1}{2}+b_2+\cdots+\dfrac{b_n}{2}} \qquad (31)$$

例 12,某饭店某年第四季度职工人数及构成资料如表 5-15 所示,试计算该饭店该年第四季度工人占全部职工的平均比重。

表 5-15　职工人数构成表

月份	9 月末	10 月末	11 月末	12 月末	第四季度平均
全部职工(人)b	580	580	600	720	610
其中:工人 a	435	452	462	576	473
工人占全部职工比重(%)	75	78	77	80	77.5

解:由公式(31)求得:

$$\bar{c}=\frac{\dfrac{435}{2}+452+462+\dfrac{576}{2}}{\dfrac{580}{2}+580+600+\dfrac{720}{2}}$$

$$=\frac{1419}{1830}=0.775 \text{ 或 } 77.5\%$$

即第四季度工人平均数是$\dfrac{1419}{3}=473$,全部职工平均数是$\dfrac{1830}{3}=610$,这两个数之比也是 77.5%,所以直接对比两个总量更简便些。

由间隔相等的连续数列所组成的相对数时间数列求序时平均数的公式为:

$$\bar{c}=\frac{\bar{a}}{\bar{b}}=\frac{\dfrac{\sum a}{n}}{\dfrac{\sum b}{n}}=\frac{\sum a}{\sum b} \qquad (32)$$

由间隔不相等的连续数列所组成的相对数时间数列求序时平均数的公式为：

$$\bar{c}=\frac{\bar{a}}{\bar{b}}=\frac{\frac{\sum af}{\sum f}}{\frac{\sum bf}{\sum f}}$$

$$=\frac{\sum af}{\sum bf} \quad (33)$$

由间隔不相等的不连续数列所组成的相对数时间数列求序时平均数的公式为：

$$\bar{c}=\frac{\bar{a}}{\bar{b}}=\frac{\frac{a_1+a_2}{2}f_1+\frac{a_2+a_3}{2}f_2+\cdots+\frac{a_{n-1}+a_n}{2}f_{n-1}}{\frac{b_1+b_2}{2}f_1+\frac{b_2+b_3}{2}f_2+\cdots+\frac{b_{n-1}+b_n}{2}f_{n-1}} \quad (34)$$

（3）由一个时期数列和一个时点数列对比所组成的相对数时间数列求序时平均数。先分别求分子数列和分母数列的绝对数时间数列的序时平均数，然后再求这两个序时平均数之比，则为相对数时间数列的序时平均数。

在实际工作中，时点数列已通过序时平均数的计算而成为各个时期的平均数，这样计算时点数列的序时平均数可以简化计算。

例 13，某旅游购物中心某年各季度商品周转速度资料如表 5-16 所示，试计算该旅游购物中心各季度平均商品周转次数。

表 5-16　商品周转速度表

季度	一	二	三	四	平均
商品纯销售额（万元）	70	80	100	120	92.5
平均商品库存额（万元）	35	38	40	44	39.25
商品周转次数（次）	2	2.1	2.5	2.7	2.36

解：由题意知商品销售额为时期数，而商品库存额为时点数。如把各时点上的商品库存额按序时平均法计算，可得各季度平均库存数，则有：

$$\bar{c}=\frac{\bar{a}}{\bar{b}} \quad (35)$$

在公式（35）中，$\bar{c}$为各季度平均商品周转次数，$\bar{a}$为各季度商品销售额序时平均数，$\bar{b}$为商品库存额序时平均数，于是有：

$$\bar{c}=\frac{\frac{70+80+100+120}{4}}{\frac{35+38+40+44}{4}}$$

$$=\frac{92.5}{39.25}=2.36(\text{次})$$

（三）由平均数时间数列求序时平均数

平均数时间数列可由一般平均数或序时平均数组成。由一般平均数组成的平均数时间数列求序时平均数，由于一般平均数时间数列的性质与相对数时间数列相类似，求其序时平均数的计算方法可仿照求相对数时间数列的序时平均数的方法。序时平均数所组成的时间数列求序时平均数，如时期相等可用简单平均法；如时期不等则以时期为权数，用加权平均法。

第三节　时间数列预测法

社会经济现象的发展变化大都有规律可循，我们不仅要研究它的过去，而且要根据过去的发展规律对现实进行调查和研究，利用统计资料，应用科学的方法来预计或推测其未来。这种对某种事物的未来发展趋势的推测称为预测。

常用的预测方法有二十几种，它们从不同的角度用不同的分析方法进行研究，各种方法都有其特定的用途和条件，要根据预测的目的、任务和预测对象的特点来确定采用哪种预测方法。（有时研究某个问题，需要用多种预测方法配合进行，相互核对与检验，以提高预测结果的可靠性。）预测是科学管理的重要方法，是提高经济效益的先决条件，是制订计划的依据，它可以不断地加深人们对社会现象、经济现象、自然现象的规律性发展过程的认识。科学的预测可以提高预见性，避免盲目性，逐步发现和掌握客观规律。然而，由于预测对象的变化受各种客观因素的影响，这些影响往往是错综复杂的，所以预测的结果往往同实际情况有出入，而不是百分之百的正确，会产生预测误差。

实际数据的时间数列反映了某种社会经济现象在一定时期内发展变化的过程，可以从中分析出所反映的变化特征、趋势和发展规律。对时间数列的不同特征，要用不同的方法才能反映出来。我们将时间数列描绘成散布图，从图中可以看出，数值随着时间的变动有明显的变动趋势和基本特征。这种变动趋势可能呈直线趋势，也可能呈曲线趋势。根据不同的特征选择不同的预测方法，利用预测模型进行预测。

时间数列的变动趋势有长期趋势、周期变动、季节变动、随机变动等。时间数列预测也有多种，主要采用并讲述移动平均法和指数平滑法及季节变动预测法。

一、移动平均法

移动平均法又称滑动平均法。实际数据有其发展变化规律的趋势性或周期性变动，也受偶然因素作用而产生随机变动。要消除或减弱随机变动的影响，就要从数列中找出其规律性变化特征和趋势。

移动平均法根据计算移动平均数的次数不同，分为一次移动平均法和二次移动平均法。

(一)一次移动平均法

一次移动平均法,是对所有的数据每次取一定数量周期的数据进行平均,依时间顺序逐期移动,每移动一个周期时舍去前一个周期的前一个数据,增加一个新周期的前一个数据,再进行平均。这样重叠求出周期序列的平均数,从而形成新的时间数列。

计算公式为:

$$M_t^{(1)}=\frac{y_t+y_{t-1}+\cdots+y_{t-n+1}}{n} \tag{36}$$

公式(36)中:t 是周期序号;

$M_t^{(1)}$ 是第 t 周期的一次移动平均数;

y_t 是第 t 周期的实际值;

n 是计算移动平均数所选定的数据个数,即移动期(一般取 3~20)。

例 14,某饭店有 32 间标准间客房,近三年各季度出租客房数如表 5-17 所示。

表 5-17　各季度出租客房数表

房间数 年度 季度	前年	去年	今年
一	17	17	18
二	24	25	26
三	13	11	14
四	22	21	25

试利用一次移动平均法,分别取 $n=3$ 和 $n=5$ 预测明年第一季度出租客房间数。

解:取 $n=3$

$$M_3^{(1)}=\frac{y_3+y_{3-1}+y_{3-3+1}}{3}=\frac{y_3+y_2+y_1}{3}$$

$$=\frac{13+24+17}{3}=18$$

$$M_4^{(1)}=\frac{y_4+y_3+y_2}{3}=\frac{22+13+24}{3}\approx 19.7$$

……

$$M_{12}^{(1)}=\frac{y_{12}+y_{11}+y_{10}}{3}=\frac{25+14+26}{3}\approx 21.7$$

取 $n=5$

$$M_5^{(1)}=\frac{y_5+y_4+y_3+y_2+y_1}{5}=\frac{17+22+13+24+17}{5}$$

$$=18.6$$

$$M_6^{(1)}=\frac{y_6+y_5+y_4+y_3+y_2}{5}=\frac{25+17+22+13+24}{5}$$

$$=20.2$$

……

$$M_{12}^{(1)}=\frac{y_{12}+y_{11}+y_{10}+y_9+y_8}{5}=\frac{25+14+26+18+21}{5}$$

$$=20.8$$

计算结果列入表 5-18。

表 5-18　计　算　表

时间序号 t	1	2	3	4	5	6	7	8	9	10	11	12
出租间数 y_t	17	24	13	22	17	25	11	21	18	26	14	25
$n=3$　$M_t^{(1)}$			18	19.7	17.3	21.3	17.6	19.0	16.6	21.6	19.3	21.7
$n=5$　$M_t^{(1)}$					18.6	20.2	17.6	19.2	18.4	20.2	18	20.8

移动平均数也构成时间数列，将实际数据和 $n=3$ 和 $n=5$ 的一次移动平均数列描绘成散布图 5-1，这样便于研究移动平均法的特点。

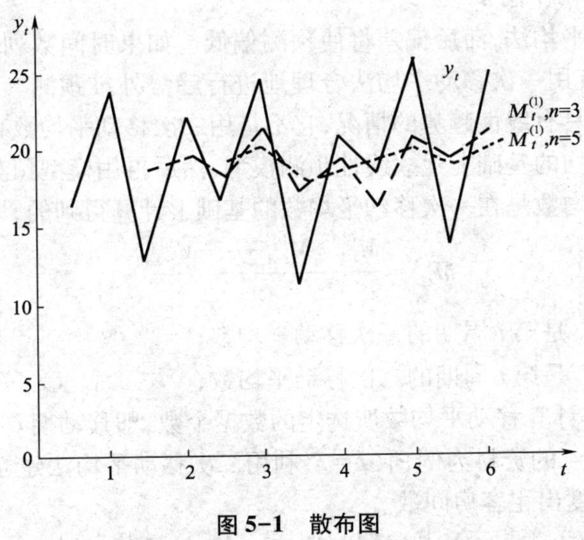

图 5-1　散布图

从图 5-1 可以看出，移动平均法确实可以削弱随机变动的影响，具有平滑数据作用。移动平均数序列比实际数据序列平滑，能在一定程度上描述时间数列的变动趋势，适用于不含明显趋势的时间数列。

用好移动平均预测法很重要的一点是选好参数 n，n 的选择要根据时间数列的长短和特点而定，不宜过大或过小。n 过大，移动平均数虽然消除了随机变动，但敏感性降低，影响预测准确性。n 太小，移动平均数虽然敏感性高，但易受随机变动的影响,难以反映实际趋势。一般地,n 的大小要能包括季节变动和周期变动的时期,以消除它们的影响。

一次移动平均预测法简便易懂,但是这种预测方法有一定的局限性,如对例题14来说,无法预测下一年第一季度以后的情况,更无法预测下一年全年的情况。不过,如果实际的时间数列没有明显的周期变化和倾向变化,也没有新资料数据,且变化的趋势不变时,即可用最近时间的一次移动平均数作为下一周期的预测值。

在例题14中,若不考虑线性增长的趋势影响,则可求得下一年第一季度的预测值 $\hat{y}_{13}$。

取 $n=3$ 得:

$$\hat{y}_{13}=M_{12}^{(1)}=21.7$$

此预测值也可以沿用。

显然,从实际数据序列的变动情况来看,$\hat{y}_{13}$ 的数值偏低,这是因为一次移动平均对原数列的滞后偏差引起的。若有感于一次移动平均所得数列 $M_t^{(1)}$ 对原数列还不够修匀,改进的方法是采用二次移动平均等方法,这样或许更能显示时间数列的长期趋势性。一次移动平均法的适用条件是时间数列比较平稳,用于作最近期的短期预测。

(二)二次移动平均法

用一次移动平均法,滞后偏差将使预测偏低。如果时间数列具有明显的线性变化趋势,则不宜用一次移动平均法合理地进行趋势外推预测。二次移动平均法可用于时间数列具有线性趋势的情况,它不是用二次移动平均数直接进行预测,而是在二次移动平均的基础上建立线性预测模型,然后再用模型预测。

二次移动平均数是在一次移动平均数的基础上计算得到的,计算公式为:

$$M_t^{(2)}=\frac{M_t^{(1)}+M_{t-1}^{(1)}+\cdots+M_{t-n+1}^{(1)}}{n} \tag{37}$$

公式(37)中:$M_t^{(1)}$ 是第 t 周期的一次移动平均数;

$M_t^{(2)}$ 是第 t 周期的二次移动平均数;

n 是计算移动平均数所选定的数据个数,即移动期。

例15,以例14的资料为例,取 $n=3$,利用二次移动平均法建立预测数学模型,预测明年第一季度出租客房间数。

解:

$$M_5^{(2)}=\frac{M_5^{(1)}+M_{5-1}^{(1)}+M_{5-3+1}^{(1)}}{n}=\frac{M_5^{(1)}+M_4^{(1)}+M_3^{(1)}}{n}$$

$$=\frac{17.3+19.6+18}{3}=18.3$$

$$M_6^{(2)}=\frac{M_6^{(1)}+M_5^{(1)}+M_4^{(1)}}{n}=\frac{21.3+17.3+19.6}{3}$$

$$=19.4$$

……

$$M_{12}^{(2)}=\frac{M_{12}^{(1)}+M_{11}^{(1)}+M_{10}^{(1)}}{n}=\frac{21.6+19.3+21.6}{3}$$

$$=20.8$$

计算结果列入表 5-19 中。

表 5-19 计算表

时间序号 t	1	2	3	4	5	6	7	8	9	10	11	12
出租间数 y_t	17	24	13	22	17	25	13	21	18	26	14	25
$n=3$ $M_t^{(1)}$			18	19.6	17.3	21.3	17.6	19	16.6	21.6	19.3	21.6
$n=3$ $M_t^{(2)}$					18.3	19.4	18.7	19.3	17.7	19.1	19.2	20.8

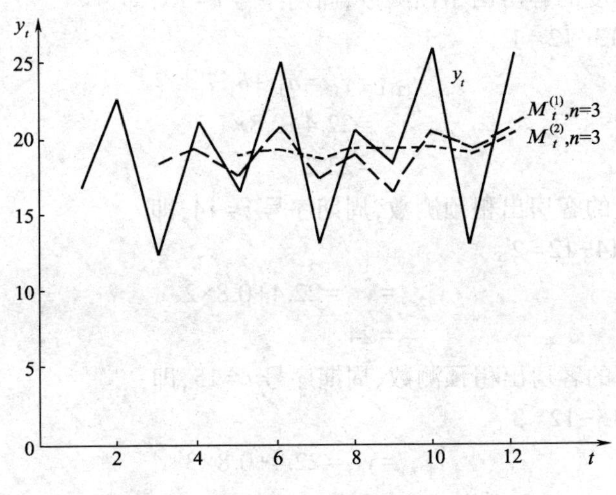

图 5-2 散布图

我们将实际数据序列和 $n=3,M_t^{(1)}$ 及 $n=3,M_t^{(2)}$ 的序列描绘成散布图 5-2，这样便于研究移动平均法的特点。

从图 5-2 可见，一次移动平均数列总是落后于实际数据，出现了滞后偏差；二次移动平均数列也与一次移动平均数列形成了滞后偏差。二次移动平均预测法利用这种滞后偏差的演变规律，建立线性预测模型，预测模型为：

$$\hat{y}_{t+T}=a_t+b_tT \tag{38}$$

公式(38)中：t 是周期序号；

T 是目前周期 t 到预测周期的周期间隔个数，即预测超前周期数；

a_t 是截距；

b_t 是斜率，即单位周期的变化量。

其中：

$$a_t=2M_t^{(1)}-M_t^{(2)} \tag{39}$$

$$b_t = \frac{2}{n-1}(M_t^{(1)} - M_t^{(2)}) \tag{40}$$

现将第 $t=12$ 周期的 $M_{12}^{(1)}$ 和 $M_{12}^{(2)}$ 代入式(39)和式(40)中,求得:

$$a_{12} = 2M_{12}^{(1)} - M_{12}^{(2)} = 2\times21.6-20.8$$
$$=22.4$$

$$b_{12} = \frac{2}{n-1}(M_t^{(1)} - M_t^{(2)})$$
$$=\frac{2}{2}(21.6-20.8)=0.8$$

所以,线性预测模型为:

$$\hat{y}_{12+T} = a_{12}+b_{12}T = 22.4+0.8T$$

求下一年第一季度的客房出租预测数,周期序号 $t=13$,即
周期间隔数 $T=13-12=1$。

$$\hat{y}_{12+1} = \hat{y}_{13} = a_{12}+b_{12}T$$
$$=22.4+0.8\times1$$
$$=23.2$$

下一年第二季度的客房出租预测数,周期序号 $t=14$,即
周期间隔数 $T=14-12=2$。

$$\hat{y}_{12+2} = \hat{y}_{14} = 22.4+0.8\times2$$
$$=24$$

下一年第三季度的客房出租预测数,周期序号 $t=15$,即
周期间隔数 $T=15-12=3$。

$$\hat{y}_{12+3} = \hat{y}_{15} = 22.4+0.8\times3$$
$$=24.8$$

预测模型公式(38)是直线方程,利用它可以预测最近几个周期的数量。

如果实际数列有曲线变动趋势,可用三次移动平均法,计算公式为:

$$M_t^{(3)} = \frac{M_t^{(2)}+M_{t-1}^{(2)}+\cdots+M_{t-n+1}^{(2)}}{n} \tag{41}$$

公式(41)中:$M_t^{(3)}$ 是第 t 周期的三次移动平均数;
$M_t^{(2)}$ 是第 t 周期的二次移动平均数;
n 是计算移动平均数选定数据个数。

(三)加权移动平均法

移动平均法的目的主要是平滑数据,消除一些随机变动,使数据趋势变得明显,从而可用于趋势性预测。

加权移动平均法的特点是:在计算平均数时,不是把所有数据同等看待,而是将数据按其对预测数所起的重要程度不同,分别给予不同的权数,从而提高预测精度。

加权移动平均法预测模型为：

$$M=\sum_{i=1}^{n}c_iy_i \quad (i=1,2\cdots n) \tag{42}$$

公式(42)中：c_i 是权数，$0\leqslant c_i\leqslant 1$，$\sum_{i=1}^{n}c_i=1$，$y_i$ 是实际数据。

选择权数是近期大、远期小。常用的移动加权数可从表 5-20 和表 5-21 中选择。

表 5-20　$n=3$ 时的权数

权数 c	权　数　比　重			
c_1	0.5	0.6	0.5	3/6
c_2	0.3	0.3	0.25	2/6
c_3	0.2	0.1	0.25	1/6
$\sum_{i=1}^{n}$	1	1	1	1

表 5-21　$n=4$ 时的权数

权数 c	权　数　比　重		
c_1	0.4	0.5	0.6
c_2	0.3	0.2	0.2
c_3	0.2	0.1	0.1
c_4	0.1	0.1	0.1
$\sum_{i=1}^{n}c_i$	1	1	1

例 16，以例 14 的资料为据，利用加权移动平均法预测下一年第一季度的客房出租间数。

解：取 $n=3$

$$\begin{aligned}M&=\sum_{i=1}^{n}c_iy_i=0.5\times25+0.3\times14+0.2\times26\\&=21.9\end{aligned}$$

移动平均预测法具有适应性，也就是说，预测模型能识别数据结构的变化而加以调整，这种特性使得移动平均法便于应用。

二、指数平滑法

指数平滑法也叫指数加权移动平均法或称指数修匀，它是从加权移动平均法发展而来的，也是移动平均法的改进。在计算一次移动平均数预测值时，对 n 个数据均以同等的权数，而指数平滑法是注重近期数据，认为时间数列中近期数据对未来值的影响比远期数据影响更大。因此，指数平滑法将对时间数列中各个数据进行加权处理，越近的数据其权数应越大。

指数平滑法也是对时间数列进行修匀,可以消除时间数列的偶然因素所引起的变动,进而找出预测对象的数据变化的特征和趋势。

(一)一次指数平滑法(单指数平滑法)

一次指数平滑法适用实际数据序列以随机变动为主的、没有明显趋势变动的预测场合,计算公式为:

$$s_t^{(1)}=\alpha y_t+\alpha(1-\alpha)y_{t-1}+\alpha(1-\alpha)^2y_{t-2}+\cdots \tag{43}$$

公式(43)中:$s_t^{(1)}$ 是第 t 周期的一次指数平滑值;

y_t 是第 t 周期的实际值;

α 是平滑系数($0<\alpha<1$)。

在公式(43)中,实际数值 $y_t,y_{t-1},\cdots$ 的权数分别为 $\alpha,\alpha(1-\alpha),\alpha(1-\alpha)^2\cdots$ 由此可见,指数平滑法也是一种加权平均法,只要以权数 $\alpha,\alpha(1-\alpha),\alpha(1-\alpha)^2\cdots$ 对实际数值 $y_t,y_{t-1},y_{t-2}\cdots$ 进行加权即可预测。

平滑系数 α 的大小反映了对各实际数值的影响程度大小,即修正的幅度。α 值愈大,修正的幅度愈大,α 值愈小,修正的幅度愈小。因此 α 值既代表了预测模型对时间数据变化的反应程度,又体现了预测模型修正误差的能力。由于最近期的实际数值对未来的预测值的影响最大,所以相对地比早期的实际数值则给予递减的平滑系数 α,α 的选择对预测效果起着重要作用,一般是根据实际数据序列的特点和经验来考虑。如果时间数列的长期趋势比较稳定,α 取值为 0.05~0.20 之间;如果时间数列有很大的变化趋势时,α 取值为 0.3~0.7 之间。

我们将公式(43)改写为:

$$\begin{aligned}s_t^{(1)}&=\alpha y_t+(1-\alpha)[\alpha y_{t-1}+\alpha(1-\alpha)y_{t-2}+\cdots]\\&=\alpha y_t+(1-\alpha)s_{t-1}^{(1)}\end{aligned} \tag{44}$$

公式(44)中:$s_{t-1}^{(1)}$ 是第 $t-1$ 周期的指数平滑值。

一次指数平滑法是以最近期的一次指数平滑值作为下一期的预测值,即:

$$\begin{aligned}\hat{y}_{t+1}=s_t^{(1)}&=\alpha y_t+(1-\alpha)s_{t-1}^{(1)}\\&=\alpha y_t+s_{t-1}^{(1)}-\alpha s_{t-1}^{(1)}\\&=s_{t-1}^{(1)}+\alpha(y_t-s_{t-1}^{(1)})\end{aligned} \tag{45}$$

开始计算时,要估计初始值 $s_0^{(1)}$。一次指数平滑的初始值的确定有多种方法,比如,取第一期的实际值为初始值或者取最初几期的平均值为初始值等。一般而言,如果实际数值在 50 个以上时,初始值 $s_0^{(1)}$ 的影响将逐步被平滑而降低到最小,初始值可取 $s_0^{(1)}=y_1$;如果实际数值在 20 个以内时,初始值 $s_0^{(1)}$ 的影响较大,初始值可以取最初几个实际数值的平均值,如:$s_0^{(1)}=y_1$

或 $s_0^{(1)}=\dfrac{y_1+y_2}{2}$ 或 $s_0^{(1)}=\dfrac{y_1+y_2+y_3}{3}$

如果实际数据序列不具备平稳趋势时,则不能采用一次指数平滑预测法,而要采用二次或三次指数平滑预测法。

例 17,某旅游商品店销售某种商品(单位:台),前 15 个月的销售量如表 5-22 所示,试用一次指数平滑法预测下个月的销售量。分别取 $\alpha=0.5,\alpha=0.3,\alpha=0.1$。

解:设初始值为:$s_0^{(1)}=\dfrac{y_1+y_2+y_3}{3}$

$$=\frac{10+15+8}{3}$$

$$=11.0$$

$$s_t^{(1)}=\alpha y_t+(1-\alpha)s_{t-1}^{(1)}$$

取 $\alpha=0.5$

$$s_1^{(1)}=0.5\times10.0+0.5\times11.0$$
$$=10.5$$
$$s_2^{(1)}=0.5\times15.0+0.5\times10.5$$
$$=12.8$$

……

$$s_{15}^{(1)}=0.5\times29.0+0.5\times27.2$$
$$=28.1$$

取 $\alpha=0.3$

$$s_1^{(1)}=0.3\times10.0+0.7\times11.0$$
$$=10.7$$
$$s_2^{(1)}=0.3\times15.0+0.7\times10.7$$
$$=12.0$$

……

$$s_{15}^{(1)}=0.3\times29.0+0.7\times25.0$$
$$=26.2$$

取 $\alpha=0.1$

$$s_1^{(1)}=0.1\times10.0+0.9\times11.0$$
$$=10.9$$
$$s_2^{(1)}=0.1\times15.0+0.9\times10.9$$
$$=11.3$$

……

$$s_{15}^{(1)}=0.1\times29.0+0.9\times18.8$$
$$=19.9$$

由于指数平滑系数 α 值的选取可以多方案,因此为最合理地确定 α,保证预测的合理性,一般采用多个 α 值分别计算其平均绝对误差 MAD,以 MAD 最小者为最合理的 α 值。

平均绝对误差为：

$$\mathrm{MAD}=\frac{1}{n}\sum_{i=1}^{n}|\ e_t| \tag{46}$$

公式(46)中的 e_t 为实际数据 y_t 与平滑预测值 $s_{t-1}^{(1)}$ 的误差。

我们对实际数据 y_t 与 $\alpha=0.5,\alpha=0.3,\alpha=0.1$ 的一次指数平滑值 $s_{t-1}^{(1)}$ 之差的绝对值 $|\ y_t-s_{t-1}^{(1)}|$ 分别计算：

取 $\alpha=0.5$

$$|\ y_1-s_0^{(1)}|=|\ 10.0-11.0|$$
$$=1.0$$
$$|\ y_2-s_1^{(1)}|=|\ 15.0-10.5|$$
$$=4.5$$

……

$$|\ y_{15}-s_{14}^{(1)}|=|\ 29.0-27.2|$$
$$=1.8$$
$$\sum|\ y_t-s_{t-1}^{(1)}|=63.8$$

取 $\alpha=0.3$

$$|\ y_1-s_0^{(1)}|=|\ 10.0-11.0|$$
$$=1.0$$
$$|\ y_2-s_1^{(1)}|=|\ 15.0-10.7|$$
$$=4.3$$

……

$$|\ y_{15}-s_{14}^{(1)}|=|\ 29.0-25.0|$$
$$=4.0$$
$$\sum|\ y_t-s_{t-1}^{(1)}|=69.4$$

取 $\alpha=0.1$

$$|\ y_1-s_0^{(1)}|=|\ 10.0-11.0|$$
$$=1.0$$
$$|\ y_2-s_1^{(1)}|=|\ 15.0-10.9|$$
$$=4.1$$

……

$$|\ y_{15}-s_{14}^{(1)}|=|\ 29.0-18.8|$$
$$=10.2$$
$$\sum|\ y_t-s_{t-1}^{(1)}|=101.6$$

将求得的 $\alpha=0.5,\alpha=0.3,\alpha=0.1$ 的一次指数平滑序列及 y_t 与 $s_{t-1}^{(1)}$ 之差的绝对值列入表 5-22 中。

表 5-22　一次指数平滑值及误差计算表

时间序号 t	1	2	3	4	5	6	7	8	9	10	11	12	13	14	15
销售量 y_t	10	15	8	20	10	16	18	20	22	24	20	26	27	29	29
$\alpha=0.5, s_t^{(1)}$	10.5	12.8	10.4	15.2	12.6	14.3	16.2	18.1	20.1	22.0	21.0	23.5	25.3	27.2	28.1
$\alpha=0.5, \|e_t\|$	1.0	4.5	4.8	9.6	5.2	3.4	3.7	3.8	3.9	3.9	2.0	5.0	3.5	7.7	1.8
$\alpha=0.3, s_t^{(1)}$	10.7	12.0	10.8	13.6	12.5	13.6	14.3	16.0	17.8	19.7	19.8	21.7	23.3	25.0	26.2
$\alpha=0.3, \|e_t\|$	1.0	4.3	4.0	9.2	3.6	3.5	4.4	5.7	6.0	6.2	0.3	6.2	5.3	5.7	4.0
$\alpha=0.1, s_t^{(1)}$	10.9	11.3	11.0	11.9	11.7	12.1	12.7	13.4	14.3	15.3	15.8	16.8	17.8	18.8	19.9
$\alpha=0.1, \|e_t\|$	1.0	4.1	3.3	9.0	1.9	4.3	5.9	7.3	8.6	9.7	4.7	10.2	10.2	11.2	10.2

将实际数据序列和 $\alpha=0.5, \alpha=0.3, \alpha=0.1$ 的一次指数平滑值序列描绘成散布图5-3。

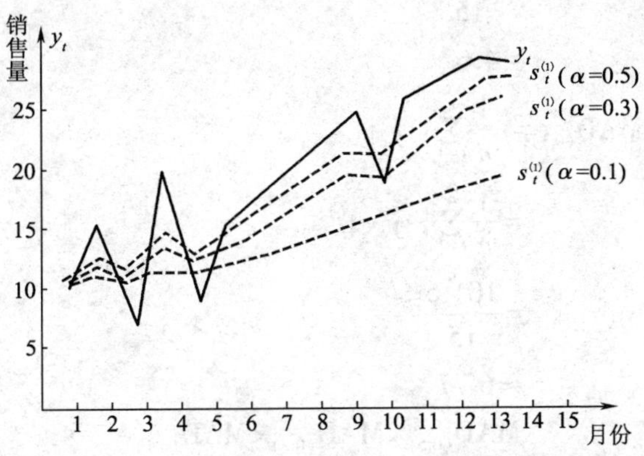

图 5-3　实际数序列和一次指数平滑值序列的散布图

从图 5-3 可以看出,取 $\alpha=0.5$ 的一次指数平滑值能较好地反映实际数据序列的变化趋势。如果不考虑实际数据序列的域性增长趋势所产生的滞后偏差,就可以用预测模型。

$$\begin{aligned}\hat{y}_{16} &= s_{15}^{(1)} = \alpha y_{15} + (1-\alpha) s_{14}^{(1)} \\ &= 0.5\times 29.0 + 0.5\times 27.2 \\ &= 28.1\end{aligned}$$

求得下个月的销售量 28(台)。

从图 5-3 可以看出,指数平滑法确实可以平滑实际数据序列。α 越小平滑作用越强,但是对实际数据序列变化反应比较迟缓;α 越大,平滑作用越差。在实际数据序列的域性变动部分,指数平滑值的变动落后于实际数据的变动,出现了滞后偏差,滞后偏差的程度随着 α 增大而减少。

实际数据 y_t 与取 $\alpha=0.5,\alpha=0.3,\alpha=0.1$ 的一次指数平滑值 $s_{t-1}^{(1)}$ 的绝对误差之和的平均,即平均绝对误差 MAD 进行比较。

$$\text{取 }\alpha=0.5\text{ 时},\mathrm{MAD}_{(0.5)}=\frac{1}{n}\sum_{t=1}^{n}|\ e_t|=\frac{1}{n}\sum_{t=1}^{n}|\ y_t-s_{t-1}^{(1)}|=\frac{63.8}{15}=4.25$$

$$\text{取 }\alpha=0.3\text{ 时},\mathrm{MAD}_{(0.3)}=\frac{1}{n}\sum_{t=1}^{n}|\ e_t|=\frac{1}{n}\sum_{t=1}^{n}|\ y_t-s_{t-1}^{(1)}|=\frac{69.4}{15}=4.62$$

$$\text{取 }\alpha=0.1\text{ 时},\mathrm{MAD}_{(0.1)}=\frac{1}{n}\sum_{t=1}^{n}|\ e_t|=\frac{1}{n}\sum_{t=1}^{n}|\ y_t-s_{t-1}^{(1)}|=\frac{101.6}{15}\approx 6.77$$

$$\mathrm{MAD}_{(0.5)}<\mathrm{MAD}_{(0.3)}<\mathrm{MAD}_{(0.1)}$$

可见,取 $\alpha=0.5$ 优于 $\alpha=0.3$ 和 $\alpha=0.1$,也就是取 $\alpha=0.5$ 的一次指数平滑值能够比较好地反映实际数据序列的变动趋势。

一次指数平滑法较为简单,但问题是如何找到最佳 α 值,以使平均绝对误差最小。这需要反复试验才能确定。

(二)二次指数平滑法

如果实际数序列有明显的线性变化趋势就不宜用一次指数平滑法,因为一次指数平滑法的预测值对线性变化趋势往往不能及时反映出来而要滞后一期,滞后偏差将使预测值偏低。因而,对有线性变化趋势的时间数列,可采用二次指数平滑法,建立预测模型,利用模型进行预测。二次指数平滑值计算公式为:

$$s_t^{(2)}=\alpha s_t^{(1)}+(1-\alpha)s_{t-1}^{(2)} \quad (47)$$

公式(47)中：$s_t^{(2)}$是第 t 周期的二次指数平滑值；

$s_t^{(1)}$是第 t 周期的一次指数平滑值；

$s_{t-1}^{(2)}$是第 $t-1$ 周期的二次指数平滑值；

α 是平滑系数。

我们可以依照二次移动平均法，利用滞后偏差的规律建立线性预测模型，其模型为：

$$\hat{y}_{t+T}=a_t+b_tT \quad (48)$$

公式(48)中：$\hat{y}_{t+T}$是第 $t+T$ 周期的预测值；

t 是周期序号；

T 是超前周期序号；

a_t 是截距；

b_t 是斜率。

其中：

$$a_t=2s_t^{(1)}-s_t^{(2)} \quad (49)$$

$$b_t=\frac{\alpha}{1-\alpha}(s_t^{(1)}-s_t^{(2)}) \quad (50)$$

计算出 a_t 与 b_t，再按公式(48)则可求得预测值 $\hat{y}_t$。

例 18，某旅游商品店最近十年销售某种商品的销售额分别为 10.1 万元，10.7 万元，11.2 万元，11.7 万元，12.1 万元，12.3 万元，12.2 万元，12.6 万元，13.2万元，13.7 万元，试预测第 11 年、第 16 年的销售额。

解：从该时间序列可见，它大体呈长期增长趋势，可用二次指数平滑法，今取$\alpha=0.9$。

设初始值 $s_0^{(1)}=s_0^{(2)}=y_1=10.1$，而 $s_1^{(1)}=s_1^{(2)}=10.1$

取 $\alpha=0.9$ 计算一次指数平滑值：

$$s_t^{(1)}=\alpha y_t+(1-\alpha)s_{t-1}^{(1)}$$

$$\begin{aligned}s_2^{(1)}&=\alpha y_2+(1-\alpha)s_1^{(1)}\\&=0.9\times10.7+0.1\times10.1\\&=10.64\end{aligned}$$

$$\begin{aligned}s_3^{(1)}&=\alpha y_3+(1-\alpha)s_2^{(1)}\\&=0.9\times11.2+0.1\times10.64\\&=11.14\end{aligned}$$

……

$$\begin{aligned}s_{10}^{(1)}&=\alpha y_{10}+(1-\alpha)s_{11}^{(1)}\\&=0.9\times13.7+0.1\times13.14\\&=13.64\end{aligned}$$

取 $\alpha=0.9$ 计算二次指数平滑值：

$$s_t^{(2)}=\alpha s_t^{(1)}+(1-\alpha)s_{t-1}^{(2)}$$

$$s_2^{(2)}=0.9\times10.64+0.1\times10.1$$
$$=10.59$$

$$s_3^{(2)}=0.9\times11.14+0.1\times10.59$$
$$=11.09$$

……

$$s_{10}^{(2)}=0.9\times13.64+0.1\times13.08$$
$$=13.58$$

计算：$a_t=2s_t^{(1)}-s_2^{(2)}$

$$a_2=2\times10.64-10.59=10.69$$

$$a_3=2\times11.14-11.09=11.19$$

……

$$a_{12}=2\times13.64-13.58=13.70$$

计算：$b_t=\frac{\alpha}{1-\alpha}(s_t^{(1)}-s_t^{(2)})$

$$b_2=\frac{0.9}{1-0.9}(10.64-10.59)=0.45$$

$$b_3=\frac{0.9}{1-0.9}(11.14-11.09)=0.45$$

……

$$b_{12}=\frac{0.9}{1-0.9}(13.64-13.58)=0.54$$

计算预测值：$\hat{y}_{t+T}=a_t+b_tT$

$$\hat{y}_3=10.69+0.45=11.14$$

$$\hat{y}_4=11.19+0.45=11.64$$

……

$$\hat{y}_{10}=13.20+0.54=13.74$$

对于第 11 年的预测值为：

$$t+T=11\quad T=11-t=11-10=1$$

$$\hat{y}_{11}=a_t+b_tT=13.70+0.54\times1=14.24$$

对于第 16 年的预测值为：

$$t+T=16\quad T=16-t=16-10=6$$

$$\hat{y}_{16}=13.70+0.54\times6=16.94$$

计算结果列入表 5-23 中。

表 5-23　二次指数平滑法计算　（α=0.9）

年　份	时间序号 t	y_t	$s_t^{(1)}$	$s_t^{(2)}$	a_t	b_t	$\hat{y}_t$
	0		10.1	10.1			
第1年	1	10.1	10.1	10.1			
第2年	2	10.7	10.64	10.59	10.69	0.45	
第3年	3	11.2	11.14	11.09	11.19	0.45	11.14
第4年	4	11.7	11.64	11.59	11.69	0.45	11.64
第5年	5	12.1	12.05	12.00	12.10	0.45	12.14
第6年	6	12.3	12.28	12.25	12.31	0.27	12.55
第7年	7	12.2	12.21	12.21	12.21	0	12.58
第8年	8	12.6	12.56	12.53	12.59	0.27	12.21
第9年	9	13.2	13.14	13.08	13.20	0.54	12.86
第10年	10	13.7	13.64	13.58	13.70	0.54	13.74

二次指数平滑法所反映出来的线性趋势不是长期的平均趋势，而是近期移动趋势。

（三）三次指数平滑法

如果实际数据序列的变化不存在线性趋势，而呈现非线性增长趋势，这时一次指数平滑法和二次指数平滑法就不适用了，应该采用三次指数平滑法，建立非线性预测模型，利用模型进行预测。三次指数平滑值计算公式为：

$$s_t^{(3)}=\alpha s_t^{(2)}+(1-\alpha)s_{t-1}^{(3)} \tag{51}$$

公式(51)中：$s_t^{(3)}$ 是第 t 周期的三次指数平滑值；

$s_t^{(2)}$ 是第 t 周期的二次指数平滑值；

$s_{t-1}^{(3)}$ 是第 $t-1$ 周期的三次指数平滑值；

α 是平滑系数。

三次指数平滑法建立的非线性预测模型为：

$$\hat{y}_{t+T}=a_t+b_tT+c_tT^2 \tag{52}$$

公式(52)中：t 是周期序号；

T 是超前周期数；

$\hat{y}_{t+T}$ 是 $t+T$ 周期的预测值。

其中：$a_t=3s_t^{(1)}-3s_t^{(2)}+s_t^{(3)}$ (53)

$$b_t=\frac{\alpha}{2(1-\alpha)^2}[(6-5\alpha)s_t^{(1)}-2(5-4\alpha)s_t^{(2)}+(4-3\alpha)s_t^{(3)}] \tag{54}$$

$$c_t=\frac{\alpha^2}{2(1-\alpha)^2}(s_t^{(1)}-2s_t^{(2)}+s_t^{(3)}) \tag{55}$$

例 19,某旅游商品店最近 13 年销售某种商品的销售额如表 5-24 所示。今取平滑系数 $\alpha=0.5$,利用三次指数平滑法预测第 14 年和第 15 年的销售额。

解:初始值取 $s_0^{(1)}=s_0^{(2)}=s_0^{(3)}=y_1=10.6$

取 $\alpha=0.5$ 依次计算:

$$s_t^{(1)}=\alpha y_t+(1-\alpha)s_{t-1}^{(1)}$$
$$s_t^{(2)}=\alpha s_t^{(1)}+(1-\alpha)s_{t-1}^{(2)}$$
$$s_t^{(3)}=\alpha s_t^{(2)}+(1-\alpha)s_{t-1}^{(3)}$$
$$s_2^{(1)}=\alpha y_2+(1-\alpha)s_1^{(1)}$$
$$=0.5\times15.1+0.5\times10.6=12.85$$

……

$$s_{13}^{(1)}=\alpha y_{13}+(1-\alpha)s_{12}^{(1)}$$
$$=0.5\times89.8+0.5\times67.24=78.52$$
$$s_2^{(2)}=\alpha s_2^{(1)}+(1-\alpha)s_1^{(2)}$$
$$=0.5\times12.85+0.5\times10.6=11.73$$

……

$$s_{13}^{(2)}=\alpha s_{13}^{(1)}+(1-\alpha)s_{12}^{(2)}$$
$$=0.5\times78.52+0.5\times56.49=67.50$$
$$s_2^{(3)}=\alpha s_2^{(2)}+(1-\alpha)s_1^{(3)}$$
$$=0.5\times11.73+0.5\times10.6=11.17$$

……

$$s_{13}^{(3)}=\alpha s_{13}^{(2)}+(1-\alpha)s_{12}^{(3)}$$
$$=0.5\times67.50+0.5\times47.66=57.58$$

计算:$a_t=3s_t^{(1)}-3s_t^{(2)}+s_t^{(3)}$

$a_{13}=3\times78.52-3\times67.5+57.58=90.64$

计算结果列入表 5-24 中。

表 5-24 三次指数平滑计算

年份	时间序号 t	y_t	$s_t^{(1)}$	$s_t^{(2)}$	$s_t^{(3)}$
	0		10.6	10.6	10.6
第 1 年	1	10.6	10.6	10.6	10.6
第 2 年	2	15.1	12.85	11.73	11.17
第 3 年	3	17.6	15.23	13.48	12.32
第 4 年	4	21.6	18.42	15.95	14.14
第 5 年	5	24.8	21.61	18.78	16.46
第 6 年	6	29.5	25.56	22.17	19.31

续表

年　份	时间序号 t	y_t	$s_t^{(1)}$	$s_t^{(2)}$	$s_t^{(3)}$
第 7 年	7	30.4	27.98	25.07	22.19
第 8 年	8	33.0	30.49	27.78	24.99
第 9 年	9	34.5	32.49	30.14	27.56
第 10 年	10	52.4	42.45	36.29	31.93
第 11 年	11	67.9	55.17	45.73	38.83
第 12 年	12	79.3	67.24	56.49	47.66
第 13 年	13	89.8	78.52	67.50	57.58

$$b_{13}=\frac{0.5}{2\times0.25}[(6-2.5)\times78.52-(104)\times67.50+(4-1.5)\times57.58]$$

$$=13.77$$

$$c_{13}=\frac{0.25}{2\times0.25}(78.52-2\times67.5+57.58)$$

$$=0.55$$

则得第 13 年预测模型为:

$$\hat{y}_{13+T}=90.64+13.77T+0.55T^2$$

令 $T=1$,则第 14 年预测值为:

$$\hat{y}_{14}=90.64+13.77+0.55=104.89$$

令 $T=2$,则第 15 年预测值为:

$$\hat{y}_{15}=90.64+13.77\times2+0.55\times4$$

$$=120.38$$

三、季节变动预测法

如果时间数列在一个年度(或季度、月)期间里重复发生,经过若干个较漫长衰退时期之后,出现若干个增长时期,即有峰有谷,但峰谷可以出现在一年(或季度、月)的任何时间上,其持续时间也不相同,有长有短,波动的原因是受自然界或其他因素的影响。如许多商品的产量或销售量随季节呈周期性变化,像电风扇、取暖用品、季节性服装、食品、饮料等。又如,旅游旺季时旅游人数多,旅游淡季时旅游人数少,这些都是随季节变化的影响而变化的。

为了研究掌握季节变动,把它从时间数列中分离出来有很多方法,下面讲述一种常用的季节变动预测法。

例 20,某旅行社从最近 5 年各季度的收入(百万元)如表 5-25 所示,试预测第 6 年第三、第四季度的收入。

表 5-25　季节变动测定法计算　　单位:百万元

收入 x 季度 / 年度	一	二	三	四	合计 y	平均
第 1 年	137	186	274	175	772	193
第 2 年	142	198	265	183	788	197
第 3 年	131	193	247	169	740	185
第 4 年	157	200	283	194	834	208.5
第 5 年	149	214	296	185	844	211
合计	716	991	1365	906	$\Sigma=3978$	—
平均	143.2	198.2	273.0	181.2	—	198.9
季节比率(%)	72.00	99.65	137.25	91.10	400.00	—

解:计算时间数列样本中历年所有季度(或月)的收入平均值 $\bar{x}$:

$$\bar{x}=\frac{1}{n}\sum_{t=1}^{n}x_t$$

式中:n 是时间数列样本数据个数。

$$\bar{x}=\frac{1}{20}\sum_{t=1}^{20}x_t=\frac{3978}{20}$$

$$=198.9(\text{百万元})$$

计算时间数列中同季度(或同月)数据平均值:

第一季度:$\bar{x}_1=\frac{716}{5}=143.2$(百万元)

第二季度:$\bar{x}_2=\frac{991}{5}=198.2$(百万元)

第三季度:$\bar{x}_3=\frac{1365}{5}=273.0$(百万元)

第四季度:$\bar{x}_4=\frac{906}{5}=181.2$(百万元)

计算季节(或月)比率 β_t:

$$\beta_t=\frac{\bar{x}_t}{\bar{x}} \tag{56}$$

式中:t 是季度(或月)序号。

第一季度：$\beta_1=\frac{\bar{x}_1}{\bar{x}}=\frac{143.2}{198.9}\approx 0.7200$

第二季度：$\beta_2=\frac{\bar{x}_2}{\bar{x}}=\frac{198.2}{198.9}\approx 0.9965$

第三季度：$\beta_3=\frac{\bar{x}_3}{\bar{x}}=\frac{273.0}{198.9}\approx 1.3725$

第四季度：$\beta_4=\frac{\bar{x}_4}{\bar{x}}=\frac{181.2}{198.9}\approx 0.9110$

时间数列是按季度列出时，先计算出预测年份（下一年）的年加权平均数：

$$y_{t+1}=\frac{w_1y_1+w_2y_2+\cdots+w_ty_t}{w_1+w_2+\cdots+w_t} \tag{57}$$

式中：y_t 是 t 年份的年合计数；

w_t 是 t 年份的权数，按自然数列取值。

$$y_{t+1}=\frac{1\times 772+2\times 788+3\times 740+4\times 834+5\times 844}{1+2+3+4+5}$$

$$\approx 808.2666(百万元)$$

计算预测年份的季度平均数 $\overline{y}_{t+1}$：

$$\overline{y}_{t+1}=\frac{y_{t+1}}{4}=\frac{808.2666}{4}$$

$$\approx 202.0666(百万元)$$

则第六年第三季度的预测值为：

$$\hat{y}_{t+1,t}=\overline{y}_{t+1}\cdot\beta_t \tag{58}$$

$$\hat{y}_{6.3}=202.0666\times 1.3725\approx 277.3364(百万元)$$

第六年第四季度的预测值为：

$$\hat{y}_{6.4}=202.0666\times 0.9110=184.0827(百万元)$$

用季节变动预测法预测还有一种计算方法，其方法是求出季节比率后，如已知预测年份某季节的实际值时，用季节比率调整，这样能很好地显示其变化趋势。如果已知第六年第二季度收入 230 百万元，第二季度的比率为 0.9965，则第六年第三季度的预测值为：

$$\hat{y}_{6.3}=\frac{230}{0.9965}\times 1.3725\approx 316.78(百万元)$$

第六年第四季度的预测值为：

$$\hat{y}_{6.4}=\frac{230}{0.9965}\times 0.9110\approx 210.27(百万元)$$

例 21，某旅行社近三年每月接待旅游人数如表 5-26 所示，试预测今年 5 月、6

月、7 月接待人数。已知今年 1 月、2 月、3 月接待人数分别为320人、440 人、1040人。

表 5-26 季节比率计算

年份 \ 人数 \ 月	1	2	3	4	5	6	7	8	9	10	11	12	历年各月总平均
大前年	240	360	640	1080	2720	4480	4040	2360	800	520	360	280	
前年	240	460	860	1240	2800	5060	4980	2440	760	480	260	300	1669
去年	340	420	1080	1760	2580	5620	5600	2100	1340	840	420	220	
同月平均	273	413	860	1360	2700	5053	4873	2300	967	613	347	267	
季节比率	0.164	0.247	0.515	0.815	1.618	3.028	2.920	1.378	0.579	0.367	0.208	0.160	

解:各月份的季节比率为:

$$\beta_t = \frac{\text{同月平均数}}{\text{历年各月平均数}} \tag{59}$$

$$1\text{ 月份季节比率}:\beta_1 = \frac{273}{1669} \approx 0.164$$

$$2\text{ 月份季节比率}:\beta_2 = \frac{413}{1669} \approx 0.247$$

……

$$12\text{ 月份季节比率}:\beta_{12} = \frac{267}{1669} \approx 0.160$$

预测方法是:

$$\hat{y}_t = \frac{\text{预测年已知的各月观察值之和}}{\text{预测年已知观测值的各月季节比率之和}} \times \text{预测月份季节比率}$$

$$\hat{y}_{5\text{月}} = \frac{320+440+1040}{0.164+0.248+0.515} \times 1.618 \approx 3141.7 \approx 3142(\text{人})$$

$$\hat{y}_{6\text{月}} = \frac{320+440+1040}{0.164+0.248+0.515} \times 3.028 \approx 5879.5 \approx 5880(\text{人})$$

$$\hat{y}_{7\text{月}} = \frac{320+440+1040}{0.164+0.248+0.515} \times 2.920 \approx 5669.8 \approx 5670(\text{人})$$

有关季节变动的预测还有移动平均数比率法和季节指数预测法和各种回归分析预测方法,这里不予讲述。

思考与练习

1.某旅游用品商店某年的商品库存额资料如下表所示,试计算各季度平均库存额和全年库存额。

月份	1月1日	1月31日	2月28日	3月31日	4月30日	5月31日	6月30日	7月31日	8月31日	9月30日	10月31日	11月30日	12月31日
库存额(万元)	6.0	5.6	5.0	4.5	4.0	4.4	3.8	3.4	4.2	4.6	5.0	5.6	6.0

2.某旅行社六年来各年总收入的资料如下表所示,试计算各种时间数列分析指标。

年份	第一年	第二年	第三年	第四年	第五年	第六年
总收入(万元)	360	345	385	420	486	542

计算前先说明如下关系:

(1)发展速度和增长速度;

(2)定基发展速度和环比发展速度;

(3)增长1%的绝对值与前期水平;

(4)增长量、增长速度与增长1%的绝对值;

(5)逐期增长量和累计增长量;

(6)平均发展速度与平均增长速度。

3.某饭店营业收入不断增长,已知2011年比2010年增长20%,2012年比2011年增长50%,2013年比2012年增长25%,2010年比2013年增长125%,2015年比2014年增长24%。试根据以上资料编制各年环比增长速度时间数列,以及各年定基(以2010年为基期)增长速度时间数列。

4.某旅行社总收入指数(按可比价格计算)2010年为105.0,2015年为150.0。若要实现从2010—2025年翻两番的目标,从1996年起年平均增长速度应不低于多少?

5.某饭店从2005—2014年营业收入平均每年递增9%,2014年营业收入为4000万元,问2015年营业收入为多少?

6.某旅行社外汇收入如下表所示,试用水平法计算2001—2014年、2006—2014年外汇收入平均发展速度和平均增长速度。

年度	2001年	2006年	2014年
外汇收入(万美元)	620	825	910

7.某旅游出租汽车公司近三年按季度统计的接送旅游者人次数列表如下。

季度 \ 人次数(万人次) \ 年份	前年	去年	今年
一	6.16	7.44	9.36
二	4.00	5.12	6.56
三	2.80	3.60	4.72
四	3.20	4.16	5.76

试利用一次移动平均法,分别取 $n=3$ 和 $n=5$ 预测下一年第一季度该旅行社接送旅游者人次数。

8.某饭店各月份的月初员工人数资料如下。试计算上半年、下半年以及全年平均员工人数。

时间	1月	2月	3月	5月	6月	9月	11月	次年1月
员工人数(人)	300	300	320	360	340	400	420	460

9.某旅行社最近三年的旅游收入和季初员工人数资料如下。试计算其各年的平均人数以及各年的人均收入。

年份	旅游收入(万元)	员工人数(人)			
		第一季度初	第二季度初	第三季度初	第四季度初
第一年	200	200	240	260	302
第二年	400	300	320	320	360
第三年	800	380	400	440	480

另,该旅行社第三年底员工人数为520人。

第六章

统计指数

第一节　统计指数的概念和分类

一、统计指数的概念

统计指数的概念最早是从计算物价指数开始的，后来发展到各类经济现象之中，如计算产量、成本、劳动生产率等指数，从广义上说，把反映各个时期某一经济现象的比较指标统称为指数，也就是说，凡是能说明同类经济现象数量变动的相对数都可以称为统计指数。如某市某年旅游外汇收入为 80 万美元，第二年旅游外汇收入为 84 万美元，第二年与第一年相比，某市旅游外汇收入指数为 105%，这是不同时期的比较指标。而在同一时期，某种旅游商品甲地价格与乙地价格的比较指标，甲地销售量与乙地销售量的比较指标等都称为统计指数。

从狭义上说，把所反映的不能直接加总的经济现象综合变动程度的比较指标称为统计指数。也就是说，凡是能综合反映不能直接加总的多因素经济现象总体变动的相对数都为统计指数。如分析研究某旅游购物中心的全部商品销售额的变动情况时，由于各种商品的计量单位不同（如鞋的单位是双，电视机的单位是台等），不能直接采用简单加总的方法求得各个不同时期的总体指标，并将其直接对比来说明该购物中心全部商品销售量的动态，因此对于这类多因素经济现象的变动情况必须采用统计指数。在统计工作中，应用统计指数来分析研究多因素经济现象时就产生了指数分析法，简称指数法。

在这一章里主要是讲解狭义的统计指数，而且是在不同时间上进行对比的动态指数。

二、统计指数的作用

统计指数在统计工作中有以下作用：

（1）可用于反映不能简单加总和不能直接对比的同类经济现象的总动态。如某市某年和第二年旅游外汇收入指数为 105%，虽然各旅游区、旅游部门等单位的收入有增有减，但从总体来看，第二年比第一年提高了 5%。

（2）可用于分析多因素经济现象的总变动中各个影响因素的变动方向和作用程度，以及各个因素的变动对总体变动的影响程度等。如旅游商品购物中心的商品销售额的变动受到商品销售量和商品价格变动的影响。

（3）可用于分析多因素影响的某种经济现象总变动的方向和程度，还可以研究平均数变动中各个因素的作用方向和影响程度等。如某饭店各类职员的总平均工资的变动，不仅受到各类职员工资水平升降变动的影响，而且还受到各类职员在职员总数中所占比重变动的影响。

利用统计指数法分析平均数的动态时，可以分别测定和说明总体单位标志水平、总体结构的变动对总平均数的影响程度等。

三、统计指数的分类

从不同的角度出发，统计指数可划分为不同的种类。

1.按所研究的某种经济现象包括的范围不同，可分为个体指数和总指数

个体指数是说明单个某种经济现象或单个事物动态的相对数。如某旅游商品销售量的变动是个体销售量指数，商品销售价格变动是个体销售价格指数等。

总指数是综合说明多因素某种经济现象总体变动的相对数。如说明全部商品销售量的变动是销售量总指数，全部商品销售价格的变动是销售价格总指数等。

2.按所研究的经济现象特征不同，可分为数量指标指数和质量指标指数

数量指标指数是说明经济现象总体数量因素变动的指数。如商品销售量指数、产品产量指数等。

质量指标指数是说明经济现象总体质量因素变动的指数。如商品价格指数是说明商品价格升降的变动，劳动生产率指数是说明劳动生产效率高低变动的程度。

3.按照对比的基期不同，可分为定基指数和环比指数

定基指数是指数数列中每一项指数都以某一时期作为固定基期进行对比的指数。

环比指数是指数数列中每一项指数都以指数所属时期之前一期为基期进行对比的指数。

第二节　指数的计算方法

一、个体指数的计算

在统计指数中，最简单的指数是个体指数。如某种商品单位成本指数，某种农

作物单位面积产量指数,某种商品销售量指数等都是个体指数,计算公式为:

$$K_p = \frac{p_1}{p_0} \qquad (1)$$

在公式(1)中:K_p 为个体指数;

p_1 为报告期单项统计值;

p_0 为基期单项统计值。

例 1,2010 年每双 39#旅游鞋价格为 150 元,2014 年每双价格为 225 元,试求 39#旅游鞋的价格指数。

解:已知基期为 2010 年,报告期为 2014 年,设基期价格为 p_0,报告期价格为 p_1,价格指数为 K_p,则有:

$$K_p = \frac{p_1}{p_0} = \frac{225}{150} = 1.50 = 150\%$$

基期价格指数为 100%,$K_p = 150\%$,说明 39#旅游鞋涨价,即价格变动的方向;上涨 50%,说明了价格变动的程度。分子和分母的差额 $p_1 - p_0 = 225 - 150 = 75$ 元,是价格变动的实际数额。如果计算结果价格指数小于 100%,说明价格下降,分子和分母的差额 $p_1 - p_0$ 为负数,其绝对值就是降价的实际数额。

例 2,某市在 2011—2015 年旅游外汇收入的资料如表 6-1 所示,试计算定基指数和环比指数。

解:(1)计算定基指数

以 2011 年为基期设为 p_0,相应的报告期为 $p_i(i=1,2,3,4)$,定基指数为 $K_{p_i}(i=1,2,3,4)$,则有:

$$K_{p_i} = \frac{p_i}{p_0} \quad (i=1,2,3,4) \qquad (2)$$

表 6-1　外汇收入资料表

年度	2011 年	2012 年	2013 年	2014 年	2015 年
收入（万美元）	1860	2255	2466	2978	3125

以 2011 年为基期的定基指数为 100%,则 2011—2015 年的定基指数分别为:

$$K_{p_1} = \frac{p_1}{p_0} = \frac{2255}{1860} \approx 1.21 \approx 121\%$$

$$K_{p_2} = \frac{p_2}{p_0} = \frac{2466}{1860}$$

$$\approx 1.33 \approx 133\%$$

$$K_{p_3} = \frac{p_3}{p_0} = \frac{2978}{1860}$$

$$\approx 1.60 \approx 160\%$$

$$K_{p_4} = \frac{p_4}{p_0} = \frac{3125}{1860}$$

$$\approx 1.68 \approx 168\%$$

计算结果列入表 6-2 中。

表 6-2　计算指数表

年度	2011 年	2012 年	2013 年	2014 年	2015 年
收入(万美元)	1860	2255	2466	2978	3125
定基指数(%)	100	121	133	160	168
环比指数(%)	—	121	109	121	105

(2)计算环比指数

设报告期为 $p_i(i=1,2,3,4)$,报告期的前一期为基期 p_{i-1},K_{p_i} 为环比指数,则有:

$$K_{p_i} = \frac{p_i}{p_{i-1}}, (i=1,2,3,4) \tag{3}$$

以上一年的环比指数为 100%,则 2012—2015 年的环比指数分别为:

$$K_{p_1} = \frac{p_1}{p_0} = \frac{2255}{1860}$$

$$\approx 1.21 \approx 121\%$$

$$K_{p_2} = \frac{p_2}{p_1} = \frac{2466}{2255}$$

$$\approx 1.09 \approx 109\%$$

$$K_{p_3} = \frac{p_3}{p_2} = \frac{2978}{2466}$$

$$\approx 1.21 \approx 121\%$$

$$K_{p_4} = \frac{p_4}{p_3} = \frac{3128}{2978}$$

$$\approx 1.05 \approx 105\%$$

计算结果列入表 6-2 中。

定基指数说明了某种经济现象在一段较长时期总的变动情况,环比指数说明了某种经济现象逐期发展的情况。

定基指数和环比指数之间可以互相换算。在个体指数条件下,定基指数等于环比指数的乘积,如有 p_0,p_1,p_2,p_3,p_4,则定基指数是四个环比指数的乘积,即:

$$\frac{p_4}{p_0}=\frac{p_1}{p_0}\times\frac{p_2}{p_1}\times\frac{p_3}{p_2}\times\frac{p_4}{p_3}$$

于是,则有个体指数可以连续计算而形成指数数列。

二、总指数的计算

在对某种社会经济现象研究时,不仅要研究总体中的个体变动,更要研究多因素经济现象的综合变动情况,如旅游购物中心不仅要知道一种商品的价格变动,更要掌握各种商品综合变动的情况。这时仅计算个体指数不能满足要求,还需要进一步计算总指数。

(一)简单总和法

例 3,现有四种旅游商品,其价格资料如表 6-3 所示,试计算价格总指数。

解:设 p_0 为基期的商品价格,p_1 为报告期的商品价格,$\overline{K}_p$ 为价格总指数,则有:

$$\overline{K}_p=\frac{\sum p_1}{\sum p_0}=\frac{184+112+56+48}{125+85+53+37}$$
$$\approx 1.333\approx 133.3\%$$

表 6-3　四种商品价格表

商品	价格(元)	
	2011 年基期	2013 年报告期
甲(双)	125	184
乙(米)	85	112
丙(千克)	53	56
丁(件)	37	48

这说明四种商品上涨了 33.3%。由于这种计算方法不顾商品的重要性,不管人们对商品的需求量的大小,四种商品的计量单位又不同,把它们的价格相加,无异于把它们等同看待,这样计算出的价格总指数是不符合客观事实的。所以,这种计算方法是不正确的、不科学的,这种方法不宜采用。

(二)简单平均法

这种计算方法是将每种商品价格的个体指数相加,求得平均数,即得价格总指数。

例 4,以例 3 中的资料为据,求价格总指数。

解:设$\overline{K}_p$ 为价格总指数,p_1 为报告期价格,p_0 为基期价格,n 为个体价格指数

的项数,则有:

$$\overline{K}_p=\frac{\sum\frac{p_1}{p_0}}{n}=\frac{1.472+1.317+1.056+1.297}{4}$$

$$\approx 128.6\%$$

这种计算方法是将相对数相加,而形成相对数的分母数值彼此不同,经济意义也不同。把它们简单相加求平均数,不顾其经济意义上的差别,显然是不正确的。而且不顾商品需求量的大小和商品价格的涨跌以及商品的计量单位不同,这是不符合客观实际的。所以,这种计算方法求得的价格总指数是不正确的、不科学的,这种方法也不宜采用。

由于各种物品具有不同的使用价值及不同的计量单位,所以不能将其直接加总。如钢材计量单位是吨,机器计量单位是台,布匹计量单位是米,它们所反映的是不同的使用价值的单位,无法直接相加。商品价格都是以货币表示的,但不同的商品计量的价格单位也不同,有的商品是一吨的价格,有的是一米的价格,有的是一件的价格,也是不能直接相加的。如何将所研究的经济现象由不能简单相加、直接对比变成可以相加、可以直接对比呢?这就有了综合指数计算方法和平均数指数计算方法,它们纠正了简单总和法和简单平均法的错误算法。综合指数和平均数指数是计算总指数的两种方法。

第三节　综合指数

综合指数是总指数的一种基本形式。我们对所研究的经济现象进行分析,找出相同的度量因素,计算出报告期和基期的总量指标,将两个总量指标对比所得到的指数就是综合指数,它反映的是综合测定由多因素经济现象所组成的复杂现象的总体变动方向和程度,还可用于综合测定由多因素经济现象总变动所产生的实际效果。综合指数有数量指标综合指数和质量指标综合指数两种。

一、数量指标综合指数

数量指标综合指数是用来说明多因素经济现象的数量指标综合变动程度的指数,如职工人数指数、农产品生产量指数、商品销售量指数等。

如何编制数量指标综合指数呢?现以商品销售量为例来说明数量指标综合指数的计算。

不同商品的计量单位不同,其使用价值也不同,所以不能将销售量简单加总计算总指数,也就是无法进行综合对比来反映销售量的变动,这种情况叫作不能同度量。在编制综合指数时,要使不能同度量的现象成为可以同度量,用商品销售量乘以商品价格等于商品销售额,于是可以使不能相加的各种商品销售量变为能够相加的商品销售额。在这里，价格起了“同度量”的作用，称为同度量因素。同度量因素不但起到同度量作用，而且具有权数作用。求得在特定权数下的商品销售额，加总后再进行对比。

设 q_1 为报告期商品销售量，q_0 为基期商品销售量，p 为商品价格，$\overline{K}_q$ 为销售量指数，计算公式为：

$$\overline{K}_q=\frac{\sum q_1p}{\sum q_0p} \tag{4}$$

在公式(4)中，商品价格 p 固定在不同时期，就会得到不同的销售量指数的计算公式。

(1)用基期价格作为权数，即 $p=p_0$，计算公式为：

$$\overline{K}_q=\frac{\sum q_1p_0}{\sum q_0p_0} \tag{5}$$

公式(5)是德国学者拉斯佩雷斯提出来的，故称为拉氏数量指数。

(2)用报告期价格作为权数，即 $p=p_1$，计算公式为：

$$\overline{K}_q=\frac{\sum q_1p_1}{\sum q_0p_1} \tag{6}$$

公式(6)是德国学者派许提出来的，故称为派氏数量指数。

(3)用某一特定时期价格作为权数，设特定时期价格为 $p=p_n$，计算公式为：

$$\overline{K}_q=\frac{\sum q_1p_n}{\sum q_0p_n} \tag{7}$$

这一指数可用来进行不同时期的对比分析。

计算公式(5)、公式(6)、公式(7)是从不同情况来反映不同的问题。把价格固定在基期，其指数说明了在基期价格不变的情况下销售量的综合变动。把价格固定在报告期，其指数说明了在报告期价格水平下销售量的综合变动，这一变动结果中包含了价格与销售量两个因素共同变动的影响。因此，为单纯说明销售量变动的影响，把价格固定在基期为好。在进行较长期对比时，为使要求一致，需把价格固定在某一特定时期。

例 5，某旅游商品购物中心出售的三种商品销售量和商品价格资料如表 6-4 所示，试综合说明三种商品销售量的变动。

表 6-4　商品销售量和价格资料表

商品名称	销售量		单位商品价格(元)	
	基期 q_0	报告期 q_1	基期 p_0	报告期 p_1
甲(双)	200	300	5.00	6.00
乙(米)	300	350	3.00	4.00
丙(件)	150	120	12.00	10.00

解:从三种商品销售量来看,甲商品和乙商品的销售量增加了,而丙商品的销售量减少了。计算各种商品销售量的个体指数得:

甲商品销售量个体指数:$K_q=\dfrac{q_1}{q_0}=\dfrac{300}{200}=1.5=150.0\%$

乙商品销售量个体指数:$K_q=\dfrac{q_1}{q_0}=\dfrac{350}{300}\approx 1.167\approx 116.7\%$

丙商品销售量个体指数:$K_q=\dfrac{q_1}{q_0}=\dfrac{120}{150}=0.8=80.0\%$

为了综合说明三种商品销售量的变动,就需要计算总指数。应用综合指数计算公式进行计算,由表 6-4 的数据可得表 6-5。

表 6-5 综合指数计算表

商品名称	销售量		单价(元)		销售额(元)			
	基期 q_0	报告期 q_1	基期 p_0	报告期 p_1	基期 q_0p_0	报告期 q_1p_1	q_1p_0	q_0p_1
甲(双)	200	300	5.0	6.0	1000	1800	1500	1200
乙(米)	300	350	3.0	4.0	900	1400	1050	1200
丙(件)	150	120	12.0	10.0	1800	1200	1440	1500
合计	—	—	—	—	3700	4400	3990	3900

(1)用基期价格作为权数,则有:

$$销售量指数:\overline{K}_q=\frac{\sum q_1p_0}{\sum q_0p_0}=\frac{3990}{3700}$$
$$\approx 1.078\approx 107.8\%$$

(2)用报告期价格作为权数,则有:

$$销售量指数:\overline{K}_q=\frac{\sum q_1p_1}{\sum q_0p_1}=\frac{4400}{3900}$$
$$\approx 1.128\approx 112.8\%$$

由计算结果可以看出:三种商品的销售量有增有减,程度不同,但总的来说,商品销售量是增加的。同时可知,派氏销售量指数为 112.8%,要大于拉氏销售量指数 107.8%,这是因为当价格与销售量呈同方向变动时,派氏指数一般要大于拉氏指数。在本例中,三种商品各自的销售量与价格是按同方向变动的。一般情况下,人们常用拉氏指数来计算物量的综合变动。

利用综合指数不仅能测定销售量的综合变动程度,而且可以计算出销售量的变动对销售额的影响。以拉氏指数为例,综合变动对销售额的影响可用下式计算。

$$销售量的变动对销售额的影响=\sum q_1p_0-\sum q_0p_0$$
$$=3990-3700=290(元)$$

即:由于销售量的综合变动,使销售额增长 290 元。

例 6,某厂生产甲、乙两种产品,已知 2011—2014 年的产品产量及 2006 年的价格资料如表 6-6 所示,试计算各年的工业总产值(按 2006 年不变价格计算),并计算各年工业总产值的环比发展速度。

表 6-6 两种产品产量资料表

产品名称	产量				2006 年的价格(元) p
	2011 年 q_0	2012 年 q_1	2013 年 q_2	2014 年 q_3	
甲(件)	2400	2600	2700	3000	5
乙(台)	120	100	130	140	500

解:设各年的产量分别为 q_0、q_1、q_2、q_3,其价格为 p,则各年的工业总产值(以 2006 年不变价格计算)分别为:$\sum q_0p$、$\sum q_1p$、$\sum q_2p$、$\sum q_3p$。由表 6-6 的数据计算可得:

$$\sum q_0p = 2400\times5+120\times500 = 72\ 000$$

$$\sum q_1p = 2600\times5+100\times500 = 63\ 000$$

$$\sum q_2p = 2700\times5+130\times500 = 78\ 500$$

$$\sum q_3p = 3000\times5+140\times500 = 85\ 000$$

各年工业总产值的环比发展速度为:

$$2008\text{ 年工业总产值环比发展速度} = \frac{\sum q_1p}{\sum q_0p} = \frac{63\ 000}{72\ 000} = 0.875 = 87.5\%$$

$$2009\text{ 年工业总产值环比发展速度} = \frac{\sum q_2p}{\sum q_1p} = \frac{78\ 500}{63\ 000} = 1.246 = 124.6\%$$

$$2010\text{ 年工业总产值环比发展速度} = \frac{\sum q_3p}{\sum q_2p} = \frac{85\ 000}{78\ 500} = 1.083 = 108.3\%$$

计算过程表明:按不变价格计算工业总产值的发展速度,实际上是工业产品产量综合指数,它说明了产品产量的综合变动程度。

二、质量指标综合指数

质量指标综合指数是用来反映多因素经济现象的质量指标综合变动程度的指数,如商品价格指数、工资水平指数、成本指数等,现以商品价格指数为例来说明质量指标综合指数的计算。研究多种商品价格的综合变动时,根据价格与销售量的关系,在计算价格指数时要用销售量作为权数。

设 p_1 为报告期价格,p_0 为基期价格,q 为销售量,$\overline{K}_p$ 为价格指数,计算公式为:

$$\overline{K}_{p}=\frac{\sum p_1 q}{\sum p_0 q} \tag{8}$$

和数量指标综合指数类似，把权数作为销售量 q 固定在不同时期，可得到不同的计算公式。

（1）用基期销售量作为权数，即 $q=q_0$，计算公式为：

$$\overline{K}_{p}=\frac{\sum p_1 q_0}{\sum p_0 q_0} \tag{9}$$

公式（9）称为拉氏价格指数。

（2）用报告期销售量作为权数，即 $q=q_1$，计算公式为：

$$\overline{K}_{p}=\frac{\sum p_1 q_1}{\sum p_0 q_1} \tag{10}$$

公式（10）称为派氏价格指数。

（3）把权数销售量固定在某一特定时期，设 $q=q_n$，计算公式为：

$$\overline{K}_{p}=\frac{\sum p_1 q_n}{\sum p_0 q_n} \tag{11}$$

在实际工作中，这个公式一般并不直接使用。

计算公式（9）、公式（10）、公式（11）是从不同情况来反映不同的问题。把销售量固定在基期，其指数单纯反映价格的综合变动。把销售量固定在报告期，其指数反映在报告期销售量结构下价格的综合变动，变动结果中包含了价格与销售量两个因素共同变动的影响。为了单纯反映价格变动，应该把销售量固定在基期，但从实际情况来说，人们最关心的是由于价格变动给当前经济生活与社会生产带来多大影响。从这个情况考虑，常把销售量固定在报告期的价格指数上，即以报告期销售量作为权数。为观察在某一特定的销售量结构下价格的综合变动，把销售量固定在某一特定时期。

在编制数量指标综合指数和质量指标综合指数时，要从所研究的目的来考虑，根据指标之间的经济联系合理确定权数，如商品销售量乘商品价格等于商品销售额。在计算价格指数时，要以销售量作为权数，分子和分母中的指数必须是同一时期的。如使用不同时期的权数，会得到不同的结果，具有不同的含义。

例7，某饭店的商品部出售的三种商品，其销售量和价格资料如表6-7所示，试综合说明三种商品价格的变动。

表6-7　商品销售和价格资料表

商品名称	销售量		单位商品价格（元）	
	基期 q_0	报告期 q_1	基期 p_0	报告期 p_1
甲（双）	300	200	5.0	6.0

续表

商品名称	销售量		单位商品价格(元)	
	基期 q_0	报告期 q_1	基期 p_0	报告期 p_1
乙(米)	350	300	3.0	4.0
丙(件)	120	150	12.0	10.0

解:计算三种商品各商品的价格个体指数

甲商品的价格个体指数:$K_p=\frac{p_1}{p_0}=\frac{6}{5}=1.20=120.0\%$

乙商品的价格个体指数:$K_p=\frac{p_1}{p_0}=\frac{4}{3}\approx1.333\approx133.3\%$

丙商品的价格个体指数:$K_p=\frac{p_1}{p_0}=\frac{10}{12}\approx0.833\approx83.3\%$

综合指数反映了三种商品价格的变动情况,由表 6-7 的数据计算综合指数,计算结果列入表 6-8 中。

表 6-8　综合指数计算表

商品名称	销售量		单位商品价格(元)		商品销售额(元)			
	基期 q_0	报告期 q_1	基期 p_0	报告期 p_1	基期 q_0p_0	报告期 q_1p_1	p_0q_1	p_1q_0
甲(双)	300	200	5.0	6.0	1500	1200	1000	1800
乙(米)	350	300	3.0	4.0	1050	1200	900	1400
丙(件)	120	150	12.0	10.0	1440	1500	1800	1200
合计	—	—	—	—	3990	3900	3700	4400

(1)用基期销售量作为权数,则有:

$$\text{价格指数}:\bar{K}_p=\frac{\sum p_1q_0}{\sum p_0q_0}=\frac{4400}{3990}=1.103=110.3\%$$

(2)用报告期销售量作为权数,则有:

$$\text{价格指数}:\bar{K}_p=\frac{\sum p_1q_1}{\sum p_0q_1}=\frac{3900}{3700}=1.054=105.4\%$$

由计算结果可以看出:拉氏价格指数 110.3%要大于派氏价格指数 105.4%,这是因为价格与销售量呈反方向变动时,拉氏指数要大于派氏指数。在本例中,三种商品各自的销售量与价格是按反方向变动的。

第四节　平均数指数

综合指数既可以反映某种经济现象变动的方向和程度,又可以反映经济现象变动所产生的实际效果。要使综合指数起到应有的作用,需要全面调查材料。如果根据非全面材料用综合指数方法计算总指数,既不能计算出经济现象变动产生的实际效果,也难以保证变动的程度。同时,综合指数要求有对应不同时期的数量指标和质量指标的材料才能计算。如计算价格指数$\left(\frac{\sum p_1q_1}{\sum p_0q_1}或\frac{\sum p_1q_0}{\sum p_0q_0}\right)$时,要有各种商品基期价格和报告期销售量的对应材料,或是报告期价格和基期销售量的对应材料,而要取得这些对应材料,工作量是很大的。因此,有些总指数只能根据非全面材料进行计算,并且要避免使用不同时期的数量指标和质量指标的对应材料,于是要应用平均数指数计算总指数。

在计算总指数的方法中,有简单指数和加权指数之分。简单指数是各个体指数简单平均而得到的总指数,又称为不加权指数。简单指数有简单算术平均数指数、简单几何平均数指数、简单调和平均数指数等。加权指数就是将个体指数运用加权平均的方法计算的总指数。它是从个体指数出发编制总指数。先算出数量指标个体指数或质量指标个体指数,然后进行加权平均数指数计算,以测定某种经济现象总的变动程度。加权平均数指数简称平均数指数,平均数指数有加权算术平均数指数和加权调和平均数指数,下面分别讲述。

一、简单指数

(一)简单算术平均数指数

各个体指数的简单算术平均数,称为简单算术平均数指数。以商品价格指数和商品销售量指数为例来说明简单算术平均数指数的计算,其计算公式分别为:

$$\overline{K}_{p}=\frac{\sum\frac{p_1}{p_0}}{n} \tag{12}$$

$$\overline{K}_{q}=\frac{\sum\frac{q_1}{q_0}}{n} \tag{13}$$

例8,某粮食商店出售的四种粮食价格资料如表6-9所示,试计算这四种粮食的简单算术平均价格指数。

表 6-9　粮食价格资料表

商品名称	2012 年 12 月价格(元)	2013 年 12 月价格(元)
甲(公斤)	3.00	3.60
乙(公斤)	2.00	2.60
丙(公斤)	2.00	2.20
丁(公斤)	1.80	2.25

解:以 2012 年 12 月为基期,2013 年 12 月为报告期,p_0 为基期价格,p_1 为报告期价格,K_p 为个体价格指数,则有:

甲:$K_p=\frac{p_1}{p_0}=\frac{3.60}{3.00}$

$=1.20=120\%$

乙:$K_p=\frac{p_1}{p_0}=\frac{2.60}{2.00}$

$=1.3=130\%$

丙:$K_p=\frac{p_1}{p_0}=\frac{2.20}{2.00}$

$=1.1=110\%$

丁:$K_p=\frac{p_1}{p_0}=\frac{2.25}{1.80}$

$=1.25=125\%$

计算 $\sum\frac{p_1}{p_0}=485.00\%$,$n=4$,则有:

平均数价格指数:$\overline{K}_p=\frac{1}{n}\sum\frac{p_1}{p_0}=\frac{485.00}{4}$

$=121.25\%$

计算结果列入表 6-10 中。

表 6-10　个体价格指数计算表

商品名称	价格(元)		个体价格指数
	基期 p_0	报告期 p_1	$\frac{p_1}{p_0}$(%)
甲(公斤)	3.00	3.60	120
乙(公斤)	2.00	2.60	130
丙(公斤)	2.00	2.20	110
丁(公斤)	1.80	2.25	125
合计	—	—	485.00

（二）简单几何平均数指数

各个体指数的简单几何平均数，称为简单几何平均数指数。以价格指数为例，计算公式为：

$$\overline{K}_{p}=\sqrt[n]{\Pi\frac{p_1}{p_0}} \tag{14}$$

在公式（14）中的 n 为个体指数的项数。

例 9，以例 8 中的资料为据，试计算四种粮食的简单几何平均数指数。

解：由例 8 表 6-10 中的数据可得：

$$\Pi\frac{p_1}{p_0}=120\%\times130\%\times110\%\times125\%$$
$$=214.5\%$$

则 $\overline{K}_{p}=\sqrt[4]{214.5\%}=121.0\%$

（三）简单调和平均数指数

各个体指数的简单调和平均数，称为简单调和平均数指数。以价格指数为例，计算公式为：

$$\overline{K}_{p}=\frac{n}{\sum\frac{1}{p_1/p_0}} \tag{15}$$

例 10，以例 8 中的资料为据，试计算四种粮食的简单调和平均数指数。

解：由例 8 表 6-10 中的数据可得：

$$\sum\frac{1}{p_1/p_0}=\frac{1}{120\%}+\frac{1}{130\%}+\frac{1}{110\%}+\frac{1}{125\%}$$
$$=331.2\%$$

$$\overline{K}_{p}=\frac{4}{331.2\%}=120.8\%$$

用简单指数法求总指数，计算结果难以准确反映实际情况，因为它是把各种商品价格（或销售量）变动同等看待了，实际上各种商品价格（或销售量）变动的意义是不相同的，如粮食、蔬菜、布匹等生活必需品的价格变动和化妆品、高级消费品等非必需品价格变动的影响是不同的。所以，在实际工作中已很少采用简单指数法，因此就产生了加权计算的问题，需要用适当的权数来衡量各种商品价格（或销售量）变动影响的不同，于是用加权平均数指数计算总指数。

二、加权算术平均数指数

加权算术平均数指数是按加权算术平均数方法计算总指数，其一般的计算公式为：

$$\bar{x}=\frac{\sum xf}{\sum f} \tag{16}$$

在公式(16)中:$\bar{x}$ 为加权算术平均数指数;

x 为变量;

f 为权数。

当 x 是个体价格指数 $\frac{p_1}{p_0}$ 时,计算公式为:

$$\bar{x}=\frac{\sum\frac{p_1}{p_0}f}{\sum f} \quad (17)$$

公式(17)为加权算术平均数价格指数。

当 x 是个体物量指数 $\frac{q_1}{q_0}$ 时,计算公式为:

$$\bar{x}=\frac{\sum\frac{q_1}{q_0}f}{\sum f} \quad (18)$$

公式(18)是加权算术平均数物量指数。

根据权数 f 的不同,加权算术平均数指数可分为用综合指数变形权数计算的加权算术平均数指数和固定权数加权算术平均数指数两种。

(一)用综合指数变形权数计算的加权算术平均数指数

加权算术平均数指数是合理的指数形式,但用什么指标作为权数呢?根据综合指数要求来选择权数,所用的权数既要考虑经济意义,又要考虑资料取得的可能性,计算总指数选用基期权数加权。如总产量指数用基期产值加权,销售量总指数用基期销售额加权。当权数 f 为 q_0p_0 时,加权算术平均数指数是综合指数的变形,即:

$$加权算术平均数价格指数:\overline{K}_p=\frac{\sum\frac{p_1}{p_0}q_0p_0}{\sum p_0q_0}=\frac{\sum p_1q_0}{\sum p_0q_0}$$

=拉氏价格指数=综合价格指数　　(19)

$$加权算术平均数物量指数:\overline{K}_q=\frac{\sum\frac{q_1}{q_0}p_0q_0}{\sum p_0q_0}=\frac{\sum q_1p_0}{\sum q_0p_0}$$

=拉氏物量指数=综合物量指数　　(20)

由此可见,只有用 q_0p_0 作为权数时,加权算术平均数指数才可变为综合指数。

在实际工作中,有时由于资料的限制不大可能直接计算综合指数,在这种情况下常采用平均数指数公式来计算总指数。

例 11,以例 7 中的资料为据,试计算三种商品的综合价格指数。

解:由加权算术平均数价格指数,应用计算公式(19)可得:

综合价格指数：$\overline{K}_p=\dfrac{\sum\dfrac{p_1}{p_0}q_0p_0}{\sum q_0p_0}$

$$\overline{K}_p=\frac{\frac{6}{5}\times1500+\frac{4}{3}\times1050+\frac{10}{12}\times1440}{1500+1050+1440}$$

$$=1.103=110.3\%$$

计算结果和在例7中用基期销售量作为权数的拉氏价格指数是一致的，分子和分母的经济含义也是一样的，只是计算形式不同。所以，计算的加权算术平均数指数就是综合指数的变形。

（二）固定权数加权算术平均数指数

当权数不是 q_0p_0，而是某种固定权数 ω 时，称为固定权数加权算术平均数指数。有时由于权数的材料不易及时取得，必要时可用固定权数，即同一权数材料使用较长一段时期。以价格指数为例，计算公式为：

$$\overline{K}_p=\frac{\sum kq_np_n}{\sum q_np_n} \tag{21}$$

在公式(21)中，当 $k=\dfrac{p_1}{p_0}$ 为个体价格指数，p_nq_n 代表固定时期商品销售额时，使用这种方法计算更为简便，但固定权数材料使用时期不宜过长。

如果用 ω 代表销售额（q_np_n）所占的比重，则公式(21)可简化为：

$$\overline{K}_p=\frac{\sum k\omega}{\sum\omega} \tag{22}$$

公式(22)为固定权数加权算术平均数指数计算的一般公式。

如 $k=\dfrac{p_1}{p_0}$ 为个体价格指数时，则公式(22)为：

价格指数：
$$\overline{K}_p=\frac{\sum\frac{p_1}{p_0}\omega}{\sum\omega} \tag{23}$$

如 $k=\dfrac{q_1}{q_0}$ 为个体物量指数时，则公式(22)为：

物量指数：
$$\overline{K}_q=\frac{\sum\frac{q_1}{q_0}\omega}{\sum\omega} \tag{24}$$

在权数材料无法取得或无法确定时，也可以根据对经济分析定出主观假设的权数进行计算。固定权数加权算术平均数指数应用比较广泛。我国编制人们生活用品价格时，所用的权数是根据城市居民调查生活费用支出构成的资料来确定的。

例 12，某年某市几类用品价格及抽样调查得到的固定权数资料如表 6-11 所示，试计算几类用品价格总指数。

表 6-11　几类用品指数及固定权数表

用品类别	类权数(%) k	固定权数(%) ω	$k\omega$(%)
食品类	120.00	55.00	66.00
衣着类	113.00	21.00	23.73
日用品类	109.00	10.00	10.90
文化用品类	101.00	5.00	5.05
医药类	110.00	7.00	7.70
燃料类	102.00	2.00	2.04

解：由固定权数加权算术平均数指数计算公式可得：

几类用品价格总指数：$\overline{K}_{\mathrm{p}}=\dfrac{\sum k\omega}{\sum\omega}=\sum k\dfrac{\omega}{\sum\omega}$

$$\begin{aligned}\overline{K}_{\mathrm{p}}&=1.20\times0.55+1.13\times0.21+1.09\times0.10+1.01\times0.05\\&\quad+1.10\times0.07+1.02\times0.02\\&=115.4\%\end{aligned}$$

计算结果表明：几类用品物价总指数为 115.4%，物价平均上涨 15.4%。分子和分母之差不能说明物价上涨引起的绝对效果，这与综合指数不同，也与综合指数变形不同，是一种独立的总指数。

三、加权调和平均数指数

加权调和平均数指数是按加权调和平均数方法计算总指数，计算公式为：

$$\text{加权调和平均数指数}=\frac{\sum M}{\sum\frac{1}{k}M}\tag{25}$$

上式中的 k 为变量，M 为权数，当 k 是个体指数时，上式就是加权调和平均数指数计算公式。

加权调和平均数指数有用综合指数变形权数加权计算的加权调和平均数指数和固定权数加权调和平均数指数两种。

(一)用综合指数变形权数加权计算加权调和平均数指数

根据综合指数的要求来选择权数，所用的权数既要考虑经济意义，又要考虑资料取得的可能性。计算总指数选用报告期权数加权，如总产量指数用报告期产值加权，销售量总指数用报告期销售额加权。当权数 M 为 p_1q_1 时，加权调和平均数指数是综合指数的变形。

设 k 为个体价格指数，则 $k=\frac{p_1}{p_0}$ 或 $\frac{1}{k}=\frac{p_0}{p_1}$

$$\text{加权调和平均数指数}:\overline{K}_p=\frac{\sum p_1q_1}{\sum\frac{1}{p_1/p_0}p_1q_1}=\frac{\sum p_1q_1}{\sum p_0q_1} \quad (26)$$

=派氏价格指数=综合价格指数

设 k 为物量指数，则有 $k=\frac{q_1}{q_0}$ 或 $\frac{1}{k}=\frac{q_0}{q_1}$

$$\text{加权调和平均数物量指数}:\overline{K}_q=\frac{\sum p_1q_1}{\sum\frac{1}{q_1/q_0}p_1q_1}=\frac{\sum p_1q_1}{\sum p_1q_0} \quad (27)$$

=派氏物量指数=综合物量指数

由此可见，只有用 p_1q_1 作为权数加权时，加权调和平均数指数才可变为综合指数。

例 13，以例 7 中的资料为据，已知三种商品报告期销售额和个体价格指数的资料如表 6-12 所示，试计算三种商品的综合价格指数。

表 6-12 三种商品价格指数和销售额资料表

商品名称	销售量		单位商品价格(元)		报告期销售额(元)	个体价格指数(%)
	基期 q_0	报告期 q_1	基期 p_0	报告期 p_1	p_1q_1	p_1/p_0
甲(双)	300	200	5.0	6.0	1200	120.0
乙(米)	350	300	3.0	4.0	1200	133.3
丙(件)	120	150	12.0	10.0	1500	83.3

解：由加权调和平均数价格指数计算公式可得：

$$\text{综合价格指数}:\overline{K}_p=\frac{\sum p_1q_1}{\sum\frac{1}{p_1/p_0}p_1q_1}$$

$$=\frac{1200+1200+1500}{\frac{1200}{1.2}+\frac{1200}{1.333}+\frac{1500}{0.833}}=105.4\%$$

计算结果和例 7 中用报告期销售量作为权数的派氏价格指数是一致的，分子和分母的经济含义也是一样的，只是计算形式不同。所以，计算加权调和平均数指数就是综合指数的变形。

（二）固定权数加权调和平均数指数

当权数不是 p_1q_1，而是某种固定权数 ω 时，用 k 表示个体指数，则固定权数加

权调和平均数指数可表示为:

$$\text{固定权数加权调和平均数指数}=\frac{\sum\omega}{\sum\frac{1}{k}\omega} \tag{28}$$

当 $k=\frac{p_1}{p_0}$为个体价格指数时,则计算公式为:

$$\overline{K}_{\mathrm{p}}=\frac{\sum\omega}{\sum\frac{1}{p_1/p_0}\omega} \tag{29}$$

当 $k=\frac{q_1}{q_0}$为个体物量指数时,则计算公式为:

$$\overline{K}_{\mathrm{q}}=\frac{\sum\omega}{\sum\frac{1}{q_1/q_0}\omega} \tag{30}$$

第五节 指数体系

社会经济现象之间是相互联系彼此制约的,这种联系反映在指数之中,由有关的指数之间的联系形成一个整体,称这个整体为指数体系。

这些相互联系的指数表现为相乘的关系,如:

商品销售额指数=价格指数×销售量指数

总产量指数=劳动生产率指数×职工人数指数

工资总额指数=工资水平指数×职工人数指数

指数体系中有两类指数:一类是反映现象的总变动的指数,如上述的商品销售额指数、总产量指数、工资总额指数;另一类是反映某一因素变动的指数,这类指数在一个指数体系中可以有多个,如上述的销售量指数和价格指数这两个指数。

利用指数体系可以测定各因素对总变动的影响,并进行因素分析。

在总指数中,总是要固定一个因素以观察另一个因素变动的程度,如销售额指数是由销售量指数和价格指数这两个因素构成的。在价格总指数中,要固定销售量这个因素以观察价格因素的变动程度。在销量总指数中,要固定价格这个因素以观察销售量因素的变动程度。而价格总指数和销售量总指数能不能正确地测定销售额变动程度,这就要对销售额指数进行因素分析。

对多因素现象进行分析时,是将各因素按一定顺序排列后逐一地进行因素分析。分析某一因素变动及其对总变动的影响时,假定其他因素不变,使其固定在某一时期上。分析数量指标(因素)变动时,质量指标(因素)固定在基期水平之上。分析质量指标(因素)变动时,数量指标(因素)固定在报告期水平上,这些都是编制综合指数的一般原理。

从对两个因素分析发展到多因素分析,这种分析方法称为指数因素分析法。指数体系是指数因素分析法的根据。

按照形成指数体系的各指数的不同类型,指数体系可分为个体指数体系、综合指数体系、加权平均数指数体系和可变构成指数体系等类型。

一、个体指数体系

由相互联系的三个或三个以上的个体指数形成一个整体,称为个体指数体系。如个体价格指数为$\frac{p_1}{p_0}$,个体销售量指数为$\frac{q_1}{q_0}$,个体销售额指数为$\frac{p_1q_1}{p_0q_0}$。

由于销售额指数=销售量指数×价格指数,所以由三者个体指数形成的个体指数体系为:

$$\frac{p_1q_1}{p_0q_0}=\frac{p_1}{p_0}\times\frac{q_1}{q_0} \tag{31}$$

由公式(31)可知,如果已知其中两个因素的变动情况,就可以测定另一个因素变动的程度。

例 14,某旅游购物中心,2013 年和 2012 年出售的旅游鞋相比,销售额减少 15%,每双旅游鞋降价 10%,试确定旅游鞋销售量的变动程度。

解:由题意已知旅游鞋销售额指数$\frac{p_1q_1}{p_0q_0}=100\%-15\%=85\%$,价格指数$\frac{p_1}{p_0}=100\%-10\%=90\%$,由公式(31)可得:

旅游鞋销售量指数:$\frac{q_1}{q_0}=\frac{p_1q_1}{p_0q_0}\div\frac{p_1}{p_0}=85\%\div90\%=94.4\%$。

销售量减少:100%-94.4%=5.6%。

即 2009 年与 2012 年相比,旅游鞋销售量减少 5.6%。

例 15,某企业在 2012 年和 2013 年的总产值、职工人数、劳动生产率的资料如表 6-13 所示,试分析职工人数和劳动生产率这两个因素对总产值变动的影响。

表 6-13　总产值、职工人数、劳动生产率资料表

	2012 年	2013 年
	基期	报告期
总产值	1200	1650
职工人数	1000	1100
劳动生产率(万元/人)	1.2	1.5

解:设 T_0 和 T_1 为基期和报告期的职工人数,q_0 和 q_1 为基期和报告期的劳动生产率,则指数体系为:

$$\frac{T_1q_1}{T_0q_0}=\frac{T_1q_0}{T_0q_0}\times\frac{T_1q_1}{T_1q_0} \tag{32}$$

把公式(32)简化为:

$$\frac{T_1q_1}{T_0q_0}=\frac{T_1}{T_0}\times\frac{q_1}{q_0} \tag{33}$$

由公式(32)分子和分母的差额为:

$$T_1q_1-T_0q_0=(T_1q_0-T_0q_0)+(T_1q_1-T_1q_0) \tag{34}$$

该企业总产值的变动为:

$$总产值指数=\frac{T_1q_1}{T_0q_0}=\frac{1650}{1200}=137.5\%$$

总产值增加额为:$T_1q_1-T_0q_0=1650-1200=450$(万元)

其中,由于职工人数变动影响:

$$职工人数指数:\frac{T_1}{T_0}=\frac{1100}{1000}=110.0\%$$

由于职工人数增加而增加的总产值:

$$T_1q_0-T_0q_0=(1100\times1.2)-1200=120(万元)$$

由于劳动生产率的影响:

劳动生产率指数:$\frac{q_1}{q_0}=\frac{1.5}{1.2}=125.0\%$

由于劳动生产率的提高而增加的总产值:

$$T_1q_1-T_1q_0=1650-(1100\times1.2)=330(万元)$$

由公式(33)可知,其指数体系为:

$$137.5\%=110.0\%\times125.0\%$$

由公式(34)可知,总产值增加额为:

$$450=120+330(万元)$$

由计算结果看出:报告期比基期总产值增加450万元,增长速度为37.5%。其中,由于职工人数增加10%,增加总产值120万元;由于劳动生产率增长速度25%,增加总产值330万元。

例16,某饭店有标准客房600间,某年第一季度和第二季度的客房出租率、客房平均租金和客房收入的资料如表6-14所示,试对客房收入进行因素分析。

表6-14 客房平均租金、出租率、客房收入资料表

核定出租客房(间天)		客房出租率(%)		客房平均租金(美元/间天)		客房收入(万美元)	
第一季度	第二季度	第一季度	第二季度	第一季度	第二季度	第一季度	第二季度
54 000	54 600	82	96	180	200	799.24	1050.52

解:核定出租客房=核定出租间数×日历天数

第一季度核定出租客房:600×90=54 000 间天

第二季度核定出租客房:600×91=54 600 间天

$$客房出租率=\frac{实际出租客房}{核定出租客房}$$

客房收入=核定出租客房×客房出租率×客房平均租金

$$\begin{array}{c}客房收入变动\\(客房收入指数)\end{array}=\frac{第二季度客房收入}{第一季度客房收入}$$

$$=\frac{\begin{array}{c}第二季度核定\\出租客房\end{array}\times\begin{array}{c}第二季度\\客房出租率\end{array}\times\begin{array}{c}第二季度客房\\平均租金\end{array}}{\begin{array}{c}第一季度核定\\出租客房\end{array}\times\begin{array}{c}第一季度\\客房出租率\end{array}\times\begin{array}{c}第一季度客房\\平均租金\end{array}}$$

=核定出租客房指数×客房出租率指数×客房平均租金指数

设 x_0,f_0 分别为第一、第二季度核定出租客房;

x_1,f_1 分别为第一、第二季度客房出租率;

x_2,f_2 分别为第一、第二季度客房平均租金;

n_0,n_1 分别为第一、第二季度客房收入。

则有指数体系为:

$$\frac{n_1}{n_0}=\frac{f_0\times f_1\times f_2}{x_0\times x_1\times x_2}=\frac{f_0}{x_0}\times\frac{f_1}{x_1}\times\frac{f_2}{x_2} \quad (35)$$

其绝对水平变动的关系式为:

$$n_1-n_0=(f_0-x_0)x_1x_2+(f_1-x_1)x_2f_0+(f_2-x_2)f_0f_1 \quad (36)$$

表 6-15 计 算 表

核定出租客房(间天)		客房出租率(%)		客房平均租金(美元/间天)		客房收入(万美元)				
第一季度 x_0	第二季度 f_0	第一季度 x_1	第二季度 f_1	第一季度 x_2	第二季度 f_2	第一季度 n_0	第二季度 n_1	x_1x_2	x_2f_0	f_0f_1
54 000	54 600	82	96	180	200	799.24	1 050.52	147.6	9 828 000	52 416

下面进行计算,并对客房收入的变动进行因素分析。

$$客房收入指数=\frac{n_1}{n_0}=\frac{1050.52}{799.24}=131.44\%$$

$$客房收入增加额=n_1-n_0=1050.52-799.24$$

$$=251.28(万美元)$$

$$核定出租客房指数=\frac{f_0}{x_0}=\frac{54\ 600}{54\ 000}=101.11\%$$

核定出租客房数的变动对客房收入变动的绝对影响为:

$$(f_0-x_0)x_1x_2=(54\ 600-54\ 000)\times147.6=8.856\ 0(万美元)$$

$$客房出租率指数=\frac{f_1}{x_1}=\frac{96\%}{82\%}=117.00\%$$

客房出租率的变动对客房收入变动的绝对影响为:

$$(f_1-x_1)f_0x_2=(0.96-0.82)\times9\ 828\ 000=137.592\ 0(万美元)$$

$$客房平均租金指数=\frac{f_2}{x_2}=\frac{200}{180}=111.11\%$$

客房平均租金的变动对客房收入变动的绝对影响为:

$$(f_2-x_2)f_0f_1=(200-180)\times52\ 416=104.832\ 0(万美元)$$

计算结果表明:第二季度比第一季度客房收入增长 31.44%,增加额 251.28 万美元。其中,由于核定出租客房数增长 1.11%,使客房收入增加 8.8560 万美元;客房出租率增长 17.00%,使客房收入增加 137.5920 万美元;客房平均租金增长 11.11%,使客房收入增加 104.8320 万美元。

由公式(35)指数体系:$\frac{n_1}{n_0}=\frac{f_0}{x_0}\times\frac{f_1}{x_1}\times\frac{f_2}{x_2}$

则有:131.44%=101.11%×117.00%×111.11%

由公式(36)其绝对水平变动关系式为:

$$n_1-n_0=(f_0-x_0)x_1x_2+(f_1-x_1)x_2f_0+(f_2-x_2)f_0f_1$$

则有:251.28=8.8560+137.5920+104.8320

可见,客房收入受核定出租客房、客房出租率、客房平均租金三个因素变动的影响。

二、综合指数体系

由价值指数、数量指标指数和质量指标指数形成的一个整体称为综合指数体系。价值指数是反映多因素现象的价值指标总变动指数。其关系式:价值指数=质量指标指数×数量指标指数

例如销售额指数反映了两个不同时期多种商品销售额的总变动,计算公式为:

$$销售额指数=\frac{\sum p_1q_1}{\sum p_0q_0} \tag{37}$$

分子和分母的差额($\sum p_1q_1-\sum p_0q_0$)反映实际增加或减少的金额。

与销售额指数相对应的数量指标指数是销售量指数,与质量指标指数相对应

的是价格指数，其指数体系为：

商品销售额指数=商品价格指数×商品销售量指数

在数量指标指数和质量指标指数中，因权数固定在不同时期，可得到不同的计算公式，其不同的组合，也可形成不同的指数体系。以销售额指数为例，可列出三种不同的计算公式：

第一种，以价格指数为权数，固定在报告期，销售量指数的权数固定在基期，其指数体系为：

$$\frac{\sum p_1q_1}{\sum p_0q_0}=\frac{\sum p_1q_1}{\sum p_0q_1}\times\frac{\sum p_0q_1}{\sum p_0q_0} \tag{38}$$

即：销售额指数=派氏价格指数×拉氏物量指数

价格指数$=\frac{\sum p_1q_1}{\sum p_0q_1}$反映价格变动程度及对销售额的影响程度。分子和分母的差额（$\sum p_1q_1-\sum p_0q_1$）反映价格变动对销售额的影响。

销售量指数$=\frac{\sum p_0q_1}{\sum p_0q_0}$反映销售量变动程度及对销售额的影响程度。分子和分母的差额（$\sum p_0q_1-\sum p_0q_0$）反映销售量变动对销售额的影响。

其绝对水平变动的关系式为：

$$\sum p_1q_1-\sum p_0q_0=(\sum p_1q_1-\sum p_0q_1)+(\sum p_0q_1-\sum p_0q_0) \tag{39}$$

即：销售额的绝对变动=由于价格变动引起的销售额的变动+由于销售量的变动引起的销售额的变动

第二种，价格指数的权数固定在基期，销售量指数的权数固定在报告期，其指数体系为：

$$\frac{\sum p_1q_1}{\sum p_0q_0}=\frac{\sum p_1q_0}{\sum p_0q_0}\times\frac{\sum p_1q_1}{\sum p_1q_0} \tag{40}$$

即：销售额指数=拉氏价格指数×派氏物量指数

其绝对水平变动的关系式为：

$$\sum p_1q_1-\sum p_0q_0=(\sum p_1q_0-\sum p_0q_0)+(\sum p_1q_1-\sum p_1q_0) \tag{41}$$

第三种，价格指数和销售量指数都把权数固定在基期，同时在指数体系中增加价格与销售量共变影响指数，其指数体系为：

$$\frac{\sum p_1q_1}{\sum p_0q_0}=\frac{\sum p_1q_0}{\sum p_0q_0}\times\frac{\sum p_0q_1}{\sum p_0q_0}\times\left(\frac{\sum p_1q_1}{\sum p_0q_1}\div\frac{\sum p_1q_0}{\sum p_0q_0}\right) \tag{42}$$

即：销售额指数=拉氏价格指数×拉氏物量指数×价格与销售量共变影响指数

其绝对水平变动的关系式为：

$$\sum p_1q_1-\sum p_0q_0=(\sum p_1q_0-\sum p_0q_0)+(\sum p_0q_1-\sum p_0q_0)+\sum(p_1-p_0)(q_1-q_0) \tag{43}$$

以上所述的三种指数体系各有其含义，但常用的是第一种指数体系，因为将价格指数的权数为销售量固定在报告期，可以反映由于价格变动而产生的现实影响。

例 17，以例 7 中的资料为据，试对商品销售额进行因素分析。

解：由公式(36)指数体系为：

$$\frac{\sum p_1q_1}{\sum p_0q_0}=\frac{\sum p_1q_1}{\sum p_0q_1}\times\frac{\sum p_0q_1}{\sum p_0q_0}$$

根据表 6-8 的数据可得：

$\sum p_1q_1=3900$，$\sum p_0q_0=3990$，$\sum p_0q_1=3700$，则有：

$$销售额指数=\frac{\sum p_1q_1}{\sum p_0q_0}=\frac{3900}{3990}=97.70\%$$

$$派氏价格指数=\frac{\sum p_1q_1}{\sum p_0q_1}=\frac{3900}{3700}=105.40\%$$

$$拉氏物量指数=\frac{\sum p_0q_1}{\sum p_0q_0}=\frac{3700}{3990}=92.70\%$$

其指数体系为：

$$97.70\%=105.40\%\times92.70\%$$

即：商品销售额下降 2.30%，是因商品价格平均上涨 5.40%和商品销售量平均下降 7.30%而影响的。

从其绝对水平变动情况来看：

销售额变动：$\sum p_1q_1-\sum p_0q_0=3900-3990=-90$

价格变动：$\sum p_1q_1-\sum p_0q_1=3900-3700=200$

销售量变动：$\sum p_0q_1-\sum p_0q_0=3700-3990=-290$

由绝对水平变动的关系式

$$\sum p_1q_1-\sum p_0q_0=(\sum p_1q_1-\sum p_0q_1)+(\sum p_0q_1-\sum p_0q_0)$$

可得：$-90=200+(-290)$

由计算结果可以看出：由于商品价格上涨使商品销售额增加 200 元，但是由于商品销售量减少又使商品销售额减少 290 元，合计使商品销售额减少 90 元。

例 18，某旅行社的职工人数和工资水平的资料如表 6-16 所示，试对工资总额的变动进行因素分析。

表 6-16　职工人数和工资水平资料表

工资级别	月工资水平(元)		职工人数	
	基期 x_0	报告期 x_1	基期 f_0	报告期 f_1
一	800	880	80	100
二	1000	1040	100	120
三	1200	1280	40	60

解:(1)设工资水平为 x,职工人数为 f

工资总额=工资水平×职工人数

$$xf=x\times f$$

其指数体系为:

$$\frac{\sum x_1f_1}{\sum x_0f_0}=\frac{\sum x_1f_1}{\sum x_0f_1}\times\frac{\sum x_0f_1}{\sum x_0f_0} \quad (44)$$

即:工资总额指数=工资水平指数×职工人数指数

工资总额指数=$\frac{\sum x_1f_1}{\sum x_0f_0}$,它反映工资总额的变动方向和程度。

分子和分母的差额($\sum x_1f_1-\sum x_0f_0$)是工资总额增加额或减少额。

工资水平指数=$\frac{\sum x_1f_1}{\sum x_0f_1}$,它反映工资水平变动及对工资总额的影响程度。

分子和分母的差额($\sum x_1f_1-\sum x_0f_1$)是工资水平变动时对工资总额的影响程度。

职工人数指数=$\frac{\sum x_0f_1}{\sum x_0f_0}$,它反映职工人数变动及对工资总额的影响程度。

分子和分母的差额($\sum x_0f_1-\sum x_0f_0$)是职工人数增减对工资总额的影响程度。

其绝对水平变动的关系式为:

$$\sum x_1f_1-\sum x_0f_0=(\sum x_1f_1-\sum x_0f_1)+(\sum x_0f_1-\sum x_0f_0) \quad (45)$$

(2)工资总额=平均工资×职工总数

$$\sum xf=\bar{x}\sum f$$

表 6-17 计 算 表

工资级别	月工资水平(元)		职工人数		工资总额(元)		
	基期 x_0	报告期 x_1	基期 f_0	报告期 f_1	x_0f_0	x_1f_1	x_0f_1
一	800	880	80	100	64 000	88 000	80 000
二	1000	1040	100	120	100 000	124 800	120 000
三	1200	1280	40	60	48 000	76 800	72 000
合计	—	—	220	280	212 000	289 600	272 000

其指数体系为:

$$\frac{\sum x_1f_1}{\sum x_0f_0}=\frac{\bar{x}_1\sum f_1}{\bar{x}_0\sum f_1}\times\frac{\bar{x}_0\sum f_1}{\bar{x}_0\sum f_0} \quad (46)$$

或:

$$\frac{\bar{x}_1\sum f_1}{\bar{x}_0\sum f_0}=\frac{\bar{x}_1\sum f_1}{\bar{x}_0\sum f_1}\times\frac{\bar{x}_0\sum f_1}{\bar{x}_0\sum f_0} \quad (47)$$

工资总额指数$=\frac{\sum x_1f_1}{\sum x_0f_0}=\frac{\bar{x}_1\sum f_1}{\bar{x}_0\sum f_0}$,它反映工资总额的变动方向和程度。

平均工资指数$=\frac{\bar{x}_1\sum f_1}{\bar{x}_0\sum f_1}$,它反映平均工资变动及对工资总额的影响程度。

分子和分母的差额($\bar{x}_1\sum f_1-\bar{x}_0\sum f_1$)是平均工资变动时对工资总额的影响程度。

职工总人数指数$=\frac{\bar{x}_0\sum f_1}{\bar{x}_0\sum f_0}$,它反映职工总人数变动及对工资总额的影响程度。

分子和分母的差额($\bar{x}_0\sum f_1-\bar{x}_0\sum f_0$)是职工总人数增减对工资总额的影响程度。

其绝对水平变动的关系式为:

$$\sum x_1f_1-\sum x_0f_0=(\bar{x}_1-\bar{x}_0)\sum f_1+(\sum f_1-\sum f_0)\bar{x}_0 \qquad (48)$$

我们对本例题进行因素分析:

$$工资总额指数=\frac{\sum x_1f_1}{\sum x_0f_0}=\frac{289\ 600}{212\ 000}=136.6\%$$

工资总额增加额$=\sum x_1f_1-\sum x_0f_0=289\ 600-212\ 000$

$=77\ 600$ 元

$$工资水平指数=\frac{\sum x_1f_1}{\sum x_0f_1}=\frac{289\ 600}{272\ 000}=106.5\%$$

工资水平提高对工资总额的影响:

$$\sum x_1f_1-\sum x_0f_1=289\ 600-272\ 000=17\ 600\ 元$$

$$职工人数指数=\frac{\sum x_0f_1}{\sum x_0f_0}=\frac{272\ 000}{212\ 000}=128.3\%$$

职工人数增加对工资总额的影响:

$$\sum x_0f_1-\sum x_0f_0=272\ 000-212\ 000=60\ 000\ 元$$

其指数体系为:

$$\frac{\sum x_1f_1}{\sum x_0f_0}=\frac{\sum x_1f_1}{\sum x_0f_1}\times\frac{\sum x_0f_1}{\sum x_0f_0}$$

即:136.6%=106.5%×128.3%

其绝对水平变动的关系式为:

$$\sum x_1f_1-\sum x_0f_0=(\sum x_1f_1-\sum x_0f_1)+(\sum x_0f_1-\sum x_0f_0)$$

即:77 600=17 600+60 000

工资总额增加是由于工资水平提高和职工人数增加的影响。

我们再对平均工资进行因素分析:

其指数体系为:

$$\frac{\bar{x}_1 \sum f_1}{\bar{x}_0 \sum f_0}=\frac{\bar{x}_1 \sum f_1}{\bar{x}_0 \sum f_1}\times\frac{\bar{x}_0 \sum f_1}{\bar{x}_0 \sum f_0}$$

基期的平均工资：$\bar{x}_0=\frac{212\ 000}{220}=963.64$ 元

报告期的平均工资：$\bar{x}_1=\frac{289\ 600}{280}=1\ 034.29$ 元

平均工资指数 $=\frac{\bar{x}_1 \sum f_1}{\bar{x}_0 \sum f_1}=\frac{1\ 034.29\times 280}{963.64\times 280}=\frac{289\ 601.2}{269\ 819.2}$

$=107.3\%$

对工资总额的影响：

$$\bar{x}_1 \sum f_1-\bar{x}_0 \sum f_1=289\ 600-269\ 819.2=19\ 780.8 \text{ 元}$$

$$\text{职工人数指数}=\frac{\bar{x}_0 \sum f_1}{\bar{x}_0 \sum f_0}=\frac{\sum f_1}{\sum f_0}=\frac{280}{220}=127.3\%$$

对工资总额的影响：

$$\bar{x}_0 \sum f_1-\bar{x}_0 \sum f_0=\bar{x}_0(\sum f_1-\sum f_0)=57\ 819.2 \text{ 元}$$

其指数体系为：

$$136.6\%=107.3\%\times 127.3\%$$

其绝对水平变动的关系式为：

$$\sum x_1 f_1-\sum x_0 f_0=(\bar{x}_1 \sum f_1-\bar{x}_0 \sum f_1)+(\bar{x}_0 \sum f_1-\bar{x}_0 \sum f_0)$$

$$77\ 600 \text{ 元}=19\ 780.8 \text{ 元}+57\ 819.2 \text{ 元}$$

究竟采用哪一种因素分析，取决于研究的目的和要求。

三、加权平均数指数体系

加权平均数指数体系是综合指数体系的变形，其指数体系为：

$$\frac{\sum p_1 q_1}{\sum p_0 q_0}=\frac{\sum p_1 q_1}{\sum \frac{1}{p_1/p_0} p_1 q_1}\times\frac{\sum \frac{q_1}{q_0} p_0 q_0}{\sum p_0 q_0} \tag{49}$$

即：销售额指数＝加权调和平均数价格指数×加权算术平均数销售量指数

其绝对水平变动关系式为：

$$\sum p_1 q_1-\sum p_0 q_0=\left(\sum p_1 q_1-\sum \frac{1}{p_1/p_0} p_1 q_1\right)+\left(\sum \frac{q_1}{q_0} p_0 q_0-\sum p_0 q_0\right) \tag{50}$$

同理，根据加权算术平均数价格指数、加权调和平均数销售量指数和销售额指数的关系，构造另一指数体系为：

$$\frac{\sum p_1q_1}{\sum p_0q_0}=\frac{\sum \frac{p_1}{p_0}p_0q_0}{\sum p_0q_0}\times\frac{\sum p_1q_1}{\sum \frac{1}{q_1/q_0}p_1q_1} \tag{51}$$

即：销售额指数=加权算术平均数价格指数×加权调和平均数销售量指数

其绝对水平变动关系式为：

$$\sum p_1q_1-\sum p_0q_0=\left(\sum \frac{p_1}{p_0}p_0q_0-\sum p_0q_0\right)+\left(\sum p_1q_1-\sum \frac{1}{q_1/q_0}p_1q_1\right) \tag{52}$$

例 19，以例 7 中的资料为据，试对商品销售额的变动进行因素分析。

解：由公式（49）知指数体系为：

$$\frac{\sum p_1q_1}{\sum p_0q_0}=\frac{\sum p_1q_1}{\sum \frac{1}{p_1/p_0}p_1q_1}\times\frac{\sum \frac{q_1}{q_0}p_0q_0}{\sum p_0q_0}$$

根据表 6-8 的数据可得：

$$销售额指数=\frac{\sum p_1q_1}{\sum p_0q_0}=\frac{3900}{3990}=97.7\%$$

$$加权调和平均数价格指数=\frac{\sum p_1q_1}{\sum \frac{1}{p_1/p_0}q_1p_1}=\frac{3900}{3700}=105.4\%$$

$$加权算术平均数销售量指数=\frac{\sum \frac{q_1}{q_0}p_0q_0}{\sum p_0q_0}=\frac{3700}{3990}=92.7\%$$

由公式（49）得指数体系为：

$$97.7\%=105.4\%\times92.7\%$$

即：商品销售额下降 2.3%，是因商品价格上涨 5.4%和商品销售量平均下降7.3%而影响的。

从其绝对水平变动情况来看：

销售额变动：$\sum p_1q_1-\sum p_0q_0=3900-3990=-90$ 元

价格变动：$\sum p_1q_1-\sum \frac{1}{p_1/p_0}q_1p_1=3900-3700=200$ 元

销售量变动：$\sum \frac{q_1}{q_0}p_0q_0-\sum p_0q_0=3700-3990=-290$ 元

其绝对水平变动关系式为：

$$\sum p_1q_1-\sum p_0q_0=\left(\sum p_1q_1-\sum \frac{1}{p_1/p_0}q_1p_1\right)+\left(\sum \frac{q_1}{q_0}p_0q_0-\sum p_0q_0\right)$$

即：-90=200+(-290)

由计算结果可以看出：由于商品价格上涨使商品销售额增加200元，但由于商品销售量减少又使商品销售额减少290元，合计使商品销售额减少90元。可见，与例7的结果是一致的，只是计算的形式不同。所以，加权平均数指数体系是综合指数体系的变形，利用公式(51)计算结果也是一样的。

四、可变构成指数体系

(一)可变构成指数

两个不同时期的同一现象的加权算术平均数之比，称为可变构成指数，用以反映某种经济现象平均水平的变动。

设 $\bar{x}_1$ 为报告期某一经济现象的加权算术平均数，$\bar{x}_0$ 为基期同一现象的加权算术平均数，两者之比则为可变构成指数 $\overline{K}$。

$$\overline{K}=\frac{\bar{x}_1}{\bar{x}_0} \tag{53}$$

现以某旅行社职工平均工资水平的变动分析为例，来说明现象结构变动分析的方法。在总平均工资指数中，两个时期总平均工资的计算，是分别以各个总时期职员人数为权数对各组工资水平进行平均计算的。所以，两个时期总平均工资的变动，不仅受各组工资水平变动的影响，而且也受职员人数结构变动的影响。这种包括结构变动影响的总平均工资指数，称为平均工资的可变构成指数，简称可变指数。

根据加权算术平均数的一般计算公式

$$\bar{x}=\frac{\sum xf}{\sum f} \tag{54}$$

在基期职工工资加权算术平均数为：

$$\bar{x}_0=\frac{\sum x_0 f_0}{\sum f_0} \tag{55}$$

在报告期职工工资加权算术平均数为：

$$\bar{x}_1=\frac{\sum x_1 f_1}{\sum f_1} \tag{56}$$

则平均工资的可变构成指数为：

$$\overline{K}=\frac{\bar{x}_1}{\bar{x}_0}=\frac{\sum x_1 f_1/\sum f_1}{\sum x_0 f_0/\sum f_0}$$

$$=\frac{\sum x_1\dfrac{f_1}{\sum f_1}}{\sum x_0\dfrac{f_0}{\sum f_0}} \tag{57}$$

其平均水平绝对变动关系式为：

$$\bar{x}_1-\bar{x}_0=\sum x_1\frac{f_1}{\sum f_1}-\sum x_0\frac{f_0}{\sum f_0} \tag{58}$$

例 20,某饭店某年的客房部和餐饮部的职工人数和月工资水平的资料如表 6-18所示,试对总平均工资的变动进行因素分析。

表 6-18 职工人数和工资的资料表

职工类别	月工资水平(元)		职工人数	
	基期 x_0	报告期 x_1	基期 f_0	报告期 f_1
客房部	800	1000	100	120
餐饮部	880	1040	120	140

解：基期平均工资：$\bar{x}_0=\dfrac{\sum x_0f_0}{\sum f_0}=\dfrac{185\ 600}{220}$

$=843.64$

报告期平均工资：$\bar{x}_1=\dfrac{\sum x_1f_1}{\sum f_1}=\dfrac{265\ 600}{260}$

$=1021.54$

平均工资的可变构成指数
即总平均工资指数 ：$\bar{k}=\dfrac{\bar{x}_1}{\bar{x}_0}=\dfrac{\dfrac{\sum x_1f_1}{\sum f_1}}{\dfrac{\sum x_0f_0}{\sum f_0}}=\dfrac{1021.54}{843.64}$

$=121.1\%$

总平均工资变动的绝对额：$\bar{x}_1-\bar{x}_0=\dfrac{\sum x_1f_1}{\sum f_1}-\dfrac{\sum x_0f_0}{\sum f_0}$

$=1021.54-843.64$

$=177.90$ 元

表 6-19 计算表

职工类别	月工资水平(元)		职工人数		工资额(元)		
	基期 x_0	报告期 x_1	基期 f_0	报告期 f_1	基期 x_0f_0	报告期 x_1f_1	按基期平均工资计算的报告期工资额 x_0f_1
客房部	800	1000	100	120	80 000	120 000	96 000
餐饮部	880	1040	120	140	105 600	145 600	123 200
合计	—	—	220	260	185 600	265 600	219 200

计算结果表明:报告期比基期平均工资增长 21.1%,平均每人增长 177.90 元,总平均工资的增长受工资水平和职工人数增加的影响。这是因为现象的总平均水平的变动,除了受组平均水平 x 变动的影响外,还要受总体单位数结构$\frac{f}{\sum f}$变动的影响。

可变构成指数在综合反映平均水平的变动时,包含了总体内部结构变动的影响。为了进一步分析组平均水平和总体内部结构各自变动对总平均水平变动的影响,需要计算固定构成指数和结构影响指数。

(二)固定构成指数

消除总体内部结构变动后得到的指数,称为固定构成指数。这一指数可用于测定由于各组水平变动所引起总平均水平变动的程度。通常把总体单位数固定在报告期,这样可消除总体内部结构变动的影响。如在分析工资水平变动影响时,把职工人数结构固定在报告期,即用报告期职工人数作为计算平均工资的权数。

设:$\bar{x}_1=\frac{\sum x_1f_1}{\sum f_1}$　$\bar{x}_n=\frac{\sum x_0f_1}{\sum f_1}$,则固定构成指数计算公式为:

$$\text{固定构成指数}=\frac{\bar{x}_1}{x_n}=\frac{\sum x_1f_1/\sum f_1}{\sum x_0f_1/\sum f_1} \tag{59}$$

其对总平均水平的绝对变动的影响为:

$$\begin{matrix}\text{组平均水平变动对总}\\\text{平均水平的影响}\end{matrix}=\frac{\sum x_1f_1}{\sum f_1}-\frac{\sum x_0f_1}{\sum f_1} \tag{60}$$

例 21,以例 20 中的资料为据,试计算固定构成指数及对平均工资的实际影响。

解:根据表 6-19 中的数据计算

$$\bar{x}_1=\frac{\sum x_1f_1}{\sum f_1}=1021.54$$

$$\bar{x}_n=\frac{\sum x_0f_1}{\sum f_1}=843.08$$

$$\text{平均工资固定构成指数}=\frac{\bar{x}_1}{\bar{x}_n}=\frac{\sum x_1f_1/\sum f_1}{\sum x_0f_1/\sum f_1}=121.2\%$$

对平均工资的实际影响:$\bar{x}_1-\bar{x}_n=1021.54-843.08$

$=178.46$ 元

由计算结果看出:工资增长 21.2%,每人平均增加 178.46 元。

(三)结构影响指数

结构影响指数是测定总体内部结构变动对总平均水平变动影响程度的指数。把组平均水平固定在基期,这样可以消除组平均水平变动的影响。如分析职工人数变动的影响时,把工资水平固定在基期,计算公式为:

$$结构影响指数=\frac{\bar{x}_n}{\bar{x}_0}=\frac{\sum x_0f_1/\sum f_1}{\sum x_0f_0/\sum f_0} \qquad (61)$$

这个指数反映对总平均水平的绝对变动的影响为:

$$\begin{matrix}结构变动对总平\\均水平的影响\end{matrix}=\bar{x}_n-\bar{x}_0=\frac{\sum x_0f_1}{\sum f_1}-\frac{\sum x_0f_0}{\sum f_0} \qquad (62)$$

例 22,以例 20 中的资料为据,试计算结构影响指数及职工人数结构变动对总平均工资的实际影响。

解:根据表 6-19 中的数据计算

$$结构影响指数=\frac{\bar{x}_n}{\bar{x}_0}=\frac{\sum x_0f_1/\sum f_1}{\sum x_0f_0/\sum f_0}=\frac{843.08}{843.64}$$

$$=99.9\%$$

$$\begin{matrix}职工人数结构变动对\\总平均工资的实际影响\end{matrix}:\bar{x}_n-\bar{x}_0=\frac{\sum x_0f_1}{\sum f_1}-\frac{\sum x_0f_0}{\sum f_0}$$

$$=843.08-843.64$$

$$=-0.56 元$$

由计算结果看出:由于职工人数结构变动,使总平均工资减少了 1%,平均每位职工减少 0.56 元。

(四)可变构成指数体系

我们已讲述了可变构成指数、固定构成指数和结构影响指数的有关问题,根据三者之间具有的联系,可形成一个指数体系。

即:可变构成指数=固定构成指数×结构影响指数。

$$\frac{\bar{x}_1}{\bar{x}_0}=\frac{\bar{x}_1}{\bar{x}_n}\times\frac{\bar{x}_n}{\bar{x}_0}$$

$$\frac{\dfrac{\sum x_1f_1}{\sum f_1}}{\dfrac{\sum x_0f_0}{\sum f_0}}=\frac{\dfrac{\sum x_1f_1}{\sum f_1}}{\dfrac{\sum x_0f_1}{\sum f_1}}\times\frac{\dfrac{\sum x_0f_1}{\sum f_1}}{\dfrac{\sum x_0f_0}{\sum f_0}} \qquad (63)$$

其绝对水平变动之间的关系式为:

$$\frac{\sum x_1f_1}{\sum f_1}-\frac{\sum x_0f_0}{\sum f_0}=\left(\frac{\sum x_1f_1}{\sum f_1}-\frac{\sum x_0f_1}{\sum f_1}\right)+\left(\frac{\sum x_0f_1}{\sum f_1}-\frac{\sum x_0f_0}{\sum f_0}\right) \qquad (64)$$

即 $\bar{x}_1-\bar{x}_0=(\bar{x}_1-\bar{x}_n)+(\bar{x}_n-\bar{x}_0)$

$$总平均水平变动=\begin{matrix}组平均水平变动对\\总平均水平的影响\end{matrix}+\begin{matrix}结构变动对总平\\均水平的影响\end{matrix}$$

例 23,利用例 20、例 21、例 22 的计算结果,对工资水平变动进行因素分析。

解:将例 20、例 21、例 22 的计算结果列于下面:

(1)相对变动

$$\frac{\bar{x}_1}{\bar{x}_0}=\frac{\sum x_1f_1/\sum f_1}{\sum x_0f_0/\sum f_0}=121.1\%$$

$$\frac{\bar{x}_1}{\bar{x}_n}=\frac{\sum x_1f_1/\sum f_1}{\sum x_0f_1/\sum f_1}=121.2\%$$

$$\frac{\bar{x}_n}{\bar{x}_0}=\frac{\sum x_0f_1/\sum f_1}{\sum x_0f_0/\sum f_0}=99.9\%$$

(2)绝对变动

$$\bar{x}_1-\bar{x}_0=\frac{\sum x_1f_1}{\sum f_1}-\frac{\sum x_0f_0}{\sum f_0}=177.90\text{ 元}$$

$$\bar{x}_1-\bar{x}_n=\frac{\sum x_1f_1}{\sum f_1}-\frac{\sum x_0f_1}{\sum f_1}=178.46\text{ 元}$$

$$\bar{x}_n-\bar{x}_0=\frac{\sum x_0f_1}{\sum f_1}-\frac{\sum x_0f_0}{\sum f_0}=-0.56\text{ 元}$$

可变构成指数体系各指数之间的关系为：

$$121.1\%=121.2\%\times 99.9\%$$

各因素的绝对变动之间的关系为：

$$177.90=178.46+(-0.56)$$

由计算结果可以看出:总平均工资增长较多,但由于职工人数结构变动,因而平均工资有所减少。

思考与练习

1.如何评价同度量因素在指数体系分析中所起的作用?

2.平均数指数与综合指数相比具有哪些特殊性?

3.在运用指数体系进行因素分析时应注意哪些方面?

4.数量指标指数与质量指标指数的区别及其各自的用途是什么?

5.某市旅行社自2009—2013年各年收入如下表所示,试以2009年为基期计算各年收入指数。

年度	2009年	2010年	2011年	2012年	2013年
收入(万元)	2000	2200	2400	2800	3000

6.根据第5题的数据,计算各年的环比收入指数,并结合计算结果进行简单分析。

7.某旅游购物中心出售的三种商品价格和销售量资料如下表所示。

商品名称	单位商品价格(元)		销售量	
	第一年	第二年	第一年	第二年
甲(支)	8.0	12.0	300	360
乙(件)	200.0	240.0	100	120
丙(台)	300.0	320.0	80	100

试计算:(1)个体销售指数和价格销售指数;

(2)三种商品销售额总指数和商品销售额的增加额;

(3)三种商品销售量总指数和由于销售量变动对销售额的影响;

(4)三种商品价格总指数和由于价格变动对销售额的影响;

(5)根据上述计算结果,分析销售量变动和价格变动对销售额变动的影响。

8.某饭店有标准客房400间,在某年的第一、第二季度客房出租率、客房平均租金和客房收入的资料如下表所示。

核定出租客房(间天)		出租率(%)		客房平均租金(美元/间天)		客房收入(万美元)	
第一季度	第二季度	第一季度	第二季度	第一季度	第二季度	第一季度	第二季度
36 000	36 400	80	86	160	180		

试计算第一季度和第二季度的客房收入,并对客房收入进行因素分析。

9.下面是某市调查得到的蔬菜涨价的资料,如下表所示。

蔬菜分类	平均价格(元/公斤)		人均消费量(公斤)	
	2011年	2013年	2011年	2013年
较好	1.00	1.80	40	60
一般	0.60	1.20	80	120

试计算:(1)该市蔬菜平均价格指数;

(2)用相对数和绝对数说明平均价格变动中两个因素的影响程度并作简要分析。

10.某市的三座饭店在第一年和第二年的外汇收入、职工人数、人均创汇率的资料如下表所示。

饭店名称	外汇收入（万美元）		平均职工人数		人均创汇率（万美元/人）	
	第一年	第二年	第一年	第二年	第一年	第二年
甲	1000	1820	200	260	5	7
乙	1920	3000	240	300	8	10
丙	3000	4800	300	400	10	12

试对饭店人均创汇率进行因素分析。

11.某旅游饭店饮食部中餐厨房四种名菜的单位成本和销售数量资料如下表，在此情况下，请计算总成本是如何变动的，并进一步分析其原因。

品名	单位	单位成本(元)		销售量	
		基期	报告期	基期	报告期
甲	大盘	150	180	1200	1500
乙	小盘	100	90	3050	3350
丙	大盘	50	55	1100	1000
丁	碗	110	80	5000	6000

第七章

旅游者统计

第一节　旅游者统计的意义和内容

一、旅游者[①]统计的意义

当今社会旅游已成为人们变换生活环境和生活方式、接触新事物、追求自然、休闲的一种有乐趣的活动,甚至已成为人类生活的基本需求。作为一种社会经济活动,旅游活动的基本要素有三个,即旅游者、旅游对象和旅游业。这三个要素紧密联系,构成一个统一的旅游整体。正因为如此,对旅游活动三要素的第一个要素旅游主体——旅游者加以统计与研究,就越发显得意义重大了。

应该说,旅游者是构成旅游活动的首要条件。没有旅游者,就没有旅游活动,也就没有为之提供服务的旅游业。因此,在旅游统计中,对旅游者的统计占有重要的意义。具体来说,旅游者统计的意义主要表现在:

(1)通过对旅游者总人数的统计,可以反映一个国家或地区旅游经济活动在一定时间、地点条件下的规模与水平。

(2)通过对旅游者构成的分析,可以表明一个国家或地区旅游活动发展的层次和深度,同时,为开辟旅游者来源以及采取一定对策提供重要的依据。

(3)分析与研究旅游者的流向与流量,可以结合旅游设施、旅游资源的现状,说明其相互适应程度,并为进一步发掘旅游资源和旅游设施的潜力、促进旅游业的协调有序发展提供某种可能。

(4)通过对旅游者消费支出及其构成的计算,可以分析一个国家或地区旅游商品与旅游服务的发展水平及与旅游者需求的适应程度,对于进一步改善与调整一个国家或地区的旅游商品种类和旅游服务的内容、扩大旅游收入等都具有重要的意义。

---

① 本章第一节中将介绍游客的概念。为了写作的便利和统一,在其他章节均模糊游客和旅游者的概念,统称为旅游者。

(5)通过对旅游者停留时间的统计，可以综合反映出旅游者对一个国家或地区的旅游产品的满意程度，有利于旅游接待国或地区改进旅游产品的内容与结构，有利于开发新产品，不断推出符合旅游者需求的旅游产品，以提高一个国家或地区的旅游竞争能力。

二、旅游者的概念

旅游者，作为旅游活动的主体，无疑是旅游统计的重要内容之一。科学地界定“旅游者”，是旅游者统计的前提和基础。

关于旅游者的概念，即什么样的人才算是旅游者呢？这个问题多年来一直为一些权威机构所注意。从国际联盟(The League of Nations)到联合国组织(UN)、世界旅游组织直至我国国家统计局，都为旅游者的定义问题做了大量的研究工作。从1881年第一次出现“旅游者(tourist)”这一名词开始，关于旅游者的概念有过几个较有代表性的界定。比如世界各国原则上公认的国际旅游者的“罗马定义”。而对国内旅游者的范围划定或定义问题，现在基本以1993年联合国统计委员会的技术手册为准。

1991年6月28日，在加拿大首都渥太华，世界旅游组织召开旅游统计国际大会，世界上包括中国在内的90多个国家和地区的200多名代表参加了此会，并在此会形成的《旅游统计国际大会建议书》中，对国际旅游和国内旅游普遍使用的概念达成共识。1993年3月联合国统计委员会通过并制定了五本技术手册，以帮助各国执行有关旅游统计的概念、定义和分类的国际标准的建议。其中有关旅游者的定义如表7-1所示。

表7-1 联合国统计委员会对旅游者的界定

	国际(入境与出境)旅游	国内旅游
居民	如果一个人在他到另一个国家不满一年以前，在前一个国家生活了或者延续了至少12个月，即被认为是这前一个国家的居民	如果一个人在到本国内另一个地方不满6个月以前，在前一个地方生活了至少6个月，应被认为是前一个地方的居民
游客	任何一个到他惯常居住以外的国家旅行，但离开他的惯常环境不足12个月的时间，并且其访问的主要目的不是通过所从事的活动从访问地获取报酬的人	任何一个居住在一国，到这个国家内的某一地方旅行，但离开他惯常的环境不足12个月的时间，并且其访问的主要目的不是通过所从事的活动从访问地获取报酬的人
旅游者	至少在访问国家的集体地或私人的住宿设施中住宿一个晚上的国际游客	任何一个居住在异国，到这个国家内的某一个地方旅行，离开他惯常的环境，在访问地的集体或私人住宿设施停留至少一夜，但不超过一年，并且，其访问的主要目的不是通过所从事的活动从访问地获取报酬的人
一日游游客	不在访问国家的集体或私人的住宿设施内过夜的国际游客	不在访问地集体或私人的住宿设施内过夜的国内游客

我国国家旅游局从统计工作的需要出发,对旅游者作了如下规定。

(一)游客

游客是指任何为休闲、娱乐、观光、度假、探亲访友、就医疗养、购物、参加会议或从事经济、文化、体育、宗教活动,离开常住国(常住地)到其他国家(或地区),连续停留时间不超过12个月,并且在其他国家(或地区)的主要目的不是通过所从事的活动获取报酬的人。游客不包括因工作或学习在两地有规律往返的人。

游客按出游地分为国际旅游者(入境游客)和国内游客。按出游时间分为旅游者(过夜旅游者)和一日游游客(不过夜旅游者)。

(二)国际旅游者

1.入境(过夜)旅游者

入境(过夜)旅游者是指入境旅游者中,在我国旅游住宿设施内至少停留一夜的外国人、华侨、港澳台同胞。

入境(过夜)旅游者不包括下列人员:①应邀来我国进行访问的政府部长以上官员及其随行人员;②各国驻华使馆官员、外交人员以及随行的家庭服务人员和受赡养者;③常驻我国一年以上的外国专家、留学生、记者、商务机构人员等;④乘坐国际班机过境不需要通过护照检查进入我国口岸的中转旅客;⑤边境地区往来的边民;⑥回内地(大陆)定居的港澳台同胞;⑦已在我国定居的外国人和原已出境又返回在我国定居的外国侨民;⑧归国的我国出国人员。

对这些规定中的一些用语限定如下:

(1)国籍:是指给旅游者颁发护照(或其他身份文件)的政府所在的国家。

(2)外国人:指属外国国籍的人,加入外国国籍的中国血统华人也计入外国人。

(3)港澳台同胞:指居住在我国香港特别行政区、澳门特别行政区和台湾省的中国同胞。

2.入境一日游游客

入境一日游游客是指入境旅游者中,未在我国旅游住宿设施内过夜的外国人、华侨、港澳台同胞。入境一日游游客应包括乘坐飞机、游船、游艇、火车、汽车来华旅游,在车(船)上过夜的旅游者和机、车、船上乘务人员,但不包括在境外(内)居住而在境内(外)工作,当天往返的港澳同胞和周边国家的边民。

3.出境(过夜)旅游者

出境(过夜)旅游者是指我国大陆居民出境旅游,并在境外其他国家或地区的旅游住宿设施至少停留一夜的旅游者。

4.出境一日游游客

出境一日游游客是指我国大陆居民出境旅游,在境外停留时间不超过24小时,并未在境外其他国家或地区的旅游住宿设施内过夜的游客。

（三）国内旅游者

长期以来，对于国内旅游者的范围划定或定义问题，人们的看法始终未能统一。

1984年，世界旅游组织给国内旅游者下了定义："任何以消遣、度假、体育、商务、公务、会议、疗养、学习和宗教等为目的，而在其居住国，不论国籍如何，所进行24小时以上，一年之内旅行的人，均视为国内旅游者。"

这一定义同罗马定义及世界旅游组织针对国际旅游者所下的定义要旨是基本一致的。

我国国家旅游局关于国内旅游者的定义是：

国内旅游者是指报告期内在国内观光游览、度假、探亲访友、就医疗养、参加会议或从事经济、文化、体育、宗教活动的本国居民，其出游的目的不是通过所从事的活动谋取报酬。统计时，国内旅游者按每出游一次统计1人次。国内旅游者包括国内（过夜）旅游者和国内一日游游客。

国内（过夜）旅游者是指离开惯常居住地在境内其他地方的旅游住宿设施内至少停留一夜，最长不超过12个月的国内旅游者。国内（过夜）旅游者应包括在我国境内常住一年以上的外国人、港澳台同胞。但不包括到各地巡视工作的部级以上领导、驻外地办事机构的临时工作人员、调遣的武装人员、到外地学习的学生、到基层锻炼的干部、到境内其他地区定居的人员和无固定居住地的无业游民。

国内一日游游客是指居民离开惯常居住地10公里以上，出游时间超过6小时，不足24小时，并未在境内其他地方的旅游住宿设施过夜的国内游客。

本书为了写作的便利和统一，在其他章节均模糊旅游者和游客的概念，统称为旅游者。

三、旅游者统计的内容

旅游者统计是旅游统计的重要组成部分，也是确定旅游市场战略与制订旅游发展计划的重要依据。通常来讲，旅游者统计主要涉及以下几个方面的内容：计算和统计旅游者的总人数及其构成；研究和揭示旅游者人数和构成变动；计算旅游者停留时间的长短；分析和研究旅游者的消费及其构成。

上述统计指标从不同的角度，反映了旅游需求情况，把它们联系在一起，就综合地反映了旅游需求的全貌。

第二节　旅游者人数及其构成统计

一、旅游者人数统计的意义

旅游者人数是旅游统计最基本、最重要的资料。首先，对于一个旅游接待企业来说，旅游者人数统计可以表明该企业在一定时期内完成工作量的多少。其次，对于一个国家、一个地区、一个旅游城市来说,旅游者人数统计可以反映这个国家、地区或城市的旅游流量,反映对该国、该地区、该城市的旅游需求规模,反映该国、该地区、该城市旅游业的设施、设备的条件以及服务工作等方面的适应程度,反映其旅游业的发展水平。所以,从这个意义上讲,旅游者人数统计也是制定旅游方针政策,编制旅游计划,以及对旅游业进行日常管理的重要依据之一。

二、旅游者人数指标的概念及其种类

(一)旅游者人数指标的概念

所谓旅游者人数,是指一定时期内到达某一国家、某一旅游城市、某一旅游企业或某一游览点接待的旅游者人数总和。

应该指出的是,旅游者人数属于综合指标中的总量指标,而且一般来说表现为时期指标。

(二)影响旅游者人数的因素

同其他社会经济现象一样,一个国家(或地区)旅游者人数,会因其影响因素的变动而发生上下波动。影响旅游者人数变动的因素很多也很复杂,涉及政治、经济、文化等方方面面,概括起来主要有以下三个方面。

1.旅游者方面的因素

这主要是指旅游需求方面的因素。一个人能否产生旅游的需求或者能否成为旅游者,取决于多种社会经济因素的影响,归结起来可以分成两类。

(1)客观条件

主要是指可自由支配的收入和闲暇时间。可自由支配的收入决定了旅游者在旅游活动中的支付能力,是决定一个人能否成为旅游者的物质条件;闲暇时间是旅游活动的必要条件,它影响着人们旅游活动类型的选择及其旅游停留时间的长短。当然,还有一些其他影响旅游需求的因素,诸如,一个人的身体健康状况、家庭人口状况等。

(2)主观因素

一个人能否成为旅游者,除需要具备上述客观条件外,还需要具备主观条件——旅游动机。简言之,旅游动机就是促发、激励人们有意于旅游以及到何处去旅游、何时去旅游的内在的心理原因,常以愿望、兴趣、爱好、猎奇等形式表现出来,从而促使其产生旅游行为。旅游动机通常被分为社会动机、文化动机、身心动机、经济动机四种。

2.旅游目的地方面的因素

这主要是指旅游价格、旅游资源、旅游设施与服务质量。只有适宜的旅游价格、具有吸引力的旅游资源、完备的旅游设施和优质的服务质量,才能招徕更多的旅游者,才能获得更多的旅游收入。

3.其他方面的因素

这一方面的因素中,最主要的是政府对旅游采取的态度与货币汇率。政府对旅游采取的态度对旅游者人数的影响是显而易见的。如果政府对旅游采取支持、引导的态度,通过各项措施满足人们的旅游需要,重视旅游业的市场营销工作,利用各种推销宣传手段,就会激发人们对旅游的兴趣,促使其产生旅游动机。再如,在外汇控制上放宽,提高出国旅游者带汇限额;简化旅游者出入境手续,便于其出入等。这些无疑将会使旅游者人数增加。反之,势必会使旅游者人数减少。货币汇率对国际旅游者人数变化的影响极大。货币汇率是用另一国货币来表示的某一国货币的价格,旅游目的地国家的货币升值,而旅游价格又未相应提高,则旅游者旅游支付的货币数就可减少,从而使旅游目的地的旅游者人数增加;反之,则会使旅游者人数减少。

(三)旅游者人数指标的种类

旅游者人数指标有多种,最常用的分类是将旅游者人数分为国际旅游者人数和国内旅游者人数。这是因为,全部旅游现象是由国际旅游和国内旅游两大部分构成的,在实际的旅游统计工作中,也是以此进行分类为多。

所谓国际旅游指的是一个国家的居民跨越国境线到另一个或几个国家进行的旅游,其中又分为两种情况:一是某一国家的旅游者系其他国家的居民,对该国而言,即为入境旅游;二是该国的居民到其他国家去旅游,对该国而言,即为出境旅游。也就是说,国际旅游既包括入境旅游,也包括出境旅游。因此,国际旅游者人数便也可分为两种:本国旅游者出国人数与国外旅游者入境人数。

所谓国内旅游,顾名思义指的是一个国家的居民离开自己的长住地到本国境内其他地方去进行的旅游。对进行国内旅游的旅游者进行统计的一个重要指标就是国内旅游者人数。旅游者人数指标的种类可表示如图 7-1 所示:

旅游者人数
- 国际旅游者人数
  - 外国旅游者入境人数
  - 本国旅游者出境人数
- 国内旅游者人数

图 7-1　旅游者人数指标的种类

现阶段,我国考虑到港澳台同胞来大陆旅游时需支付外币以及这些外汇收入对大陆经济的刺激作用,所以港澳台同胞来祖国大陆旅游被视为国际旅游。

以上是就国家范围而言的,若缩小范围,不论是外国旅游者人数还是国内旅游者人数,都可以计算某一国家、某一地区、某一旅游城市、某一旅游企业、某一游览点的旅游者人数。各种不同空间范围的旅游者人数指标,在不同的空间范围内都有自己的作用。

应该指出的是,无论是国际旅游还是国内旅游,一般通指在外过夜一次以上的旅游,对于当日往返、不在外过夜的出游活动则通常称为短程游览。这种短程游览可分为国际短程游览和国内短程游览。所以,在很多国家的国际入境旅游者人次统计中,一般都不包括国际短程游览人次。国内短程游览人次是否纳入国内旅游者统计之中,则因各国对国内旅游者所下定义的不同而做法不一。

三、旅游者人数指标的计算

在计算旅游者人数指标时,分别按国际旅游者人数和国内旅游者人数统计计算。

如前所述,国际旅游者人数可分为本国旅游者的出国人数和外国旅游者的入境人数。因指标所包括的范围不同,又可以计算几种外国旅游者人数指标。目前,我国的旅游统计实际中,要求计算两项人数指标:一是以国家为范围的"外国旅游者入境人数";二是以旅游企业或地方旅游部门为范围的"接待外国旅游者人数"。

(一)外国旅游者入境人数统计

1.外国旅游者入境人数的指标含义

我国现行的统计制度规定,外国旅游者入境人数是指来我国参观、旅行、探亲、访友、休养、考察或从事贸易、业务、体育、文艺、宗教活动以及参加会议的外国人、华侨、港澳台同胞的人数。外国旅游者入境人数指标可以反映出我国国际旅游事业的发展水平,表明国际旅游市场对我国旅游需求的规模。

2.外国旅游者入境人数的计量单位

外国旅游者入境人数指标是以每一个符合上述定义的外国人、华侨、港澳台同胞每进入一次国境或上岸一次的次数为计算单位,用"人"或"人次"数表示,它属总量指标中的时期指标。若同一国际旅游者,在报告期内多次入境,就计算多次重复入境人次。表 7-2 为某地连续五年来华旅游人数资料。

表 7-2　某地连续五年来华旅游人数

单位:万人次

年份	2010	2011	2012	2013	2014
入境旅游人数	8901.29	9790.82	9166.21	10 903.82	12 029.23

表 7-2 反映了该地这五年间国际旅游事业的发展,表明国际旅游市场对该地旅游需求的规模日益扩大。

3.外国旅游者入境人数资料的来源

在我国,是根据边防入境登记来统计外国旅游者入境人数指标的。通常的做法是根据在国境边界上所搜集的关于外国旅游者入境的资料,汇总出全国各个边境上某一时期内抵达我国的外国旅游者人数,从而得到某一时期内我国所接待的外国旅游者总数,即外国旅游者入境人数。

需要指出的是,根据边防入境登记进行外国旅游者入境人数指标的统计时,势必会包括当日入境又当日出境的国际短程游览者,对此务必注意扣除。

另外,由于有些国家没有边防入境登记,而是采用抽样调查或是根据外来旅游者在旅馆的住宿登记情况测算某一时期内来访的旅游人次的,重复计算在所难免,使得统计结果往往高于实际的来访旅游人次。因此,除非两个国家在该方面的统计标准和统计方法基本相同,否则,两个国家的“外国旅游者入境人数”指标难以用来比较。

另外,用旅游人次数计算的来访次数不同于以人数计算的来访旅游者,前者往往大于后者,这一点在分析问题时也应予以注意。

4.外国旅游者入境人数指标的特点

以边境的入境登记资料为基础计算所得的外国旅游者入境人数指标,明显具有下列几个特点:①从登记资料中很容易区别出入境者中的旅游者与非旅游者。同时,旅游者总是从边境正式进入国境的,入境手续是严格执行的。因而,在统计对象范围界限上可靠性高,资料的准确性强。②因为入境登记是连续进行的,因而可以取得经常性的入境人数资料,便于进行动态对比。③根据入境登记资料汇总所得的入境人数指标,在较短的时期(如一日、一月)内,在数值上一般很少有重复计算的情况。但在较长时期(如一季、一年)内,指标数值可能会因少数旅游者的多次入境而有重复计算的可能,这种情况并不妨碍该指标所要说明的问题。因为,在一定时期内一个人来访三次和三个人来访一次,对于各种接待服务工作是一样的。正因为有这种情况存在的可能,该指标的计量单位才既可用“人”,也可用“人次”来表示。

除了上述情况可能重复计算外,在全国范围内各边境点之间是不存在计算重复的情况的。但是,若把各旅游地区或各旅游企业所接待的外国旅游者人数加总,其中往往会有严重的重复计算。因此,从这一点来看,用外国旅游者入境人数来反映一个国家接待的外国旅游者人数,要比根据各旅游城市或各旅游企业接待人数汇总的结果更为真实。

(二)接待外国旅游者人数统计

接待外国旅游者人数指标通常可分为旅游企业接待的外国旅游者人数和地区旅游部门接待的外国旅游者人数两种,其中按旅游企业计算的接待外国旅游者人数是基础。

1.接待外国旅游者人数的指标含义

旅游企业接待的外国旅游者人数,是入境后的外国旅游者由从事国际旅游业务的旅行社、旅游饭店接待食宿的人数。这一指标反映了旅游企业在一定时期内完成的接待业务工作量。

地区旅游部门接待的外国旅游者人数,反映的是该地区旅游部门在一定时期内完成的接待业务工作量与国际旅游的发展规模,它往往是根据旅游企业接待的外国旅游者人数计算而来的。

2.接待外国旅游者人数的计量单位

接待外国旅游者人数指标的计量单位也是人数或人次数。

例如,某年来华入境旅游者中,某国际旅行社接待的外国旅游者人数为810 186人次,某市接待的外国旅游者人数为2 029 658人次。上述两个指标均为接待外国旅游者人数指标,其中,前者为旅游企业接待的外国旅游者人数,后者为地区旅游部门接待的外国旅游者人数。

3.接待外国旅游者人数的资料来源

接待外国旅游者人数指标,资料主要来源于旅游企业的原始记录,它通常是指旅游企业指定的饭店、宾馆的旅客情况登记表,这种经常性的原始记录往往是比较可靠的资料来源。

4.统计接待外国旅游者人数应该注意的问题

旅游企业在核算接待的外国旅游者人数这一指标时,可能会碰到各种具体问题,对此,建议采取以下办法予以解决:

(1)遵守行业惯例。鉴于目前我国在某些具体方面尚未作出具体规定,遇到以下问题可参照《联合国关于国际旅游统计暂行纲领》的有关内容:旅游者中未满12岁的小孩不予统计,除非他们占用了成年人的床位;一个旅游者住一夜或几夜付账离开后,又回来登记住宿,应计算两次,而若他离开时是保留房间床位数的则视为一次;若不过夜,仅算白天的房租费,如机场旅馆,不能作为过夜者计算。

(2)明确统计指标的计算口径。如现行旅游统计报表中对统计一个地区旅游部门接待外国旅游者人数指标,特规定"只能按旅游者到达本省、自治区、直辖市第一站的人数计算"。依据这一规定,将有效地消除地区的旅游部门接待外国旅游者人数指标重复计算的问题。例如,某批外国旅游者30人,他们将到浙江省的三个城市杭州、宁波、温州旅游,则浙江省在计算接待的外国旅游者人数时不是三个城市各算一次,而只以到达浙江省的第一站——杭州市为准计算一次,而从杭州到宁波,从宁波再到温州将不再计算,重复计算的问题便可以迎刃而解了。

(三)外国旅游者人数的派生指标

在对外国旅游者作进一步分析的过程中,还往往需要统计和计算下列派生指标。

1.日最高人数与日最低人数

日最高人数是指报告期内接待人数最多一天的外国旅游者人数,它反映的是报告期内接待人数达到的最高水平;日最低人数则是指报告期内接待人数最少一天的外国旅游者人数,它反映的是报告期内外国旅游者人数达到的最低水平。通常,日最高人数和日最低人数均是以年确定,即表明的是一年内旅游者人数波动的高峰与低谷。

2.日平均人数

日平均人数是指报告期内平均每天接待的外国旅游者人数,它反映的是报告期内外国旅游者人数的一般水平。

日平均人数的计算可用公式(1)表示如下：

$$报告期日平均人数=\frac{报告期接待外国旅游者人数}{报告期日历日数} \tag{1}$$

这个指标可按年计算，也可按季或按月计算。计算范围可大可小，既可以是一个国家，也可以是一个地区、一个企业。此外，还可分别计算旅游旺季、旅游淡季与旅游平季的日平均人数，用以说明一年中不同时期外国旅游者人数变动的一般水平。

例1，某省某年接待外国旅游者50万人次，其中旅游旺季（共180日）接待36万人次，旅游淡季（共65日）接待2万人次，旅游平季（共120日）接待12万人次，则日平均接待人次数为：

$$全年日平均接待人次数=\frac{500\ 000}{365}=1369.9 \doteq 1370\ 人次$$

$$旅游旺季日平均接待人次数=\frac{360\ 000}{180}=2000\ 人次$$

$$旅游淡季日平均接待人次数=\frac{20\ 000}{65}=307.7 \doteq 308\ 人次$$

$$旅游平季日平均接待人次数=\frac{120\ 000}{120}=1000\ 人次$$

3.旅游密度

旅游密度是指报告年内一国或一地区接待外国旅游者人数与该国或该地区居民人口总数的比率，表明对外旅游在该国或该地区发展的普遍程度。该指标的计算可用公式(2)表示如下：

$$旅游密度=\frac{接待的外国旅游者人数}{人口总数} \tag{2}$$

例2，夏威夷只有近100万人口，1980年却接待了外国旅游者390万人次；北京市1994年有居民1100万人左右，接待海外旅游者2 029 658人次，其中外国人1 600 165人次，由此可计算旅游密度指标如下：

$$夏威夷旅游密度=\frac{3\ 900\ 000}{1\ 000\ 000}=3.9$$

即夏威夷1980年时每一居民接待3.9位旅游者。

$$北京市旅游密度=\frac{2\ 029\ 658}{11\ 000\ 000}=0.18$$

$$或北京市旅游密度=\frac{1\ 600\ 165}{11\ 000\ 000}=0.15$$

即北京市1994年每一居民仅接待0.18位海外旅游者，其中有0.15位外国人。也就是说，平均每100位北京市居民才接待15位外国旅游者或18位海外旅游者。由此不难看出，尽管我国每年接待的外国旅游者人数较之1978年有了相当大的提高，从绝对数和发展速度上来说都比较可观，但是联系人口数来计算强度相对指标——旅游密度来看，会发现我们仍远远地落后于其他国家或其他国家的旅游城市。北京作为中国的首都，作为全国旅游城市中接待外国旅游者最多的城市，1994年旅游密度仅相当于夏威夷1980年水平的3.8%（0.15/3.9）或4.6%（0.18/3.9），差距是相当大的。

4.旅游市场占有率

旅游市场占有率是指报告期内一国接待的外国旅游者人数（或其中某国的旅游者人数）与世界各国出国旅游者人数（或其中某国的出国旅游者人数）之比率，它表明该国在国际旅游市场上所占的份额。它是从国际范围上反映一国旅游事业发展水平的相对指标。

$$\text{旅游市场占有率}=\frac{\text{一国接待外国旅游者人数}}{\text{世界各国出国旅游者人数}} \tag{3}$$

或

$$\text{旅游市场占有率}=\frac{\text{一国接待的某国旅游者人数}}{\text{某国的出国旅游者人数}} \tag{4}$$

（四）国内旅游者人数指标和计算

1.指标含义

国内旅游者人数是指在一定时期内（报告期），所有来本地区旅行游览的国内旅游者的人数。

国内旅游者人数可以是指某地的，也可以是指某一个国家的。报告期内国内各地区国内旅游者人数汇总起来，即为同一时期全国国内旅游者人数。

2.计量单位

国内旅游者人数指标的计量单位是人次数，以此来表明参与国内旅行游览的人员的规模和旅游次数的总量。一个国内旅游者在国内旅行游览一次即为一人次，其在国内旅行游览两次就是两人次，以此类推。

3.统计方法

因为全国的国内旅游者人数是从地方的国内旅游者人数汇总而来的，所以地方的国内旅游者人数的统计方法便是研究、讨论的重点，目前对此尚无定论，相对而言，较可行的两种方法如下。

（1）报表资料估计法

报表资料估计法是指利用统计报表的资料来估计国内旅游者人数。

国内旅游者因其旅游活动通过旅游公司、旅行社与否而被分为两种：团体旅游者与零星旅游者。国内团体旅游者人数资料可直接由统计报表中得到。现行的统计报表中所列的接待国内旅游者人数，就是指国内团体旅游者人数指标，凡是负责组织旅游的旅游企业都需填报此项资料。将各企业各部门接待的国内旅游者人数进行整理、汇总即为全国的国内团体旅游者人数指标。与国内团体旅游者人数指标相比,国内零星旅游者人数的资料的取得就不那么直接和容易了。通常的做法是:用抽样调查的方法,派人在游览点连续进行几天的抽样,以抽样得到的样本成数用点估计的方法推算出全及成数,借“团体旅游者人数占国内旅游者人数的比重”这一指标,通过下式计算出国内旅游者人数:

$$\text{国内旅游者人数}=\text{报告期团体旅游者人数}\div\text{团体旅游者人数占国内旅游者人数的比重} \tag{5}$$

$$\text{全国国内旅游者人数}=\sum\left(\text{某地报告期团体旅游者人数}\div\text{某地团体旅游者人数占国内旅游者人数的比重}\right) \tag{6}$$

需要特别注意的一点是,各地各旅游点因各种条件的限制,在一年中的不同时期对旅游者的吸引程度会有所差别,查“团体旅游者人数占国内旅游者人数的比重”时,就应分不同时期进行调查,这样才能提高抽样推断的可靠性。此时,应按下面的公式估计全年各地的国内旅游者人数:

$$\text{全年国内旅游者人数}=\sum\left(\text{各时期团体旅游者人数}\div\text{同时期团体旅游者人数占国内旅游者人数的比重}\right) \tag{7}$$

例3,某市某年各时期团体旅游者人数资料如表7-3所示,依公式(7)计算,则全年国内旅游者人数为:

表7-3 某市某年接待的团体旅游者人次数资料

	天数	团体旅游者人次数(人次)	团体旅游者占国内旅游者的比重(%)
旅游旺季	180	500 000	80
旅游淡季	65	30 000	10
旅游平季	120	200 000	40

全年国内旅游者人次数=(500 000÷80%)+(30 000÷10%)+(200 000÷40%)
=625 000+300 000+500 000=1 425 000(人次)

(2)住宿点资料估计法

相对而言,以住宿点作为搜集资料的地点似乎更适合于统计国内旅游者人数,尤其是在我国,公安机关有明文规定,各旅馆住宿者必须办理住宿登记,这样国内旅游者人数指标就可以以各旅馆的住宿登记为原始记录,再经进一步整理就得到了。但由此得到的国内旅游者人数并非全部的该时期的国内旅游者人数。因为:①并非所有的国内旅游者都在各旅馆投宿;②很难从旅馆的住宿登记中区分出住宿者中的旅游者,而且并非均为国内旅游者。由于旅馆的数目多且分散,所以对住宿点进行全面调查的工作量是相当大的,再加上旅游者在旅馆的停留是短暂的,对同时期的全部旅游者进行调查便成了不大可能的事。

基于上述几点考虑,在以住宿点资料估计国内旅游者人数的工作中,往往需要搜集以下几个指标：

①某一时期内各旅馆接待的旅游者人数

该指标可直接从各旅馆的住宿登记中汇总而得，尽管有的旅游者在同一时期同一旅游地有调换旅馆的可能，但此现象终归为数甚少，故可忽略不计。

②各旅馆接待人数中国内旅游者所占比重

该指标可以通过组织抽样调查，测算出各旅馆接待的旅游者中国内旅游者所占的比重。将此指标与第一项指标相乘，即可扣除各旅馆接待的旅游者中非国内旅游者的人数，即：

$$\text{各旅馆接待的住宿者中国内旅游者人数}=\text{某一时期各旅馆接待的旅游者人数}\times\text{同一时期各旅馆接待人数中国内旅游者比重} \quad (8)$$

在该指标的搜集过程中，特别需要注意的是抽样调查所选择的时期以及所选择的旅馆要有代表性。

③国内旅游者人数在旅馆住宿者中所占比重

该指标的搜集也需借助组织抽样调查来完成，测算"旅游者中国内旅游者所占比重"时，抽样调查的地点是各旅馆，而测算"国内旅游者人数在旅馆住宿者中所占比重"时，抽样调查的地点是在各游览点。测算该指标是为了将那些不在旅馆住宿的国内旅游者人数补充进来，以得到全部的国内旅游者人数指标，即：

$$\text{全部的国内旅游者人数}=\text{某一时期内各旅馆接待的国内旅游者人数}\div\text{同时期国内旅游者在旅馆住宿者中所占比重} \quad (9)$$

同样，抽样调查"国内旅游者在旅馆住宿者中所占比重"，也需在游览点和旅游时期的选择上注意其代表性。

通过对以上三个指标的搜集，根据住宿点人数资料估计国内旅游者人数的公式，可归纳用下面的公式表示：

$$\text{某一时期国内旅游者人数}=\text{该时期内旅馆接待的旅游者总人数}\times\text{旅馆接待人数中国内旅游者所占的比重}\div\text{国内旅游者人数在旅馆住宿者中所占比重} \quad (10)$$

例4，某市某年有关旅游者资料如表7-4所示：

表7-4　某市某年有关旅游者资料

	全市旅馆接待旅客总数（万人次）	旅馆的旅客人次数中国内旅游者所占比重（%）	国内旅游者人次数在旅馆住宿者中所占比重（%）	国内旅游者人次数（万人次）
	①	②	③	④=①×②÷③
旅游旺季	85.0	98.6	91.5	91.6
旅游平季	30.0	96.0	92.0	31.3
旅游淡季	8.5	95.0	93.0	8.7
合　计	123.5	—	—	131.6

由表 7-4 中的①②③栏，根据公式（10）计算出第④栏，则第④栏的合计数即为该时期该市的国内旅游者人次数，用算式表示即为：

$$\text{该市该年国内旅游者人次数}=85.0\times98.6\%\div91.5\%+30.0\times96.0\%\div92.0\%+8.5\times95.0\%\div93.0\%=91.6+31.3+8.7=131.6(\text{万人次})$$

（3）其他估计方法

除了上面介绍的两种较可行的统计方法外，还有一些其他的估计方法在旅游统计实践中也有一定的实际意义，它们是：游览点门票估计法、交通点客运量估计法、旅馆床位估计法等，简述如下。

①游览点门票估计法

即以某一时期游览点出售的门票张数作为估计的依据，其计算方法如公式（11）所示：

$$\text{某时期国内旅游者人次数}=\text{同时期出售的门票张数}\times\text{该时期游客中国内旅游者所占比重} \quad (11)$$

公式（11）中，"该时期游客中国内旅游者所占比重"也是通过抽样调查取得的。对于一个游览点来说，也应分不同时期抽样调查"游客中国内旅游者所占比重"，才可使估计出的"全年国内旅游者人数"更贴切实际。

应该指出的是，这种统计方法只适用于某一个特定的游览点，也就是说，它只适合于估计某一个特定的游览点在一定时期内的国内旅游者人数，而不能推而广之地估计某一地区，甚至一个国家该时期的国内旅游者人数。这样做的原因是显而易见的，因为通常人们一次外出旅游，往往会出现在某地的多个游览点上，这样加总后的以游览点门票估计法计算而得出的某地国内旅游者人数因此往往会高出实际同期同地国内旅游者人数的若干倍，而且这种计算重复的程度是无法加以测定的，因而也就不易消除。

②交通点客运量估计法

即以某一时期交通点长途客运量作为依据的估计方法，其计算方法如公式（12）所示：

$$\text{某时期国内旅游者人次数}=\text{同时期交通要点到达的客运量}\times\text{客运中国内旅游者所占比重}\div\text{国内旅游者中经过交通要点到达者所占比重} \quad (12)$$

这个估计公式从理论上讲是合乎逻辑的，但是在实际的旅游统计工作中却是不可行的，原因就在于"客运中国内旅游者所占比重"资料无法取得，也就是说，在交通点进行如此的抽样调查不大可能。

③旅馆床位估计法

即以某一时期接待国内旅游者的旅馆床位作为估计的依据，其计算方法可用

公式(13)所示:

$$\text{某时期国内旅游者人次数} = \text{同时期旅馆床位数} \times \text{床位可用率} \times \text{可接待天数} \div \text{旅游者平均停留天数} \times \text{床位利用率} \quad (13)$$

应该说,用此法、此公式统计国内旅游者人数,在理论上是无可挑剔的,但在实际的统计工作中却是不现实的。具体来说,就是该公式中的后四项指标资料的确定是难度很大的。采用全面调查固然好,但涉及面之广、工作量之大是可想而知的,目前尚无此能力完成这项工作;若采取抽样调查,姑且不说为取得这四项指标的抽样数值需付出多大努力,其可靠性也是相当成问题的,其中任何一项指标数值带有误差,都会影响最终的估计结果,倘若四项资料各带有一定的误差,最终结果的准确性必将大打折扣。

四、旅游者构成统计

(一)旅游者构成统计的意义

在旅游者的统计中,对旅游人数的统计还只是最基本、最表象的内容之一,它所反映的只是旅游事业的发展规模。而通过旅游者构成统计,可以显示出旅游者的一些内在特征,以此帮助我们认识一个国家或一个地区旅游活动发展的层次和深度,对于开辟旅游者的来源,提供符合不同旅游者需求的“量体裁衣”式的旅游产品和旅游服务,提高旅游业甚至旅游目的地的竞争能力,促进一个国家或一个地区的旅游业向着“更好、更快、更高、更全”的目标发展,都有着不容忽视的推动作用。

(二)旅游者构成统计的资料来源

凡是能够提供旅游者的详细情况,便于对此进行各种各样分组的原始材料,都可以作为旅游者构成统计的资料来源。这类资料很多,可以分为以下几类。

1.登记在册的原始资料

这类资料最常见的有:外国旅游者的入境登记单,旅游饭店、宾馆、旅馆的旅游者住宿登记单。这类资料往往是经常性的、连续不断的,是旅游者构成统计的重要的资料来源。

2.专门调查所取得的资料

为了某种统计研究目的的需要,往往需在适当的时间、地点向旅游者作专门的调查,以获得所需的资料。这类调查往往是为了取得上述登记单上所没有的材料,这类调查从组织形式上可分为:重点调查、典型调查和抽样调查,尤以抽样调查方法为多。这类调查所取得的资料既可是书面的,也可是口头的,但无论是哪种调查形式、哪种资料形式,其调查单位的代表性、调查内容的可靠性都要求较高。

(三)国际旅游者构成统计

国际旅游者可根据其主要特征进行如下分组。

1.按国际旅游者的年龄分组

目前,对国际旅游者可按其年龄分为以下四组:①16 岁以下;②17~30 岁;③31~50 岁;④51 岁以上。

以前我国的旅游统计中曾将国际旅游者的年龄分组确定为:20 岁以下,21~30 岁,31~50 岁,51 岁以上这样 4 组,因而在引用资料进行对比时需特别注意。

2.按国际旅游者的性别分组

按国际旅游者的性别,可分为男性旅游者与女性旅游者。

3.按国际旅游者的职业分组

现在,《中国旅游统计年鉴》公布的资料中,我国将国际旅游者按其职业分为以下 9 组:①专业技术人员;②行政管理人员;③办事员;④商人;⑤服务人员;⑥农民;⑦工人;⑧其他专业人员;⑨无职业人员。

4.按国际旅游者的入境方式分组

旅游者的入境方式是指旅游者入境时使用的交通工具,按此标准分类则为:①船舶:指旅游者入境时乘坐的是班轮、邮轮、游览船、友谊船、气垫船等;②飞机:指旅游者入境时乘坐的是中国民航、外国民航的班机、专机等;③火车:指旅游者入境时乘坐的是国际列车;④汽车:指旅游者入境时是从陆路乘坐汽车;⑤徒步:指旅游者是徒步入境的。

过去,我国的旅游统计中曾将④、⑤两组合二为一,称为"孔道",因而在引用资料时需注意。

5.按国际旅游者的身份分组

目前,我国将国际旅游者按身份划分为以下几组:①外国人;②华侨:指侨居国外,但未加入居住国国籍的中国人;③港澳同胞:指居住在我国港澳地区的中国人;④台湾同胞:指居住在我国台湾省及其所属岛屿的中国人。

前一阶段,我们是将③、④合二为一,称为"港澳台同胞";将外国人中分出"外籍华人",即已加入外国国籍的中国血统的华人。在资料的引用中,也应特别注意其口径上的可比性。

6.按国际旅游者的国籍分组

在实际的旅游统计工作中,我们将来华旅游的外国人按其国籍进行以下分组:①来华旅游的外国人总计;②日本、菲律宾、泰国、新加坡、印度及其他亚洲国家小计;③英国、法国、德国、意大利、瑞士、瑞典、荷兰、俄罗斯及其他欧洲国家小计;④美国、加拿大及其他美洲国家小计;⑤澳大利亚、新西兰及其他大洋洲国家小计;⑥非洲国家小计;⑦其他国家小计。

7.按国际旅游者的旅游组织方式分组

按旅游者是否组团活动分组,可分成团体旅游者和零散旅游者(散客)。这样分成的两组对旅行社而言,也可叫作综合服务旅游者、零星委托旅游者。

8.按国际旅游者的旅游目的分组

按此标准可分为:①观光游览;②度假;③商务;④文化交流;⑤探亲访友;⑥公务;⑦其他。

除了上述提到的八种特征对国际旅游者分组之外,还可按其受教育程度、家庭收入、停留时间、游览城市的座数等进行分组。在众多的分组标志中,究竟选用哪一个或哪几个标志进行分组,就要依具体的研究目的而定了。如当研究的是不同客源国或地区旅游者的规模时,则选用第6种分组形式;当所要研究的问题是针对不同职业的旅游者提供相应的接待方式时,则可选用第3种分组形式等。

总之,通过不同的分组形式,可计算其相应的构成,并加以进一步的分析。而且不同的分组形式,可从不同的侧面反映旅游者的特征。在运用时,既可因其需要选择一个最恰当的分组标志,也可同时选择几个分组标志,从不同侧面综合说明国际旅游者的特征,最大限度地为研究目的服务。

(四)国内旅游者构成统计

国内旅游者的构成状况比国际旅游者单纯得多,通常可以进行以下几种分组。

1.按旅游者的年龄分组

对此,可以将国内旅游者按其年龄分成:①少年儿童组。指16岁以下的旅游者;②青年组。指17~35岁的旅游者;③壮年组。指36~50岁的旅游者;④老年组。指51岁以上的旅游者。

当然,也可与国际旅游者的年龄分组相一致而分成:16岁以下,17~30岁,31~50岁,51岁以上四组。也就是说,各年龄组的上限和下限并非是一成不变的。

2.按旅游者的性别分组

按旅游者的性别可分为男性旅游者与女性旅游者。

3.按国内旅游者的职业分组

按此标准可分为:①学生:包括各类大、中、小学生,但通常不包括成人学校的学生;②教师:包括各级各类学校的教师;③机关工作人员:包括国家机关、团体、事业单位的人员;④工人;⑤农民;⑥干部;⑦个体劳动者;⑧其他。

4.按国内旅游者的旅游方式分组

按此标准可分为:①团体旅游者;②零散旅游者。

5.按国内旅游者的旅游时间分组

按此标准可分为:①一日游;②二日游;③多日游。

6.按旅游者的来自地区分组

一般是按我国的行政区划分,也可依具体情况而按省内、省外,或按县、市内外分。

同样,除了常用的上述几种分组外,也可以按国内旅游者的收入水平、文化程度等进行分组,以确定其构成。

(五)旅游者构成分析指标

无论是国际旅游者还是国内旅游者,按其特征可分成不同的组。但是,分组仅仅是手段而不是目的,不是为了分组而分组,目的在于通过这些分组,分析其构成的状况,进而揭示其所反映的现象的本质。通常,根据旅游者的构成指标,可以进行以下几个结构相对数与比较相对数的计算和统计分析。

1.国际旅游者的国籍比重指标

$$外国人比重=\frac{外国旅游者人次数}{国际旅游者人次数}\times 100\% \tag{14}$$

例5,表7-5所示即为国际旅游者的国籍比重指标。

表7-5　某地某年来华旅游者入境人次数

国籍/地区	人数次(人次)	所占比重(%)
外国人	5 182 060	11.86
华　侨	115 245	0.26
港澳同胞	36 996 936	84.70
台湾同胞	1 390 215	3.18
合　计	43 684 546	100.00

由表7-5可以看出,某地该年来华旅游入境人次数中有84.70%的旅游者为港澳同胞,而外国人所占比重仅为11.86%。也就是说,该地区的旅游业在如何设计、开发适合外国人需求特点的旅游产品,吸引越来越多的外国人来中国旅游这一点上,还有许多的工作要做。

2.旅游者乘坐交通工具比重指标

$$乘坐某种交通工具比重=\frac{乘坐某种交通工具的旅游者人数}{旅游者人数}\times 100\% \tag{15}$$

例6,某地区某年旅游者乘坐交通工具情况如表7-6所示:

表7-6　某年某地区旅游者人次数

按交通工具分组	人数次(人次)	所占比重(%)
船　舶	4 109 235	9.41
飞　机	4 225 347	9.67
火　车	1 349 005	3.09
汽　车	6 323 768	14.08
徒　步	27 677 101	63.35
合　计	43 684 456	100.00

从表7-6可知,该年某地区接待的旅游者中徒步入境者为数最多,占全部旅

游者的 63.35%，而乘火车入境者最少，只占全部旅游者的 3.09%。

3.旅游者中团体旅游者的比重指标

$$团体旅游者比重=\frac{团体旅游者人次数}{旅游者人次数}\times 100\% \tag{16}$$

4.旅游者职业构成指标

$$某职业旅游者人次数比重=\frac{某种职业的旅游者人次数}{旅游者人次数}\times 100\% \tag{17}$$

5.旅游过夜人数比例指标

该指标往往用于表明国内旅游者参加多日游的程度。这个指标是用每百名旅游者过夜人次数表示的，即：

$$每百名旅游者过夜人次数=\frac{过夜人次数(人)}{旅游者人次数(百人)} \tag{18}$$

例 7，某地区某年经旅行社承办接待的国内旅游者人数为 72 795 594 人次，其中入境过夜旅游者 27 046 577 人次，一日游旅游者为 842.87 万人次。据此可计算该地区该年经旅行社承办接待的国内旅游者中，每百名旅游者的过夜人次数为 37.2人，即：

$$每百名旅游者过夜人次数=\frac{27\ 046\ 577}{72\ 795\ 594\div 100}=37.2$$

6.度假旅游者比重指标

旅游者的旅游目的是不尽相同的，在旅游者中有相当一部分人是以度假观光为目的的，这些人想利用假期多走些游览点，尤其是现代人的假期较之以前有所增加，现代人的旅游意识也有所加强，所以度假旅游者的比重在今后相当长的一段时间内仍呈上升趋势。对旅游企业来说，以度假观光为目的的旅游者才是他们接待的重点，应该有针对性地尽量满足其需要。

$$度假旅游者比重=\frac{度假旅游者人次数}{全部旅游者人次数}\times 100\% \tag{19}$$

也可计算相应的比例相对指标：

$$度假旅游者比例=\frac{度假旅游者人次数}{非度假旅游者人次数} \tag{20}$$

例 8，国家旅游局某年入境旅游者抽样调查资料表明：抽样调查中，来华旅游的外国旅游者人数为 3337 人，其中，以度假为目的者 452 人，则根据公式(19)可计算出：

$$度假旅游者比重=\frac{452}{3337}\times 100\%=13.55\%$$

即每 100 名旅游者中有 13.55 人为度假旅游者。

也可据公式(20)计算：

$$度假旅游者比例=\frac{452}{3337-452}=\frac{452}{2885}=0.1567$$

或

$$度假旅游者比例=1567:10\ 000=0.1567$$

即每有 10 000 名非度假旅游者中,就有 1567 名为度假旅游者。

7.出境旅游者比重指标

目前我国公民出境旅游刚刚开始,但从长远看必然会随着社会经济的发展和国际交往的加强而发展扩大。

$$出境旅游者比重=\frac{出境旅游者人数}{国际旅游者人数}\times 100\% \tag{21}$$

也可计算:

$$出境旅游者比例=\frac{出境旅游者人数}{入境旅游者人数} \tag{22}$$

例 9,某地区某年国际旅游人数为8202.80万人次,其中入境旅游人数为7279.56万人次;公民出境旅游人数为 923.24 万人次,其中因公出境 496.63 万人次,因私出境 426.61 万人次。经旅行社组织出境的人数为 249.56 万人次。

依此资料根据公式(21)可以计算出:

$$\begin{array}{l}该年该地区公民\\出境旅游者比重\end{array}=\frac{923.24\ 万人次}{8202.80\ 万人次}\times 100\%$$

$$=11.26\%$$

其中:

$$出境旅游者比重=\frac{249.56\ 万人次}{7279.56\ 万人次}\times 100\%$$

$$=3.43\%$$

也可以根据公式(22)计算:

$$\begin{array}{l}该年该地区公民\\出境旅游者比例\end{array}=\frac{923.24\ 万人次}{8202.80\ 万人次-923.24\ 万人次}=\frac{923.24}{7279.56}$$

$$=0.1268\ 或者\ 1268:10\ 000$$

即每有 100 000 万人次的入境旅游者中,就有 1268 人次为出境旅游者。

其中:

$$出境旅游者比例=\frac{249.56\ 万人次}{8202.80\ 万人次-249.56\ 万人次}=\frac{249.56}{7953.24}$$

$$\approx 0.031\ 或者\ 31:1000$$

即入境旅游者中,每有 1000 人次的入境旅游者中,就有 31 人次为出境旅游者。

第三节　旅游者人数变动统计

一、旅游者人数变动统计的意义

旅游者人数的变动是客观存在的，之所以这样说，原因之一是旅游资源本身是有季节性的。一些旅游资源在某个季节对旅游者的吸引力最大，能取得最佳的旅游感受，而在其余季节，其旅游功能及价值有所下降，气象景观尤为如此。可以说，绝大多数的旅游资源都具有这种季节性，这是由气候状况的季节变化决定的。原因之二是旅游者本身对出游活动的安排所致。即旅游者出游的安排，除了要考虑目的地的季节性之外，还有时间的选择问题，如职员选择在公休日、节假日，教师和学生则往往选择在寒假、暑假。原因之三是旅游者的流向与流量也会受其历史原因、经济条件等的限制，而表现在对旅游目的地的选择上有所不同。

因此，研究旅游者人数的增减变动、流向变动、淡旺季的变动等，将有助于旅游点的合理开发与布局，有利于最大限度地利用各种旅游设施，促进旅游接待组织工作的科学化与合理化，对满足旅游者的需求、增加国家旅游收入都有重要的意义。

二、旅游者总人数变动统计

旅游者总人数变动统计也称旅游者流量变动统计。旅游流量是指在一定时期内前往同一旅游目的地的旅游者的数量，这里所指的旅游目的地，大者可指某一个国家，小者可指某一个旅游城市或地区。

旅游者总人数变动指标可以表现为以下几种。

（一）旅游人数动态指标

即旅游人数动态相对数，它表明两个不同时期旅游者规模的变动情况或者发展速度，其指标计算可用公式（23）表示：

$$旅游人数动态指标=\frac{报告期旅游人数}{基期旅游人数}\times 100\% \qquad (23)$$

如时间数列分析一章中所述，在这里，旅游者人数动态指标也可以因对比基期的选择不同，而分为定基发展速度和环比发展速度两种。

（二）旅游人数增长（减少）速度

旅游人数增长（减少）速度是上一指标的延续，可直接从上述指标数值减去100%而得到，其计算如公式（24）所示：

$$\begin{aligned}旅游人数增长（降低）速度&=\frac{报告期旅游人数增加（减少）量}{基期旅游人数}\times 100\%\\&=报告期旅游人数发展速度-100\% \qquad (24)\end{aligned}$$

（三）旅游人数增长（减少）量

同时，还可计算报告期旅游人数变动的绝对量：

报告期旅游者人数增加（减少）量=报告期旅游人数-基期旅游人数　（25）

旅游者人数增加（减少）量，也可如时间数列一章所述方法，分为逐期、累计增长（减少）量两种分别计算。

上述三种旅游人数变动指标，既可以计算全部旅游者、国际旅游者及国内旅游者的相应指标，也可以计算某地区乃至某企业接待的全部旅游者及其国际旅游者、国内旅游者人数的相应指标。

三、旅游者流向变动统计

旅游者流向是指旅游者在旅游中所形成的从居住地到旅游目的地的旅行指向，它是由旅游动机和经济条件决定的。由于公众的群体化心理、旅游者的经济条件的相似性，以及对舒适、便利、安全等需要的共同追求，旅游流向往往可体现出某些一致性和规律性。研究旅游者的流向变动，可以从来源和去向两方面分别观察其变动情况，这样将有利于合理组织客流。

（一）旅游者来源的变动统计

旅游者来源是指旅游者来自的地区或者国家，及其人数比重的升降，表明旅游者来源的变动程度。

对于外国旅游者来说，可以按其来自的洲别、国别、地区进行分类；而对于国内旅游者来说，可按其来自的地区、城市、行政区划等进行分类，然后再分析其构成及其变动情况。

外国旅游者的来源构成，最常见的是客源市场构成，如表7-7所示。

表7-7　某地两年中入境旅游主要客源市场变动表

国家	第一年		第二年		比重增加（减少）（%）
	入境人数（人）	比重（%）	入境人数（人）	比重（%）	
日本	2 385 700	21.25	2 925 553	21.77	+0.52
韩国	1 678 836	14.95	2 124 310	15.81	+0.86
俄罗斯	1 196 175	10.66	1 271 635	9.46	-1.20
美国	949 161	8.45	1 121 197	8.34	-0.11
马来西亚	468 613	4.17	592 447	4.41	+0.24
蒙古	387 057	3.45	453 126	3.37	-0.08
新加坡	415 047	3.70	497 149	3.70	0.00
菲律宾	407 990	3.63	508 572	3.78	+0.15
英国	302 527	2.69	342 967	2.55	-0.14
泰国	298 417	2.66	386 326	2.87	+0.07

(二)旅游者去向变动统计

旅游者去向变动的分析,是指通过不同时期、不同去向的人数的增减程度或者结构相对指标加以表示,以观察其去向的变动情况。

例10,我国2002—2003年主要城市接待入境旅游者变动情况如表7-8所示,试分析旅游者去向变动。

表7-8　2002—2003年我国主要城市接待入境旅游者变动情况(部分)

	2002年		2003年		变动情况	
	人数(万人次)	人天数(万人天)	人数(万人次)	人天数(万人天)	人数(%)	人天数(%)
北京	310.4	1305.2	185.1	804.8	-40.36	-38.34
天津	50.6	183.6	48.9	176.0	-3.36	-4.15
上海	272.5	984.5	244.7	888.3	-10.21	-9.77
西安	743.2	181.3	33.7	82.5	-54.71	-54.50
广州	473.9	967.3	362.5	776.1	-23.51	-19.77
杭州	105.6	264.4	86.1	234.2	-18.46	-11.46
桂林	98.4	141.8	44.6	68.1	-54.72	-51.96

资料来源:《中国旅游统计年鉴2004》

从表7-8可以看出,上述7个重点城市在2002年、2003年两年间,接待的入境旅游者无论是人数还是人天数均有不同程度的下降,其中北京、西安、桂林尤为明显,西安、桂林的下降幅度甚至在50%以上。显然,这是由于2003年"非典"的原因所致。

四、旅游者人数季节变动统计分析

旅游活动是有季节性的,因此对不同季节的旅游者人数的变动情况进行分析,可以掌握旅游人数在年内的淡、旺季,以便搞好客流的预测工作,为组织和安排好接待服务工作做好充分的准备。

旅游者人数季节变动统计分析是运用"季节变动法"原理进行的。

例11,某地区近四年旅游人数的季节变动分析资料如表7-9所示:

表7-9　季节比率计算表

单位:万人

接待人数	第一年	第二年	第三年	第四年	合计	四年平均	季节比率(%)
1月	51.2	27.6	98.2	58.6	235.6	58.9	91.74
2月	72.1	41.3	60.3	67.7	241.4	60.4	94.08
3月	77.3	65.3	47.9	94.5	285.0	71.3	111.06
4月	69.3	55.4	74.9	83.3	282.9	70.7	110.03
5月	52.8	39.5	56.6	66.0	214.9	53.7	83.65
6月	61.9	43.2	60.0	71.3	236.4	59.1	92.06
7月	56.0	49.3	67.7	85.9	258.9	64.7	100.78

续表

接待人数	第一年	第二年	第三年	第四年	合计	四年平均	季节比率(%)
8月	81.7	55.6	61.9	96.9	296.1	74.0	115.26
9月	59.5	45.6	73.4	81.9	260.4	65.1	101.40
10月	63.1	42.9	56.7	78.1	240.8	60.2	93.77
11月	58.7	45.1	56.3	72.5	232.6	58.2	90.65
12月	73.2	59.5	70.3	91.0	294.0	73.5	115.33
全年平均	64.7	47.5	65.4	79.0	256.6	64.2	—

从表7-9的计算和分析可看到,这个地区过去几年接待旅游者情况,1月、2月、5月、6月、10月、11月份是“低谷期”,是旅游淡季。3月、4月、8月、12月等为高峰季节,是旅游旺季。7月、9月份集结变动率接近100%,为旅游平季,因此今后组织接待时,要注意到这种趋势。

季节变动分析可以分别按全部旅游人数、国际旅游者人数和国内旅游者人数进行,预测和估计其人数的变动态势。

第四节　旅游者停留时间统计

一、旅游者停留时间统计的意义

一个国家或地区旅游活动的规模,一方面表现在旅游者人数的多少上;另一方面则表现在旅游者停留的时间上。也就是说,要想扩大一个国家或地区的旅游活动的规模,则招徕吸引的旅游者越多越好,已经到达的旅游者停留的时间越长越好。以后者为例,若旅游者人数不变,而到达的旅游者平均停留时间增加1倍的话,那么,就相当于人数增加了1倍。所以从这个意义上说,对旅游者停留时间的统计意义重大,具体来说:

(1)旅游者停留时间的长短,可以反映出一个国家或地区旅游活动规模的大小。

(2)旅游者停留时间的长短,可以说明一个国家或地区旅游资源游览价值的大小,旅游设施、旅游服务质量以及接待安排等各方面工作对旅游者的吸引程度的强弱,反映旅游者的需求程度,从而为旅游管理部门加强管理、监督和检查服务质量提供依据。

(3)旅游者停留时间的长短,决定着旅游者消费支出的多少,从而影响旅游业的经济收入。对外国旅游者而言,其在一国停留时间的长短,关系该国旅游业取得外汇收入的多少;就国内旅游者而言,则与该国回笼货币的多少有直接的联系。

二、旅游者停留时间的概念

从广义上讲,旅游者停留时间是指旅游者在一国国境内全部旅游活动过程中所停留的时间;从狭义上讲,是指旅游者在某一旅游城市进行旅游活动所停留的时间。

显然,广义的停留时间包括有狭义的停留时间在内,但它并非是狭义停留时间的简单加总,它还应该包括旅游者从一个城市到另一城市旅途所占的时间。对于外国旅游者来说,通常既要统计广义的停留时间,又要统计狭义的停留时间,而且无论是从理论上还是实践上,这两个停留时间的统计既是可能的又是必要的。而对于国内旅游者来说,因条件所限,目前还只能是统计其狭义的停留时间,即其在某一旅游城市的停留时间。

目前在统计上,为了保持该指标时间上的可比性,通常外国旅游者在我国的停留时间是以入国境之时起,以出国境之时止;在操作上往往是以办完入境和离境的登记手续的时间为准。而无论是外国旅游者还是国内旅游者,其在某一旅游城市的停留时间则都是以到达该城市之时起,离开该城市之时止;在操作上,往往是以到达和离开饭店、旅馆的时间为准。

三、旅游者停留时间指标及其计算

(一)旅游者停留时间

1.旅游者停留时间的计量单位

旅游者停留时间,通常是以旅游者在一国或一地过夜的天数来表示的。因为,对于旅游者来说,只有过夜才牵扯到对饭店、旅馆设备的使用,对其所在饭店、旅馆才会因其消费而有相应的经济收入。所以,在实际工作中,往往把停留时间直接称为“过夜天数”。不过,“过夜天数”只是相对于一位旅游者而言的,若接待的是团体旅游者,则应分每个人计算,以“过夜人天数”作为旅游者停留时间总量的计量单位。

2.旅游者人天数的计算

如前所述,旅游者停留时间指标的计算可有两种方法:

(1)就零散旅游者(散客)而言

旅游者停留时间即为其所在一地或一国(仅指外国旅游者)的过夜天数。

(2)对于团体旅游者而言

$$\text{团体旅游者停留时间} = \text{团体旅游者人数} \times \text{过夜天数} \qquad (26)$$

(3)旅游者停留时间的总量指标

$$\text{某一时期旅游者过夜人天数} = \sum \text{该时期每位旅游者过夜人天数} \qquad (27)$$

$$\text{或者} = \sum \text{该时期每日过夜人数}$$

3.旅游者停留时间统计中应注意的问题

旅游者在一个旅游城市的过夜天数,除了可以根据前面提到的方法,即以饭店、旅馆住宿登记日期为准外,也可以根据其支付的住宿费金额来确定其是否在某饭店、旅馆过夜。

由于旅游人天数与旅游人数是两个不同的概念,因此在同一时期同一单位出现旅游人天数与旅游人数的不一致,是完全正常的。例如,某一个 30 人的旅游团某日游览了甲、乙两个景点,并在乙地住宿、过夜,则这一天的旅游人天数是甲地为零,乙地为 30 人天;而这一天的旅游人数则甲地、乙地各为 30 人。

4.旅游者停留天数的分类

旅游者停留天数可按旅游者的主要特征等进行分类,常见的分类有:按旅游者的性别、国籍、身份、职业、旅游目的、个人收入来进行分类,按旅游费用是自费还是公费分类,按接待单位、地区分类,并可计算相应的结构指标。

例 12,某地区某年来华旅游者抽样调查中,就来华旅游者在华停留天数进行了如下分类,如表 7-10 所示:

表 7-10　某地区某年来华旅游者在华停留天数分组统计表

单位:%

	合计	1~3 天	4~7 天	8~14 天	15 天以上
总计	100.0	19.3	30.1	29.9	20.7
其中:团体	100.0	17.7	29.8	33.9	18.6
散客	100.0	22.1	30.8	22.5	24.5
外国人	100.0	16.3	31.5	30.6	21.6
其中:团体	100.0	16.4	31.7	33.3	18.6
散客	100.0	16.0	31.0	25.0	28.0
华侨	100.0	22.1	17.6	16.2	44.1
其中:团体	100.0	18.5	11.1	22.2	48.2
散客	100.0	24.4	22.0	12.2	41.4
港澳同胞	100.0	46.1	38.7	9.4	5.8
其中:团体	100.0	43.8	44.8	8.7	2.7
散客	100.0	49.5	29.8	10.5	10.2
台胞	100.0	7.3	19.1	45.4	28.2
其中:团体	100.0	1.4	10.5	58.0	30.1
散客	100.0	16.0	31.8	26.6	25.6

通过表 7-10,可以得出以下结论:

从总体上看,①来华旅游者中,在华停留 4~7 天和 8~14 天的旅游者人数各占 30%左右,停留 15 天以上者占 20%左右。说明停留一周及更长一些时间的旅游者是来华旅游者的主体;②在华停留 7 天以下和 15 天以上的旅游者中,散客旅游者所占比重高于团体旅游者;③外国人在华停留 8 天以上者占一半以上;华侨停留在

15 天以上者占四成以上；而港澳同胞以短期旅游为主，在大陆停留 7 天以下者占 80%以上；台胞则相对来说停留时间较长，70%以上的旅游者在大陆停留 8 天以上，团体旅游者则接近 9 成，停留 3 天以下者只占 7.3%。

再如，表 7-11、表 7-12、表 7-13 均为某年来华旅游者抽样调查中进行过的关于旅游者在华停留的分组统计表，它们各从不同的侧面反映了来华旅游者的在华停留情况。

表 7-11　某年不同年龄来华旅游者在华停留天数分组统计表

单位：%

年龄	合计	1~3 天	4~7 天	8~14 天	15 天以上
20 岁以下	100.0	18.6	35.0	24.7	21.7
21~30 岁	100.0	26.8	29.1	24.0	20.1
31~50 岁	100.0	20.2	31.6	27.7	20.5
51 岁以上	100.0	13.7	27.6	37.6	21.1

表 7-12　某年不同旅游目的来华旅游者在华停留天数分组统计

单位：%

旅游目的	合计	1~3 天	4~7 天	8~14 天	15 天以上
观光旅游	100.0	18.1	31.5	34.0	16.4
度假	100.0	28.3	20.8	19.9	31.0
商务	100.0	24.2	35.4	22.8	17.6
文化交流	100.0	6.0	35.6	36.3	22.1
探亲访友	100.0	17.5	21.7	20.6	40.2
公务	100.0	24.4	24.4	27.9	23.3
其他	100.0	5.7	23.6	33.8	36.9

表 7-13　某年不同职业来华旅游者在华停留天数分组统计表

单位：%

职业	合计	1~3 天	4~7 天	8~14 天	15 天以上
政府官员	100.0	27.2	32.8	22.6	17.4
职员	100.0	29.7	36.1	23.3	10.9
商人	100.0	21.8	31.5	28.5	18.2
经理、董事	100.0	23.4	32.3	29.9	14.5
科技人员	100.0	11.7	27.8	29.4	31.1
教师	100.0	10.6	34.2	26.2	29.0
工农	100.0	20.1	32.9	29.5	17.5
家庭妇女	100.0	19.6	28.2	33.8	18.4
医生、律师	100.0	12.4	28.3	38.6	20.7

续表

职业	合计	1~3天	4~7天	8~14天	15天以上
退休人员	100.0	12.6	19.5	40.7	27.2
学生	100.0	14.1	27.0	25.8	33.1
其他	100.0	18.6	27.4	36.2	17.8

(二)旅游者平均停留时间

1.旅游者平均停留时间的概念

旅游者平均停留时间表示某一时期内平均每一位旅游者停留的天数,它反映了该时期内旅游者一般的停留时间长度,也称平均逗留天数。

旅游者停留时间的长短是因人而异的,它除了取决于旅游者的支付能力外,还取决于旅游地旅游资源的丰富与否、观光游览价值的大小、旅游设施对旅游者需求的满足程度和各种服务工作质量的优劣。所以说,旅游者平均停留时间,是评价旅游资源、旅游设施、旅游服务工作质量的一个综合性指标。延长旅游者停留的时间,就等于多接待了旅游者,对旅游收入的增加无疑是有利的。因此,如何有效地延长旅游者的平均停留天数,是各旅游地或旅游目的地国家必须认真考虑的重要问题。

旅游者平均停留天数的计算,可用公式(28)表示:

$$\text{旅游者平均停留天数}=\frac{\text{报告期接待的旅游者人天数}}{\text{报告期接待的旅游者人数}} \tag{28}$$

例13,某年某市接待的海外旅游者中,外国人为92 934人,旅游人天数为473 414人天;华侨1840人,旅游人天数为9058人天;港澳同胞13 790,旅游人天数为53 996人天;台胞10 018人,旅游人天数为44 584人天,由此可计算其接待的海外旅游者平均停留天数为:

$$\text{外国人平均停留天数}=\frac{473\ 414}{92\ 934}=5.09(\text{天})$$

$$\text{华侨平均停留天数}=\frac{9058}{1840}=4.92(\text{天})$$

$$\text{港澳同胞平均停留天数}=\frac{53\ 996}{13\ 790}=3.92(\text{天})$$

$$\text{台湾同胞平均停留天数}=\frac{44\ 584}{10\ 018}=4.45(\text{天})$$

2.旅游者平均停留天数的分类、分组

常见的除上述提到的按国籍分组外,还可以按旅游者的性别、年龄、身份、职业、收入水平、旅游目的分组,按旅游方式(团体、散客)分组,按接待方式、接待单位等进行分组,而且对同一时期平均停留时间还可以进行地区间的对比,以反映地区间的旅游价值和旅游资源丰富程度的差异性，反映各地区接待水平、服务质量的高低。

对国内旅游者同样可以进行不同的分类，如按其收入水平、职业、年龄、来自地区等进行分组，这样做既可反映国内居民生活水平的高低，反映出国内旅游业的发展现状，又可帮助旅游部门针对国内旅游者的不同情况抓住重点，改进工作，开展丰富多样、适合国内旅游者需求的旅游活动，同时也可增加国内的旅游收入。

3.旅游者平均停留时间的变动研究

研究旅游者平均停留天数的变动，对于观察各旅游地的旅游价值的变化，旅游资源的开发与利用，旅游服务设施及服务质量的变化是大有裨益的，对于如何扩大旅游收入及趋势的评估，也需研究旅游者平均停留时间的变动情况。常用的研究旅游者平均停留时间变动的方法主要有以下几种。

(1) 时间数列法

即将旅游者平均停留时间按时间先后顺序排列，编制成时间数列，再以时间数列法进行分析。

因为旅游地的旅游价值是有季节性的，故旅游者在一年中的不同时期，停留天数也会因此而不尽相同。对于某旅游地来说，不能用一年中各期的旅游者平均停留天数简单地进行时间数列分析，而应先计算全年的旅游者平均停留时间。

$$\text{全年旅游者平均停留时间}=\frac{\sum \text{各期旅游者平均停留时间}}{\text{期数}} \tag{29}$$

例 14，某旅游地某年接待来华旅游者平均停留天数资料如表 7-14 所示：

表 7-14 某年某地来华旅游者平均停留天数资料

月份	1	2	3	4	5	6	7	8	9	10	11	12
旅游者平均停留时间(天)	3.8	2.0	3.4	4.4	6.0	4.4	4.0	3.4	5.4	5.0	3.0	2.8

$$\text{该年该地区全年旅游者平均停留时间}=\frac{\sum \text{各期旅游者平均停留时间}}{\text{期数}}$$

$$=\frac{3.8+2.0+3.4+4.4+6.0+4.4+4.0+3.4+5.4+5.0+3.0+2.8}{12}$$

$$=\frac{47.6}{12}=3.97(\text{天})$$

从表 7-14 资料分析看出，该年该旅游地全年平均停留天数为 3.97 天，但各月接待的旅游者平均停留天数是有差异的，其高峰期(停留时间较长的时期)是上半年的 4 月、5 月、6 月份和下半年的 9 月、10 月份，与每年的旅游旺季是一致的。表明在旅游旺季，不但旅游者的出游人数增多，而且其平均停留的时间也相对较长。

各旅游地和接待部门应抓住每年的黄金季节招徕旅游者，且设法进一步延长其停留时间，以增加旺季的旅游收入。

一个单位接待的旅游者，其平均停留时间除了可进行年度内各月份的变动分析外，还可以对连续几年的（一般为三年以上）各月资料进行季节变动分析，这一点同前面提到的旅游者人数变动的季节分析相似，故不赘谈。

另外，还可以对某旅游地的各年旅游者平均停留时间进行时间数列分析。

例 15，某旅游地近十年各年度旅游者的平均停留时间资料如表 7-15 所示：

表 7-15　某地近十年旅游者平均停留时间资料

年份	第一年	第二年	第三年	第四年	第五年	第六年	第七年	第八年	第九年	第十年
旅游者平均停留时间（天）	3.0	2.6	3.0	3.4	3.2	3.8	4.0	4.0	4.0	4.5

由表 7-15 资料可知：该旅游地近十年内，接待旅游者的平均停留时间有所延长。

从绝对量上看：

$$\text{近十年旅游者平均停留时间增加量} = 4.5 - 3.0 = 1.5\ (\text{天})$$

从相对数上来说：

$$\text{近十年旅游者平均停留时间变化程度} = \frac{4.5}{3.0} \times 100\% = 150\%$$

即增加了 50%。

$$\text{近十年平均每年的发展速度} = \sqrt[10]{\frac{4.5}{3.0}} = \sqrt[10]{1.50} = 104.14\%$$

即近十年，该地旅游者平均停留时间平均每年以 4.14%的速度递增。

（2）因素分析法

想方设法延长旅游者的停留时间，是提高旅游设施的利用程度和增加旅游收入的重要途径。从这个角度讲，旅游收入的多少相当程度上取决于旅游者的平均停留时间的长短，下面我们就从旅游收入的影响因素入手进行分析。

旅游收入对于饭店来说，主要包括客房收入、餐厅收入、车船队收入等，所以分别分析如下：

①旅游者平均停留时间的变动对客房收入的影响

因为：

$$\text{客房收入} = \begin{matrix}\text{接待的}\\ \text{旅游者人天数}\end{matrix} \times \begin{matrix}\text{平均每位旅游者}\\ \text{的日住宿费}\end{matrix} \tag{30}$$

或

$$= \begin{matrix}\text{旅游者}\\ \text{人数}\end{matrix} \times \begin{matrix}\text{平均}\\ \text{停留时间}\end{matrix} \times \begin{matrix}\text{旅游者平均}\\ \text{日住宿费}\end{matrix} \tag{31}$$

所以：

$$\text{客房收入的变动额}=\text{旅游者人数}\times\left(\text{报告期平均停留时间}-\text{基期平均停留时间}\right)\times\text{旅游者平均每人日住宿费} \quad (32)$$

②旅游者平均停留时间的变动对餐饮收入的影响

因为：

$$\text{餐饮收入}=\text{旅游者人数}\times\text{平均停留时间}\times\text{旅游者平均日餐饮费} \quad (33)$$

所以：

$$\text{餐饮收入的变动额}=\text{旅游者人数}\times\left(\text{报告期平均停留时间}-\text{基期平均停留时间}\right)\times\text{旅游者平均每人日餐饮费} \quad (34)$$

③旅游者平均停留时间的变动对车队收入的影响

因为：

$$\text{车队收入}=\text{旅游者人数}\times\text{平均停留时间}\times\text{旅游者平均每人日交通费} \quad (35)$$

所以：

$$\text{车队收入的变动额}=\text{旅游者人数}\times\left(\text{报告期平均停留时间}-\text{基期平均停留时间}\right)\times\text{旅游者平均每人日交通费} \quad (36)$$

④旅游者平均停留时间的变动对游览娱乐收入的影响

因为：

$$\text{游览娱乐收入}=\text{旅游者人数}\times\text{平均停留时间}\times\text{旅游者平均每人日游览娱乐费} \quad (37)$$

所以：

$$\text{游览娱乐收入的变动额}=\text{旅游者人数}\times\left(\text{报告期平均停留时间}-\text{基期平均停留时间}\right)\times\text{旅游者平均每人日游览娱乐费} \quad (38)$$

⑤旅游者平均停留时间的变动对商品性收入的影响

因为：

$$\text{商品性收入}=\text{旅游者人数}\times\text{平均停留时间}\times\text{旅游者平均每人日购物费} \quad (39)$$

所以：

$$\text{商品性收入的变动额}=\text{旅游者人数}\times\left(\text{报告期平均停留时间}-\text{基期平均停留时间}\right)\times\text{旅游者平均每人日购物费} \quad (40)$$

⑥旅游者平均停留时间的变动对其他收入的影响

因为：

$$\text{其他收入}=\frac{\text{旅游者}}{\text{人数}}\times\frac{\text{平均停}}{\text{留时间}}\times\frac{\text{旅游者平均每人}}{\text{日其他支出额}} \qquad (41)$$

所以：

其他收入变动额

=旅游者人数×(报告期平均停留时间-基期平均停留时间)×

旅游者平均每人日其他支出额 (42)

例16,以表7-16资料为例：

表7-16 某地两年旅游者资料

年份	旅游者人数（万人）	旅游停留时间（天）	平均日住宿费（元）	平均日餐饮费（元）	平均日交通费（元）	平均日购物费（元）	平均日游览娱乐费（元）	平均日其他支出额（元）
第一年	10	4.0	400	250	450	420	100	300
第二年	10	5.0	400	250	450	420	100	300

因为报告期旅游者平均停留时间由第一年的4.0天增长为第二年的5.0天，所以：

①第二年客房收入变动额=10×(5.0-4.0)×400=10×1×400=4000(万元)

②第二年餐饮收入的变动额=10×(5.0-4.0)×250=2500(万元)

③第二年车队收入的变动额=10×(5.0-4.0)×450=4500(万元)

④第二年商品性收入的变动额=10×(5.0-4.0)×420=4200(万元)

⑤第二年游览娱乐收入的变动额=10×(5.0-4.0)×100=1000(万元)

⑥第二年其他收入的变动额=10×(5.0-4.0)×300=3000(万元)

所以,因旅游者平均停留时间的变动,该旅游地第二年比第一年旅游收入的数额增加了19 200万元,即：

①+②+③+④+⑤+⑥=

4000+2500+4500+4200+1000+3000=19 200(万元)

表7-16中的资料,为了研究问题的需要和计算上的简便,除了平均停留时间在报告期发生了变化之外,其他指标均假设第二年同第一年水平相比未发生变动。尽管如此,从上述计算结果可以看出,单是旅游者平均停留时间延长了一天,就使该旅游地的旅游收入增加了19 200万元。可见,旅游者平均停留时间的变动对旅游收入变动的影响是不可低估的。

若由小及大,在全国范围内,均从延长旅游者平均停留时间这一角度入手,下大力气深挖潜力,那么,大大提高我国的旅游收入将不再是一句空话。

第五节 旅游者消费支出统计

一、旅游者消费支出统计的意义与概念

(一)旅游者消费支出统计的意义

旅游者的消费支出是衡量旅游需求最有意义的尺度,它是用货币来反映旅游的需求量,其大小可以说明旅游者在价值上的需求规模,其构成可以表明旅游者对每一项旅游商品与旅游服务的需求份额。旅游者消费支出的总额与构成直接决定着旅游业经济收入的大小及其构成。因此,旅游者消费支出的总额及其构成的统计是旅游者统计的一项重要内容。尤其是西方各国的旅游统计,由于经济上的考虑,对此项内容特别重视。例如,美国旅游资料中心,专门设计了一个全国旅游支出模型,来计算美国国民在国内旅游中的消费支出。

(二)旅游者消费支出的概念

旅游者的消费支出是指旅游者在某一国家或某旅游城市或地区,为了取得旅游商品或旅游服务而支付的金额,它包括旅游者为满足自己的旅游需要而支付的一切住宿、膳食、交通运输、文化娱乐、购物等方面的开支。

二、旅游者消费支出额的统计指标

(一)旅游者消费支出总额

1.旅游者消费支出总额的概念

旅游者消费支出总额是指某地某一时期内所接待的全体旅游者消费支出金额的总和,它反映了该时期内旅游者对旅游的总需求量,也是该时期内全体旅游者所购得旅游服务的总价值量。

2.旅游者消费支出总额的相关说明

在核算旅游者消费支出总额时,应注意以下几点:

(1)对于外国旅游者而言,只有其支付给我国客运机构的有关其到达和离开我国的旅途运输费用,才计入其在我国的旅游消费支出,而付给国际运输机构的此项费用应排除在外。

(2)对于某旅游城市来说,不论接待的是外国旅游者还是国内旅游者,只有其支付给该城市的客运机构的有关其到达和离开该旅游城市的旅途运输费,才计入其在该市的旅游消费支出之列,否则也应排除在外。

(3)因为上述两个原因,从旅游者消费支出总额的定义出发所计算的旅游者消费支出总额,对旅游者来说并非是其在一次出游中所支付的全部旅游费用。因

此，若研究目的在于全面地反映旅游者的消费支出，则可以把上述排除在外的支出项加进来，但此时必须清楚两者之间的区别。

（4）出于国际收支平衡的考虑，外国旅游者为离境时所带的出口货物所支付的费用，按国际旅游统计的规定，不应计入其消费支出总额。因为，外国旅游者出境时所带的出口货物，海关在登记上往往是登记为出口商品，其销售收入也就因此被列入贸易收入了。若再作为旅游消费支出总额计算，在国际收支平衡上就出现了重复计算。但是，若研究目的在于分析旅游者消费支出在经济上的影响，则可以把它包括在旅游消费支出总额中。

3.旅游者消费支出总额增加的途径

旅游者消费支出总额直接影响旅游业的营业收入额，从公式（43）不难看出：

$$\text{旅游业的营业收入额}=\text{接待的旅游者人数}\times\text{每一位旅游者的消费支出额} \quad (43)$$

即旅游业的营业收入额受接待的旅游者人数和每位旅游者消费支出额的双重因素的影响。接待的旅游者人数的增加，又受到旅游资源、旅游设施等各方面接待能力的限制。而每一位旅游者的消费支出额的增加，相对于接待的旅游者人数的增加来说，就容易得多了。只要增加旅游商品和旅游服务，吸引旅游者尽可能多地消费就可以了。所以，从这个意义上讲，增加每一位旅游者消费支出的水平，才是增加旅游者消费支出总额、增加旅游业收入的主要途径。

（二）旅游者平均消费支出额

旅游者消费支出总额的大小，不但受旅游者人数多少的影响，而且受到每一位旅游者消费支出额多少的影响，而每一位旅游者的消费支出额又受其每天的消费支出水平及其停留时间长短的影响。因此，在旅游者消费支出的统计中，需要分别统计计算以下三个指标：

1.旅游者平均每人每天消费支出额

$$\text{旅游者平均每人每天消费支出额}=\frac{\text{报告期旅游者消费支出总额}}{\text{报告期旅游者过夜人天数}} \quad (44)$$

该指标是指一定时期内平均每一位旅游者每天的消费支出额，反映旅游者的一般消费水平，相当于该时期旅游者为购买"一日游"而支付的价格。该指标不受旅游者人数多少与停留时间长短的影响。

2.旅游者平均每人消费支出额

$$\text{旅游者平均每人消费支出额}=\frac{\text{报告期旅游者消费支出总额}}{\text{报告期旅游者人数}} \quad (45)$$

该指标是指一定时期内每一位旅游者在整个停留时间内的消费支出额，它反映了旅游者在整个停留时间内的一般消费水平，相当于该时期旅游者为购买"旅游"而支付的价格。

该指标与"旅游者平均每人每天的消费支出额"的关系可用公式表示如下：

$$\text{旅游者平均每人消费支出额}=\text{报告期旅游者平均每人每天消费支出额}\times\text{报告期旅游者平均停留时间} \quad (46)$$

根据公式(46),可以用因素分析法分析三者之间的变动。

3.旅游者平均每天消费支出额

$$\text{旅游者平均每天消费支出额}=\frac{\text{报告期旅游者消费支出总额}}{\text{报告期日历日数}} \quad (47)$$

该指标是指一定时期内,平均每一天旅游者的消费支出额。这里的"旅游者"不是指一个人,而是指该时期的日平均人数,它反映每天的所有旅游者共同支出的金额。

该指标与"旅游者每人每天消费支出额"的关系可以表示如下:

$$\text{旅游者平均每天消费支出额}=\text{报告期旅游者平均每天消费支出额}\times\text{报告期平均人数} \quad (48)$$

根据公式(48),也可以用因素分析法分析三者之间的变动。

例 17,某市某年一、二两季度有关资料如表 7-17 所示:

表 7-17 某市某年第一、二两季度旅游接待情况

	第一季度	第二季度	发展速度(%)
日历日数(日)①	90	91	101.11
日平均人数(人)②	500	900	180.00
过夜人天数(人天)③	45 000	81 900	182.00
过夜人数(人)④	18 000	27 300	151.67
平均停留天数(天)⑤	2.5	3.0	120.00
消费支出总额(元)⑥	6 750 000	18 018 000	266.93
平均每人每天消费支出额(元/人天)⑦=⑥/③	150	220	146.67
平均每人消费支出额(元/人)⑧=⑥/④	375	660	176.00
平均每天消费支出额(元/天)⑨=⑥/①	75 000	198 000	264.00

利用表 7-17 的资料,可用因素分析法分析如下:

第一,因为⑧=⑤×⑦,即:

平均每人消费支出额=平均每人每天消费支出额×平均停留天数

所以:

$$\frac{660}{375}=\frac{3.0}{2.5}\times\frac{220}{150}$$

$$176\%=120\%\times146.67\%$$

即该市该年第二季度平均每人消费支出额为一季度的 176%,其变动是由平均停留时间和平均每人每天消费支出额的变动共同影响所致。其中,第二季度平均停留时间为第一季度的 120%,平均每人每天消费支出额为第一季度的

146.67%。

又因为：

$$660-375=285(\text{元/人})$$
$$(3-2.5)\times150=75(\text{元/人})$$
$$3\times(220-150)=210(\text{元/人})$$
$$75+210=285(\text{人})$$

所以说，该市该年第二季度平均每人消费支出额增加了 285 元，是由于平均停留时间从第一季度的 2.5 天增加至第二季度的 3.0 天，而使第二季度平均每人消费额增加了 75 元；同时，由于平均每人每天消费支出额从第一季度的 150 元增加至第二季度的 220 元，而使第二季度平均每人消费支出额增加了 210 元所致。

第二，因为⑨=②×⑦，即：

平均每天消费支出额=日平均人数×平均每人每天消费支出额

所以：

$$\frac{198\ 000}{75\ 000}=\frac{900}{500}\times\frac{220}{150}$$
$$264\%=180\%\times146.67\%$$
$$198\ 000-75\ 000=123\ 000(\text{元/天})$$
$$(900-500)\times150=60\ 000(\text{元/天})$$
$$(220-150)\times900=63\ 000(\text{元/天})$$

由上述计算可知：该市该年第二季度平均每天消费支出额为第一季度的 246%，这是由于该时期日平均人数变动指标 180%和平均每人每天消费支出额变动指标 146.67%共同影响所致。从绝对量上讲，该市该年第二季度平均每天消费支出额比第一季度增加了 123 000 元，其中由于日平均人数的增加而增加了60 000 元，由于平均每人每天消费支出额的增加而增加了 63 000 元。

第三，因为⑥=①×②×⑦，即：

消费支出总额=日历天数×平均每天消费支出额

=日历日数×日平均人数×平均每人每天消费支出额

所以：

$$\frac{18\ 018\ 000}{6\ 750\ 000}=\frac{91}{90}\times\frac{900}{500}\times\frac{220}{150}$$
$$266.93\%=101.11\%\times180\%\times146.67\%$$
$$18\ 018\ 000-6\ 750\ 000=11\ 268\ 000(\text{元})$$
$$(91-90)\times500\times150=75\ 000(\text{元})$$
$$91\times(900-500)\times150=5\ 460\ 000(\text{元})$$
$$91\times900\times(220-150)=5\ 733\ 000(\text{元})$$
$$11\ 268\ 000=75\ 000+5\ 460\ 000+5\ 733\ 000$$

该计算表明：该市该年第二季度消费支出总额是第一季度的266.93%，这是由于第二季度与第一季度相比，日历日数变动101.11%，日平均人数变动180%，平均每人每天消费支出额变动146.67%，三者共同影响所致。从绝对量上看，该市第二季度消费支出总额比第一季度增加11 268 000元。其中，由于日历日数的变动，使消费支出总额增加了75 000元，由于日平均人数的变动，使消费支出增加了5 460 000元，由于平均每人每天消费支出额的变动，使消费支出总额增加了5 733 000元。

第四，因为⑥=④×⑤×⑦，即：

消费支出总额=过夜人数×平均每人消费支出额

=过夜人数×平均停留时间×平均每人每天消费支出额

所以：

$$\frac{18\ 018\ 000}{6\ 750\ 000}=\frac{27\ 300}{18\ 000}\times\frac{3}{2.5}\times\frac{220}{150}$$

$$266.93\%=151.67\%\times120\%\times146.67\%$$

$$18\ 018\ 000-6\ 750\ 000=11\ 268\ 000(\text{元})$$

$$(27\ 300-18\ 000)\times2.5\times150=3\ 487\ 500(\text{元})$$

$$27\ 300\times(3-2.5)\times150=2\ 047\ 500(\text{元})$$

$$27\ 300\times3\times(220-150)=5\ 733\ 000(\text{元})$$

$$11\ 268\ 000=3\ 487\ 500+2\ 047\ 500+5\ 733\ 000$$

表明该市该年第二季度消费支出总额是第一季度的266.93%，这是由于过夜人数变动151.61%，平均停留时间变动120%，平均每人每天消费支出额变动146. 67%，三者共同影响所致。从绝对量上看，该市该年第二季度消费支出总额比第一季度增加11 268 000元，其中，由于过夜人数的增加而使消费支出总额增加了3 487 500元，由于平均停留时间的增加而使消费支出总额增加了2 047 500元，由于平均每人每天消费支出额的增加而使消费支出总额增加了5 733 000元。

（三）旅游者消费构成统计

旅游者消费构成统计，也称旅游者消费结构统计，它是指旅游者在其旅游消费中，各项消费占其总消费的比重，即结构相对数。该指标可以计算旅游者个人的消费结构指标，也可以计算旅游者平均的消费结构指标，其计算如公式（49）所示：

$$\text{旅游者消费结构指标}(\%)=\frac{\text{某项用途的旅游消费支出额}}{\text{消费支出总额}}\times100\% \quad (49)$$

$$\text{或者}=\frac{\text{某项用途的平均消费支出额}}{\text{平均消费支出额}}\times100\%$$

研究旅游者的消费构成，在旅游者消费支出统计的研究中占有重要地位。通过它可以认识旅游消费的规律，预测旅游消费结构的发展趋势，从而有助于旅游接待国（或地区）采取措施，改进工作，提高服务质量，提高旅游业的经济效益。

研究旅游消费结构,首先要把消费支出按用途进行分组,然后再计算各组所占的比重。《联合国关于国际旅游统计暂行纲领》中建议:在国际旅游统计中,把消费支出按用途分为五大项,即①餐馆、咖啡馆、旅馆宴会、文化娱乐服务工作以及食品饮料、烟草等方面的支出;②运输支出;③代办旅游支出;④其他货物修理支出;⑤其他服务与租金总额及燃料、动力的支出。在这五大项中,可再进一步分成若干个小项。而不少国家在旅游统计中,并没有把支出划分得如此具体。在我国,将支出分成住宿、餐馆、游览娱乐、购物、交通、其他共六项。在这六项的基础上,可以对旅游者按其特征分组,以对比不同旅游者的支出结构。

例18,某地某年组织的入境旅游者抽样调查中,曾就旅游者的身份、性别、年龄、职业、旅游目的、国别及旅游方式分别分组,调查其平均花费构成,如表7-18所示。

表7-18　某地某年入境旅游者平均花费构成

单位:美元/人

	住宿		餐饮		游览娱乐		购物		交通		其他	
	花费	%	花费	%	花费	%	花费	%	花费	%	花费	%
总计	196.4	20.4	105.8	11.0	47.2	4.9	249.0	25.9	222.3	23.1	140.7	14.7
外国人	228.3	21.5	112.1	10.5	48.3	4.5	300.6	28.3	229.4	21.6	144.9	13.6
华侨	146.3	18.1	141.4	17.5	63.2	7.8	132.3	16.4	182.1	22.5	143.4	17.7
港澳同胞	72.6	21.0	52.0	15.0	22.7	6.6	76.4	22.1	76.9	22.2	45.2	13.1
台湾同胞	207.1	18.8	120.4	10.9	56.6	5.1	254.5	23.1	282.4	25.7	179.9	16.3

(四)旅游者消费支出资料的取得

应该说,取得关于旅游者消费支出的原始资料是相当困难的。第一,没有现成的、全面的原始资料。第二,即使可以向旅游者做事后的直接调查,但也往往因其事后记忆不清,甚至不情愿以实相告而难以取得真实可靠的资料。

可是,旅游者消费支出的重要性,决定了该指标是非要不可的。那么怎么办呢?在各国的旅游统计实践中,往往是采用抽样调查的方法进行抽样推断的。在我国,也曾进行过几次这样的抽样调查。这种专门组织的抽样调查,调查地点往往要选择在边境上或旅游者离开前所住宿的旅馆中。调查时间往往要选择在旅游者即将离开某一旅游城市或离开我国时进行。

另外,还可利用某些机构单位与旅游者消费支出有关的登记资料进行估算。例如,利用外国银行换汇的资料,利用饭店的收费资料等进行估计。

但是上述两种方法,无论采有哪一种,一般都是先推断或估计出旅游者平均每人每天的消费支出额,然后再按公式(50)、公式(51)分两步进行推断或估计。

第一步：

$$\frac{\text{旅游者平均}}{\text{每人消费支出额}} = \frac{\text{旅游者平均每人}}{\text{每天消费支出额}} \times \text{旅游者平均停留时间} \qquad (50)$$

第二步：

$$\text{旅游者消费支出总额} = \text{旅游者平均每人消费支出额} \times \text{旅游者人数} \qquad (51)$$

思考与练习

1.试述旅游者统计的意义、内容和概念。国际旅游者和国内旅游者是如何界定的?

2. 试述旅游者人数统计的意义、指标及其计算方法。

3.如何取得旅游者构成的统计资料?

4.旅游者变动统计的内容是什么?

5.延长旅游者的停留时间对旅游接待国(地区)来说意味着什么?

6.统计旅游者消费支出额的常用指标有哪些? 试举例说明。

第八章

旅游收入统计

第一节　旅游价格统计

一、旅游价格的确定

旅游作为一种服务产品具有许多与其他普通产品完全不同的特性，因此在确定旅游价格时，首先应从旅游市场的角度出发并充分考虑其自身的一些特点。

(1)无形性。旅游是肉眼看不见的无形产品，它不能在商店里用手拿起来看，也不能试一试，只有在消费以后才能断定其产品的效果。

(2)不能储存。构成旅游产品的饭店的客房和交通工具的座位都不能储存，在规定时间内不消费便自然损耗。

(3)季节性、周期性变化大。旅游产品的需求多集中在周末、夏季或连休日等时间，旅游效果又多决定于天气的好坏。

(4)个人需求不同，评价产品的标准也不同。旅游产品的价值评定多决定于旅游者主观的标准。同一次旅游，有的人把品尝风味餐作为重点，有的人喜欢欣赏自然风光，所以很难有统一的客观评定标准。

(5)一个旅游者不能同时消费双份产品。

(6)产品的质量差别不易区分。旅游产品的一部分是由客房、交通工具的座位构成的，它很少能反映旅游商之间的不同之处。不同的旅游商虽然用不同的商标，但是其产品构成都是同一个饭店或同一种交通工具。所以说，旅游产品与其他产品比较，不易区分它的质量差别。

决定旅游价格的因素有很多，其中主要来自以下四个因素的影响：

(1)旅游时间。旅游时间长，价格就高。

(2)旅游距离。距离越远，价格越高。

(3)季节。旅游与季节变动关系很大。饭店和交通部门为了增加销售额，求得旅游需求的平衡，采取旺季高价、淡季降价的措施。如日本某避暑游乐地饭店的住宿费随着季节的不同，变化幅度就很大(见表8-1)。同一路线、同一旅游项目的旅游价格，由于季节变动而不同，平时与周末的价格也不一样。

表 8-1 日本某避暑游乐地 A 饭店住宿价目表

单位:日元

客房形式 \ 期间	4 月 1 日~6 月 30 日 9 月 16 日~11 月 30 日 年末~年初	7 月 1 日~9 月 15 日	12 月 1 日~年底前 年初~3 月 31 日
双人房间	17 000	28 000	16 000
双人床房间	17 000	28 000	16 000
高级双人房间	23 000	34 000	22 000
A 型别墅	24 000	36 000	20 000
B 型别墅	24 000	36 000	20 000

(4)旅游产品各部分的内容不相同,价格也有变化。比如住宿设备的等级不同、交通工具不同、餐饮标准不同、团体规模不同、游览地的多少和时间长短不同,以及行程安排是否紧凑等,都直接影响了旅游价格。

长期以来,我国旅游业存在价格调整的无秩序性和混乱状况,部门之间的协作较差,价格调整大多突然出台,并且很少给旅游业务部门一个缓调期,使旅游报价从年初到年末总要被迫被多次修改。

我国旅游报价体系经过多年的努力探索,经历了一个不断发展、完善的过程,在政府管理部门和具体操作的企业共同努力下,终于建立起一套适应国际市场、符合国际惯例的较完善的体系,以适应旅游经济发展之需要。

某年我国对入境旅游者抽样调查中,关于中国旅游价格的评价主要包括九个方面:旅游的总费用、国际交通费、城市间交通费、游览门票、住宿、餐饮、购物、娱乐和邮电通信。

该年入境旅游者对我国的旅游价格是基本满意的。在对我国旅游总费用的评价上,47.4%的旅游者认为旅游价格合理,比上年增加了16%;41.0%的旅游者认为价格基本合理;只有11.6%的旅游者认为价格偏高。入境旅游者在对中国城市间交通、住宿、餐饮、购物、娱乐、邮电通信等八个方面价格的评价上,认为中国旅游价格合理、质价相符的人数均占总人数的40%以上;认为基本相符的在30%~40%之间;认为旅游价格不合理的人数比例在20%左右。

入境旅游者对娱乐方面的价格满意程度低于其他方面,39.3%的旅游者认为价格合理,39.1%的旅游者认为价格基本合理,21.3%的旅游者认为价格不合理。入境旅游者对旅游景区(点)和邮电通信两方面旅游价格的满意度一般,认为价格合理和基本合理的不足80%,这一比例低于对其他方面的评价。

我国旅游包价主要由四部分内容构成,即交通费、房费、旅行社费用(也叫综合服务费)和专项附加费,其中交通费又由航空、铁路、海运、内陆水运价格构成;旅行社费用由市内交通费、餐费、接团社手续费等项目构成;专项附加费则包括保险费、汽车超公里费、游江湖费、游览点门票费、风味餐费、文娱活动费等项目。

二、旅游价格的分类

旅游价格是旅游产品通过销售过程与旅游者进行交换，旅游者为了达到食、住、行、游、购、娱的目的，支付相应数量的货币，这种货币的数量即表现为旅游价格。

从旅游企业的角度来划分，有旅行社价格、旅游饭店房价、旅游交通价格、旅游餐饮价格、旅游景点门票价格、旅游商品价格和旅游文娱活动价格等。

从旅游产品的销售角度来划分，有旅游包价和旅游单项价格。旅游包价通常是指旅游者在一定时间内到某地旅游所需主要旅游项目的全部价格，其中包括房、餐、车、杂等各项费用，是目前大多数团体旅游的价格形式，也叫全包价。除此之外，还有包括部分主要旅游项目的半包价和小包价，这种价格形式方便、灵活，便于旅游者挑选。旅游单项价格是指各个旅游项目内容每一项的价格，采用单项旅游价格的购买形式，多为零散旅游者采用。

从旅游经营者的经营对象不同来看，有国际旅游者价格，又叫外宾价，国内旅游者价格，也叫内宾价。国际旅游者价格主要是外国人、华侨、港澳台同胞在我国的旅游价格。国内旅游者价格主要是国内旅游者在国内旅游的价格和国内旅游者出境旅游的价格。

以季节变化的角度来划分，旅游价格可以分为旅游旺季价和旅游淡季价。不同国家、不同地区、不同旅游地，其旅游的淡季、旺季时间不同，淡季价与旺季价变动的幅度也不同。通常，各项旅游活动内容的价格在淡季都要较旺季低一些，甚至低很多。

从旅游者需求程度的角度来看，旅游价格可以分为基本消费价格和附加消费价格。基本消费价格是指完成整个旅游活动所必不可少的旅游项目价格，包括旅游住宿、交通、餐饮、游览娱乐活动的费用。而附加消费价格包括购买旅游纪念品的价格，以及一些其他的旅游服务项目的价格。

从推销的角度来划分，旅游价格可以分为旅游正常价和旅游推销价。旅游正常价又叫门市价，旅游推销价又叫优惠价。旅游正常价的对象是门市客人，主要包括旅行社、饭店的门市价格，是一种标准价格。旅游推销价的对象是旅游企业，通常是旅游企业之间的优惠，如饭店对旅行社的房价优惠。近年来，北京旅游饭店给旅行团的优惠折扣为45%~60%，新加坡为20%~40%，香港为10%~20%。由于旅游市场竞争的日益加剧，目前各旅游企业也纷纷推出对旅游者的优惠措施，如某些航空公司、饭店对旅游者发放优惠卡，旅行社可以允许旅游者分期付款等。

三、旅游价格的计算

(一)时点价格指标

它是反映旅游产品在一定地区与价格形式下某个时点上的价格水平。如日本某年“展望‘巴黎全城九日游’”，7月19日起程团，成人为318 000日元，7月20日起程团,成人为 368 000 日元。时点价格水平是一个绝对数,它在不同时间上具有不同的价格水平。随着时间的推移,价格也相应发生变化,因此常用来观察旅游产品在某一瞬间的价格水平。

(二)平均价格计算

它是反映旅游产品在一定范围和一定时期内价格的平均水平。

(1)简单平均法:根据已掌握的某种旅游产品或项目在不同时点或不同地区条件下的若干个别价格,而缺乏或不考虑其销售数量和金额时,采用这一方法计算平均价格。

$$\overline{P}=\frac{\sum p}{n} \tag{1}$$

公式中:p 代表各时点或地点的价格;

n 代表价格的项数。

(2)加权算术平均法:当以旅游产品、旅游项目价格、实际天数或旅游者人数等因素作为权数时,便可采用这一计算平均价格的方法。

$$\overline{P}=\frac{\sum pf}{\sum f} \tag{2}$$

公式中:f 为权数。

例 1,根据表 8-2 的资料计算澳门某年饭店平均房价。

$$\overline{P}=\frac{700\times435+680\times410+600\times1\ 050+560\times240+360\times141}{435+410+1\ 050+240+141}$$

$$=614.44(\text{澳币})$$

表 8-2　澳门某年饭店房价

饭店名称	标准间(澳币)	客房总数(间)
假日酒店	700	435
金斯威酒店	680	410
里斯本酒店	600	1 050
辛特拉酒店	560	240
世界酒店	360	141

若调查中已掌握旅游价格和销售金额资料时,就可以采用以下的调和平均数的方法来计算平均价格:

$$\overline{P}=\frac{\sum m}{\sum \frac{1}{p}m} \tag{3}$$

其中:m 代表旅游收入或销售金额,即为 $p\cdot f$。

(3)序时平均法:当调查搜集的价格资料是不同时点上的数据时,就可以采用这一方法计算平均价格。

$$\overline{P}=\frac{\frac{p_1+p_2}{2}f_1+\frac{p_2+p_3}{2}f_2+\cdots+\frac{p_{n-1}+p_n}{2}f_{n-1}}{f_1+f_2+\cdots+f_{n-1}} \tag{4}$$

其中:f 为两个相邻时点的间隔。

例 2,根据表 8-3 的资料计算 10 人以上组的该年平均票价。

表 8-3　日本至欧洲的团体飞机票价统计

单位:日元

分类＼期间	4 月 1 日～7 月 19 日	7 月 20 日～8 月 20 日	8 月 21 日～10 月 31 日	11 月 1 日～2 月 28 日	3 月 1 日～3 月 31 日
10 人以上	372 000	424 000	409 000	372 000	372 000
25 人以上	284 000	338 000	312 000	250 000	270 000
35 人以上	241 000	286 000	265 000	195 000	220 000

注:分类是按团体特别航空票价分类。

$$\overline{P}=\frac{372\ 000\times110+424\ 000\times32+409\ 000\times72+372\ 000\times(120+31)}{365}$$

$$=383\ 857.53(\text{日元})$$

如果所能搜集到的价格资料的时间间隔是相等的,则上述公式便可化简为:

$$\overline{P}=\frac{\frac{p_1}{2}+p_2+\cdots+\frac{p_n}{2}}{n-1} \tag{5}$$

四、旅游价格的变动统计

(一)差价

差价是指同种旅游产品由于流通环节、产销地区、产销季节、等级质量和价格形式的不同而形成的价格差异,其中包括季节差价、地区差价、质量差价、优惠差价、旅游单项与全包差价及团队与散客差价等。关于差价通常统计差价额、差价率和价比率三个指标。

差价额是指同一旅游产品两个有差异的价格之间的绝对差额,简称为差价。

$$\text{差价额}=\text{比较价格水平}-\text{基础价格水平} \tag{6}$$

$$\text{差价率}=\frac{\text{差价额}}{\text{基础价格水平}}\times100\% \tag{7}$$

价比率是指同种旅游产品在不同条件下,两种有联系的价格相比的相对指标,用以说明一种价格为另一种价格的比例。

$$价比率=\frac{比较价格水平}{基础价格水平}\times 100\% \tag{8}$$

（二）比价

旅游产品比价是指同一时间、同一市场、不同旅游产品价格之间的比率。通过旅游产品比价，可以研究不同旅游产品的价格比例是否合理，以促进旅游业的发展，增加旅游收入。计算旅游产品的比价时应注意其分子、分母的可比性，即在同一时间、同一市场上不同旅游产品的价格之比。

如：

$$\text{餐饮、住宿与交通费用的比价}=\frac{\text{旅游者人均每天餐饮、住宿费之和}\times\text{平均行程天数}}{\text{往返交通费之和}} \tag{9}$$

（三）价格指数

旅游价格指数是反映旅游市场价格水平的变动程度的，根据不同的研究目的，可以从不同侧面对旅游价格指数进行分类。按指数所反映的不同内容分为饭店价格指数、旅行社价格指数、机票价格指数、旅游汽车价格指数、餐饮价格指数和专项附加价格指数等；按指数所包含项目价格个数的多少分为个体价格指数和综合价格指数两类；按包括的时间长短不同，旅游价格指数可分为月指数、季指数和年指数等；按采用的对比基期不同，旅游价格指数又可以分为定基指数和环比指数两种。计算旅游价格指数的基本公式有两个：

关于个体指数：

$$K_p=\frac{p_1}{p_0} \tag{10}$$

公式中：K_p 代表价格指数；

p_1 代表报告期价格；

p_0 代表基期价格。

关于总指数：

$$\overline{K}_p=\frac{\sum p_1q_1}{\sum p_0q_1} \tag{11}$$

公式中：q_1 代表报告期数量。

例 3，某旅游城市三个主要景区 2011 年全面调价，见表 8-4，试计算该市 2011 年三个景区门票价格总指数。

表 8-4　三个景区资料表

时间	景区 A		景区 B		景区 C	
	票价（元）	接待人数（万人）	票价（元）	接待人数（万人）	票价（元）	接待人数（万人）
2010 年	45	292	14	290	30	289
2011 年	60	313	30	308	45	370

$$\overline{K}_p=\frac{60\times313+30\times308+45\times370}{45\times313+14\times308+30\times370}\times100\%=151.44\%$$

第二节　旅游收入统计

一、旅游收入统计的意义

目前旅游业已是世界上发展最快和最大的行业，而且是各国最受重视的经济部门之一，在经济上，旅游是投资少、收益多的行业，是为国家赚取外汇的重要手段之一，世界上不少国家的旅游收入在国民经济收入中占首位或二三位。我国旅游业定位于战略性支柱产业地位。

世界旅游理事会和世界经济与金融分析集团的研究，将旅游者消费的直接影响及其对资本投入、政府支出、外贸和商业销售相关的非直接影响量化了，其采用的处理办法与政府对其国家财产图表上其他各种工业所采用的处理办法是一致的。请参阅美国旅游业评估图（见图 8-1）。

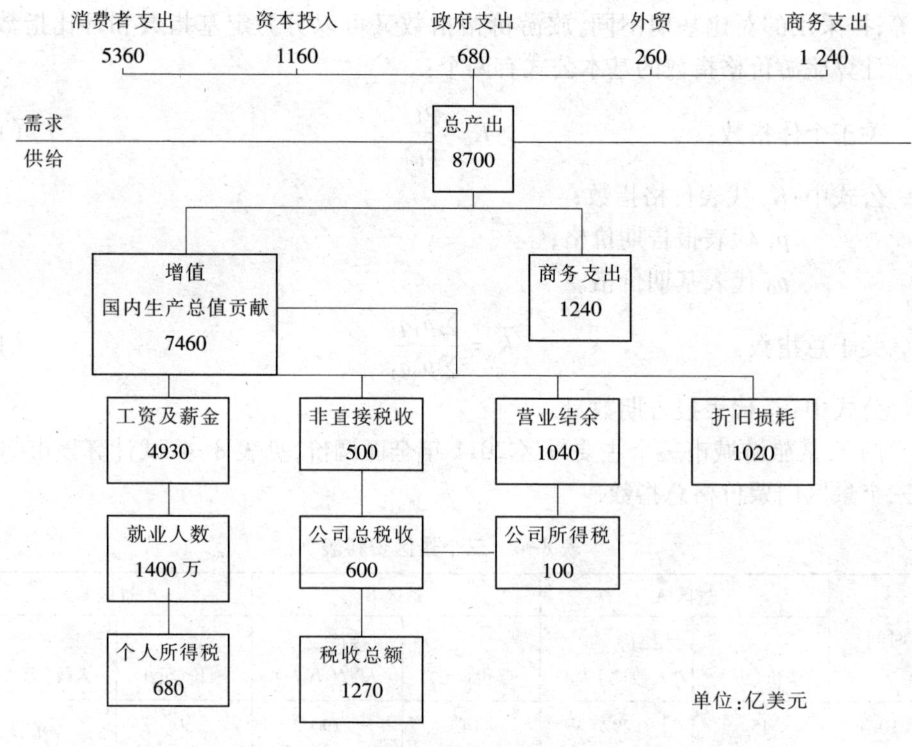

图 8-1　某年美国旅游业评估图

图 8-1 中：

消费者支出，指消费者在运输、饮食、零售、娱乐和与旅游有关的服务方面的支出。

资本投入，指旅游业用于建筑以及购置各种设备等各方面的资金投入。

政府支出，指政府用在开展旅游活动从而使旅游成为可能的经营管理费用及资本投入。

外贸，指由国际旅游者的消费支出和旅游商品的出售所生成的贸易。

商务支出，指各公司及政府机构因日常工作之需要而用于旅游方面的支出。

图 8-1 资料显示，该年美国旅游业的总产出量预计将达 8700 亿美元，其中包括：个人旅游消费以居住在美国的旅游者外出旅游消费计算，其消费量约为5360亿美元；私人和商务旅游的资本投入为 1160 亿美元，这是旅游公司、美国政府及居民用以购买旅游产品而需要的设施和设备所用；政府支出为 680 亿美元，这是用来为美国的旅游业及旅游者提供服务，并支付政府工作人员的差旅费之用；外贸顺差为 260 亿美元，这是从国际旅游者的花销和向海外旅游者销售商品（视作外贸出口）中赚来的，该项数额中已扣除美国人在海外旅游及购物的花销（视为进口）部分；美国公司用于商务销售方面的费用为 1240 亿美元，通常被人们称为商务旅游支出。

美国的旅游产出量如此之大，这就使它在世界旅游业中成了最大的生产者。该年美国将从外国旅游者那里赚得 760 亿美元，而美国居民在海外的旅游支出预计将达 510 亿美元。如将旅游商品的销售额也包括进去，则旅游外贸的顺差将超过 260 亿美元。

旅游业无论在中国还是全世界范围内，都创造了和正在创造着巨大的财富。旅游收入在国民生产总值中占有越来越重要的地位，并成为世界许多国家主要的税收来源，因此对旅游收入的统计也就显得愈加必要和重要了。

二、旅游收入的概念及相关报表

（一）旅游企业收入统计

1.营业收入

指企业各项经营业务的收入。饭店（宾馆）、写字楼、公寓、旅店的营业收入（总额），包括客房收入、餐饮收入、商品部收入、车队收入和其他收入等；旅行社的营业收入（净额），包括综合服务收入、组团外联收入、零星服务收入、劳务收入、票务收入、旅游及附加项收入和其他收入等；酒楼、餐馆等饮食企业的营业收入，包括餐费收入、冷热饮收入、服务收入和其他收入等；理发、浴池、照相、洗染、修理等服务企业的收入，包括各种服务收入等。从事咨询服务的咨询公司的服务收入也计入本科目。

2.营业成本

指企业各项经营业务的营业成本。饭店(宾馆)、写字楼、公寓、旅店的营业成本包括餐饮原材料成本、商品进价成本、车队的营业成本等;旅行社的营业成本包括各项代收代付费用,如代收的房费、餐饮费、交通费、文娱费、行李托运费、票务费、门票费、专业活动费、签证费、陪同费、劳务费、宣传费、保险费、机场费等;酒楼、餐馆的营业成本包括餐饮的原材料成本、商品的进价成本等;照相、洗染、修理等服务企业的营业成本主要指消耗的原材料成本。

3.营业费用

指企业各营业部门在营业中发生的各项费用,包括运输费、装卸费、包装费、保管费、保险费、燃料费、展览费、广告宣传费、邮电费、水电费、差旅费、洗涤费、物料消耗费、折旧费、修理费、低值易耗品摊销、营业部门人员的工资和福利费、工作餐费、服装费与其他营业费用。

4.营业税金及附加

指企业与营业收入有关的,应由各项经营业务负担的税金及附加,包括营业税、城市维护建设税及教育费附加等。饭店(宾馆)、写字楼、公寓、旅店、酒楼、餐馆、理发、浴池、照相、洗染、修理等企业应按营业收入的一定比例计算缴纳营业税;旅行社应按营业收入净额(营业收入总额扣除代收代付的房费、餐费、交通费等费用)计算缴纳营业税。

5.经营利润

指企业经营取得的收入,也可理解是一种毛利润。经营利润等于营业收入减去营业成本、营业费用和营业税金及附加。

6.管理费用

指企业管理部门为组织和管理企业经营活动而发生的各项管理费用。

7.财务费用

指企业经营中发生的一般财务费用,包括利息支出(减利息收入)、汇兑损失(减汇兑收益)和金融机构手续费等。

8.营业利润

是利润总额的主要组成部分,指企业经营利润减去管理费用、财务费用后的差额。

9.投资收益

指企业对外投资所取得的收入或发生的损失,包括分得的投资利润、债券投资的利息收入、认购的股票应得到的股利以及收回投资时发生的收益等。

10.营业外收支差

指企业按规定列作营业外收入和营业外支出的实际数之间的差额。凡收入大于支出的为“正数”,支出大于收入的为“负数”。

营业外收入:指企业发生的与企业经营业务无直接关系的各项收入,包括固定资产盘盈、处理固定资产净收益、罚款收入、确实无法支付而转作营业外收入的应付款项等。

营业外支出:指企业发生的与企业经营业务无直接关系的各项支出,包括固定资产盘亏、处理固定资产净损失、非常损失等。

11.利润总额

指企业营业利润加上投资收益、营业外收入,减去营业外支出以后的差额,即企业在报告期内实现的利润总额。

12.外资企业经营利润

指报告期外资企业各营业部门赢利之和减去行政管理部门费用、推广部门费用以及维修、能源费用等共同开支后所得的盈余,也称企业经营管理者向投资者所交代的利润或营业主收益。

13.直属企业营业收入

指旅行社和旅游涉外饭店投资或合资开办的工、商、运输、服务及其他企业的企业营业收入。

上述各指标及其关系综合反映在“旅游企业收入报表”内,见表8-5。

表8-5　旅游企业收入报表

年　　月　　　　　　单位:万元

编　号	项　　目	本　期	本年本期止累计
1	营业收入		
2	营业成本		
3	营业费用		
4	营业税金及附加		
5	经营利润		
6	管理费用		
7	财务费用		
8	营业利润		
9	投资收益		
10	营业外收支差		
11	利润总额		

续表

编　号	项　　目	本　期	本年本期止累计
12	外资企业经营利润		
13	直属企业营业收入		
14	外汇收入		

表中的“本年本期止累计”是指报告期数加上当年内报告期以前各期数的合计。

(二)旅游外汇收入统计

1.旅游营业外汇收入

指旅游和为旅游服务的部门在报告期内经营旅游业务而收入的营业外汇金额,它是考核旅游业经营情况的一项很重要的综合指标。旅游部门在报告期的营业外汇收入,包括为国际旅游者提供各项服务而收取的外汇收入。

2.旅游营业外汇净收入

指旅游和为旅游服务的部门在报告期内为旅游者提供商品或劳务而得到的营业外汇净收入,对境外代销商品的原值或通过其他单位提供劳务的外汇收入不统计在内。它的计算方法是:报告期旅游营业外汇净收入,等于报告期旅游营业外汇收入减去收入的综合服务费中应拨给委托其他部门为国际旅游者提供服务的宾馆、饭店的住宿费、餐饮费、市内交通费和文娱费等的营业外汇收入。

3.企业外汇收入

指企业在报告期内向旅游者出售商品和提供劳务服务后得到的外汇收入。商品销售外汇收入仅指零售商品的外汇收入和批发商品的手续费外汇收入,不包括批发商品的外汇收入留转额。旅行社外汇收入指扣除代收款转出和其他外汇支出后的净额。

4.地区旅游外汇收入

指报告期本地区直接向旅游者提供商品性和劳务性服务而收入的外汇总和,既包括旅游业的外汇收入,也包括航空、铁道、邮电、商业等相关行业的外汇收入。

5.外汇总额

指收汇单位的当地直接收汇额加外单位转账拨入的外汇额减代收费用。

$$\text{收汇总额} = \text{当地直接收汇额} + \text{外单位转账拨入外汇额} - \text{代收费用} \qquad (12)$$

旅游外汇收入通常是通过报表的形式搜集取得的,见表8-6。

表 8-6　旅游外汇收入报表

年　月　　　　　　　　　　　　计算单位:美元

			本　期	本年本期止累计
			外汇收入	外汇收入
合　计				
商品性外汇收入	商品销售外汇收入	社会商店		
		饭店商品部		
	饮食销售外汇收入	社会饮食业		
		饭店餐饮部		
劳务性外汇收入	长途交通收入	航空		
		铁道		
	旅行社收入			
	客房收入			
	公寓收入			
	写字间收入			
	出租汽车收入			
	邮政电信收入			
	文化娱乐收入			
	其他收入			

(三)旅游收支统计

旅游收支是指有关部门为非本国或本地居民来本国或本地旅游提供服务,如对旅游者提供餐宿、出售商品、提供旅客运输等收入的费用;本国或本地居民出境或到外地旅游、访问、开会、参加活动以及探亲等对外支付的费用。当涉及外国人、境外居民入境旅游以及本国居民出境旅游时,即为国际旅游收支,是以美元为计算单位的旅游外汇净收入。当这一收入是正值时,为旅游外汇顺差,负值为旅游外汇逆差。与此相对应的在一个国家内,不同地区间的旅游收支为国内旅游收支,是以本国货币为计算单位的,如中国以人民币元为计算单位。

随着国民经济的快速发展与居民结余购买力的高速增长,为出境旅游奠定了经济基础。就出境旅游而言,旅游者所在国的国民经济状况是决定旅游者人数与旅游消费额的基本条件。根据国际经验,人均 GNP 达到 1000 美元时,人们才有经济能力出国旅游。现我国居民的出境旅游、国内旅游也在不断发展。大量的国际、国内旅游活动,势必对中国的旅游收支产生巨大影响,因此统计与比较旅游收支状况应及早提到日常的统计工作中来。另外,从国际上看,各旅游大国都十分重视旅游收支的统计,并积累了丰富的资料,如美国,见表 8-7。

表 8-7 美国人旅游消费支出动态对比

	1997	1998	1999	2000
美国公民旅行(百万人次)	1026	1035	1053	1076
增长率(%)	3.4	0.9	1.7	2.2
国际旅游入境(百万人次)	47.8	46.4	47.0	48.6
增长率(%)	2.7	-2.9	1.3	3.4
美国公民旅游支出(10 亿美元)	408.2	424.0	446.2	470.9
增长率(%)	6.7	3.9	5.5	5.5
国际游客支出(10 亿美元)	73.3	71.1	74.5	78.3
增长率(%)	5.0	-3.0	4.8	5.1
全部旅游支出(10 亿美元)	481.5	495.1	520.7	549.5
增长率(%)	4.3	2.8	5.5	5.5

旅游是美国人消费支出的大项，据调查，美国成年人一年内有 50%的人做过一次旅行。根据美国旅游协会的统计和预测，从 1997—2000 年 4 年来美国出游人次的增长情况可参阅表 8-7。图表显示，2000 年的美国人旅游呈上升趋势。

统计与比较旅游收支从国际角度看反映了一个国家的旅游外汇纯收益及其经济状况，特别是在旅游业上的竞争力；从国内角度看同样可以反映一个地区或城市的经济实力和旅游纯收益，及其旅游业所显示的吸引力，并通过有关的旅游收支报表来加以体现，如表 8-8。

表 8-8 ________(城市或地区)旅游收支报表

年　月

项目		国内(万元)		国际(万美元)	
		本期	本年本期止累计	本期	本年本期止累计
旅游收入 旅游支出					
旅游收支	顺差+				
	逆差-				

其中旅游收支是正数为顺差，说明是旅游净收入；旅游收支是负数为逆差，说明是旅游净支出。

三、旅游收入构成

(一)按旅游收入的来源对象——旅游者的性质不同分类

可以分为来自国内旅游者的收入和来自国际旅游者的收入。其中，来自国内旅游者的收入又包括国内游收入和出境游收入，但是应当注意，国内旅游者出境游在取得旅游收入的同时，也有大量的旅游外汇支出；而来自国际旅游者的收入，主要是外汇收入，特别在我国，来自国际旅游者的收入是我国旅游收入的主要来源，它包括了来自外国人和港澳台同胞的旅游收入。在此可以参考 2016 年上半年全国旅游外汇收入的来源状况，见图 8-2。

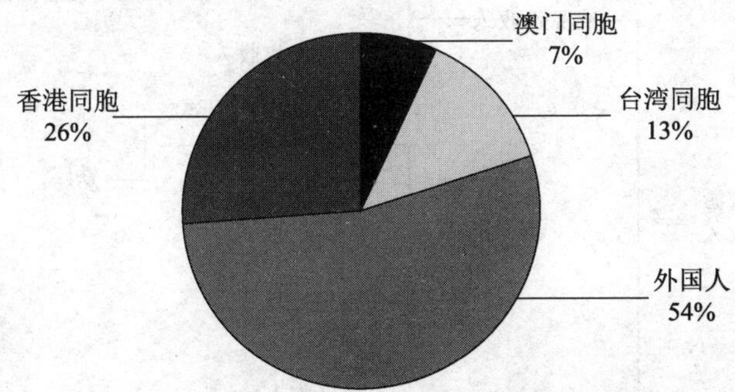

图 8-2　2016 年上半年全国旅游外汇收入的来源状况

(二)按旅游收入的货币性质不同分类

旅游收入按其货币性质的不同，可以分为本国货币收入和外汇收入两大类。其中，本国货币收入来自于国内旅游者和国际旅游者，而外汇收入则主要来自于国际旅游者。

(三)按旅游收入来自的部门不同分类

旅游收入中有来自旅行社的收入；来自饭店(宾馆)、公寓、写字楼的收入；来自旅游交通的收入，其中包括航空、铁路、车船公司的收入；还有来自其他旅游企业，如旅游定点商店、餐馆、公园以及文化娱乐场所等的收入。

(四)按旅游收入取得的服务形式不同分类

按旅游收入取得的服务形式不同，可以分为商品性收入和非商品性收入。(见图 8-3)

商品性收入是指以实物形式为旅游者服务而取得的收入，其中商品销售收入是指出售给旅游者商品而赚取的收入，如销售旅游纪念品、工艺品、字画、中药等；而饮食销售收入是指为旅游者提供膳食、饮料等得到的收入。

非商品性收入也叫劳务性收入，是指以劳务形式为旅游者服务而取得的收入，其中长途交通收入是指为旅游者提供飞机、火车、轮船、汽车等长途交通服务的收入;旅行社收入是指旅行社收取的管理费、导游费、签证费、手续费等收入;客房收入是指为旅游者提供宾馆、饭店住宿服务而得到的收入;公寓收入是指为旅客提供公寓服务而得到的收入;写字间收入是指为客人提供写字间服务而得到的收入;出租车收入是指为旅游者提供出租汽车服务,主要是提供市内交通服务而得到的收入;邮政电信收入是指为旅游者邮寄信件、包裹、长途电话、电报等服务而得到的收入;文化娱乐收入是指为旅游者提供参观游览的门票、游船、文艺表演、健身等各种文化娱乐服务而取得的收入。

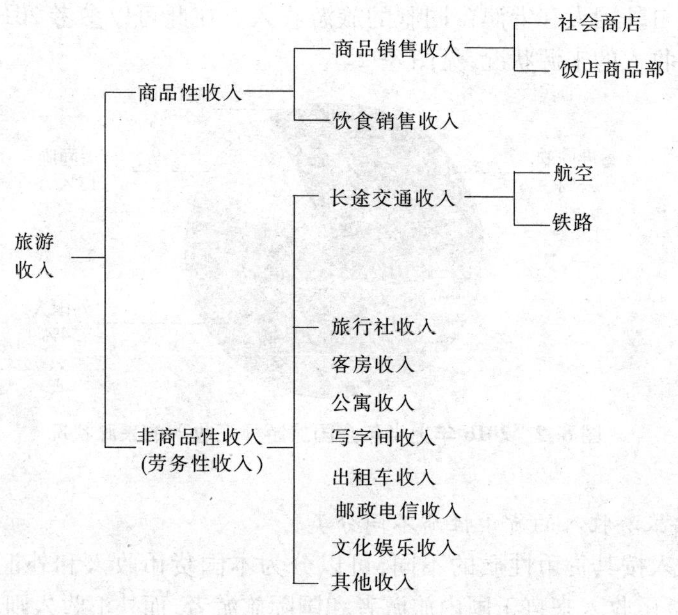

图 8-3　旅游收入

(五)按旅游收入来源的消费性质不同分类

按旅游收入来源的消费性质不同,可以分为基本旅游收入与非基本旅游收入,其中基本旅游收入又叫生活必需性收入,主要是指为旅游者提供住宿、餐饮、交通等方面消费而得到的收入;非基本旅游收入又叫娱乐购物性收入,通常是指向旅游者销售商品、提供娱乐等方面服务的收入。

(六)按旅游收入来自的地区不同分类

按旅游收入来自的地区不同,可以分为北京、上海、广西、陕西等省、自治区、直辖市的旅游收入;也可以按重点旅游城市或地区来划分,如北京、桂林、西安、广州、苏州、无锡、杭州、敦煌等,以反映该地区在一定时期内的旅游收入状况。

第三节 旅游收入统计分析

一、旅游收入效益指标分析

(一)成本率

$$成本率=\frac{营业成本}{营业收入}\times100\% \tag{13}$$

(二)费用率

$$费用率=\frac{营业及财务管理费用}{营业收入}\times100\% \tag{14}$$

(三)利税率

利税率包括资金利税率和成本利税率两个指标,是考察旅游企业经营成果的综合性指标。

1. 资金利税率

资金利税率是反映资金占用效果的指标,可以在旅游行业各个企业之间进行经济效益比较。

$$资金利税率=\frac{利润+税金}{资金占用额}\times100\% \tag{15}$$

其中资金占用额可分别用固定资金净值和流动资金平均占用额计算。

2. 成本利税率

成本利税率是反映旅游企业劳动消耗的指标。

$$成本利税率=\frac{利润+税金}{成本总额}\times100\% \tag{16}$$

(四)纯利润率与亏损率

纯利润率与亏损率是反映旅游企业综合经济效益的指标,其中纯利润或亏损是指企业的利润或亏损,即营业收入和营业外收入与营业成本、间接费用、税金、营业外支出相比较的差额,收入大于支出的为纯利润,支出大于收入的为亏损。

$$纯利润率=\frac{纯利润额}{营业收入}\times100\% \tag{17}$$

$$亏损率=\frac{亏损额}{营业收入}\times100\% \tag{18}$$

(五)旅游企业人均收入

$$\begin{matrix}旅游企业\\人均收入\end{matrix}=\frac{一定时期营业收入总额}{职工平均人数}\times100\% \tag{19}$$

(六)旅游业人均增值额

为了宏观控制,收入总额中扣除物质消耗的剩余部分是国民收入,即一定时期内新创造的价值。

$$人均增值额=\frac{利润+税金+工资额}{平均人数} \tag{20}$$

（七）国内平均每人次旅游收入

$$国内平均每人次旅游收入=\frac{国内旅游营业收入}{国内旅游者人次} \tag{21}$$

二、旅游外汇收入效益指标分析

（一）旅游收汇率

旅游收汇率是指一定时期内的旅游收入中有多少是外汇收入，也就是外汇收入在旅游收入中所占的份额。

$$旅游收汇率=\frac{旅游外汇收入}{旅游收入}\times 100\% \tag{22}$$

在计算时，把旅游收入折合成美元来计算。

（二）旅游外汇率

在发展旅游事业的过程中，既可以获取外汇收入，同时也会有一定数量的外汇支出，如从国外购置旅游设备、向国外做宣传、支付外籍员工的工资、中国公民出境旅游等，这些外汇支出对发展旅游来说是必要的。因此，当从外汇收入中扣除支出部分后，其余额即为旅游外汇净收入。旅游外汇率就是反映旅游外汇收入中旅游外汇净收入程度的指标。旅游外汇支出的多少与一个国家的社会经济发展水平有关联，同时也受一个国家社会经济生活的国际化程度的影响。

$$旅游外汇率=\frac{某一时期旅游外汇净收入}{同一时期旅游外汇收入}\times 100\% \tag{23}$$

（三）平均每人次旅游外汇收入

平均每人次旅游外汇收入是指一定时期内，某接待地从每位国际旅游者那里取得的平均外汇收入额。

$$平均每人次旅游外汇收入=\frac{某一时期旅游外汇收入额}{同一时期接待国际旅游者人次数} \tag{24}$$

（四）单位时间旅游外汇收入

单位时间旅游外汇收入是反映一定时期内，某接待地平均每天从每位国际旅游者那里所赚得的旅游外汇收入。

$$单位时间旅游外汇收入=\frac{某一时期旅游外汇收入}{同一时期接待国际旅游者人次数\times 人均停留天数} \tag{25}$$

三、旅游收入的增长分析

（一）旅游收入的计划完成指标

旅游企业应根据以往编制的旅游收入计划，逐项、及时地检查其执行情况，以确定旅游收入计划的完成程度并分析其完成与否的原因。

$$\text{旅游收入计划完成程度}=\frac{\text{旅游收入实际数}}{\text{旅游收入计划数}}\times 100\% \tag{26}$$

（二）旅游收入增长量

旅游收入增长量是从绝对额的角度来反映旅游收入实际的动态发展状况。

$$\text{旅游收入增长量}=\text{报告期旅游收入额}-\text{基期旅游收入额} \tag{27}$$

其中，基期旅游收入额如果是与报告期旅游收入额相邻的那个时期的资料，这样计算出的便是旅游收入的逐期增长量；如果用与报告期相隔几个时期以前的某个时期的旅游收入额作为基期资料，这样计算出的就是旅游收入的累积增长量。

（三）旅游收入增长速度

旅游收入增长速度是从相对量的角度来反映旅游收入实际的动态发展状况。

$$\text{旅游收入增长速度}=\frac{\text{报告期旅游收入增长量}}{\text{基期旅游收入额}}\times 100\% \tag{28}$$

与旅游收入增长量相似，旅游收入增长速度也可以分为环比增长速度和定基增长速度。另外，旅游收入增长速度还可以用旅游收入发展速度减百分之一百的方法来计算。

（四）旅游收入增长的因素分析

旅游收入的增长除了受到接待的旅游者人数的影响外，更重要的是受到从每位旅游者那里取得的旅游收入多少的影响，因此旅游人数指数与旅游者人均收入指数便成为旅游收入增长的两个重要因素。

思考与练习

1.如何评价旅游价格的试点性？

2.旅游收入都包括哪些内容？

3.差价率、价比率和比价在餐饮、住宿等接待业中是如何应用的？

4.旅游收支的顺差、逆差各意味着什么？

5.在旅游收入统计分析中，哪些指标是反映旅游收入效益的？

6.根据表8-3的资料计算35人以上组的该年平均票价及25人以上组的最大季节差价率。

7.试根据下表资料，计算销售量及价格的变动情况。

商品名称	计量单位	销售量		销售价格(美元)	
		基期	报告期	基期	报告期
标准间	间天	280	300	65	68
自助午餐	人	330	350	10	11
自助晚餐	人	450	480	14	15

8.已知某年我国的旅游外汇收入为419.19亿美元,同一时期接待的国际旅游者人数为5471.98万人次,人均停留天数为6.3天,试计算我国这一年的平均每人次旅游外汇收入及单位时间旅游外汇收入,并比较这两个指标的区别所在。

第九章

旅游接待能力统计

旅游者离开居住地去一个或几个目的地游览、观光、探亲、休养、考察和从事贸易、体育、宗教、参加会议等活动,去外地或旅游目的地逗留一段时间后又返回原居住地,在这段时间内,旅游者需要一系列的食、住、行、游、购、娱等方面的旅游产品,即与之相适应的旅游服务和旅游商品,这就必然涉及各个旅游部门的接待能力,而对旅游接待部门来说,则应努力使自身旅游接待能力与旅游者的需求相吻合。由此看来,做好旅游接待能力的统计,无论对旅游接待工作还是对旅游招徕工作,都是十分重要和必要的。

第一节　旅游目的国接待能力统计

一、旅游资源的统计

旅游资源是指供旅游者旅行和游览的地点、场所,这是一个国家发展旅游业的基础条件,是构成旅游的基本要素之一。若没有旅游资源,就不会招徕旅游者,也就不可能产生旅游业。旅游者之所以不惜金钱、时间,不被距离、生活习惯、宗教信仰、语言所阻隔,是由于旅游资源对他们的吸引,诱发了他们的旅游动机。

(一)旅游资源的构成统计

一个国家或地区旅游业发展的规模,取决于其旅游资源的丰富程度,以及对它的合理开发利用与保护的情况。中国是世界上旅游资源十分丰富的国家,吸引着国内外众多的旅游者。要了解旅游资源的状况及其分布,首先要进行分类。

1.按旅游资源的特点划分

按旅游资源的特点通常可以分为两类:一类是自然资源,又称自然风景旅游资源,是地理环境的组成部分,是天然的,其中包括可供旅游者游览的植物、动物、矿产、山川地貌及美丽风景等。另一类是人文旅游资源,又称文化景观旅游资源,有鲜明的历史性与民族特色,其中包括文化古迹、名人遗迹、园林、民族风情、革命遗址、特种工艺、文体娱乐场所等。为了保障旅游者的正常活动,还必须具备安定的社会环境,所以社会环境也包括在广义的旅游资源中。

2.按旅游资源的性质划分

(1)历史文物古迹

中国的历史文物古迹是中国旅游资源最主要的组成部分,如北京的长城、故宫,西安的秦始皇兵马俑,西藏的布达拉宫等。中国如此丰富的文物古迹需要大量的文物保护和维修经费,旅游业的发展为文物部门提供了一条获取文物保护经费的有效途径。在全国的不少地方,旅游和文物管理部门是合二为一的。北京十三陵特区管理单位近年来投资了 8000 万元,用于修复长陵、定陵等文物古迹。

(2)自然风景与动植物保护区

旅游业的发展也推动了对自然风景与野生动植物的保护。自然风景和野生动植物本身也是旅游吸引物,如安徽的黄山、湖南的张家界国家森林公园、深圳野生动植物园等。在现代人类普遍关注自然环境和野生动植物的保护、寻求回归自然的潮流影响下,旅游业客观上起到了保护自然环境和野生动植物的作用。

(3)园林

如北京的颐和园、苏州的园林等。

(4)人造景观

随着国际国内旅游的发展,全国各地陆续兴建了一批内容不同、风格各异的人造景观,适应了广大旅游者,特别是国内旅游者的需求,并带动了当地第三产业的发展。如深圳的锦绣中华微缩景观和民族民俗村、广州的东方乐园、无锡的三国城等。规模较大的如北京的世界公园,面积为405 600平方米,投资上亿元。从整体上看,人造景观综合效益良好,有投资少、见效快的特点,尤以西游记宫最有代表性,见表 9-1。由于人造景观的内容、取材不同,所处的地理位置、周围环境各异,致使经济效益差别也较大。为了使各个景观都能发挥其效益,应该考虑当地的实际情况,在建设人造景观时一定要慎重立项,避免重复滥建。

表 9-1　我国部分地区西游记宫投资回收表(以开业先后为序)

地点	名称	计算收入期	收入/投资(万元)	平均月收入(万元)
连云港	西游记艺术造型室	4 年 2 个月	20/60 = 33%	0.4
正定	西游记宫	2 年 11 个月	828/381 = 218%	23.68
正定	西游记二宫	1 年 11 个月	450/371 = 135%	21.72
大连	碧海山庄西游记宫	1 年 7 个月	312/600 = 52%	16.42
淄博	西游记宫	9 个月	240/700 = 34%	26.67

续表

地点	名称	计算收入期	收入/投资(万元)	平均月收入(万元)
南戴河	西游记宫	7个月	650/559=118%	92.86
牟平	西游记宫	6个月	200/600=33%	33.33
兴城	西游记宫	5个月	6/250=2.4%	1.2
扬州	西游记幻宫	4个月	52/516=10%	12.9
连云港	西游记人物模型	4个月	0.6/20=3%	12.9
沈阳	大唐西游记宫	3个月	20/80=25%	6.6
西安	西游记宫	3个月	12.4/240=25%	1
洛阳	西游记宫	4个月	170/260=68%	42.5

资料来源:《旅游调研》。

(5)文化、艺术、体育、娱乐场所

如博物馆、美术馆、体育中心等。

3.按旅游资源的类型划分

按旅游资源的类型划分,可分为自然风景区、公园类、石窟类、寺院类、塔林类、建筑类、名胜类、文化遗址、革命遗址、博物馆类等。

4.按旅游资源的开发情况划分

按旅游资源的开发情况,可分为已开发完成并正式投入使用的旅游资源;虽已完成开发但未正式投入使用的旅游资源;正在开发的旅游资源;经有关部门批准待开发的旅游资源。

5.按旅游资源的地区分布划分

按旅游资源的地区分布划分,如按行政区域(省、直辖市、自治区)划分;按海滨、内陆地区划分;按地区方位划分等。这种分类方式有利于合理安排旅游路线,正确规定旅游价格,以及妥善安排交通、住宿、餐饮等服务环节。

(二)旅游资源的量化统计

1.旅游城市(或地区)数

该指标是指某一国家已正式对外开放的,并具备一定规模接待能力的城市(或地区)个数。该指标数值的大小,在一定程度上反映了某一国家旅游资源丰富与否及开发利用的情况。

2.旅游资源数

首先是指旅游区数量,以“处”计量;在旅游区下设旅游景点,以“个”计量;再有就是旅游项目,主要是指可供观赏的独立资源项目。

3.报告期内平均新增旅游资源量

$$\text{报告期内平均新增旅游资源量}=\frac{\text{新增旅游资源数}\times\text{自新增之日起至报告期期末止的累计天数}}{\text{报告期的日历天数}} \quad (1)$$

4.旅游资源密度

$$\text{旅游资源密度}=\frac{\text{某旅游城市(或地区)旅游资源数}}{\text{该地区标准面积}} \quad (2)$$

5.旅游资源完整率

计算该指标以反映旅游资源的保护情况。

$$\text{旅游资源完整率}=\frac{\text{完整旅游资源数}}{\text{全部旅游资源数}}\times 100\% \quad (3)$$

6.旅游资源容纳能力利用程度指标

该指标能够衡量旅游资源容纳能力在实际经营中被利用的程度。当这个指标数值超过100%时,表明该旅游资源在超负荷使用,应尽快采取有效措施以保护旅游者的安全和旅游资源的安全与完整。如果这个指标的数值在100%以下,说明该旅游资源未能得到充分利用。

$$\text{旅游资源容纳能力利用程度}=\frac{\text{报告期实际接待人数}}{\text{报告期容纳能力}}\times 100\% \quad (4)$$

7.旅游资源利用率

$$\text{旅游资源利用率}=\frac{\text{实际开放的旅游资源数}}{\text{实际开发的旅游资源数}}\times 100\% \quad (5)$$

8.旅游资源开发率

$$\text{旅游资源开发率}=\frac{\text{实际开发的旅游资源数}}{\text{可供旅游的全部旅游资源数}}\times 100\% \quad (6)$$

其中可供旅游的全部旅游资源数包括已开发的旅游资源数、正在开发的旅游资源数和未开发的旅游资源数。通过旅游资源开发率指标可以反映旅游资源的开发程度和潜力。

二、旅游航空运输统计

作为旅游目的国接待能力的体现,除了上面讲到的吸引旅游者的旅游资源,还有能帮助旅游者顺利到达旅游目的地的旅游交通。一般旅游城市(或地区)间的长途交通,通常是采用航空运输、铁路运输及游船运输。

中国的航空运输与旅游业的发展有着共同的特点,即航空运输与旅游业都是新兴产业,起步晚发展快并初具规模;但与国外相比仍有很大差距;航空运输与旅游业发展相互依存。从总体上看,中国的航空运力是适应中国旅游事业发展需要的。

据我国民航总局统计，某年前三季度完成民航总周转量 170.7 亿吨公里，旅客运输量 9064.1 万人次，货邮运输 201.1 万吨，同比分别增长 43.9%、50.2%、30.8%，并分别达到年初预期全年生产指标的 85.3%、87.3%和 80.5%；全行业累计赢利达到 103.4 亿元（已扣除民航建设基金）；航空公司中除邮航外全部实现赢利，航空公司的整体赢利达 73.5 亿元，而上一年同期则亏损 50 亿元。

伴随着我国人均 GDP 跃上 1000 美元大关，居民消费结构升级已是大势所趋，由此促进了航空旅游的大发展。据统计，我国旅游收入占 GDP 比重为 4%，而世界平均比重达 10%，显示我国旅游业有着广阔的发展前景。据国家旅游局统计预测，2011—2020 年将年均增长 8%。

近年来我国航空公司运力投入较为迅速，航班密度不断增加，航线网络越来越多，从而拉动了有效需求的增长。据统计，2004 年、2005 年我国飞机总架数分别增长 13.1%和 11.3%；座位数分别增长 10.5%和 10.2%。

当航空业处于行业高成长期时，其年均增速约为 GDP 增速的 2 倍左右，如欧洲为 2 倍，美国为 1.8 倍，并呈逐年递减趋势。我国从 1980 年至 2000 年间约为 2 倍，2010 年前该弹性系数一直保持在 1.6 以上，之后有下降趋势。

航空运输具有速度快、节省时间、乘坐舒适、灵活性大等优点，因此无论是国际旅游者还是国内旅游者，在选择长途交通工具时，会越来越多地选择航空旅行。飞机航班通常有定期航班、临时航班、专线旅游航班和旅游包机等形式。

（1）定期航班：是按照指定的飞行线路、机型、始终停靠站、起飞和降落时间、班次数等规定，向旅客包括旅游者在内提供运输服务的航空交通，是民航交通运输的基本形式。现代旅游活动中的空中运输，主要是指此种将旅游者从客源地运送到目的地的方式。

（2）临时航班：是一种对定期航空班机的增补方式，其飞行线路、机型、始终点停靠站、日期、起飞和降落时间等均比较灵活易变，班次数可根据旅客对空中交通运输需求量的变化，在原定的班机基础上增加或减少。这种班机主要用于旅游旺季或重大的文体、政治、节庆活动，而且多用于中、长距离的旅游热点城市和大、中城市之间。

（3）专线旅游航班：是一种将旅游热点城市串联成一条线路，或连接成环形线路的空中交通形式，专门用来满足旅游者旅行游览的需要。此种形式在旅游旺季时尤被普遍采用，以避免重复往返和绕道飞行，使旅游者得以在最短时间内以最快捷的速度、最便利的方法、最低的支出参加最多的旅游活动，因而受到广泛的欢迎。

（4）旅游包机：是专门用来运载旅游者的一种空中交通形式。旅游包机可以在民航固定航线上或非固定航线上飞行，可连接旅游城市或飞越非旅游城市，是旅游旺季时用以补充运力不足的一种临时交通方式。

三、旅游铁路运输统计

铁路交通在很长时间里曾经是人们外出旅行的主要交通方式,随着世界经济的发展,特别是航空等其他交通运输方式的不断完善与发展,铁路交通在旅游交通中的地位逐渐下降。然而在发展中国家,铁路交通仍然是现代旅游活动的主要交通方式,尤其是国内旅游者的主要交通运载方式。

铁路交通主要分为两类:一类是一般旅客列车,目前我国的旅客列车按编组内容、速度、运行要求的不同和旅程的长短,可分为特别旅客快车、直通旅客快车、管内旅客快车、直通旅客列车、市郊列车以及近年来发展很快的中国高速旅客列车等数种。另一类即为旅游列车,这是专门为运送旅游者而开设的旅客列车。此种列车运行于旅游客源地与旅游目的地之间,具有灵活性强、季节性明显、舒适等特点。

四、旅游船运输统计

乘船旅行具有安全性能好、设备完善、乘坐舒适、运价低廉等优点,在现代旅游活动中为运送旅游者发挥了很大的作用。

从分类看,旅游船运输大体可分为远洋交通运输、沿海交通运输和内河交通运输三种。其中,远洋交通运输通常是指除沿海以外,在一个或数个大洋或一个大洋的部分水域航行的海上交通运输。远洋游轮航行速度慢、时间长,但乘坐比较安逸舒适,非常适合老年旅游者的搭乘需要,特别是那些既有时间又有足够的支付能力的旅游者。

沿海交通运输是指船舶在一个国家或地区的沿海区域各港口之间的交通运输,是沿海港口之间城乡居民进行往来和物资交流的一种重要交通方式。

再有一种就是内河交通运输,是指游船、汽船等水上运输工具在可游览观赏的江河、湖泊、水库、人工水道等水域内的交通运输方式。

五、长途交通旅游运力统计

旅游运力是指旅游运输企业运送旅游者的能力。通过对旅游运输企业交通工具的数量、座位、种类进行统计,从而使现有的运力得到合理、充分的利用,以满足广大旅游者对客运能力日益增长的需求。

(1)期初客运能力,即报告期初企业实有的交通工具数量、座位数和种类等。

(2)期末客运能力,即报告期末企业最终拥有的交通工具数量、座位数和种类等。

(3)平均客运能力,即在报告期内的平均交通工具数量和座位数等。

第二节 旅游城市(或地区)接待能力统计

一个国家的旅游吸引力及其接待能力,是由其诸多的旅游城市(或地区)组成的。一个旅游城市(或地区)的接待能力,主要体现在对旅游者的接待安排、住宿及市内交通等方面的保障能力上。

一、旅行社的规模统计

(一)旅行社的数量

指某一旅游城市(或地区)在报告期末所拥有的各类旅行社的总数。

(二)旅行社的种类

(1)旅行社按行业系统划分,分为旅游系统内旅行社和旅游系统外旅行社。

(2)旅行社按经济类型划分,分为全民所有制旅行社、集体所有制旅行社和合资旅行社,其中合资旅行社目前在我国还为数尚少,有待进一步地研究与发展。另外也有外资、联营、股份制、私营、个体等其他不同所有制形式的旅行社,改善了旅行社所有制结构。

(3)旅行社按管理层次划分,分为总社、分社及支社。

(4)旅行社按经营的业务范围不同划分,分为国际旅行社和国内旅行社。其中,国际旅行社是经营对外招徕并接待外国人、华侨、港澳台同胞来我国内地旅游的旅行社,同时经营中国公民的国内旅游业务,他们当中有一部分旅行社被授予特许经营权,也可以经营中国公民的出境旅游业务。另一类就是国内旅行社,以经营中国公民国内旅游业务为主。

二、市内交通的规模统计

(一)旅游车队数

包括独立核算的旅游汽车公司和非独立的、附属于饭店或旅行社以及其他部门的旅游车队。旅游车队数目的多少在一定程度上反映了某一旅游城市(或地区)的旅游交通规模,一般只计算报告期期末数。

(二)旅游车队分类

(1)旅游车队按行业系统划分,分为旅游系统内旅游车队和旅游系统外旅游车队。

(2)旅游车队按经济类型划分,分为全民所有制旅游车队、集体所有制旅游车队和合资旅游汽车企业。

(三)市内交通的种类

市内交通按其交通形式不同分为地下铁路、地面轻轨和公路交通。其中公路交通由于其具有灵活性大、行驶自由、短程速度快等特点,因此成为旅游者在某一旅游城市(或地区)主要采用的交通形式。

1.公路交通

公路交通方式的类别主要分为客运汽车、出租汽车、旅游汽车和私人汽车四种。

(1)客运汽车:是供旅客乘坐的公共交通工具。旅游客车是为了满足旅游活动需要的,具有行驶安全、乘坐舒适、速度较快、动力性能良好等基本因素的中高级客车。乘坐舒适是旅游者的共同需求,随着旅游活动档次日益提高,旅游者对旅游客车舒适程度的要求也越来越高。

(2)出租汽车:是为城市居民、出差人员、国内外旅游者提供不定线交通服务的租乘汽车,是城市公共交通不可缺少的组成部分,为发展旅游事业、促进城乡文化交流和方便人民生活起到了重要的作用。

(3)旅游汽车:它是专供人们以游览、观光为目的而乘坐的汽车,这种汽车是20世纪50年代以后随着旅游业的日益繁荣而出现的,目前已遍及世界上的每个旅游城市(或地区),成为发展速度最快的一种旅游交通方式。

(4)私人汽车:它是目前世界上家庭旅行的一种重要交通工具。私人汽车在欧美不少国家已成为主要的旅游交通工具。据统计,在美国、日本和西欧的一些国家中,乘坐私人汽车在国内进行休假、避暑、观光的旅游者约占90%左右。私人汽车在我国也有了迅猛的发展。

2.城市地铁

目前我国已经正式运营地铁的城市有北京、上海、广州、南京等地,发展很快,但无论是拥有地铁的城市数,还是地铁运营里程,对一个旅游大国来讲都是远远不够的,今后需要进一步大力发展。

3.城市轻轨列车

目前北京的轻轨列车已开通,并正在兴建新线路。

三、饭店的规模统计

(一)饭店的数量

旅游饭店数量是指一切为接待旅游者食宿或只供给住宿的独立或非独立的饭店、旅馆、招待所以及家庭旅店等的总数量。旅游饭店是独立核算的企业。有的旅游饭店设有分店,且各自独立核算、自负盈亏,在核算旅游饭店数量时,应把它们分成几家旅游饭店计算。若虽设分店,但不是各自独立核算、自负盈亏的,则应视为一家旅游饭店。旅游饭店是旅游业的重要组成部分。旅游者到达目的地,旅游供给者必须保证旅游者有一个舒适的、满意的食宿条件。一般地说,在一定条件下,旅游饭店数的多少可以大致反映一个旅游城市(或地区)旅游业接待能力的大小。旅游饭店数量是否充足,是决定旅游资源能否得到充分利用,以及旅游经济收入增减的主要因素之一。

(二)饭店的种类

1.旅游饭店按不同的经济类型划分

(1)国有旅游饭店:指生产资料归国家所有的旅游饭店。

(2)集体经济旅游饭店:指生产资料归全民集体所有的旅游饭店,它可以划分为城镇集体所有制旅游饭店和乡村集体所有制旅游饭店。

(3)私营旅游饭店:指生产资料归公民私人所有,以雇佣劳动为基础的旅游饭店,它包括所有按照《中华人民共和国私营企业暂行条例》规定登记注册的私营独资饭店、私营合伙饭店和私营有限责任公司所属饭店。

(4)个体旅游饭店:指生产资料归劳动者个人所有,以个体劳动为基础,劳动成果归劳动者个人占有和支配的旅游饭店,它包括所有按照《中华人民共和国民法通则》和《城乡个体工商户管理暂行条例》规定注册的个体工商户和个体合伙开办的旅游饭店。

(5)联营旅游饭店:指不同所有制的企业之间或者企业、事业单位之间共同投资组成新经济实体的旅游饭店。

(6)股份制旅游饭店:指全部注册资本由全体股东共同出资,并以股份制形式投资开办的饭店。股份制公司主要有股份有限公司和有限责任公司两种组织形式。

(7)外商投资旅游饭店:指外国投资者根据中华人民共和国有关涉外经济的法律、法规,以合资、合作或独资的形式在中国内地开办的饭店。外商投资饭店包括中外合资饭店、中外合作经营饭店和外资独资饭店三种。

(8)港澳台投资旅游饭店:港、澳、台地区投资者参照中华人民共和国有关涉外经济的法律、法规,以合资、合作或独资的形式在祖国大陆开办的旅游饭店。港澳台投资饭店可以分为合资经营饭店、合作经营饭店和独资经营饭店三种。

(9)其他经济类型旅游饭店。

2.旅游饭店按星级不同划分

所谓星级饭店是指根据《中华人民共和国旅游(涉外)饭店星级标准》评定出星级(共分一星至五星五个等级)的旅游涉外饭店。目前我国的旅游饭店大致可以划分为五星级、四星级、三星级、二星级、一星级和未来星级这样六等不同的饭店。

一般来讲,一星是设备简单但能提供食宿两项基本服务的旅馆,它符合经济能力较差的旅游者的需要。

二星是指设备一般,除有客房、餐厅外,还有小卖部、邮电、理发等简易服务设施的旅馆。它的服务质量较好,能满足在经济方面属于中下等的旅游者的需要。

三星是指设备齐全,不仅提供食宿,还有会议室、休息厅、酒吧、咖啡厅、宴会厅、美容室、舞厅等多种综合服务设施的旅馆。它的服务质量较高,收费标准也较高,能满足中等收入水平以上的旅游者的需要。

四星是指设备豪华、服务设施完善、服务项目众多、服务质量优良、室内讲究环境艺术的旅馆,使旅游者在物质、精神上都能得到享受。它是豪华级饭店,收费标准高,可以满足经济地位较高的上层旅游者的需要。

五星是最高等级,设备、设施、服务质量都比四星更令人满意,收费标准很高,可以满足支付能力强的旅游者、名流及政要等的需要。

3.旅游饭店按行业系统划分

分为旅游系统内经营的旅游饭店及旅游系统外经营的旅游饭店。

4.旅游饭店按其接待规模划分

主要是以旅游饭店拥有客房数的多少为标准,见表9-2。

表9-2　某年全国星级饭店规模状况

按客房数(间)分组	饭店数(家)	客房数(万间)
500以上	83	6.82
499~300	349	12.80
399~200	680	16.34
199~100	2324	31.98
99以下	6315	31.34

5.旅游饭店按其接待的旅游者不同划分

分为涉外旅游饭店和非涉外旅游饭店。其中涉外旅游饭店是指经有关部门批准,允许接待外国人、华侨和港澳台同胞的饭店,这类饭店一般是中、高档饭店。随着中国经济的日益发展,人民生活水平不断提高,许多涉外中、高档旅游饭店也开始接待国内旅游者。而非涉外旅游饭店是只接待国内旅游者的饭店。现在许多大中城市已不再划分涉外饭店与非涉外饭店。

6.旅游饭店按其管理模式不同划分

国际管理模式、国内管理模式及业主自行管理模式。

(三)饭店的分布

观察旅游饭店的分布状况,研究各旅游城市(或地区)饭店接待能力与旅游者需求是否相适应,可为各地规划旅游设施提供依据。据2015年公布的统计数据显示,在我国沿海7个省区和2个直辖市(辽宁、河北、北京、江苏、上海、浙江、福建、广东、广西)拥有星级饭店4279家,占40.56%;北京、上海、广东地区拥有星级饭店1472家,占13.95%。可见,从饭店建设布局看,东南沿海省、市,特别是旅游中心城市饭店较多,而西南、西北、东北等边远省、市、自治区拥有饭店数量则较少。因此,今后的饭店建设应加强宏观控制,特别是对东南沿海一些旅游中心城市则更应进行宏观调控。对中、西部及边远省、市、自治区的饭店建设,可视旅游客源市场的潜力及前景,适当增加一些中、低档旅游饭店。

第三节　旅游接待元素的接待能力统计

一、饭店的接待能力及其利用统计

(一)客房数统计

1.客房数

指饭店实际可用于接待旅游者的客房间数。请参阅中国旅游饭店业协会统计的某年度我国主要星级饭店数及客房数的资料，见图9-1，它大致上可以反映目前我国旅游饭店接待能力的大小。

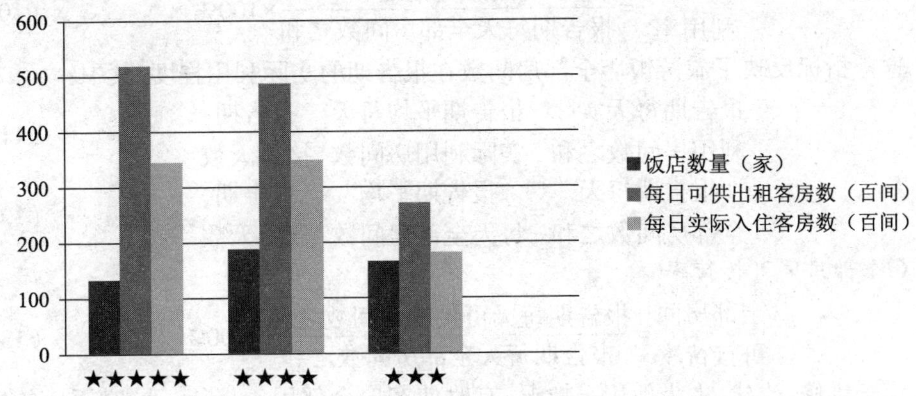

图9-1 某年我国主要星级饭店数及客房数情况

2.客房出租率

指报告期内旅游饭店每天租出客房数之和除以该饭店实有客房数和日历天数之积，反映住宿设施的使用情况。

$$客房出租率=\frac{报告期内每天租出的客房数之和}{\begin{matrix}报告期内\\实有客房数\end{matrix}\times\begin{matrix}报告期\\日历天数\end{matrix}}\times100\% \quad (7)$$

3.双倍开房率

一般两人客房合理的计价方法为两客住宿是单客住宿房价的4/3。如某双人间单人住房价为120元，双人住则应为160元，平均每位客人80元。双倍开房率的提高，可以进一步提高客房的利用程度，满足旅游者的需求，同时也增加了饭店的收入。

$$双倍开房率=\frac{客人数-可供出租房间数}{可供出租房间数}\times100\% \quad (8)$$

4.客房设计能力实现率

一般来说，实有客房数与设计的接待能力应该是一致的，但在实际的经营活动当中，有的饭店为了提高经济效益，压缩了其他用房，以增加可出租的客房数，还有的饭店有时也会出现占用客房改为他用的情况。

$$客房设计能力实现率=\frac{实有客房数}{客房设计数}\times100\% \quad (9)$$

5.全部房间利用率

$$\text{全部房间利用率}=\frac{\text{报告期每天实际利用房间数之和}}{\text{报告期每天全部房间数之和}}\times 100\% \quad (10)$$

这一指标反映了旅游饭店全部房间数在报告期的实际利用程度,其中:

$$\text{报告期每天实际利用房间数之和}=\text{报告期平均每天实际利用房间数}\times\text{报告期接待天数} \quad (11)$$

$$\text{报告期每天全部房间数之和}=\text{报告期平均每天全部房间数}\times\text{报告期日历天数} \quad (12)$$

6.全部房间可接待率

$$\text{全部房间可接待率}=\frac{\text{报告期每天可接待房间数之和}}{\text{报告期每天全部房间数之和}}\times 100\% \quad (13)$$

由于维修、改建、占为他用等情况,有时使客房全部用于接待。同时饭店的房间当中,自身就包含一部分饭店本身的办公等用房,因此这一指标是反映旅游饭店全部房间在报告期有可能被利用的程度,其中:

$$\text{报告期每天可接待房间数之和}=\text{报告期平均每天可接待房间数}\times\text{报告期营业天数} \quad (14)$$

(二)床位数统计

1.床位数

指旅游饭店在旅游者到达旅游目的地时可提供住宿的床位数。床位数中既要包括高档床位,又要包括中、低档床位和普通档次的床位。此外,床位数中还分为单人床和双人床两种计算。

2.报告期饭店平均床位数

$$\text{报告期饭店平均床位数}=\frac{\text{报告期每天床位数之和}}{\text{报告期日历日数}} \quad (15)$$

3.客房平均拥有床位数

$$\text{客房平均拥有床位数}=\frac{\text{床位总数(折单人床)}}{\text{客房总数}} \quad (16)$$

4.月平均床位周转次数

$$\text{月平均床位周转次数}=\frac{\text{月日数}}{\text{平均停留天数}} \quad (17)$$

5.床位利用率

$$\text{床位利用率}=\frac{\text{报告期旅游者实际占用床位数}}{\text{报告期每天可接待床位数之和}}\times 100\% \quad (18)$$

6.实有床位利用率

$$\text{实有床位利用率}=\frac{\text{报告期旅游者实际占用床位数}}{\text{报告期每天实有床位数之和}}\times 100\% \quad (19)$$

其中,实有床位数是指设计建造的客房全部床位数,加上其他用房改建为客房的床位数,再减去改为其他用途的客房床位数。它与可接待床位数的区别在于,可接待床位数还要在此基础上减去因维修等原因而暂时停止使用的客房床位数。

例 1,根据 A 饭店某年客房接待情况,见表 9-3,试计算该饭店某年的床位利用率及双倍开房率。

根据公式(18)我们知道:

$$床位利用率=\frac{报告期旅游者实际占用床位数}{报告期每天可接待床位数之和}\times 100\%$$

表 9-3　客房接待情况表

指标名称	上半年	下半年
可接待房间(数)	190	206
其中有床位(个)	348	376
实际利用床位总数(个)	48 900	51 450

由表 9-3 分别可以得到 A 饭店某年上半年和下半年的资料,按日历计算某年上半年为 181 天,下半年为 184 天,则:

$$床位利用率=\frac{48\ 900+51\ 450}{348\times 181+376\times 184}\times 100\%=75.92\%$$

又根据公式(8)我们知道:

$$双倍开房率=\frac{客人数-可供出租房间数}{可供出租房间数}\times 100\%$$

其中,某年 A 饭店实际入住的客人数应与其实际利用床位总数相符(以每人占用一张床计算),可供出租房间数在这里应计为全年的可供出租房间的间天数,则:

$$双倍开房率=\frac{(48\ 900+51\ 450)-(190\times 181+206\times 184)}{190\times 181+206\times 184}\times 100\%=38.81\%$$

(三)公寓数统计

公寓数按序号计算,以套为单位,通常有二间套、三间套、四间套、五间套和其他规格。

$$公寓出租率=\frac{报告期公寓实际出租套天数}{报告期公寓可供出租套天数}\times 100\% \tag{20}$$

(四)写字间数统计

写字间以平方米为单位计算。

$$写字间出租率=\frac{报告期写字间实际出租平方米}{报告期写字间可供出租平方米}\times 100\% \tag{21}$$

二、旅行社的接待能力统计

旅行社的接待能力主要是以导游人员的数量、种类和等级来反映的。除此之外，旅行社本身接待能力的扩大还有赖于该旅游城市（或地区）导游人员队伍的总规模、总水平的扩大和提高，以及当地翻译导游公司兼职导游人员的储备状况。

三、汽车公司的接待能力统计

（一）车辆数

旅游车辆数是指一定时期内该旅游车队的各种旅游车辆的总数，其中包括运营车辆、维修车辆、停开车辆、库存车辆等。旅游车辆数有期末指标和平均指标两种。

（二）车型分类

大型客车，33 客座以上；中型客车，13~32 客座各种面包车；小型客车，12 客座以下各类小型客车。

（三）座位数

指旅游车队所拥有的各类汽车的标定座位数总和。计算座位数，能确切地反映某一旅游车队客车的接待能力。

（四）司机人数

指报告期内能够上岗运营的司机总人数。在具有一定数量旅游车的车队当中，如何充分发挥其车辆的接待能力，主要取决于其拥有的司机人数。

四、旅游景点的接待能力及其利用统计

（一）面积

指在报告期内旅游景点向旅游者开放的面积。

（二）容纳能力（极限接待能力）

指报告期内旅游景点在保障安全的条件下，最多可以接待的旅游者人数。

（三）接待人数（人次）

指报告期内旅游景点实际接待的旅游者人次总和。

（四）容纳能力利用程度

$$\text{容纳能力利用程度}=\frac{\text{报告期实际接待人数}}{\text{报告期容纳能力}}\times 100\% \qquad (22)$$

（五）单位面积接待旅游者人数

$$\begin{matrix}\text{单位面积接待}\\ \text{旅游者人数}\end{matrix}=\frac{\text{报告期接待旅游者人数（人次）}}{\text{报告期旅游景点面积（平方米）}} \qquad (23)$$

（六）接待密度系数

$$\text{接待密度系数} = \frac{\text{单位面积实际接待旅游者人数}}{\text{单位面积可接待旅游者的标准人数}} \quad (24)$$

合理确定单位面积可接待旅游者的标准人数，是把握接待密度系数的关键。在实际工作中，正确地确定单位面积可接待旅游者的标准人数，应考虑诸多来自各方面的影响因素，要具体景点具体分析。但从总体来看，应遵循这样三个原则，即安全的原则、满足参观游览的原则和效益原则。其中安全的原则应为首位，它是最主要的，是发展旅游事业的保障。满足参观游览的原则，就是让旅游者在买票入园之后，旅游景点应能够兑现其所承诺的可以参观游览到的有关内容，而不要因维修或过于拥挤等原因使旅游者失望。效益原则就是在安全原则、满足参观游览原则的基础上，最大限度地接待旅游者，以提高旅游景点的经济效益。

五、餐馆的接待能力及其利用统计

（一）餐馆的数量

指具备接待旅游者就餐能力的、由当地旅游主管部门批准的旅游定点餐馆的数量。

（二）餐馆的营业面积

指某一旅游定点餐馆可供旅游者就餐的面积。该指标可以反映餐馆的最大就餐容量，即最多可以同时接待多少旅游者就餐，当然它还会受到厨师及服务人员数量的制约。

（三）餐位数

指报告期某一旅游定点餐馆内所设置的就餐座位数。该指标数值与同一时间的最多就餐人数是相一致的。

（四）餐位利用程度

指报告期内某一旅游定点餐馆每一餐位接待的就餐人数。

$$\text{餐位利用程度} = \frac{\text{报告期就餐人数总和}}{\text{报告期餐位数}} \quad (25)$$

一般地说，餐位的利用程度越高越好，相对应的餐馆的收入会越多。然而，对于一些中、高档餐馆来讲，则不适宜一味地追求过高的餐位利用程度，以免影响餐馆的就餐环境与气氛，因此就出现了餐馆理想就餐人数指标：

$$\text{餐馆每天理想就餐人数} = \text{餐位数} \times \text{理想餐位利用程度} \times \text{每天营业时间} \quad (26)$$

六、娱乐、健身场所的接待能力统计

(一)数量

指报告期内剧场、电影院、游乐场、夜总会、舞厅、卡拉 OK 厅、桑拿按摩、游泳池、网球场、保龄球、健身房等娱乐、健身场所的数量。在统计时,既要统计场所的总数,又要统计各类场所的具体数量。

(二)接待人数

指报告期内某一娱乐、健身场所所接待的旅游者人数。

(三)接待容量

指同一时间内某一娱乐、健身场所所能同时接待的旅游者人数。

七、旅游购物场所的接待能力统计

(一)数量

指报告期内某一旅游城市(或地区)所拥有的旅游购物中心、商店的数量。

(二)营业面积

指报告期内某一旅游购物场所可供旅游者购物的营业厅总面积。

(三)接待容量

指同一时间内某一旅游购物场所能同时接待的旅游者人数。

各旅游接待元素的接待能力只能说明旅游业某一方面或某一环节的接待能力,而不能代表整体的旅游接待能力。然而,考察一个国家、一个旅游城市(或地区)的旅游接待能力,则要考察包括各个旅游接待元素的接待能力在内的整个旅游业的接待能力,不仅包括旅游业内部各旅游接待元素,而且还涉及与旅游业相关的诸多方面。因此,应综合地考察某国或某地的旅游接待能力,根据当时、当地的实际,经过协调和平衡,使各旅游接待元素紧密衔接,保持适当的比例关系,并依据客源量的情况不断地进行调整。

第四节　旅行社行业统计

一、旅行社统计

旅行社是旅游的组织者和经营者,它们把个别的旅游者按其兴趣与要求组成一个旅游团,计划旅游地点与路线,规定一定的时间,安排各地食宿、空中与地面的交通,统一收费标准,并派导游翻译服务。这项工作既便利游客,又为旅游交通运输企业和饭店业招揽了生意,是受多方面欢迎的并为旅游业中不可缺少的一个行业。

作为一家大型的旅行社，应当知晓旅游景区、景点的情况，了解旅游市场的需求；应具备一定的财力，如包订饭店，订包程飞机，支付广告宣传费用等；旅行社还应当多方面联系，能够适应旅游者的不同需求，组织他们到愿意去的地方旅游。

（一）旅行社的机构设置

旅行社根据其经营规模、范围、特色不同，其机构设置也不尽相同。通常情况下，旅行社包括外联部门、内勤部门、接待部门、计划协调部门和财务部门等。

据调查，亚洲3769家旅行社中80%都只有一个办公地点，这表明了亚洲旅行社业的一个独一无二的特点，即企业小而多。设一个总部，再设几个分部的旅行社印尼最多（占44%），香港最少（占10%），但中国香港地区和新加坡的旅行社在各地区和各洲的分社最多，分别有144个和168个。亚洲正规的旅行社平均雇佣23位职员，其中12人是与旅游者直接打交道的。各地的情况也不太一样，中国台湾地区的旅行社雇佣人数最多，为40人，香港地区最少，为16人。从总数上看，被调查城市的旅行社代理人机构中，55%的工作人员在第一线服务。

（二）旅行社国际化趋势

伴随着国际经济一体化的步调，旅行社的经营变得明显复杂，旅行社集团实行全球化经营，像美国运通公司和卡尔森—维根尼特集团等成为国际上的主要领先者。在当地市场针对入境旅游者的服务，通常直接提供或是通过与当地旅行社或业界的合作进行安排，当有着世界性营销影响力和全球客户网络的国际旅行商与其他国家的当地伙伴合力招徕大量的旅游者时才能达到最佳效果。虽然在大多数国家现有的旅行社不愿让更多的旅行社进入，但它们也大都认识到国际旅行商能为当地的旅游业带来大量的专业知识、新技术、新生意和新的发展机会。由于它们的国际化特征，大的国外旅行商能够提供进入国际市场，特别是游客细分市场的机会，这就为当地旅行社进入国际市场提供了机会。由于国际旅行商向特定的目的地输入大量客源，因此需要与当地旅行社和其他相关行业建立伙伴关系以服务于旅游者。如在澳大利亚的主要旅行社当中，就有至少4家旅行社的50%所有权为美国运通掌握。同样，在日本的主要旅行社当中，也至少有10家旅行社由外国相关企业拥有。

为了实现对WTO的承诺，我国正在逐渐开放旅行社市场。针对这一挑战，我们也在积极应对。

旅游业作为我国经济产业中深具市场性和国际性的代表产业，多年来的发展一直遵循着改革和开放的基本思路。开办中外合资旅行社，其目的在于适应服务贸易国际化的发展趋势，为旅游业全面参与国际贸易竞争做准备。旅行社市场的适度开放，也是要力求对我国旅行社行业产生一定的促进作用。开办中外合资旅行社可以扩大客源市场;引入外方旅行社,可以提高其在海外销售中国旅游产品的积极性;此外还可以更好地利用其销售渠道和网络。开办中外合资旅行社,可以提高我国旅行社行业现有的水平,特别是在管理体制上可望通过引资而转制,打破目前一些旅行社单纯国家所有而形成的僵化体制。旅行社运作经营通过合资能进一步靠近国际通行做法,管理和技术也能有一些改进。中央批准在旅游城市开办合资旅行社,其中包括北京、上海及广东的一些旅游城市等。由于合资旅行社的产生,部分地区旅游统计部门也确定了一些有关的统计指标和报表,以便及时地反映合资旅行社的经营和发展状况。随着我们对 WTO 承诺的逐渐兑现,还将有大量外国旅行社直接进入中国旅游市场。

(三)旅行社质量保证金制度

旅行社质量保证金制度在国外已实行多年,是行之有效的旅行社服务质量监管制度。我国自 1995 年 7 月 1 日起施行《旅行社质量保证金赔偿暂行办法》,因此应注意统计旅行社质量保证金的上缴率、使用率及理赔率等有关指标。

$$理赔率=\frac{报告期赔付金额}{报告期上缴金额}\times 100\% \qquad (27)$$

二、旅行社的经营及其季节变动统计

(一)旅行社的接待统计

1.旅行社的接待人数统计

包括对海外旅游者人数的统计和国内旅游者人数的统计;对团体旅游者人数的统计和对零散委托旅游者的统计;对过夜旅游者的统计和不过夜旅游者的统计。

2.旅行社的外联量统计

包括对预订团队数的统计、对外联团体旅游者人数的统计、对总社及地方社外联人数的统计、对外联实到人数的统计及外联人数实现率的统计。

$$\begin{matrix}外联人数\\实现率\end{matrix}=\frac{报告期外联实到人数}{报告期外联总人数}\times 100\% \qquad (28)$$

3.旅行社外汇收入统计

(1)外联收汇:指各外联主办单位因开展外联业务而对旅行团或旅游者收取的外汇,一般意义上说就是收取的包价费用。

(2)其他直接收汇:指各分社、支社对旅行团或旅游者在华旅游过程中直接收取的外联包价以外的其他费用,如对新增加服务项目的收费等。

(3)外汇收入统计月报表,见表 9-4。

表 9-4　旅行社外汇收入统计月报表

(　　年　月)　　　　　　单位:美元

项目		甲	本月	累计
收汇	合计	1		
	本社外联收汇	2		
	本社其他直接收汇	3		
备注				

(二)旅行社经营的季节变动统计

旅行社经营的季节变动,是指旅行社的经营活动受自然界气候、风俗习惯和节假日等因素的影响,随着季节的更替而发生周而复始的变动,即人们的外出旅游活动随气候、节假日及风俗习惯的变动而变动,导致旅行社的接待人数随之而变动,进一步使旅行社的经营收入(其中包括外汇收入)也随之而发生变化。在统计工作中,研究季节变动的目的在于认识和掌握旅游者出游的规律,从而克服由于季节变动而产生的不良影响,适时、合理地调整其自身的经营活动。

1.旅行社的季节差价

旅行社的季节差价通常是指旅游包价在旅游旺季与淡季之间的差额。

2.旅行社经营的季节变动比率计算

旅行社经营的季节变动比率通常是指旅行社接待的旅游者人数的月平均数与总平均数的比值,或是旅行社经营收入的月平均数与总平均数的比值,见表 9-5。

3.旅行社经营的季节变动比较图

图 9-2 是根据表 9-5 资料绘制的。从图 9-2 的气温曲线看,这是一个山峰形,且波峰在下半年 8 月,1 月气温最低;而两个山腰处,即 4—6 月和 9—11 月为最适宜出游温度。以接待海外旅游者人数曲线 B 看,4—6 月和 9—11 月为海外旅游者来该城市旅游的集中时间段,2 月为谷底,8 月与其相邻的 7 月、9 月相比略有下降,但仍在一个较高的水平上,这就是另外一个季节变动因素,即假期因素在起作用。通常在我国和世界大多数地区,7 月、8 月为暑假,为人们出游提供了时间条件。随着 B 曲线从 2 月谷底以后的上升,外汇收入曲线 C 也在增长并直至 10 月,说明外汇收入的增长是随着海外旅游者人数的增长而增长的。同时,外汇收入曲线 C 滞后于 B 曲线,也有旅行社之间拨款滞后的因素影响。

表 9–5　某旅行社接待海外旅游者人数、外汇收入及其所在旅游城市的气温季节变动比率情况表

月份	气温季节变动比率（%）	人数季节变动比率（%）	旅行社的外汇收入（万美元）					
			第一年	第二年	第三年	三年同月合计	三年同月平均	季节变动比率（%）
1	19.51	65.29	218.66	620.11	688.76	1527.53	509.18	45.84
2	27.84	59.36	228.40	324.99	676.97	1230.36	410.12	36.92
3	57.96	102.95	351.36	745.60	997.46	2094.42	698.14	62.86
4	93.80	116.93	436.46	942.20	1121.28	2499.94	833.31	75.03
5	132.48	114.82	782.50	851.73	1112.27	2746.50	915.50	82.43
6	146.85	113.02	895.14	1183.60	1168.65	3247.39	1082.46	97.46
7	173.29	110.11	965.81	1529.09	1700.16	4195.06	1398.35	125.90
8	176.05	102.63	1167.76	1785.33	1370.66	4323.75	1441.25	129.76
9	150.00	115.50	1261.97	1717.84	1765.11	4744.92	1581.64	142.40
10	120.68	117.85	1421.16	1615.05	1950.01	4986.22	1662.07	149.64
11	77.31	110.92	975.67	1354.47	1819.68	4149.82	1383.27	124.54
12	24.23	70.62	1207.13	1248.55	1783.35	4239.03	1413.01	127.22
全年合计	1200.00	1200.00	9912.02	13 918.56	16 154.36	39 984.94	13 328.30	1200.00
全年平均	100.00	100.00	826.00	1159.88	1346.20	3332.08	1110.69	100.00

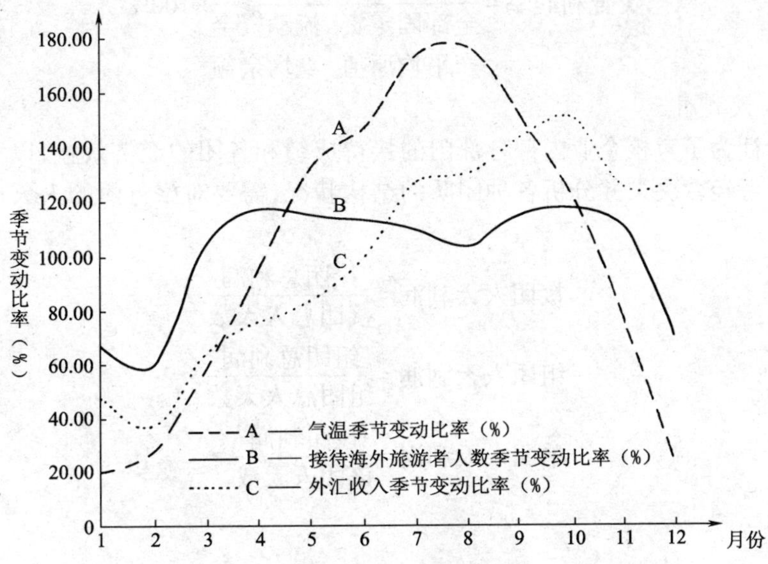

图 9-2 某旅行社接待海外旅游者人数、外汇收入及所在旅游城市的气温季节变动比率情况比较图

三、旅行社的经济效益统计

(一)旅行社的营业收入

旅行社的营业收入是指根据制定的旅游服务收费标准,依照一定的程序收取的旅行团(或旅游者)进行旅游活动的全部服务性费用,以及旅行社所开展的其他旅游服务项目取得的全部收入。

(二)旅行社的外汇收入

外汇收入是反映旅行社为旅行团(或旅游者)提供劳务而换取的外汇(通常以美元为单位计算)。

(三)旅行社的利润

由于旅行社的收入中代收性质的收入占相当比例,所以营业收入总额不可能确切地反映旅行社的实际经营情况。在营业收入净额的基础上计算的利润水平往往要比在营业收入总额基础上计算的利润水平更准确些,更能反映旅行社的经营水平。营业收入净额是指营业收入总额扣除拨付的综合服务费(房、餐、车费和其他拨付费用)后净得的营业收入。同样,在计算外汇收入的利润时,也应用外汇收入的净额,即外汇收入总额扣除代收款支出和外汇支出数后的余额。

1. 资金利润率

资金利润率是一定时期内由企业取得的利润总额与同时期内所运用资金的数额之比。资金利润率越高,说明企业资金使用的经济效果越好。

$$资金利润率=\frac{利润总额}{\begin{matrix}全部固定资\\产平均原值\end{matrix}+\begin{matrix}流动资金\\平均余额\end{matrix}}\times100\% \quad (29)$$

2. 人天利润

旅行社为了考核企业内部各部门的接待成绩和各团的经济效益，以利于旅行社的管理者经营决策并分析各种团队的结构状况，需要对旅行团的人天单位利润进行考核。

$$接团人天利润=\frac{接团总利润}{接团总人天数} \quad (30)$$

$$组团人天利润=\frac{组团总利润}{组团总人天数} \quad (31)$$

$$单团人天利润=\frac{该团利润}{该团人天数} \quad (32)$$

第五节　旅游汽车公司的统计

随着我国旅游事业的不断发展，旅游汽车公司也蓬勃发展并形成了相当的规模。以北京某旅游汽车公司为例，某年就接待中外宾客达35万多人次，每年接待200人以上的大团60多个；仅“大日野”“三菱”“北方”三种型号的大轿车共有98台；单团接待最多的人数达2200人。

一、旅游车队运营统计

（一）司机个人运营情况统计

司机个人运营情况统计项目见表9-6。

表9-6　司机个人生产记录

车号________姓名________

日　期	次　数	行车公里	营业公里	营业收入		
1						
2						
↓						
10						
小　计						
11						

续表

日期	次数	行车公里	营业公里	营业收入		
↓						
20						
小 计						
21						
↓						
31						
全 月						

工作日________里程利用率(%)________停歇费折公里________提成公里________超小时________

(1)次数:指每日的出车次数。

(2)行车公里:指每日的实际行驶公里数。

(3)营业公里:指每日的具有营业性质的行驶公里数(也就是有营业收入的)。

(4)工作日:即制度工作日数,是报告期内按规定企业(或职工)应该使用的劳动时间,等于日历工作日数减去制度公休工作日数。

(5)里程利用率又叫行程利用率:是反映车辆行驶里程利用情况的主要指标。它指的是车辆的载客行程在总行程中所占的比重。

$$里程利用率=\frac{载客行程}{总行程}\times 100\% \qquad (33)$$

提高里程利用率是提高车辆运用效率、降低运输成本的重要途径之一。

(二)运营日报

运营日报所包括项目见表9-7。

表9-7 旅游汽车公司运营日报

年 月 日

项目	单位	本日	一公司	二公司	三公司	四公司	
运营车数	辆						
完好车数	辆						
工作车数	辆						
其中:包车/双班	辆						
完好车率	%						
工作车率	%						

续表

项目	单位	本日	一公司	二公司	三公司	四公司	
行车公里	km						
营业公里	km						
里程利用率	%						
营业收入	元						
收入累计	元						
每车月收入	元						

项目	单位	海艾斯	小丰	三菱	黄海	大日野	F旅	斯柯达	桑诺斯
运营车数	辆								
完好车数	辆								
工作车数	辆								

(1)运营车数:该车队报告期用于运输营业的所有车辆数(只要运营过的车辆就算在内,而不论运营的时间长短)。

(2)完好车数:是指技术性能良好、不需要修理随时可以投入运营的车辆。它包括正常运营的车辆、库存车辆以及因故停开而在技术性能上完好的车辆,不包括正在修理和待修理的车辆。

(3)工作车数:报告期实际投入运营的车辆数。

(4)包干:车队将车包租给客户,是以实际包租天数来收取费用的。

(5)双班:指司机两班倒用一辆车,即所谓的人歇车不歇。

(6)运营车日:指报告期内运营车辆数与工作日数的乘积。

$$运营车日=运营车辆数\times制度工作日数 \tag{34}$$

(7)完好车日:报告期内完好车辆数与工作日数的乘积。

$$完好车日=完好车辆数\times制度工作日数 \tag{35}$$

(8)工作车日:报告期内工作车辆数与其实际出车的工作日数的乘积。

$$工作车日=工作车辆数\times实际工作日数 \tag{36}$$

(9)完好车率:指完好车日数占运营车日数的比重。

$$完好车率=\frac{完好车日数}{运营车日数}\times100\% \tag{37}$$

车辆完好率表明企业在报告期内技术状况良好,可随时出车进行运营工作的车辆的情况,是反映车辆的技术状况、车辆管理、运用和修理、保养工作质量的指标。

(10)工作车率:是指工作车日数在运营车日数中所占的比重,用以反映车辆的时间利用程度。

$$工作车率=\frac{工作车日数}{运营车日数}\times100\% \tag{38}$$

（三）车辆利用统计

1.实有车辆可用率

$$实有车辆可用率=\frac{完好车辆数}{实有车辆数}\times100\% \tag{39}$$

2.实有车辆利用率

$$实有车辆利用率=\frac{实际运营车辆数}{实有车辆数}\times100\% \tag{40}$$

3.完好车辆使用率

$$完好车辆使用率=\frac{实际运营车辆数}{完好车辆数}\times100\% \tag{41}$$

$$=\frac{实有车辆利用率}{实有车辆可用率} \tag{42}$$

4.客车出车率

$$客车出车率=\frac{实际工作车日数}{在册汽车日历车日数}\times100\% \tag{43}$$

其中，实际工作车日数为实际运营车辆数与实际运营天数的乘积；在册汽车日历车日数为在册车辆数与日历日数的乘积。

5.车辆能力利用率

$$车辆能力利用率=\frac{车辆实际能力}{车辆标准（设计）能力}\times100\% \tag{44}$$

其中，车辆实际能力是以人公里/辆时为单位计算，即报告期实际运客人公里总数与报告期实际运客辆时总数的比值；车辆标准（设计）能力是该车标准（设计）运客人公里总数与该车标准（设计）运客辆时总数的比值。

6.车辆速度利用指标

营运速度：反映营运车辆在出车时间内平均运行速度。

$$营运速度=\frac{总行驶公里数}{出车小时数} \tag{45}$$

其中，总行驶公里是指载客行驶里程和空驶里程的总和。空驶里程是由于车场、乘车地点、旅游景点的分布以及客流情况造成的。

技术速度：反映营运车辆在纯运行时间内平均行驶速度。

$$技术速度=\frac{总行驶公里数}{纯运行小时数} \tag{46}$$

平均车日行程：反映营运车辆在工作车日内行驶的里程。

$$平均车日行程=\frac{总行驶里程}{工作车日} \tag{47}$$

7.载客能力利用指标

载客能力利用指标用座位利用率（或称满载率）来表示，它反映了营运车辆载客能力的利用程度。

$$座位利用率=\frac{乘客周转量}{载客行程座位公里}\times 100\% \tag{48}$$

其中，乘客周转量是指被载运的乘客人数与乘坐距离的乘积，以人公里为单位计算；载客行程座位公里，是指车辆的额定座位数与载客行驶里程的乘积。

二、旅游车队的消耗与维修统计

（一）消耗统计

1.单位油耗量

$$每公里耗油量=\frac{实际耗油总量}{行驶公里总量} \tag{49}$$

$$百公里耗油量=\frac{实际耗油总量}{行驶公里总量/100} \tag{50}$$

$$人公里耗油量=\frac{实际耗油总量}{实际运客人公里总数} \tag{51}$$

2.车队单位耗油量

$$\begin{matrix}车队单位\\耗油量\end{matrix}=\frac{\sum 车辆单位耗油量(人公里)\times 该车运客人公里数}{\sum 车辆运客人公里数} \tag{52}$$

3.车队油耗总量

$$车队油耗总量=人公里耗油量\times\begin{matrix}每辆车平均\\运客人公里\end{matrix}\times 车辆数 \tag{53}$$

例2，某旅游车队两年4月份的有关资料如下，见表9-8。

表9-8　某车队两年4月份的有关资料

日　期	人公里耗油量（公升）a	每辆平均运客人公里 b	车辆数 c
第一年4月份	0.98	4320	82
第二年4月份	0.89	5040	108

试用指数的方法分析该车队油耗总量的动态变化。

解：$\begin{matrix}车队油耗\\总量指数\end{matrix}=\begin{matrix}人公里油耗\\指数\end{matrix}\times\begin{matrix}每辆车平均运客\\人公里指数\end{matrix}\times\begin{matrix}车辆数\\指数\end{matrix}$

$$\frac{a_1b_1c_1}{a_0b_0c_0}=\frac{a_1b_1c_1}{a_0b_1c_1}\times\frac{a_0b_1c_1}{a_0b_0c_1}\times\frac{a_0b_0c_1}{a_0b_0c_0}$$

$$车队油耗总量指数=\frac{a_1b_1c_1}{a_0b_0c_0}=\frac{484\ 444.8}{347\ 155.2}$$

$$=139.55\%(1)$$

$$a_1b_1c_1-a_0b_0c_0=484\ 444.8-347\ 155.2=137\ 289.6(公升)$$

即车队油耗量第二年比第一年同期上升了39.55%,多耗油137 289.6公升。

$$人公里耗油量指数=\frac{a_1b_1c_1}{a_0b_1c_1}=\frac{484\ 444.8}{533\ 433.6}=90.82\%(2)$$

$$a_1b_1c_1-a_0b_1c_1=484\ 444.8-533\ 433.6=-48\ 988.8(公升)$$

即人公里耗油量第二年比第一年同期下降了9.18%,使耗油量减少了48 988.8公升。

$$每辆车平均运客人公里指数=\frac{a_0b_1c_1}{a_0b_0c_1}=\frac{533\ 433.6}{457\ 228.8}=116.67\%(3)$$

$$a_0b_1c_1-a_0b_0c_1=533\ 433.6-457\ 228.8=76204.8(公升)$$

即每辆车平均运客人公里第二年比第一年同期上升了16.67%,使耗油量增加了76 204.8公升。

$$车辆数指数=\frac{a_0b_0c_1}{a_0b_0c_0}=\frac{457\ 228.8}{347\ 155.2}=131.71\%(4)$$

$$a_0b_0c_1-a_0b_0c_0=457\ 228.8-347\ 155.2=110\ 073.6(公升)$$

即车辆数第二年比第一年同期增长了31.71%,使耗油量增加了110 073.6公升。

139.55%=90.82%×116.67%×131.71%

137 289.6 公升=-48 988.8 公升+76 204.8 公升+110 073.6 公升

即由于人公里耗油量下降9.18%,使耗油量减少48 988.8公升;同时还有每辆车平均运客人公里上升16.67%,而使耗油量增加了76 204.8公升,以及车辆数增加了31.71%,使耗油量多了110 073.6公升。以上三个因素同时作用的结果,使该车队第二年比第一年同期的总耗油量上涨39.55%,多消耗了137 289.6公升汽油。

(二)车辆维修统计

车辆的保养包括日常保养、一级保养、二级保养和三级保养。车辆的修理包括大修、小修。车辆的大修、小修及各级保养,不仅在工作量上和内容上有明显区别,而且所需费用的来源也不相同。小修理费用和各级保养费用直接计入运输成本,大修费用则由企业"大修理基金"项目开支。

1.保修作业次数

$$保修作业次数=\frac{总行程}{保修作业间隔里程定额}-重复作业次数 \qquad (54)$$

其中,重复作业次数是指较高级保修作业次数。车辆的每一级技术保养作业范围均包括了较低一级技术保养作业的全部内容。从时间上看,在进行较高一级保养作业时,也正是应该进行较低一级保养作业的时间,所以较低一级的保养作业自然不必重复进行。

2.单车年完成周期数

$$单车年完成周期数=\frac{年日历日数}{完成一个大修周期所需的营运车日数} \quad (55)$$

3.单车年均行程

$$单车年均行程=\frac{大修间隔}{里程定额}\times\frac{单车年完}{成周期数} \quad (56)$$

4.单车年作业次数

$$\frac{单车年均某级}{保修作业次数}=\frac{一个周期内某级}{保修作业次数}\times\frac{单车年均完}{成周期数} \quad (57)$$

三、旅游车队的成本统计

(一)营运总成本

营运总成本是指车队在一定时期内为完成一定的营运任务而发生的一切费用支出,包括车辆直接费用和车队经营管理费用两部分。

(二)单位营运成本

单位营运成本是指按营运里程计算的每公里的成本总额。

$$单位营运成本=\frac{报告期营运成本总额}{报告期行驶总里程数} \quad (58)$$

(三)单位营业成本

$$单位营业成本=\frac{报告期营运成本总额}{报告期营业总里程数} \quad (59)$$

其中,营业总里程即为在行驶总里程中扣除空驶里程后的行驶里程。

四、旅游车队的安全统计

(一)行车事故总次数

是指旅游汽车企业从事营运的汽车在报告期内所发生的各类事故的次数总和。

(二)行车事故频率

$$行车事故频率=\frac{行车事故次数}{平均营运车数}(次/百车) \quad (60)$$

$$或\quad=\frac{行车事故次数}{总行程}(次/百万车公里) \quad (61)$$

(三)行车事故受伤(或死亡)率

$$行车事故受伤(或死亡)率=\frac{受伤(或死亡)人数}{平均营运汽车数}(人/百车) \quad (62)$$

$$或=\frac{受伤(或死亡)人数}{总行程}(人/百万车公里) \tag{63}$$

(四)直接经济损失金额

是指旅游汽车运输企业的营运车辆,因发生行车事故所造成的现场车辆、财物损失的费用和修理费、医疗费及赔偿费等。

第六节 旅游饭店业的统计

一、饭店职工情况统计

(一)职工人数统计

1.中方在职职工人数

指在全民、集体所有制饭店及合资饭店中工作,并由企业支付工资等劳动报酬的全体中方人员,不包括外籍职工和港澳台职工。

2.外方(含港澳台)工作人员

由饭店招收、招聘和录用,并支付工资的外籍人员、华侨和港澳台人员。

(二)职工工资统计

1. 年工资总额

指各饭店在一年内直接支付给其全部职工的劳动报酬总额。

2. 计时工资

指按计时标准和工作时间支付给个人的劳动报酬,包括对已做工作按计时工资标准支付的工资;实行结构工资制的饭店支付给职工的基础工资和职务(岗位)工资;新参加工作职工的见习工资。

3. 职工工资的分类

全部职工工资包括固定职工工资、合同制职工工资、农民工工资、计划内临时工工资、计划外用工工资及其他职工工资。

4. 职工工资的构成

职工工资的构成包括计时工资,含基础工资和职务(岗位)工资;各种奖金;各种津贴和补贴;加班工资和其他工资。

5. 工资效益指标

(1)百元工资营业收入

$$百元工资营业收入=\frac{营业收入}{工资总额} \tag{64}$$

(2)百元工资外汇收入

$$百元工资外汇收入=\frac{外汇收入}{工资总额} \tag{65}$$

(3)百元工资实现利税

$$百元工资实现利税=\frac{利润+税金}{工资总额} \quad (66)$$

(三)职工劳动效率统计

1. 饭店全员劳动生产率

指旅游饭店每一职工(包括其他人员)在单位时间内(日、月、季、年)平均实现的营业收入。

$$饭店全员劳动生产率=\frac{报告期内饭店总营业收入}{报告期内饭店平均职工人数} \quad (67)$$

2. 客房职工服务效率

$$客房职工服务效率=\frac{平均每日接待住宿人数}{客房部职工平均人数} \quad (68)$$

3. 餐厅职工服务效率

$$餐厅职工服务效率=\frac{每日平均就餐人数}{该餐厅职工平均人数} \quad (69)$$

4. 洗衣部职工劳动效率

$$洗衣部职工劳动效率=\frac{月内洗染物总件数}{洗衣部职工平均人数} \quad (70)$$

(四)职工考勤统计

1. 出勤率

$$出勤率=\frac{报告期出勤工时数}{报告期制度工时数}\times100\% \quad (71)$$

2. 缺勤率

$$缺勤率=\frac{报告期缺勤工时数}{报告期制度工时数}\times100\% \quad (72)$$

例3,某年10月某饭店在册职工458人,出勤率为98.6%,有19人请假。求缺勤工时数及缺勤职工的平均缺勤天数。

解:缺勤率=100%-98.6%=1.4%

制度工时数=458×8×21=76 944(工时)

缺勤工时数=1.4%×76 944=1077.22(工时)

$$缺勤职工的平均缺勤天数=\frac{1077.22}{19\times8}=7.09(天)$$

二、饭店设施、设备统计

(一)饭店设施、设备数量统计

(1)设施拥有量:指一定调查时点上实有的数量,包括能用的和不能使用的数量；

(2)客房数及床位数；

(3)餐厅数及餐位数；

(4)健身运动及娱乐设备数；

(5)各种会议设施数；

(6)各种保安设备数；

(7)各种动力设备数；

(8)各种办公设备数；

(9)各种通信设备数；

(10)各种交通设备数。

(二)饭店设施、设备利用统计

1. 客房出租率

指报告期平均出租客房数与客房总数的比率。

2. 餐厅利用率

$$每桌接待客人量=\frac{报告期该餐厅接待用餐总人数}{报告期该餐厅餐桌数} \tag{73}$$

3. 运输工具利用率

$$运输工具利用率=\frac{实际开动的数量}{某种运输工具的全部数量}\times100\% \tag{74}$$

这里的运输工具主要指各种电梯。

4. 设备能力利用率

$$设备能力利用率=\frac{设备实际负荷量(工作量)}{设备标准负荷量(设计量)}\times100\% \tag{75}$$

5. 设备时间利用率

$$设备时间利用率=\frac{设备实际使用时间}{设备投入日历时间}\times100\% \tag{76}$$

6. 实有设备使用率

$$实有设备使用率=\frac{实际使用设备数}{实有设备数}\times100\% \tag{77}$$

7. 完好设备使用率

$$完好设备使用率=\frac{实际投入使用设备数(工时数)}{完好设备数(工时数)}\times100\% \tag{78}$$

三、饭店投资效益统计

(一)投资形式

一般包括资金、土地、实物三种形式。

(二)投资计划的编制

饭店投资计划负有贯彻国家的大政方针和发展旅游业的具体方针、政策要求,落实总体发展战略、中长期发展规划,保持项目开发连续性等任务。安排年度投资计划需要做到:开发规模要适当,不得突破计划规模;先安排继续项目,后安排新开项目;列入年度计划的新开项目,必须是可行性研究报告已被正式批准的项目;重点和一般兼顾,在保证重点的基础上兼顾一般;主体和配套兼顾,互相衔接,形成综合能力和综合效益;当年实施和下年准备统筹安排,在抓好当年继续项目的同时,要对下年将要上的项目做好准备,有一定数量的项目储备。

旅游基本建设单位要按照国家统一规定的制度,定期编报计划完成情况报表,包括"旅游基本建设快速月报""旅游基本建设完成情况季报",并有投资效果的分析说明。"年度旅游基本建设计划执行情况报表"要反映各建设项目执行年度基本建设计划和完成基本建设投资情况。

(三)有关投资报表的几个指标

(1)计划投资规模:指经过有关部门批准的该项目投资总额。

(2)投资完成额:指本季用于该项目的资金额。

(3)累计投资额:指该项目自开工起,截至报告期末累计投入的资金总量。

(4)合同金额:指合同中列明的双方认可的项目总投资。

(5)到位资金:指报告期该项目实际到位的资金额。

(6)项目总投资:指该项目经有关部门批准的投资总额。

(7)投入资金:指报告期该项目实际投入的资金额。

(8)累计投入资金:指该项目自开工起,截至报告期末投入的资金总额。

(9)无形资产:也可以作为一种投资形式,它包括专有技术、专利权、商标权、版权、场地使用权以及其他特许权等。

(四)投资效益指标

1. 预计回收投资期(回收资本投资所需的年限)

$$\text{预计回收投资期}=\frac{\text{最初现金支出投资额}}{\text{每年平均现金净收益或节约额}} \tag{79}$$

2. 投资回收率

投资回收率是旅游饭店在建设前进行可行性研究所计算运用的一个指标,也是旅游饭店在建成后考核其经济效益的一个指标。前者是指建设该饭店计划经营多少年可以回收投入的资金,后者是指该饭店建成后经营若干年后实际回收的投入资金。每年回收的资金是该饭店年利润和税金之和。投资回收年限越短,经济效益越高。

$$\text{投资回收率}=\frac{\text{年平均赢利额}}{\text{投资总额(计划数或实际数)}} \tag{80}$$

3. 设备投资效益

$$设备投资效益=\frac{设备投资额}{采用新设备后年增收节支额} \quad (81)$$

其中，设备投资额包括设备的购置费、运输费及安装费等设备安置的总费用；采用新设备后的年增收节支额，包括采用新设备所带来的新增营业额、节约能源消耗、提高管理和服务效率、节约劳动力等方面的增收节支额。

（五）饭店经营效益统计

1. 反映劳动消耗的单项经济效益指标

（1）每百元收入工资额

指的是每百元营业收入付出的平均工资。

（2）每百元收入折旧额

$$每百元收入折旧额=\frac{折旧额（元）}{营业收入（百元）} \quad (82)$$

这个指标反映了物化劳动中设备消耗经济效益的情况，它的数值越小，表明经济效益越高。引起每百元收入折旧额变动的因素，是接待能力利用率的变动。因此，对该指标的进一步研究，就要分析接待能力利用率的变动。

（3）每百元收入物料消耗额

$$每百元收入物料消耗额=\frac{物料消耗额（元）}{营业收入（百元）} \quad (83)$$

这个指标反映了物化劳动中各项物料消耗经济效益的情况，它的数值越小，表明经济效益越高。引起每百元收入物料消耗额变动的因素，是各项物料单位消耗量的变动。因此，对该指标的进一步研究，就要分析各项物料单位消耗量的变动。各项物料单位消耗量的指标也属于这一方面的效益指标。

如：

$$\begin{matrix}能源收入率\\（每吨能源收入率）\end{matrix}=\frac{营业收入}{折算为标准煤吨数的全部能耗} \quad (84)$$

$$\begin{matrix}能源创汇率\\（每吨能源创汇率）\end{matrix}=\frac{外汇收入}{折算为标准煤吨数的全部能源} \quad (85)$$

2. 反映劳动占用的单项经济效益指标

（1）每百元收入固定资金占用额

$$\begin{matrix}每百元收入固定\\资金占用额\end{matrix}=\frac{固定资金平均占用额（元）}{营业收入（百元）} \quad (86)$$

（2）每百元收入流动资金占用额

$$\begin{matrix}每百元收入流动\\资金占用额\end{matrix}=\frac{流动资金平均占用额（元）}{营业收入（百元）} \quad (87)$$

以上两项指标分别反映了固定资金与流动资金利用上的经济效益情况，它们的数值越小,表明经济效益越高。影响其指标大小的因素,是固定资金利用情况指标与流动资金利用情况指标的变动。这些利用情况指标,如每百元固定资金的收入额、流动资金周转速度等,都属于这一方面的经济效益指标。

3. 全部资金经营利润率

它是用经营利润与平均占用资金额相比,以综合反映劳动占有与劳动消耗的经济效益指标。

$$\text{全部资金经营利润率}=\frac{\text{经营利润}}{\text{平均占用资金额}}\times 100\% \tag{88}$$

(1)每百元收入经营利润额

$$\text{每百元收入经营利润额}=\frac{\text{经营利润(元)}}{\text{营业收入(百元)}} \tag{89}$$

(2)每百元收入资金占用额

在营业收入一定的情况下,平均占用资金额的变动会引起该指标向同方向变动。所以,它反映劳动占用量变动的影响,是单独反映劳动占用经济效益的指标。该指标数值越小,表明劳动占有越节省。

以上两个补充指标分别从两个不同方面反映了旅游饭店的经济效益情况,补充说明了全部资金经营利润率未能明确的问题,因此全部资金经营利润率又可以表示为:

$$\text{全部资金经营利润率}=\frac{\text{每百元收入经营利润额}}{\text{每百元收入资金占用额}}\times 100\% \tag{90}$$

4. 有关成本经营效益指标

(1)保本点:饭店保本点也叫盈亏平衡点,是饭店营业收入和支出刚好抵消、不亏也不赢利的临界点。运用保本点,饭店可以解决诸如饭店在接待多少客人及收入达到怎样的水平时才不赢利也不亏本、饭店要想达到预期的利润目标得接待多少旅游者并取得多少收入等问题。

(2)每百元收入完全成本额

$$\text{每百元收入完全成本额}=\frac{\text{营业成本(元)}+\text{间接费用(元)}}{\text{营业收入(百元)}} \tag{91}$$

在营业收入一定的情况下,劳动消耗量的变动会使完全成本向同方向变动,从而引起该指标也向同方向变动。所以,它反映劳动消耗量变动的影响,是单独反映劳动消耗对完全成本影响的经济效益指标,该指标数值越小,表明劳动消耗越节省。

(3)完全成本经营利润率

$$\text{完全成本经营利润率}=\frac{\text{经营利润}}{\text{营业成本}+\text{间接费用}}\times 100\% \tag{92}$$

$$=\frac{\text{每百元收入经营利润额}}{\text{每百元收入完全成本额}}\times 100\% \tag{93}$$

该指标也反映了劳动消耗的经济效益情况。

思考与练习

1.从一个旅游目的国的角度来说,旅游接待能力应包括哪些方面?

2.在旅游资源的量化统计中,对旅游资源容纳能力利用程度指标,在实际应用时应如何进行评价?

3.旅游接待元素涉及哪些方面?它们分别使用哪些指标来进行统计?

4.旅游景点的接待密度系数与强度相对指标是怎样的关系?

5.饭店的经营效益统计涉及哪些方面?它们分别使用哪些指标来进行统计?

6.某年一旅游城市秋季交易会期间,宾馆、饭店接待的总人天数为 102 521 人天,接待人数则为 32 620 人,可供出租的床位为 16 896 张。请问当时该市宾馆、饭店的接待状况如何?

7.某饭店第一和第二年均全年营业,据第二年上半年(181 天)统计,全部房间 200 间,其中可供出租的客房 190 间,上半年实际利用房间数总和为 32 154 间天。第一年下半年(184 天),全部房间 200 间,其中 172 间为可供出租客房,下半年实际利用房间总和为 25 318 间天。根据该资料填写下表。

资料表

指标名称	第一年下半年	第二年上半年
营业天数(天)		
全部客房数(间)		
可供出租客房数(间)		
全部客房间天数(间天)		
可供出租客房间天数(间天)		
实际利用客房间天数(间天)		
全部客房可接待率(%)		
全部客房可利用率(%)		
客房出租率(%)		

8.某旅游工艺商品库存额资料见下表,试计算年平均库存额。

日期	1月1日	2月28日	4月18日	6月15日	9月12日
库存额(万元)	5.2	4.4	3.2	4.0	4.2
日期	11月6日	次年1月1日			
库存额(万元)	4.6	5.0			

第十章

抽样技术

抽样调查又称统计抽样，也称抽样推断或概率抽样。它要求在一定条件下，从调查的总体全部单位中随机地抽取有代表性的部分单位组成样本进行调查。对由样本中获得的资料再加以分析研究，得到样本特征数用以推断总体参数，并能计算出调查结果的理论精确度和可靠度。

如对某城市进行家计调查，是从全市居民中随机地抽取一部分居民进行调查，用所获得的资料来推断全市居民收入或消费农产品或日用品数量等情况。

这里需要指出的是，所谓抽样并非随心所欲地胡乱抽取，而必须采用科学的抽取方法，从总体单位中抽取具有代表性的单位，使其能够保证从被抽取的部分单位中所获得的资料，能正确地反映相应的总体特征。不然，这些资料就没有意义了。

抽样调查具有实用性强、速度快、准确性高、可靠性大，节省人力、物力、财力和时间并能提高调查的时效性等优点，还可以计算与控制由于从总体全部单位中抽取一部分单位组成样本推断总体而产生的随机误差（抽样误差）。由于抽样调查具有这些优点，所以得到了世界各国在各个不同领域中广泛的应用。

实践证明，抽样调查法是普遍共认行之有效的科学方法，由于其特点它能起到其他方法无可替代的作用。

一般来说，在下面几种情况下，采用抽样调查法不仅是适宜的，而且是必要的。

第一，对于总体过大、单位分散或有特殊原因，不可能进行全面调查或调查困难者，就必须或只能用抽样调查才能达到目的。例如，统计连续不断生产的旅游产品，调查了解旅游者的消费情况；测量池塘里鱼苗数量等。

第二，对于调查本身具有一定的破坏性和消耗性的项目，不可能进行全面实验检测，只能用抽样技术来替代。如炮弹的杀伤半径与射程、灯泡的使用寿命、轮胎的行程里数、纺织品的拉力、种子的发芽率以及酒店酒水质量的评定等。

第三，对全面调查所得的资料进行检验、补充与修正。如对全国和地方工业、农业产值的统计资料再核实；我国每次人口普查后，一般都要再进行10%的抽样调查来核实普查的结果。

第四，对总体单位庞大、面广、时间性强还符合概率论与数理统计的理论，抽样调查能提供更全面、更精确、更深刻的调查检验和研究结论。如对全国城乡居民家计情况了解；对森林木材积蓄量、全国电视观众收视率的情况以及对全国农作物产量调查，等等。只要有适当代表性的单位数量，就能获得精确度较高的总体结果。

调查者要根据调查的目的与要求，根据所选用的调查方法及人力、经费等事项的具体情况，设计调查方案并制定调查步骤。方案设计与调查步骤的要求是：抽样误差要小，精确度和可靠度要高，所需人力、物力、财力和时间都要省。

第一节 抽样调查法的理论基础

抽样调查法所根据的理论是概率论的大数定律和中心极限定理。

一、大数定律

设总体有 $X_1, X_2 \cdots X_N$ 相互独立的随机变量，服从同一概率分布，且有有限的数学期望 $E(X_i)=\bar{X}$ 和方差 $D(X_i)=\sigma^2$，则 $X_1, X_2 \cdots X_N$ 的均值为 $\bar{X}=\frac{1}{N}\sum_{i=1}^{N}X$；从总体中随机抽取 n 个单位样本 $x_1, x_2 \cdots x_n$。则样本平均数 $\bar{x}_i=\frac{1}{n}\sum_{i=1}^{n}x_i$。当 $n\to\infty$ 时，$\bar{x}_i$ 按概率收敛于 $\overline{X}$。则对于任意正数 α，恒有：

$$\lim_{n\to\infty} P(|\bar{x}_i-\bar{X}|\leqslant\alpha)=1 \tag{1}$$

大数定律是关于大量随机现象具有的共同规律性法则。它的一系列定理为统计推断提供了数学依据。在大样本条件下，抽样平均值和总体均值的离差为任意小，这一可能性概率可以尽量接近于 1。

在自然现象和社会现象中，合乎大数定律的例子是很多的。例如：人口统计中出生婴儿的男女性别比例关系，在具体历史条件下是相当稳定的。一般是 100 个女婴对 105 个男婴之比。但是，这种出生男女的比例关系，从个别家庭、个别时期、个别地区不一定看得出来。在个别家庭中，可能都是男孩或女孩；在个别时期、个别地区，可能有各种各样不同比例的男孩与女孩的数目。为了了解这个现象的正确特征，就不能只根据个别现象，而只有在掌握大量现象，对大量现象加以综合、分析、研究才能得出这种认识。通过对大量的自然现象和社会现象的观察、分析、研究得知：偶然性存在于必然性之中。

大数定律论证了样本平均数趋近于总体均值，也就是 $\bar{x}_i$ 与 $\overline{X}$ 有较小的偏差的可能性很大。但是，大数定律没有表明 $\bar{x}_i$ 与 $\overline{X}$ 的偏差究竟有多大，偏差不超过一定范围的概率究竟有多少，这个偏差的分布怎样。这个问题可用概率论中的中心极限定理来研究。

二、中心极限定理

设总体有 $X_1, X_2 \cdots X_N$ 相互独立的随机变量，服从同一概率分布，且有有限的数学期望 $E(X_i)=\overline{X}$ 和方差 $D(X_i)=\sigma^2$，又有 $\bar{x}_i=\frac{1}{n}\sum_{i=1}^{n}x_i$，那么，随机变量 $y_n=\frac{\bar{x}_i-\overline{X}}{\sigma/\sqrt{n}}$ 的分布函数 $F_n(x)$，对于任意正数 x，则有：

$$\lim_{n\to\infty}F_n(x)=\lim_{n\to\infty}P\left(\frac{\bar{x}_i-\overline{X}}{\sigma/\sqrt{n}}\leqslant x\right)=\int_{-\infty}^{x}\frac{1}{\sqrt{2\pi}}e^{\frac{t^2}{2}}dt=\Phi(x) \tag{2}$$

这是随机变量和的分布序列极限定理。不论这个总体的随机变量如何分布，从总体全部单位中随机抽取 n 个单位样本 $x_1, x_2 \cdots x_n$。当 n 充分大时，样本平均数 $\bar{x}_i=\frac{1}{n}\sum_{i=1}^{1}x_i$，是近似于具有参数 $E(\bar{x}_i)=\overline{X}$ 和 $\sigma_{\bar{x}}^2=\frac{1}{n}\sigma^2$ 的正态分布。这个定理是大样本统计推断的理论基础。

这个结论对于统计推断是很重要的。因为在社会经济与自然现象中，一个随机变量服从于正态分布未必很多，但多个随机变量和的分布趋近于正态分布时是普遍存在的。例如：某市接待旅游者人数是各旅行社接待旅游者人数的总和。所以，某市接待旅游者的分布，可以看做是各旅行社接待人数总和分布。样本平均数是随机变量和的分布，当样本单位 n 充分大时，样本平均数趋近于正态分布。这就有效地提供了抽样误差的概率估计。

第二节　简单随机抽样

从总体 N 个单位中，随机地以同等概率抽取 n 个单位组成样本进行调查，从样本获得的资料来推断总体的参数，这种抽样方法称为简单随机抽样，也称单纯随机抽样或纯随机抽样。

抽取时一般是将总体中的每个样本单位都编上序号，用抽签的办法抽取样本。也可将 0~9 这 10 个数字完全随机的用事先编好的随机数表来进行抽取。若总体单位数非常大就用机器来摇号抽取，如彩票中奖号码等。

由于抽样方法不同，所推断总体参数所用的统计量也不同，一般来说，对总体的参数估计有下述几种。

一、总体均值的估计

设总体有 N 个单位，其标志值分别为：$X_1, X_2 \cdots X_N$，相互独立且同分布。从中抽取 n 个样本单位，其观察值分别为 $x_1, x_2 \cdots x_n$，用样本特征数推断总体参数。

总体 N 个单位标志值的均值为：

$$\overline{X}=\frac{1}{N}\sum_{i=1}^{N}X_i \tag{3}$$

样本 n 个单位观察值的平均数为：

$$\bar{x}=\frac{1}{n}\sum_{i=1}^{n}x_i \tag{4}$$

推断总体均值，即用样本 $\bar{x}$ 的数值来代替总体均值 $\overline{X}$ 的数值，当然这种推断是有误差的。如果我们将所有的 C_N^n 组合样本分别计算样本平均数 $\bar{x}_i$，再将全部平均数加以平均，就与总体均值相近，则有：

$$E(\bar{x})=\overline{X} \tag{5}$$

即样本平均数 $\bar{x}$ 是总体均值 $\overline{X}$ 的无偏估计量。

二、总体均值估计量的方差

我们已经知道，由样本平均数 $\bar{x}$ 估计总体均值 $\overline{X}$ 不一定与实际值一致，也就是有样本平均数 $\bar{x}$ 与总体均值 $\overline{X}$ 之差 $\bar{x}-\overline{X}$，即为抽样误差，这种误差在实际调查中是调查不出来的。

抽样误差一般用样本方差（或标准差）来表示，如用 n 个样本平均数 $\bar{x}$ 估计总体均值 $\overline{X}$ 时，用同样方法反复抽取 n 个单位样本，分别求出 n 个样本平均数 $\bar{x}$，每次求得的值未必一致，此 $\bar{x}$ 的偏差由样本平均数的方差 $\sigma_{\bar{x}}^2$ 来表示抽样误差。

（一）在简单随机放回抽样中，样本平均数 $\bar{x}$ 的方差为：

$$\sigma_{\bar{x}}^2=\frac{\sigma^2}{n}\approx\frac{N-1}{N}\cdot\frac{S^2}{n} \tag{6}$$

标准差为：

$$\sigma_{\bar{x}}=\frac{\sigma}{\sqrt{n}}\approx\sqrt{\frac{N-1}{N}}\cdot\frac{S}{\sqrt{n}} \tag{7}$$

（二）在简单随机不放回抽样中，样本平均数 $\bar{x}$ 的方差为：

$$\sigma_{\bar{x}}^2=\frac{\sigma^2}{n}\cdot\frac{N-n}{N-1}\approx\frac{S^2}{n}\cdot\frac{N-n}{N}\approx\frac{S^2}{n}(1-f) \tag{8}$$

其中：$f=\dfrac{n}{N}$ 为抽样比。

标准差为：

$$\sigma_{\bar{x}}=\frac{\sigma}{\sqrt{n}}\sqrt{\frac{N-n}{N-1}}\approx\frac{S}{\sqrt{n}}\sqrt{1-f} \tag{9}$$

其中：σ^2 为总体方差

$$\sigma^2=\frac{1}{N}\sum_{i=1}^{N}(X_i-\overline{X})^2,\quad (i=1,2\cdots N) \tag{10}$$

$$S^2=\frac{1}{N-1}\sum_{i=1}^{N}(X_i-\overline{X})^2,\quad (i=1,2\cdots N) \tag{11}$$

S^2 也为总体方差,但其定义与 σ^2 不同,我们常用(9)式来定义总体方差,这样做的优点是分析起来较为方便。而$\frac{N-n}{N-1}$为有限总体校正系数,当用 S^2 代替 σ^2 时,它变为$\frac{N-n}{N}$或表示为 $1-f$。

在简单随机抽样中,样本方差为:

$$s^2=\frac{1}{n-1}\sum_{i=1}^{n}(x_i-\bar{x})^2,\quad (i=1,2\cdots n) \tag{12}$$

是总体方差 S^2 的无偏估计量。

$$E(s^2)=S^2 \tag{13}$$

样本平均数的方差无偏估计量为:

$$S_{\bar{x}}{}^2=\frac{S^2}{n}\left(\frac{N-n}{N}\right)=\frac{S^2}{n}(1-f) \tag{14}$$

即 $E(S_{\bar{x}}^2)=\sigma_{\bar{x}}^2=S_{\bar{x}}^2$

而 $S_{\bar{x}}$是样本平均数的标准差 $\sigma_{\bar{x}}$ 的有偏估计,但是在实际应用中可以不考虑这种偏差。

$$S_{\bar{x}}=\frac{S}{\sqrt{n}}\sqrt{(1-f)} \tag{15}$$

在实际调查工作中多为不放回抽样,我们把样本平均数的标准差称为抽样误差。

三、抽样误差限与样本容量的确定

用样本平均数$\bar{x}$估计总体均值$\overline{X}$,总是要发生偏差,两者几乎不可能完全相等。偏差$|\bar{x}-\overline{X}|$的值越小,所估计的平均数就越精确。由于抽样误差是随着不同的样本而变化的,要使偏差$|\bar{x}-\overline{X}|$的值不超过一个数值,这个数值记作 $\Delta(\bar{x})$,称$\Delta(\bar{x})$为允许偏差。要达到这个目的,就要控制样本容量 n 的值或尽量减小实验误差,以减少 $\sigma_{\bar{x}}$的值。当样本容量 n 充分大时,样本平均数$\bar{x}$近似服从正态分布:

$\bar{x}\sim N(\overline{X},\sigma^2)$,则有:

$$P\left(\frac{|\bar{x}-\overline{X}|}{\sigma_{\bar{x}}}\leqslant U_{\alpha/2}\right)=1-\alpha$$

于是以概率 $1-\alpha$,有:$\dfrac{|\bar{x}-\overline{X}|}{\sigma_{\bar{x}}}\leqslant U_{\alpha/2}$或$|\bar{x}-\overline{X}|\leqslant U_{\alpha/2}\sigma_{\bar{x}}$,则

$$\Delta(\bar{x})=|\bar{x}-\overline{X}|\leqslant U_{\alpha/2}\sigma_{\bar{x}} \tag{16}$$

为抽样误差允许范围,即为抽样估计误差限,则有置信区间:

$$(\bar{x}-U_{\alpha/2}\sigma_{\bar{x}},\bar{x}+U_{\alpha/2}\sigma_{\bar{x}}) \tag{17}$$

其中 $U_{\alpha/2}$是在给定置信水平 $1-\alpha$ 的情况下查正态分布表而得。

在进行调查之前,要设计调查方案,就要知道总体的标准差等,然后确定样本容量 n。

在放回抽样条件下,抽样误差限,为:

$$\Delta(\bar{x})\approx U_{\alpha/2}\frac{S}{\sqrt{n}} \tag{18}$$

对(18)式的等式两边平方,求得样本容量 n 为:

$$n=\frac{U_{\alpha/2}^2S^2}{\Delta^2(\bar{x})} \tag{19}$$

在不放回抽样条件下,抽样误差限为:

$$\Delta(\bar{x})\approx U_{\alpha/2}\frac{S}{\sqrt{n}}\sqrt{\frac{N-n}{N}} \tag{20}$$

对(20)式的等式两边平方,求得样本容量 n 为:

$$n\approx\frac{U_{\alpha/2}^2S^2N}{\Delta^2(\bar{x})N+U_{\alpha/2}^2S^2} \tag{21}$$

例 1,某商店销售的某种商品,厂家经长期生产经验知道该商品的直径 X 服从正态分布。今从该商品中随机抽取 6 件,测得其直径分别为(单位:毫米):

14.6,15.1,14.9,14.8,15.2,15.1。

已知该天销售的该商品的直径方差为 0.05,试就 $\alpha=0.05$ 求平均直径的置信区间。

解:$\bar{x}=\dfrac{1}{6}(14.6+15.1+14.9+14.8+15.2+15.1)=14.95$

对 $\alpha=0.05$,查正态分布临界值表(附表 2),得双侧临界值 $U_{\alpha/2}=1.96$,于是:

$$U_{\alpha/2}\frac{\sigma}{\sqrt{n}}=1.96\times\sqrt{\frac{0.05}{6}}=0.18$$

$$\bar{x}-U_{\alpha/2}\frac{\sigma}{\sqrt{n}}=14.95-0.18=14.77$$

$$\bar{x}+U_{\alpha/2}\frac{\sigma}{\sqrt{n}}=14.95+0.18=15.13$$

从而$\bar{x}$的置信概率为 0.95,置信区间为:(14.77, 15.13)。

例2,某街道在164家居民户中随机抽取20家居民户进行家计调查,每家每天用于食物费用如表10-1所示:

表10-1　食物费用表

序　号	1	2	3	4	5	6	7	8	9	10	11	12	13	14	15	16	17	18	19	20
食物费用(元)	58	33	51	49	49	46	17	31	13	25	40	16	30	32	15	30	19	26	33	40

根据调查得到的资料,估计平均每家每天用于食物的费用($\alpha=0.05$)。

解:样本平均数为:

$$\bar{x}=\frac{1}{n}\sum_{i=1}^{n}x_i=\frac{1}{20}\sum_{i=1}^{20}x_i=32.65$$

样本方差为:

$$S^2=\frac{1}{n-1}\sum_{i=1}^{n}(x_i-\bar{x})^2=\frac{1}{20-1}\sum_{i=1}^{20}(x_i-32.65)^2=175.0816$$

标准差为:

$$S=\sqrt{S^2}=\sqrt{175.081\,6}=13.2318$$

抽样误差为:

$$\sigma_{\bar{x}}=\frac{S}{\sqrt{n}}\sqrt{1-f}=\frac{13.2318}{\sqrt{20}}\sqrt{1-\frac{20}{164}}=2.77$$

样本平均数$\bar{x}$服从t分布,由$\alpha=0.05$,自由度$n-1=19$

查t分布表,得临界值:$t_{\frac{\alpha}{2},(n-1)}=2.093$

所以在$1-\alpha$置信水平的置信区间为:

$$\bar{x}\pm t_{\frac{\alpha}{2},(n-1)}\sigma_{\bar{x}}=32.65\pm2.093\times2.77$$

即平均每家每天的食物费用开支为26.85元~38.45元

第三节　分层抽样

把总体的全部单位划分成若干个层(类、组),在各层中随机抽取适当的单位数组成样本,根据样本获得的资料推断总体参数,这种抽样方法称为分层抽样,也称类型抽样或分类抽样。

分层抽样法一般有等比例抽样和不等比例抽样两种方法。等比例抽样就是把总体分层后,在每个层别中抽取样本的机会是相等的,也就是在各层别中抽取样本单位数的比例是相等的。采用分层抽样时,一般都是按比例的分层抽样。抽样所获得的样本,一般都具有很好的、广泛的普遍性和代表性,因而在抽样调查中,这样的抽样方法是用得最广泛也是最多的一种。

目前由于实际需要往往采用不等比例分层抽样,该抽样是指对各层别中的样本单位数被抽中的机会是不相等的。如调查农作物收获量时,比较大的农场产量总是高于小型农场。所以在各层抽样中,对每一层别确定样本数目,给大的农场以较大的抽样比例,给小农场以较小的抽样比例,这样作出样本的推断比等比例分层抽样作出的结果精确得多。

一、分层抽样的基本原理

设所调查的总体由 N 个单位组成,把 N 个单位先划分为互不重叠的 L 个部分,任何单位只属于其中的某一部分,不能同时属于某两部分或更多部分,并且也没有单位被遗漏。若各部分所包含的单位数分别为 $N_1, N_2 \cdots N_L$,因此:

$$N_1+N_2+\cdots+N_L=\sum_{h=1}^{L} N_h=N$$

我们把所划分的各部分称为“层”,如:把总体划分为 L 个部分,就称为 L 个“层”。N_h 为第 h 层的单位数,然后再从每一层中抽取适当样本数构成样本,在任何两层中抽取样本单位时都是相互独立的,再由所抽取的样本获得的资料对总体参数进行估计。

如果采用分层抽样与简单随机抽样,抽取同样数量的样本单位,分层抽样调查的结果比简单随机抽样获得较高的精确度。在满足同等精确度的条件下,分层抽样的样本单位数比简单随机抽样要少,这样在调查中就会节省人力、物力、财力和时间。简单随机抽样适用于均匀分布的总体,对于非均匀分布总体用分层抽样法最为适宜。

二、分层抽样的有关估计量

(一)总体均值的估计

设在总体 N 中各层的标志值为 $X_1, X_2 \cdots X_N$,则总体均值为:

$$\overline{X}=\frac{1}{N}\sum_{i=1}^{N} X_i \quad (i=1,2\cdots N) \tag{22}$$

在 L 层中分别抽取 $n_1, n_2 \cdots n_L$ 个单位数组成各层的样本,因此有:

$$n_1+n_2+\cdots+n_L=\sum_{h=1}^{L} n_h=n \tag{23}$$

在分层抽样中,第 h 层总体单位数 N_h 和总体单位数 N 以及

$$W_h=\frac{N_h}{N} \tag{24}$$

都是确知的。W_h 称为总体在第 h 层的权数。

在第 h 层的抽样比为：

$$f_h=\frac{n_h}{n}$$

在等比例分层抽样时，各层的抽样比相等，

即：$\frac{n_1}{n}=\frac{n_2}{n}=\cdots=\frac{n_h}{n}=f$ (25)

而 $n_h=n\cdot f$

我们用 X_{hi} 表示第 h 层第 i 个总体单位的标志值，第 h 层总体均值为：

$$\overline{X}_h=\frac{1}{N_h}\sum_{i=1}^{N_h}X_{hi} \qquad (i=1,2\cdots N_h) \tag{26}$$

总体均值是各层总体均值的加权平均数。

$$\overline{X}=\sum_{h=1}^{L}W_h\overline{X}_h \tag{27}$$

我们用 x_{hi} 表示第 h 层第 i 个样本单位的观察值，第 h 层样本平均数为：

$$\bar{x}_h=\frac{1}{n_h}\sum_{i=1}^{n_h}x_{hi} \quad (i=1,2\cdots n_h) \tag{28}$$

样本平均数是各层样本平均数的加权平均数。

$$\bar{x}_{st}=\sum_{h=1}^{L}W_h\ \bar{x}_h \tag{29}$$

其中：$W_h=\frac{n_h}{n}$ (30)

在分层抽样中，由于分层不能用 $\bar{x}$ 作为 $\overline{X}$ 的估计量，可以证明：用 $\bar{x}_{st}$ 作为 $\overline{X}$ 的估计量，这样就提高了估计精度。

$$\bar{x}_{st}=\sum_{h=1}^{L}W_h\ \overline{X}_h \tag{31}$$

每层样本平均数 $\bar{x}_h$ 均为该层总体均值 $\overline{X}_h$ 的无偏估计，即：

$$E(\bar{x}_{st})=\overline{X}_h \quad (h=1,2\cdots L) \tag{32}$$

则有下式成立：

$$E(\bar{x}_{st})=\overline{X} \tag{33}$$

所以，$\bar{x}_{st}$ 为 $\overline{X}$ 的无偏估计量。

（二）总体均值估计量的方差

在分层不放回抽样中，估计量 $\bar{x}_{st}$ 的方差为：

$$\sigma^2(\bar{x}_{st})=\sum_{h=1}^{L}W_h^2\frac{S_h^2}{n_h}(1-f_h)=\frac{1}{N^2}\sum_{h=1}^{L}N_h^2(N_h-n_h)\frac{S_h^2}{n_h} \tag{34}$$

其中：$S_h^2=\frac{1}{n_h}\sum_{n=1}^{L}(x_{hi}-\bar{x}_h)^2$ (35)

是第 h 层的样本方差。

按等比例分层不放回抽样，估计量$\bar{x}_{st}$的方差为：

$$\sigma^2(\bar{x}_{st})=\frac{1-f}{n}\sum_{h=1}^{L}W_hS_h^2 \tag{36}$$

在调查时，可使用下面的公式：

$$S^2(\bar{x}_{st})=\frac{1}{N^2}\sum_{h=1}^{L}N_h(N_h-n_h)\frac{S_h^2}{n_h}=\sum_{h=1}^{L}\frac{W_h{}^2S_h^2}{n_h}-\sum_{h=1}^{L}\frac{W_hS_h^2}{N} \tag{37}$$

$$S^2(\bar{x}_{st})=\sigma^2(\bar{x}_{st})=\frac{1-f}{n}\sum_{h=1}^{L}W_hS_h^2 \tag{38}$$

而 S_h^2 是未知的，可用第 h 层样本层内方差 S_h^2 来代替。

(三)总体均值 $\overline{X}$ 的置信区间及样本容量 n 的确定

如果样本平均数服从 t 分布，以概率 $1-a$，则有：

$$|\bar{x}_{st}-\overline{X}|<t_{\alpha/2}S(\bar{x}_{st})$$

于是置信区间为：

$$[\bar{x}_{st}-t_{\alpha/2}(n-1)S(\bar{x}_{st}),\quad \bar{x}_{st}+t_{\alpha/2}(n-1)S(\bar{x}_{st})]$$

在给定的 $1-\alpha$ 置信水平情况下，查自由度 $n-1$ 的 t 分布临界值表，得 $t_{\alpha/2}(n-1)$的值。

如果预先规定了估计精度。

$$\Delta(\bar{x}_{st})=|\bar{x}_{st}-\overline{X}|=U_{\alpha/2}\sigma(\bar{x}_{st})$$

等式两边平方得：

$$\Delta^2(\bar{x}_{st})=U_{\alpha/2}^2\sigma^2(\bar{x}_{st})=U_{\alpha/2}\frac{1-f}{n}\sum_{h=1}^{L}W_hS_h^2 \tag{39}$$

于是样本容量为：

$$n=\frac{1}{\Delta^2(\bar{x}_{st})}[U_{\alpha/2}^2(1-f)\sum_{h=1}^{L}W_hS_h^2] \tag{40}$$

例 3，某市有 120 家饭店，因为设备条件不同，分甲、乙、丙三级，甲级有 30 家，乙级有 60 家，丙级有 30 家。现在从 120 家饭店中抽取 16 家进行调查，以 95%的可靠性对标准客房赢利最大床位数进行估计。

解：(1)求出各级总体的权数

已知：$N=120\quad N_1=30\quad N_2=60\quad N_3=30\quad \alpha=0.05\quad n=16$

则有：$W_1=\frac{N_1}{N}=\frac{30}{120}=0.25\quad W_2=\frac{N_2}{N}=\frac{60}{120}=0.5\quad W_3=\frac{N_3}{N}=\frac{30}{120}=0.25$

(2)将全部样本单位按比例分配

$n_1=nW_1=16\times0.25=4$，$n_2=nW_2=16\times0.5=8$，

$n_3=nW_3=16\times0.25=4$

即在120家饭店中,在甲级30家饭店中抽取4家,在乙级60家饭店中抽取8家,在丙级30家饭店中抽取4家进行调查。在甲级饭店30家中抽取哪4家,可将30家饭店编号,用抽签法或用随机数字表得到。乙级和丙级饭店也是如此抽取样本。

(3)按照所分配的样本单位数进行调查

根据各饭店经营的资料:

甲级:抽取第一、第二、第三、第四家饭店赢利最大床位数分别为:190,180,170,180。

乙级:抽取第一、第二……第八家饭店赢利最大床位数分别为:400,420,380,400,410,390,420,380。

丙级:抽取第一、第二、第三、第四家饭店赢利最大床位数分别为:300,280,290,290。

(4)计算抽取的各级饭店赢利最大床位数的平均数和方差

甲级:$\bar{x}_1=\frac{1}{4}(190+180+170+180)=180$

$$S_1^2=\frac{1}{4}[(190-180)^2+(180-180)^2+(170-180)^2+(180-180)^2]=50$$

乙级:$\bar{x}_2=\frac{1}{8}(400+420+380+400+410+390+420+380)=400$

$$S_2^2=\frac{1}{8}[(0^2+20^2+(-20)^2+0^2+10^2+(-10)^2+20^2+(-20)^2]=225$$

丙级:$\bar{x}_3=\frac{1}{4}(300+280+290+290)=290$

$$S_3^2=\frac{1}{4}[10^2+(-10)^2+0^2+0^2]=50$$

计算结果列于表10-2中:

表10-2 计算表

层	N_h	W_h	n_h	$\overline{X}_h$	S_n^2	$N_n\overline{X}_h$	$W_h\overline{X}_h$	$W_hS_n^2$
甲	30	0.25	4	180	50	5 400	45	12.50
乙	60	0.50	8	400	225	2 400	200	112.50
丙	30	0.25	4	290	50	8 700	72.5	12.50
合计	120	–	16	–	–	38 100	317.50	137.50

(5)计算样本平均数及方差

$$\bar{x}_{st}=\sum_{h=1}^{L}W_h\overline{X}_h=317.50$$

$f_1=\frac{n_1}{N_1}=\frac{4}{30}=0.1333$ $\qquad f_2=\frac{n_2}{N_2}=\frac{8}{60}=0.1333$

$$f_3=\frac{n_3}{N_3}=\frac{4}{30}=0.1333 \qquad f=0.1333$$

等比例分层抽样$\bar{x}_{st}$的方差为：

$$S^2(\bar{x}_{st})=\frac{1-f}{n}\sum_{h=1}^{L}W_hS_h^2=\frac{1-0.1333}{16}\times 137.5=136.3544$$

标准差为：

$$S(\bar{x}_{st})=\sqrt{S^2(\bar{x}_{st})}=11.6770$$

（6）求置信区间

$\alpha=0.05$，自由度 $n-1=15$，查 t 分布临界值表得 $t_{\alpha/2(n-1)}=2.1316$

总体均值 $\bar{X}$ 在95%的置信水平下置信区间为：

$$[\bar{x}_{st}-t_{\alpha/2(n-1)}S(\bar{x}_{st}),\quad \bar{x}_{st}+t_{\alpha/2(n-1)}S(\bar{x}_{st})]=(306,\quad 342)$$

即赢利最大床位数平均在（306，　342）区间内。

全市有 120 家饭店，标准客房赢利最大床位数平均区间为：

$$N\bar{x}_{st}\mp t_{\alpha/2(n-1)}NS(\bar{x}_{st})=(35\ 116,\quad 41\ 084)$$

三、分层抽样样本容量的最佳分配

分层抽样按比例分配样本单位数能获得比简单随机抽样较高的精确度，如果知道各层层内的方差 σ_h^2 时，还有比按比例分配各层样本单位数更好的分配方法。在实际决定抽取方式时，必须考虑支付的调查费用要少，抽样误差要小，这样才能有理想的效果。

如果在给定的费用条件下，使总体均值估计量的方差达到最小值，或者在规定了估计量方差的条件下，使费用达到最小值。于是，假设与样本单位数无关的固定费用为 C_0 和一个调查所需样本数成比例的费用为 C_1 时，则全部费用 C 为：

$$C=C_0+C_1n=C_0+C_1\sum_{h=1}^{L}n_h \tag{41}$$

这称为费用函数。

在全部费用 C 给定的条件下，使总体均值估计量的方差达到最小来决定 n_h 的方法，或者是在样本数目一定的条件下，使估计量的方差达到最小的分配方法，也就是根据各层的权数及各层层内方差大小来分配各层抽取的样本单位数目的方法，称为最佳分配，也称奈曼分配。

最佳分配第 h 层的样本单位数 n_h 为：

$$n_h=n\cdot\frac{W_hS_h}{\sum_{h=1}^{L}W_hS_h}=n\cdot\frac{N_hS_h}{\sum_{h=1}^{L}N_hS_h} \tag{42}$$

总体均值估计量 $\bar{x}_{st}$ 的最小方差 $\sigma^2(\bar{x}_{st})$ 为：

$$\sigma^2(\bar{x}_{st})=\frac{(\sum_{h=1}^{L}W_hS_h)^2}{n}-\frac{\sum_{h=1}^{L}W_hS_h^2}{N} \tag{43}$$

如果,抽取率$\frac{n}{N}$小到可以忽略不计时,$\sigma^2(\bar{x}_{st})$为:

$$\sigma^2(\bar{x}_{st})=\frac{(\sum_{h=1}^{L}W_hS_h)^2}{n} \tag{44}$$

用上述的最佳分配,无论调查哪一层的哪一个样本,调查费用都相等。

如果调查各层所支付的费用不同时,例如调查旅游资源的开发,按地区分层,某一层是偏僻交通不方便的地区,另一层是交通方便较繁华的地区,由于各层的实际情况不同,所需调查支付的费用也不同,这种情况下费用函数为:

$$C=C_0+\sum_{h=1}^{L}C_hn_h \tag{45}$$

其中,C_0 为与样本单位数无关的固定费用,C_h 为第 h 层的单位调查费用,n_h 为第 h 层样本单位数。

给定全部费用 C 后,使估计量 $\bar{x}_{st}$的方差 $\sigma^2(\bar{x}_{st})$达到最小,来决定 n_h 的方法也称为最佳分配,或称为迪氏分配。

当给定 $\sigma^2(\bar{x}_{st})$的条件下,费用 C 达到最小时,n_h 为:

$$n_h=n\cdot\frac{W_hS_h/\sqrt{c_h}}{\sum_{h=1}^{L}(W_hS_h/\sqrt{c_h})}=n\cdot\frac{N_hS_h/\sqrt{c_h}}{\sum_{h=1}^{L}(N_hS_h/\sqrt{c_h})} \tag{46}$$

当给定费用 C 及固定费用 C_0 时,使估计量 $\bar{x}_{st}$的方差最小,这时 n 为:

$$n=\frac{(C-C_0)\sum_{h=1}^{L}(N_hS_h/\sqrt{c_h})}{\sum_{h=1}^{L}(N_hS_h\sqrt{c_h})} \tag{47}$$

当规定了总体均值估计量 $\bar{x}_{st}$的方差 $\sigma^2(\bar{x}_{st})$时,这时 n 为:

$$n=\frac{(\sum_{h=1}^{L}W_hS_h/\sqrt{c_h})\sum_{h=1}^{L}W_hS_h/\sqrt{c_h}}{\sigma(\bar{x}_{st})+\frac{1}{N}\sum_{h=1}^{L}W_hS_h^2} \tag{48}$$

这时的方差为:

$$\sigma^2(\bar{x}_{st})=\sum_{h=1}^{L}\frac{W_h^2S_h^2}{n_h}-\sum_{h=1}^{L}\frac{W_h^2S_h^2}{N_h} \tag{49}$$

为实行最佳分配,必须知道各层的方差。若将这个方差推算错了就不是最佳分配,而变成最不佳分配。分层按比例抽样,不论怎么分配样本单位,分层抽样的精确度比简单随机抽样要高,但是最佳分配则没有这种保证,不过,S_h 推算得正确,最佳分配还是比按比例分配优越,因此在设计抽样调查方案时必须注意这一点。

至于样本容量 n 的确定可以由 $\Delta(\bar{x}_{st})=U_{\alpha/2}\sigma(\bar{x}_{st})$ 及公式(41)经整理得:

$$n=\frac{\left(\frac{U_{\alpha/2}}{\Delta(\bar{x}_{st})}\sum_{h=1}^{L}W_hS_h\right)^2}{1+\frac{1}{N}\left(\frac{U_{\alpha/2}}{\Delta(\bar{x}_{st})}\right)^2\sum_{h=1}^{L}W_hS_h^2} \tag{50}$$

由公式(50)所确定的 n 值是在 $\sigma^2(\bar{x}_{st})$ 最小条件下的 n 值,因而是 n 的最佳值。

例 4,以例 3 中的资料为据,$N=120$　$N_1=30$　$N_2=60$

$N_3=30$　$n=16$　$W_1=0.25$　$W_2=0.50$　$W_3=0.25$

按比例分配样本单位数:$n_1=4$　$n_2=8$　$n_3=4$　$S_1^2=50$

$S_1=\sqrt{50}=7.071$　$S_2^2=225$　$S_2=\sqrt{225}=15$　$S_3^2=50$

$S_3=\sqrt{50}=7.071$　$\bar{x}_{st}=317.50$　$S^2(\bar{x}_{st})=136.5344$

$S(\bar{x}_{st})=11.6770$

现在用分层抽样的奈曼最佳分配分配样本单位数并计算方差。

奈曼最佳分配第 h 层的样本单位数 n_h 为:

$$n_h=n\cdot\frac{W_hS_h}{\sum_{h=1}^{L}W_hS_h}=n\cdot\frac{N_hS_h}{\sum_{h=1}^{L}N_hS_h}$$

$$n_1=n\cdot\frac{W_1S_1}{\sum_{h=1}^{3}W_hS_h}$$

$$=16\times\frac{0.25\times7.071}{0.25\times7.071+0.50\times15+0.25\times7.071}=3$$

同理求得:

$$n_2=16\times\frac{0.50\times15}{11.0354}=10$$

$$n_3=16\times\frac{0.25\times7.071}{11.0354}=3$$

即在甲级饭店中抽取 3 家,乙级饭店中抽取 10 家,丙级饭店中抽取 3 家进行调查,估计量 $\bar{x}_{st}$的方差为:

$$\sigma^2(\bar{x}_{st})=\frac{\left(\sum_{h=1}^{L}W_hS_h\right)^2}{n}-\frac{\sum_{h=1}^{L}W_hS_h{}^2}{N}$$

$$=\frac{(11.0354)^2}{16}-\frac{137.50}{120}=6.4654$$

标准差为:$\sigma(\bar{x}_{st})=\sqrt{6.4654}=2.5427$

$$S^2(\bar{x}_{st})=136.3544,\sigma^2(\bar{x}_{st})=6.4654,S^2(\bar{x}_{st})>\sigma^2(\bar{x}_{st})$$

有$\frac{\sigma^2(\bar{x}_{st})}{S^2(\bar{x}_{st})}=0.0474$，而0.0474<1，由此可以看出分层奈曼分配比按比例分配样本单位数有效。

例5，已知：$N=300\quad N_1=40\quad N_2=180\quad N_3=80\quad W_1=0.1333\quad W_2=0.6000\quad W_3=0.2666\quad S_1^2=12\quad S_2^2=4\quad S_3^2=2$。现有调查总费用2 000元，固定费用为500元，各层的单位调查费用C_h分别为20元、80元、40元。根据资料试求最佳分配时的样本容量n及各层应抽取的样本单位数n_h，并估计总体均值$\overline{X}$的95%的置信区间。

解：分层抽样最佳分配时的样本容量n为公式(47)：

$$n=\frac{(C-C_o)\sum_{h=1}^{L}(N_hS_h/\sqrt{c_h})}{\sum_{h=1}^{L}(N_hS_h\sqrt{c_h})}$$

$$=\frac{(2\,000-500)[(40\sqrt{12}/\sqrt{20})+(180\sqrt{4}/\sqrt{80})+(80\sqrt{2}/\sqrt{40})]}{40\sqrt{12}\sqrt{20}+180\sqrt{4}\sqrt{80}+80\sqrt{2}\sqrt{40}}$$

$$=30$$

各层样本单位数为：

$$n_h=n\cdot\frac{N_hS_h/\sqrt{c_h}}{\sum_{h=1}^{L}(N_hS_h/\sqrt{c_h})}$$

$$n_1=30\times\frac{40\sqrt{12}/\sqrt{20}}{89.1192}=11$$

$$n_2=30\times\frac{180\sqrt{4}/\sqrt{80}}{89.1192}=13$$

$$n_3=30\times\frac{80\sqrt{2}/\sqrt{40}}{89.1192}=6$$

$$f_1=\frac{n_1}{N_1}=\frac{11}{40}=0.2750\quad f_2=\frac{n_2}{N_2}=\frac{13}{180}=0.0722$$

$$f_3=\frac{n_3}{N_3}=\frac{6}{80}=0.0750$$

是不等比例分层抽样，估计量$\bar{x}_{st}$的方差为公式(49)：

$$\sigma^2(\bar{x}_{st})=\sum_{h=1}^{L}\frac{W_h^2S_h^{\ 2}}{n_h}-\sum_{h=1}^{L}\frac{W_h^{\ 2}S_h^{\ 2}}{N_h}$$

$$=\left(\frac{0.2132}{11}+\frac{1.440}{13}+\frac{0.1421}{6}\right)-\left(\frac{0.2132}{40}+\frac{1.440}{180}+\frac{0.1421}{80}\right)$$

$$=0.1537$$

标准差为：$\sigma(\bar{x}_{st})=\sqrt{0.1537}=0.3724$

总体均值 $\overline{X}$ 的估计量为：

$$\bar{x}_{st}=\frac{1}{N}\sum_{h=1}^{L}N_h\overline{X}_h=\sum_{h=1}^{L}W_h\overline{X}_h$$

$$=8.5324$$

自由度 $f=n-1=29$，查 t 分布表（近似正态分布）$t_{\alpha/2}=U_{\alpha/2}=1.96$，总体均值 $\overline{X}$ 的95%的置信区间为：

$$\bar{x}_{st}\mp u_{\alpha/2}\sigma(\bar{x}_{st})=(7.8,\quad 9.3)$$

采用分层抽样法时，必须对总体正确地进行分层，应使分层后，层总体平均数 $\overline{X}_h$ 之间的差别大，而层总体方差 σ_h^2 小，才能使分层抽样获得较高的估计效率。

第四节　等距抽样

将总体 N 个单位排成一定的次序，先随机抽取一个单位，然后按相等距离（或间隔）抽取 n 单位组成样本进行观察，用样本特征值推断总体参数。这种抽样方法称为等距抽样法，也称系统抽样或机械抽样。

具体做法有以下几种抽取方式：

一是随机定位法。总体 N 个单位从 1 到 N 排成次序。从中抽取 n 个单位样本。如果，N 恰为 n 的整倍数时，抽样间隔为：

$$k=\frac{N}{n} \tag{51}$$

k 称为抽样间隔，也称为抽样距离。

把总体 N 个单位分为 n 段（或组），每段中含有 k 个单位，从每段中抽取一个单位样本。抽取时，从第一段中随机抽取第 i 个单位（$i=1,2\cdots k$），为起始点，然后，依次抽取第 $k+i$，第 $2k+i\cdots$第 $(n-1)k+i$，组成样本。

例如：调查城市居民家计情况。某街道有 110 户居民，用等距抽样法，抽选10%的居民进行调查。可知：总体 $N=110$，$n=11$，则

$$k=\frac{N}{n}=\frac{110}{11}=10$$

抽样距离 $k=10$，即每隔 10 户抽一户进行调查。抽选调查单位的起始，可以从任何一户开始。比如：从第一个距离中任何一户，假设是第 $i=3$ 开始为第一户，依次有第 2 户为 $k+i=10+3=13$。第 3 户为 $2k+i=23\cdots$第 11 户为 $(n-1)k+i=103$。于是确定抽取的单位号码为：3，13，23…103。

二是中心定位法。确定抽样间隔以后，抽取每段的中心或邻近中心的单位，来替代 1 到 N 的随机次序。如果 k 是奇数，则开始的单位是$\frac{k+1}{2}$。如果 k 是偶数，则

开始的单位是$\frac{k+2}{2}$或$\frac{k}{2}$。取单位数中心位置的样本比取单位数随机位置的样本更为精确。如前例：$N=110$，$n=11$，$k=10$，如果，取$\frac{k}{2}=i=5$为起始点，依次有第$k+i=10+5=15$，$2k+i=25\cdots(n-1)k+i=105$。于是确定抽取的单位号码为5，15，25…105。

三是循环抽样法。在实际工作中，总体单位数N不一定能够被样本单位数n整除。这时，预先规定样本单位数不得小于n。取$\frac{N}{n}$的整数部分为k。在1，2…k等k个数中随机抽取一个数i作为起始点。然后，依次有第$k+i$，第$2k+i$…等单位，作为样本中的单位组成样本，例如，总体$N=23$，已确定$n=5$，则$k=\frac{23}{5}\approx 5$，假设先抽取随机起点$i=16$，则依次抽取$i=16$，$k+i=5+16=21$，$2k+i=2\times5+16=26$，$3k+i=3\times5+16=31$，$4k+i=4\times5+16=36$，而$2k+i$实际上是总体的第3个单位，$3k+i$是总体的第8个单位，$4k+i$是第13个单位，即样本由第16，21，3，8，13个单位组成，见图10-1。

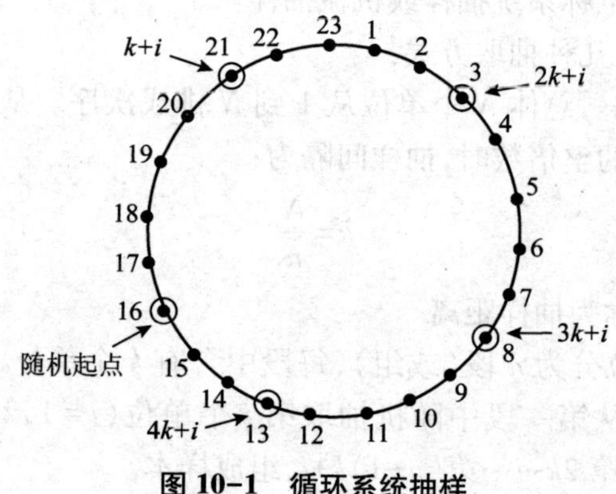

图10-1　循环系统抽样

四是对称抽样法。设总体有N个单位，从中抽取样本容量为n的样本。当$N=nk$。而n为偶数时，将N个单位分为$\frac{n}{2}$个组，每个组包含$2k$个单位。然后，随机确定抽样起始点。在每一组中抽取距该组两端等距离的两个单位。计算公式为：

$$[i+2jk, 2(j+1)k-i+1] \qquad (j=0,1,2\cdots\frac{n}{2}-1) \tag{52}$$

例如：总体有$N=200$个单位，从中抽取$n=20$个单位。确定出抽取的单位号码。

已知：$N=200$，$n=20$，则$k=\frac{N}{n}=\frac{200}{20}=10$，随机确定起始点，$i=5$。

第0组$(j=0)$，$i+2jk=5$，$2(j+1)k-i+1=16$，

第 1 组（$j=1$），$i+2jk=25$，$2(j+1)k-i+1=36$，

……

第 9 组（$j=\frac{n}{2}-1$），$i+2jk=185$，$2(j+1)k-i+1=196$。

确定抽取的单位号码为：5，16，25，36…196，由这 10 个号码单位组成样本。

如果 n 为奇数时，计算公式为：

$$[i+2jk,2(j+1)k-i+1],[j=0,1,2\cdots\frac{1}{2}(n-1)-1] \tag{53}$$

j 取到 $\frac{1}{2}(n-1)-1$ 为止，再加上靠近终端的一个单位 $[i+(n-1)k]$。

例如：$N=75$，$n=5$，$k=\frac{N}{n}=\frac{75}{5}=15$，随机确定起始点 $i=4$。

第 0 组（$j=0$），$i+2jk=4$，$2(j+1)k-i+1=27$。

第 1 组（$j=1$），$i+2jk=34$，$2(j+1)k-i+1=57$。

$j=\frac{1}{2}(n-1)-1=1$。取到 1 为止。再加上靠近终端的一个单位，$i+(n-1)k=64$。确定抽取的单位号码为 4，27，34，57，64，由这 5 个号码单位组成样本。

以上抽取方式各有优势与作用，采用时，可视总体标志特点与排列状况及调查的目的要求适当选取。

一、总体均值的估计

设总体有 N 个单位，从中抽取 n 个样本单位。用 x_{ij} 表示被抽中的第 i 个样本，第 j 个单位的观察值。第 i 个样本的平均数为：

$$\bar{x}_i=\frac{1}{k}\sum_{j=1}^{k}x_{ij} \text{或} k\bar{x}_i=\sum_{j=1}^{k}x_{ij} \quad \begin{pmatrix} i=1,2\cdots n \\ j=1,2\cdots k \end{pmatrix} \tag{54}$$

再计算这 n 个样本平均数的平均数 $\bar{x}$ 为：

$$\bar{x}=\frac{1}{nk}\sum_{i=1}^{n}\sum_{j=1}^{k}x_{ij}=\frac{1}{n}\sum_{i=1}^{n}\bar{x}_i \tag{55}$$

则有

$$E(\bar{x})=\overline{X} \tag{56}$$

所以，估计量 $\bar{x}$ 是总体均值 $\overline{X}$ 的无偏估计。

二、总体均值估计量的方差

如果总体各单位的排列次序是随机的，其抽样误差与简单随机抽样相同。所以，其估计量 $\bar{x}$ 的方差可以按照简单随机抽样的公式计算。

总体均值估计量 $\bar{x}$ 的方差为：

$$\sigma^2(\bar{x})=\frac{S_b^2}{n}(1-f) \tag{57}$$

其中，

$$f=\frac{n}{N},\qquad S_b^2=\frac{1}{n-1}\sum_{i=1}^{n}(\bar{x}_i-\bar{x})^2 \tag{58}$$

等距抽样简便易行，容易抽取样本。比简单随机抽样抽取较少的样本单位，而获得较为可靠的代表性。等距抽样在比较大规模的抽样调查中代替简单随机抽样抽取样本单位，样本单位在总体中散布均匀比简单随机抽样更精确。

第五节　整群抽样

将总体全部单位划分成若干个部分，把所划分的每一部分称为一个“群”。在划分时，群与群之间无重叠，任何一个单位只属于某一个群，总体中全部单位无遗漏。每一个群内所含的总体单位数是确知的，然后以群为单位从中随机抽取一些群，对所抽取的群进行全面调查，由获得的资料推断总体参数，这种抽样方法称为整群抽样法。也称分群抽样或集团抽样。

整群抽样调查是抽样调查的一种特殊方法，它有组织便利、容易抽取样本单位、节省费用等优点。但是调查单位只能集中在被抽取的若干群中，而不能均匀分布在总体中，因此它的代表性要差一些。

如抽取整个街道居民作为整群时，居民生活水平可能是整个偏高或是整个偏低，代表性就比较差了。所以，对说明整个总体的情况，这种抽样方法的精确度要比其他抽样方法差一些，为了保证精确度的要求，要比其他抽样方法抽取较多的样本单位。

在整群抽样中，每个群内所含的样本单位数可以相同，也可以不相同。在这里我们讲述在群内所含的样本单位数不相同时的情况。

一、总体均值的估计

将总体全部单位划分为 N 个群，每个群中所包含的单位数不等，各为 $M_1,M_2\cdots M_N$。用 X_{ij} 表示第 i 群第 j 个单位的标志值，则第 i 群中 M_i 个单位标志值之和为：

$$X_i=\sum_{j=1}^{M_i}X_{ij}\quad(i=1,2\cdots N;\ j=1,2\cdots M_i)$$

第 i 群中 M_i 个单位标志值的平均数为：

$$\overline{X}_i=\frac{1}{M_i}\sum_{j=1}^{M_i}X_{ij}=\frac{1}{M_i}X_i\quad 或\quad X_i=M_i\overline{X}_i$$

则总体全部单位标志值的平均数为：

$$\overline{X}=\frac{1}{NM_i}\sum_{i=1}^{N}\sum_{j=1}^{Mi}X_{ij}=\frac{1}{NM_i}\sum_{i=1}^{N}X_i=\frac{1}{N}\sum_{i=1}^{N}\overline{X}_i$$

从总体 N 个群中,等概地抽取 n 个群组成样本,在样本中用 x_{ij} 表示第 i 群中第 j 个单位的观察值,样本的第 i 群中 M_i 个单位观察值之和为:

$$x_i=\sum_{i=1}^{n_i}x_{ij}\quad(i=1,2\cdots n_i;\ j=1,2\cdots M_i)$$

第 i 群中 M_i 个单位观察值的平均数为:

$$\bar{x}_i=\frac{1}{M_i}\sum_{j=1}^{M_i}x_{ij}=\frac{1}{M_i}x_i,\quad(i=1,2\cdots n)$$

或　$x_i=M_i\,\bar{x}_i$

则总体平均数 $\overline{X}$ 样本不等容量的估计值为:

$$\bar{x}_{u,c}=\frac{N\sum_{i=1}^{n}x_i}{n\sum_{i=1}^{N}M_i}\tag{59}$$

因为 $\frac{1}{n}\sum_{i=1}^{n}x_i$ 是 $\frac{1}{N}\sum_{i=1}^{N}X_i$ 的无偏估计量,所以有:$E(\bar{x}_{u,c})=\overline{X}$

故 $\bar{x}_{u,c}$ 是总体均值 $\overline{X}$ 的无偏估计量。

二、总体均值估计量的方差

在实际调查计算估计量 $\bar{x}_{u,c}$ 的方差为:

$$\sigma^2(\bar{x}_{u,c})=\frac{1-f}{n}\cdot\frac{1}{n-1}\sum_{i=1}^{n}\left(\frac{M_i\,\bar{x}_i}{\overline{M}}-\bar{x}\right)^2$$

$$=\frac{1-f}{n\,\overline{M}^2}\cdot\frac{1}{n-1}\sum_{i=1}^{n}\left(M_i\,\bar{x}_i-\frac{1}{n}\sum_{i=1}^{n}\overline{M}\ \bar{x}_i\right)^2(i=1,2\cdots n)\tag{60}$$

其中:$\overline{M}=\frac{1}{n}\sum_{i=1}^{h}M_i\quad(i=1,2\cdots n)$

例 6,某饭店的嘉士精品商店有 18 个销售组,每组人数不等,现随机抽取 4 组调查平均每人日销售量。估计全商店人员平均日销售量的区间($\alpha=0.05$),资料如表 10-3 所示。

表 10-3　销售资料表

组别	日销售量(台)			
	第一个销售员	第二个销售员	第三个销售员	第四个销售员
1	15	25	20	
2	10	16	10	18
3	20	30		
4	30	21	15	

解:已知:$N=18\quad n=4\quad M_1=3\quad M_2=4\quad M_3=2\quad M_4=3$

平均每组人数：$\overline{M}=\frac{1}{n}\sum_{i=1}^{n}M_i=\frac{1}{4}(3+4+2+3)=3$

第一组平均每人销售量：$\bar{x}_1=\sum_{i=1}^{3}x_i/\mathrm{M}_1=\frac{60}{3}=20$

第二组平均每人销售量：$\bar{x}_2=\sum_{i=1}^{4}x_i/\mathrm{M}_2=\frac{54}{4}=13.50$

第三组平均每人销售量：$\bar{x}_3=\sum_{i=1}^{2}x_i/\mathrm{M}_3=\frac{50}{2}=25$

第四组平均每人销售量：$\bar{x}_4=\sum_{i=1}^{3}x_i/\mathrm{M}_4=\frac{66}{3}=22$

即：$M_1\bar{x}_1=3\times20=60\quad M_2\bar{x}_2=4\times13.50=54$

$M_3\bar{x}_3=2\times25=50\quad M_4\bar{x}_4=3\times22=66$

平均每组日销售量：$\bar{x}=\frac{1}{n}\sum_{i=1}^{n}M_i\bar{x}_i=57.50$

四组共有人数：$n\overline{M}=4\times3=12$

平均每人日销量：

$$\bar{x}_{u,c}=\frac{1}{n\overline{M}}\sum_{i=1}^{n}M_i\bar{x}_i=\frac{1}{\overline{M}}\cdot\frac{1}{n}\sum_{i=1}^{n}M_i\bar{x}_i=\frac{\bar{x}}{\overline{M}}=\frac{57.50}{3}=19.1666$$

估计量$\bar{x}_{u,c}$的方差为：

$$\sigma^2(\bar{x}_{u,c})=\frac{1-f}{n\overline{M}}\cdot\frac{1}{n-1}\sum_{i=1}^{n}\left(M_i\bar{x}_i-\frac{1}{n}M_i\bar{x}_i\right)^2$$

$$=\frac{1-\frac{4}{18}}{4\times3}\cdot\frac{1}{4-1}[(60-57.5)^2+(54-57.5)^2+(50-57.5)^2+(66-57.5)^2]$$

$$=0.3024$$

标准差为：

$$\sigma(\bar{x}_{u,c})=\sqrt{\sigma^2(\bar{x}_{u,c})}=0.5499$$

$\alpha=0.05$　自由度 $n\overline{M}-1=11$　查 t 分布表得

$t_{\alpha/2}t_{\alpha/2(nM-1)}=2.201$，则置信区间为：

$$\bar{x}_{u,c}\mp t_{\alpha/2(nM-1)}\sigma(\bar{x}_{u,c})=(18,20)$$

全商店人员平均日销量为 18~20 台。

第六节　多阶段抽样

在大而复杂的总体范围中，把抽取样本单位过程划分为几个阶段或步骤，逐阶段抽取样本单位的方法，叫作多阶段抽样法，又称多级抽样，也是几种抽样相结合的方法。

例如:我们调查城市居民家计情况。第一步,在全市所有区中抽选适当数目的区;第二步,在中选的区中抽选适当数目的街道;第三步,在中选的街道中抽选适当数目的居民户。每一个这样的步骤,叫作一个阶段,这里有三个抽选步骤,就叫作三个阶段。

在社会经济调查中,一般都不可能直接用最基本单位来作为抽样单位,进行一次一阶段抽样调查。在进行多阶段抽样调查时,各个阶段采用的抽样方法,可以相同,也可以不相同。通常在先抽取大部分单位时,用分层抽样或等距抽样,再抽取小部分单位时,用整群抽样或简单随机抽样,而其中任何一种抽样方法,都可以用于一个阶段。

多阶段抽样法比简单随机抽样法灵活,在样本容量相同的条件下,多阶段抽样的样本单位在总体中的散布比简单随机抽样均匀。多阶段抽样法,既有整群抽样的优点,又有简单随机抽样法精确度高的长处。所以,在实际调查工作中是常用的抽样法。下面主要讲述最常用的二阶段抽样。

一、二阶段抽样总体均值的估计

(一)样本单位数相同

设全国有 N 个旅行社,从中随机抽取 n 个旅行社进行调查。如果这 n 个旅行社每个旅行社的人数 M_i 都相同,即 $M_1=M_2=\cdots=M_i=\cdots=M_N=M$。再从每个旅行社 M_i 个人中随机抽取 m_i 个人。即 $m_1=m_2=\cdots=m_i=\cdots=m_n=m$ 时。我们从 n 个旅行社工作人员的平均身高,估计全国旅行社工作人员的平均身高。

在第 i 个旅行社 M_i 个人中抽选 m_i 个人测量身高为:

$$x_{i1}, x_{i2}\cdots x_{ij}\cdots x_{im}$$

平均身高为:

$$\bar{x}_i=\frac{1}{m}\sum_{i=1}^{m}x_{ij}\qquad(i=1,2\cdots n;\ j=1,2\cdots m)\tag{61}$$

第 i 个旅行社 M 个人平均身高为:

$$\overline{X}_i=\frac{1}{M}\sum_{j=1}^{M}x_{ij}\qquad(i=1,2\cdots N;\ j=1,2\cdots M)\tag{62}$$

在抽取的 n 个旅行社中,每个旅行社测量 m 个人,共测量人数为 nm,平均身高为:

$$\begin{aligned}\bar{x}&=\frac{1}{nm}\sum_{i=1}^{n}\sum_{j=1}^{m}x_{ij}=\frac{1}{n}\sum_{i=1}^{n}\frac{1}{m}\sum_{j=1}^{m}x_{ij}\\&=\frac{1}{n}\sum_{i=1}^{n}\bar{x}_i\end{aligned}\tag{63}$$

全国有 N 个旅行社,共有人数为 NM,平均身高为:

$$\begin{aligned}\overline{X}&=\frac{1}{NM}\sum_{i=1}^{N}\sum_{j=1}^{M}x_{ij}=\frac{1}{N}\sum_{i=1}^{N}\frac{1}{M}\sum_{j=1}^{M}x_{ij}\\&=\frac{1}{N}\sum_{i=1}^{N}\overline{X}_i\end{aligned}\tag{64}$$

则有，

$$E(\bar{x})=\overline{X} \tag{65}$$

所以 $\bar{x}$ 为总体均值 $\overline{X}$ 无偏估计量。

(二)样本单位数不相同

如果在全国 N 个旅行社中抽取 n 个旅行社，在 N 个旅行社中每个旅行社的人数不完全相同，即 $M_1,M_2,\cdots,M_i,\cdots,M_N$ 不完全相同。且在 n 个旅行社的每个旅行社中测量人数 $m_1,m_2,\cdots,m_i,\cdots,m_n$ 也不完全相同。

在第 i 个旅行社人数为 M_i 中抽选 m_i 个人进行测量身高 x_{ij}，那么，m_i 个人的平均身高为：

$$\bar{x}_i=\frac{1}{m_i}\sum_{j=1}^{m_i}x_{ij} \quad (i=1,2\cdots n_i;\ j=1,2\cdots m_i) \tag{66}$$

第 i 个旅行社人数为 M_i 平均身高为：

$$\overline{X_i}=\frac{1}{M_i}\sum_{j=1}^{M_i}x_{ij} \quad (i=1,2\cdots N_i;\ j=1,2\cdots M_i) \tag{67}$$

抽取 n 个旅行社每个旅行社有 M_i 个人的平均人数为：

$$\overline{M}=\frac{1}{n}\sum_{i=1}^{n}M_i \quad (i=1,2\cdots n) \tag{68}$$

共有人数为 $n\overline{M}=\sum_{i=1}^{n}M_i$

n 个旅行社有 $n\overline{M}$ 个人平均身高为：

$$\bar{x}=\frac{1}{\sum_{i=1}^{n}M_i}\sum_{i=1}^{n}M_i\bar{x}_i=\frac{1}{n\overline{M}}\sum_{i=1}^{n}M_i\bar{x}_i \tag{69}$$

全国有 N 个旅行社，每个旅行社有 M_i 个人平均人数为：

$$\overline{M}'=\frac{1}{N}\sum_{i=1}^{N}M_i \quad (i=1,2\cdots N) \tag{70}$$

共有人数为 $N\overline{M}'=\sum_{i=1}^{N}M_i$，平均身高为：

$$\overline{X}=\frac{1}{N\overline{M}'}\sum_{i=1}^{N}M_i\overline{X}_i \tag{71}$$

则有，

$$E(\bar{x})=\overline{X} \tag{72}$$

所以，$\bar{x}$ 是总体均值 $\overline{X}$ 无偏估计量。

二、总体均值估计量的方差

(一)样本单位数相同

设总体(全国 N 个旅行社)是由各部分总体(各旅行社)集合而成的。已知总体均值 $\overline{X}$ 及各部分总体均值 $\overline{X}_i$ 可以求出 $\overline{X}$ 的方差。在总体均匀分布时，就成为简单随机抽样。设各旅行社人数 M_i 相同，且从 M_i 中抽选人数 m_i 也是相同时，于是各部分总体 X_i 间的方差及各部分总体内的方差，分别为：

$$\sigma_b^2=\frac{1}{N-1}\sum_{i=1}^{N}(x_i-\bar{x})^2 \tag{73}$$

$\sigma_b^2\neq0$，为各部分总体 X_i 间（各旅行社间）的方差。也称 σ_b^2 为外不匀。

而

$$\sigma_w^2=\frac{1}{N(M-1)}\sum_{i=1}^{N}\sum_{j=1}^{M}(x_{ij}-\overline{X_i})^2 \tag{74}$$

$\sigma_W^2\neq0$，为各部分总体内（各旅行社内）的方差。也称 σ_W^2 为内不匀。可以证明，估计量 $\bar{x}$ 的方差为：

$$\sigma^2(\bar{x})=\left(\frac{N-n}{N}\right)\frac{\sigma_b^2}{n}+\left(\frac{M-m}{M}\right)\frac{\sigma_w^2}{nm} \tag{75}$$

当 σ_b^2 和 σ_w^2 未知时，可用

$$S_b^2=\frac{1}{n-1}\sum_{i=1}^{n}(\bar{x}_i-\bar{x})^2 \tag{76}$$

样本各部分总体间的方差和

$S_w^2=\dfrac{1}{n(m-1)}\sum_{i=1}^{n}\sum_{j=1}^{m}(x_{ij}-\bar{x}_i)^2$ 样本各部分总体内的方差来代替，由于 $\sigma^2(\bar{x})$ 是 $\sigma^2(x)$ 的无偏估计。于是，方差可写为：

$$\sigma^2(\bar{x})=\left(\frac{N-n}{N}\right)\frac{S_b^2}{n}+\left(\frac{M-m}{M}\right)\frac{S_w^2}{nm}$$

$$=\frac{S_b^2}{n}(1-f_1)+f_1(1-f_2)\frac{S_w^2}{nm} \tag{77}$$

标准差为：

$$\sigma(\bar{x})=\sqrt{\frac{S_b^2}{n}(1-f_1)+f_1(1-f_2)\frac{S_w^2}{nm}} \tag{78}$$

其中：

$$f_1=\frac{n}{N},\qquad f_2=\frac{m}{M} \tag{79}$$

（二）样本单位数不相同

设全国有 N 个旅行社，各旅行社的人数 M_i 不完全相同。在 M_i 中抽选人数 m_i 也不完全相同时，估计量 $\bar{x}$ 的方差为：

$$\sigma^2(\bar{x})=(1-f_1)\frac{S_1^2}{n}+\frac{1}{nN}\sum_{i=1}^{n}\frac{M_i^2}{\overline{M}^2}(1-f_{2i})\frac{S_{2i}^2}{m_i} \tag{80}$$

标准差为：

$$\sigma(\bar{x})=\sqrt{(1-f_1)\frac{S_1^2}{n}+\frac{1}{nN}\sum_{i=1}^{n}\frac{M_i^2}{\overline{M}^2}(1-f_{2i})\frac{S_{2i}^2}{m_i}} \tag{81}$$

其中：
$$f_1=\frac{n}{N}\qquad f_{2i}=\frac{m_i}{M_i}\tag{82}$$

$$S_1^2=\frac{1}{n-1}\sum_{i=1}^{n}(\frac{M_i}{\overline{M}}\bar{x}_i-\bar{x})^2\tag{83}$$

$$S_{2i}^2=\frac{1}{n(m_i-1)}\sum_{i=1}^{n}\sum_{j=1}^{m_i}(x_{ij}-\bar{x}_i)^2\tag{84}$$

例 7，某住宅区有 40 栋楼房，每栋楼有 54 个单元，从中抽取 5 栋楼，每栋楼中抽取 6 个单元进行调查，根据调查结果，估计该住宅区平均每个单元居住多少人口（$\alpha=0.05$）。

解：$N=40$，$n=5$，$M=54$，$m=6$，把 40 栋楼房编号：由 1 号～40 号，用等距抽样法：

$k=\frac{N}{n}=\frac{40}{5}=8$，抽样间隔 $k=8$，设起始点 $i=3$，则 $k+i=8+3=11$，$2k+i=19$，$3k+i=27$，$4k+i=35$，即抽取楼号为：3，11，19，27，35。

把抽中的 5 栋楼，每栋楼有 54 个单元编号，由 1 号～54 号排序，再按等距抽样法，每栋楼抽取 6 个单元。

$N_1=54$，$n_1=6$，$k_1=\frac{N_1}{n_1}=\frac{54}{6}=9$，抽样间隔 $k_1=9$。

设抽中的 3 号楼，起始点 $i_1=2$，则 $k_1+i_1=9+2=11$，$2k_1+i_1=20$，$3k_1+i=29$，$4k_1+i=38$，$5k_1+i_1=47$，即抽中 3 号楼的 6 个单元为：2，11，20，29，38，47，其余类推，调查结果的资料如表 10-4 所示。

表 10-4 调查资料表

抽取楼栋号	每栋楼单元数 M_i	每栋楼调查单元数 m_i	调查单元号	调查单元居住人口数 x_{ij}	调查单元人口小计 $\sum x_{ij}$	调查单元人口平均 $\bar{x}_i$	调查单元内方差 $S_b^2=\frac{1}{m-1}\sum_{i=1}^{m}(x_{ij}-\bar{x}_i)^2$
3	54	6	2 11 20 29 38 47	4 5 6 5 4 6	30	5	0.8
11	54	6	3 12 21 30 39 48	5 5 6 6 5 6	33	5.5	0.3

续表

抽取楼栋号	每栋楼单元数 M_i	每栋楼调查单元数 m_i	调查单元号	调查单元居住人口数 x_{ij}	调查单元人口小计 $\sum x_{ij}$	调查单元人口平均 $\bar{x}_i$	调查单元内方差 $S_b^2=\frac{1}{m-1}\sum_{i=1}^{m}(x_{ij}-\bar{x}_i)^2$
19	54	6	4 13 22 31 40 49	3 4 5 5 3 4	24	4	0.8
27	54	6	5 14 23 32 41 50	4 5 3 5 5 5	27	4.5	0.7
35	54	6	6 15 24 33 42 51	5 4 5 4 6 6	30	5	0.8
合计		30			144	24	3.4

用两次等距抽样法抽取样本,实际上相当于采用容量相等的二阶段抽样法。因此,可用二阶段抽样样本的方法进行计算。

$$\bar{x}=\frac{1}{n}\sum_{i=1}^{n}x_i=\frac{24}{5}=4.8$$

$$S_1^2=\frac{1}{n-1}\sum_{i=1}^{n}(\bar{x}_i-\bar{x})^2=0.5275$$

$$S_2^2=\frac{1}{n(m-1)}\sum_{i=1}^{n}\sum_{j=1}^{m}(x_{ij}-\bar{x}_i)^2$$

$$=\frac{1}{n}\sum_{i=1}^{n}\frac{1}{m-1}\sum_{j=1}^{m}(x_{ij}-\bar{x}_i)^2=0.68$$

$$\sigma^2(\bar{x})=(1-f_1)\frac{S_1^2}{n}+f_1(1-f_2)\frac{S_2^2}{nm}$$

$$=(\frac{N-n}{N})\frac{S_1^2}{n}+\frac{n}{N}(\frac{M-m}{M})\frac{S_2^2}{nm}=0.09483$$

$$\sigma(\bar{x})=\sqrt{0.09483}=0.3079$$

样本平均数 $\bar{x}$ 服从 t 分布，则有

$$\left[\bar{x}-t_{\frac{\alpha}{2},(n-1)}\sigma(\bar{x}),\bar{x}+t_{\frac{\alpha}{2},(n-1)}\sigma(\bar{x})\right]$$

$$=[4.1964,5.4035]=[4.2,5.4]\approx[4,5]$$

平均每个单元居住人口为：4～5 人。

推断居住在该住宅区的人口数为：

$$[40\times54\bar{x}-40\times54t_{\alpha/2(n-1)}\sigma(\bar{x}),40\times54\bar{x}+40\times54t_{\alpha/2(n-1)}\sigma(\bar{x})]$$

$=[9072,11\ 664]$

分层抽样、整群抽样和多阶段抽样，虽然都是将总体全部单位划成为若干部分后，从所划分的部分中抽取样本单位，由样本获得的特征数推断总体参数。但是，由于它们的抽取方式不同、分析方法不同，所以，它们是三种不同的抽样方法。在实际工作中，常常是根据具体情况，把几种抽样调查法相互结合起来使用，以达到更好的效果。

思考与练习

1.什么是抽样调查？它的理论基础是什么？

2.简述抽样调查的作用与组织形式。

3.某化肥厂生产一批 2000 袋化肥。质检员用抽样方法检查这批袋装化肥是否符合额定重量标准。已知总体方差为 1.78 千克，允许误差 0.50 千克，在保证度不低于 95%条件下应抽样多少袋？

4.某街道有 300 户居民，用等距抽样法调查居民收入情况，抽取 4 个容量为 5 户的居民进行调查，调查后获得资料如下表所示。

样本	观察值（单位：千元）				
1	3	4	5	3	2
2	4	3	2	4	5
3	4	3	5	2	3
4	2	4	2	4	5

根据资料估计平均每户收入的置信区间（$\alpha=0.05$）。

5.对全国 300 家饭店每日接待投宿者的收入进行调查，按照能接待人数的多少分为大中小三类。现从中抽取 40 家饭店进行调查，根据调查获得的资料估计平均每日收入及每日收入总额（$\alpha=0.05$）。

层	N_h	$\bar{X}_h$	n_h	S_h^2
大	40	20	4	12
中	180	8	26	4
小	80	4	10	2
合计	300	32	40	–

6.自行设计调查方案，用抽样法调查某区居民家计情况。

附表 1 正态分布表

$$\Phi(x)=\frac{1}{\sqrt{2\pi}}\int_{-\infty}^{x}e^{-\frac{t^2}{2}}dt$$

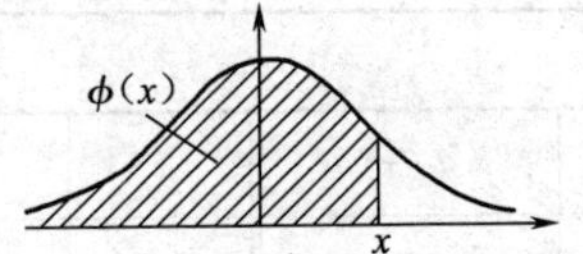

x	0.00	0.01	0.02	0.03	0.04	0.05	0.06	0.07	0.08	0.09
0.0	0.5000	0.5040	0.5080	0.5120	0.5160	0.5199	0.5239	0.5279	0.5319	0.5359
0.1	0.5398	0.5438	0.5478	0.5517	0.5557	0.5596	0.5636	0.5675	0.5714	0.5753
0.2	0.5793	0.5832	0.5871	0.5910	0.5948	0.5987	0.6026	0.6064	0.6103	0.6141
0.3	0.6179	0.6217	0.6255	0.6293	0.6331	0.6368	0.6406	0.6443	0.6480	0.6517
0.4	0.6554	0.6591	0.6628	0.6664	0.6700	0.6736	0.6772	0.6808	0.6844	0.6879
0.5	0.6915	0.6950	0.6985	0.7019	0.7054	0.7088	0.7123	0.7157	0.7190	0.7224
0.6	0.7257	0.7291	0.7324	0.7357	0.7389	0.7422	0.7454	0.7486	0.7517	0.7549
0.7	0.7580	0.7611	0.7642	0.7673	0.7703	0.7734	0.7764	0.7794	0.7823	0.7852
0.8	0.7881	0.7910	0.7939	0.7967	0.7995	0.8023	0.8051	0.8078	0.8106	0.8133
0.9	0.8159	0.8186	0.8212	0.8238	0.8264	0.8289	0.8315	0.8340	0.8365	0.8389
1.0	0.8413	0.8438	0.8461	0.8485	0.8508	0.8531	0.8554	0.8577	0.8599	0.8621
1.1	0.8643	0.8665	0.8686	0.8708	0.8729	0.8749	0.8770	0.8790	0.8810	0.8830
1.2	0.8849	0.8869	0.8888	0.8907	0.8925	0.8944	0.8962	0.8980	0.8997	0.9015
1.3	0.9032	0.9049	0.9066	0.9082	0.9099	0.9115	0.9131	0.9147	0.9162	0.9177
1.4	0.9192	0.9207	0.9222	0.9236	0.9251	0.9265	0.9279	0.9292	0.9306	0.9319
1.5	0.9332	0.9345	0.9357	0.9370	0.9382	0.9394	0.9406	0.9418	0.9430	0.9441
1.6	0.9452	0.9463	0.9474	0.9484	0.9495	0.9505	0.9515	0.9525	0.9535	0.9545
1.7	0.9554	0.9564	0.9573	0.9582	0.9591	0.9599	0.9608	0.9616	0.9625	0.9633
1.8	0.9641	0.9648	0.9656	0.9664	0.9671	0.9678	0.9686	0.9693	0.9700	0.9706
1.9	0.9713	0.9719	0.9726	0.9732	0.9738	0.9744	0.9750	0.9756	0.9762	0.9767
2.0	0.9772	0.9778	0.9783	0.9788	0.9793	0.9798	0.9803	0.9808	0.9812	0.9817
2.1	0.9821	0.9826	0.9830	0.9834	0.9838	0.9842	0.9846	0.9850	0.9854	0.9857
2.2	0.9861	0.9864	0.9868	0.9871	0.9874	0.9878	0.9881	0.9884	0.9887	0.9890
2.3	0.9893	0.9896	0.9898	0.9901	0.9904	0.9906	0.9909	0.9911	0.9913	0.9916
2.4	0.9918	0.9920	0.9922	0.9925	0.9927	0.9929	0.9931	0.9932	0.9934	0.9936

续表

x	0.00	0.01	0.02	0.03	0.04	0.05	0.06	0.07	0.08	0.09
2.5	0.9938	0.9940	0.9941	0.9943	0.9945	0.9946	0.9948	0.9949	0.9951	0.9952
2.6	0.9953	0.9955	0.9956	0.9957	0.9959	0.9960	0.9961	0.9962	0.9963	0.9964
2.7	0.9965	0.9966	0.9967	0.9968	0.9969	0.9970	0.9971	0.9972	0.9973	0.9974
2.8	0.9974	0.9975	0.9976	0.9977	0.9977	0.9978	0.9979	0.9979	0.9980	0.9981
2.9	0.9981	0.9982	0.9982	0.9983	0.9984	0.9984	0.9985	0.9985	0.9986	0.9986

x	Φ(x)	x	Φ(x)	x	Φ(x)	x	Φ(x)
3.0	0.99865	3.5	0.99977	4.0	0.999968	4.5	0.9999966
3.1	0.99903	3.6	0.99984	4.1	0.999979	4.6	0.9999979
3.2	0.99931	3.7	0.99989	4.2	0.999987	4.7	0.9999987
3.3	0.99952	3.8	0.99993	4.3	0.999992	4.8	0.9999992
3.4	0.99966	3.9	0.99995	4.4	0.999995	4.9	0.9999995

附表 2　正态分布临界值表

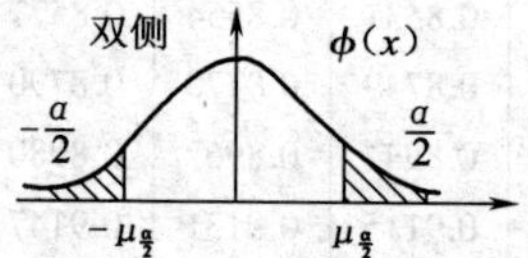

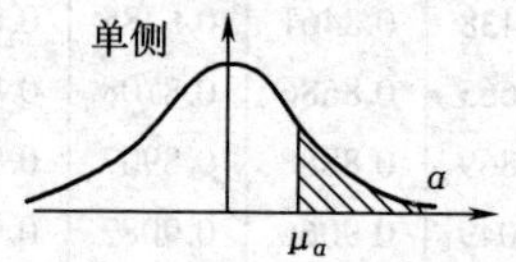

双　侧	α	0.5	0.2	0.1	0.05	0.02	0.01
单　侧		0.25	0.1	0.05	0.025	0.01	0.005
双　侧	$u\frac{\alpha}{2}$	0.67	1.28	1.65	1.96	2.33	2.58
单　侧	$u\alpha$						

附表 3 t 分布临界值表

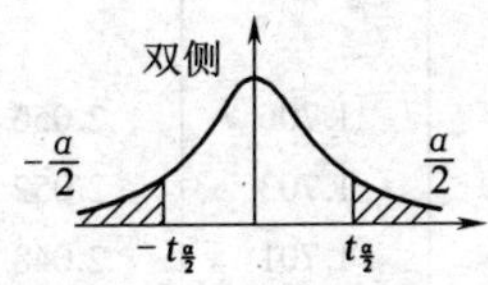

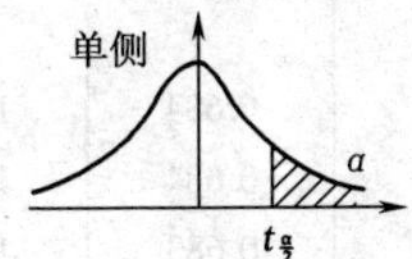

α	双 侧	0.5	0.2	0.1	0.05	0.02	0.01
	单 侧	0.25	0.1	0.05	0.025	0.01	0.005
自由度	1	1.000	3.078	6.314	12.706	31.821	63.657
	2	0.816	1.886	2.920	4.303	6.965	9.925
	3	0.765	1.638	2.353	3.182	4.541	5.841
	4	0.741	1.533	2.132	2.776	3.747	4.604
	5	0.727	1.476	2.015	2.571	3.365	4.032
	6	0.718	1.440	1.943	2.447	3.143	3.707
	7	0.711	1.415	1.895	2.365	2.998	3.499
	8	0.706	1.397	1.860	2.306	2.896	3.355
	9	0.703	1.338	1.833	2.262	2.821	3.250
	10	0.700	1.372	1.812	2.228	2.764	3.169
	11	0.697	1.363	1.796	2.201	2.718	3.106
	12	0.695	1.356	1.782	2.179	2.681	3.055
	13	0.694	1.350	1.771	2.160	2.650	3.012
	14	0.692	1.345	1.761	2.145	2.624	2.977
	15	0.691	1.341	1.753	2.131	2.602	2.947
	16	0.690	1.337	1.746	2.120	2.583	2.921
	17	0.689	1.333	1.740	2.110	2.567	2.898
	18	0.688	1.330	1.734	2.101	2.552	2.878
	19	0.688	1.328	1.729	2.093	2.539	2.861
	20	0.687	1.325	1.725	2.086	2.528	2.845

续表

α	双侧	0.5	0.2	0.1	0.05	0.02	0.01
	单侧	0.25	0.1	0.05	0.025	0.01	0.005
自由度	21	0.686	1.323	1.721	2.080	2.518	2.831
	22	0.686	1.321	1.717	2.074	2.508	2.819
	23	0.685	1.319	1.714	2.069	2.500	2.807
	24	0.685	1.318	1.711	2.064	2.492	2.797
	25	0.684	1.316	1.708	2.060	2.485	2.787
	26	0.684	1.315	1.706	2.056	2.479	2.779
	27	0.684	1.314	1.703	2.052	2.473	2.771
	28	0.683	1.313	1.701	2.048	2.467	2.763
	29	0.683	1.311	1.699	2.045	2.462	2.756
	30	0.683	1.310	1.697	2.042	2.457	2.750
	40	0.681	1.303	1.684	2.021	2.423	2.704
	60	0.679	1.296	1.671	2.000	2.390	2.660
	120	0.677	1.289	1.658	1.980	2.358	2.617
	∞	0.674	1.282	1.645	1.960	2.326	2.576

责任编辑：郭珍宏

图书在版编目(CIP)数据

新编旅游统计学/席唤民等编著.—北京：旅游教育出版社，1991.10（2023.8）
ISBN 978-7-5637-0695-2

Ⅰ.新　Ⅱ.席…　Ⅲ.旅游—统计学　Ⅳ.F590

中国版本图书馆 CIP 数据核字(91)第 00635 号

全国高等院校旅游专业规划教材

新编旅游统计学

(第 7 版)

席唤民　等　编著

出版单位	旅游教育出版社
地　　址	北京市朝阳区定福庄南里 1 号
邮　　编	100024
发行电话	(010)65778403 65728372 65767462(传真)
本社网址	www.tepcb.com
E-mail	tepfx@163.com
印刷单位	北京旅教文化传播有限公司
印刷单位	河北省三河市灵山芝兰印刷有限公司
经销单位	新华书店
开　　本	787 毫米×960 毫米　1/16
印　　张	20.75
字　　数	343 千字
版　　次	2017 年 4 月第 7 版
印　　次	2023 年 8 月第 5 次印刷
定　　价	37.00 元